CÓDIGO ABERTO

Autobiografia

FLÁVIO PAIVA

CÓDIGO ABERTO

Autobiografia Colaborativa

1ª edição
2019

© 2019 by Flávio Paiva

© **Direitos para esta publicação exclusiva**
CORTEZ EDITORA
Rua Monte Alegre, 1074 – Perdizes
05014-001 – São Paulo – SP
Tel.: (11) 3864-0111 Fax: (11) 3864-4290
cortez@cortezeditora.com.br
www.cortezeditora.com.br

Direção
José Xavier Cortez

Editor
Amir Piedade

Preparação
Dulce S. Seabra

Revisão
Alexandre Ricardo da Cunha
Isabel Ferrazoli
Maria Alice Gonçalves

Edição de Arte
Mauricio Rindeika Seolin

Imagem de capa
Escultura circular – Toinzinho Rodrigues (1921-2015)

Obra em conformidade ao
Novo Acordo Ortográfico da Língua Portuguesa

Dados Internacionais de Catalogação na Publicação (CIP)
(Câmara Brasileira do Livro, SP, Brasil)

Paiva, Flávio
   Código aberto: autobiografia colaborativa / Flávio
Paiva. – 1. ed. – São Paulo: Cortez, 2019.

   ISBN 978-85-249-2730-0

   1. Autobiografia 2. Jornalismo 3. Paiva, Flávio
4. Perguntas e respostas 5. Vida pessoal I. Título.

19-27015   CDD-070.92

Índices para catálogo sistemático:

1. Jornalista: Autobiografia 070.92

Iolanda Rodrigues Biode – Bibliotecária – CRB-8/10014

Impresso no Brasil – junho de 2019

A vida é lenta!

SUMÁRIO

PRELÚDIO — 22

ADERSON MEDEIROS — 26
Você poderia relatar três lembranças
de infância boas de reviver?

ADRIANA CALCANHOTTO — 33
Quando você era garoto se imaginou um dia com 60 anos?
E como seria esse você, parecido ou não com o de hoje?

ADRIANO ESPÍNOLA — 40
Você que escreveu livros, teve filhos e decerto
plantou árvore (como reza o dito popular), ao chegar aos 60,
o que mais gostaria de fazer para se sentir realizado?

ALBANISA DUMMAR PONTES — 56
Como você entra em sintonia com mundos tão diversos,
o de jornalista, o de artista, o de assessor de empresa,
o de escritor infantojuvenil, o de produtor cultural etc.,
quais as principais virtudes a serem mais exercitadas na
atualidade como tentativa de entendimento e superação de
um mundo com tanta violência e desigualdade social?

ALEMBERG QUINDINS — 64

Qual a importância das viagens que você costumava fazer por lugares não usuais com sua família, e o que elas influenciaram no que você escreve?

ALICE RUIZ — 85

Quais sonhos da tua infância você ainda não realizou?

AMARÍLIO MACÊDO — 94

Como uma empresa deve ser, a fim de ser antenada no momento que vivemos, benéfica para a sociedade, ao meio ambiente, à mãe Terra e ao mesmo tempo com compreensão do futuro e da sua perenização?

ANA LÚCIA VILLELA — 103

Como cultivar nas crianças e permitir – e potencializar – a expressão daquela imaginação que voa solta e que cria histórias, poesias e músicas?

ANA OLMOS — 120

O que você acha de escrever sobre a afirmação de Winnicott: "Tudo começa em casa"? Isto porque sempre me impressionou a maneira de você e Andréa criarem as crianças. Que tal?

ANTÔNIO NÓBREGA — 128

Como compatibilizar o que gostaríamos que fôssemos
com o que estamos sendo?

BENÉ FONTELES — 137

Quem é de verdade mesmo o tal do Flávio Paiva?

BIA BEDRAN — 144

No seu livro *Como Braços de Equilibristas*, ao comentar
o meu espetáculo *Dona Árvore*, denominando-o
como uma "Fábula Contemporânea"
(Artigo publicado originalmente no caderno
Vida&Arte, do jornal *O POVO*, de 11/01/2000),
você diz que "quando um rouxinol canta é para quem
quer ouvir, para quem vai ao seu encontro
por conta própria, por vontade própria
e com as próprias pernas".
Depois de duas décadas dessa afirmação,
o que, a seu ver, mudou no universo da cultura
da infância e da mídia que a devora?

CALÉ ALENCAR — 152

Como sugestão para um navegar nas águas
da imaginação, pra cá e pra lá dos pedaços de piúba
que constroem a embarcação, alimentando
o viajar das ideias neste mar profundo que é
ser artista nesta passagem, com quantos paus
se faz uma jangada?

CARLOS VELÁZQUEZ — 158

Tua trajetória é marcada por uma forte
atividade criativa, expressa nas diversas modalidades
de arte e literatura que tens produzido. Imagino que
muito dessa criatividade tenha bebido em tuas vivências
identificadas à tua cultura e ao meio que a circunda.
Imagino isso porque observei que você e Andréa
fizeram questão de vivenciar essas fontes
com Lucas e Artur, inclusive dosando-as equitativamente
com as tendências e tecnologias próprias da atualidade.
Entretanto, o caso de vocês é excepcional.
Uma esmagadora maioria na juventude atual substituiu
suas vivências e experiências identitárias por virtualidades
tecnológicas. Como você vislumbra o futuro
da criatividade de si (processo identitário)
e da criatividade funcional e artística a
partir desse novo substrato?

CHICO CÉSAR — 170

De que modo ser natural de Independência influencia
sua busca por independência cultural?

CLÓVIS ERLY RODRIGUES — 180

Como pode ser um tempo de tanta e instantânea
comunicação e as pessoas cada vez mais distantes?

DIATAHY BEZERRA DE MENEZES — 193

As recentes edições do *Anuário do Ceará* trazem seu retrato no frontispício do município de Independência. Diga-me: como você se vê nisso, considerando a simbiose existente entre o significado interno do termo e o seu papel criativo? Um dos meus velhos mestres na Sorbonne (Jean Piaget) dizia com ênfase: "Toda vez que vejo instalar-se uma ortodoxia, espero urgentemente os heterodoxos, pois deles virá algumà luz!". O que isso tem a ver com você e seu empenho?

DIM BRINQUEDIM — 200

Como a infância vivida no interior influenciou na sua formação moral e intelectual?

DORA ANDRADE — 209

Como você está lidando com o passar dos anos?

DULCE SEABRA — 217

Tem alguém que já se foi e que você teve a oportunidade de conviver amorosamente com ela, sendo ela já idosa? Se sim, o que você traz dela ainda hoje em sua própria vida?

EDSON NATALE — 227

Se você voltasse hoje para sua terra natal, no sertão de Independência, com Milton Santos e Paulo Freire, qual a pergunta que faria a cada um deles e por quê?

ELIANA CARDOSO — 235

Contamos histórias porque queremos nos lembrar de algo ou porque queremos esquecer o que nos atormenta?

ERMENGARDA SANTANA — 242

Há tempos, desde o golpe contra a Dilma e a eleição do Trump, uma pergunta não me sai da cabeça: *Quo vadis?* – expressão latina que levando para o plural significa "Para onde vamos?". E essa é a minha pergunta para você: Para onde caminhamos como humanidade? Quando você nasceu, Eudoro e eu cursávamos o segundo ano na Universidade. Éramos militantes da JUC e lutávamos para "transformar o mundo"! Hoje, lendo uma entrevista do Michel Maffesoli, me deparo com uma afirmação dele de que os ideários de maio de 68 não dão mais conta de mudar o mundo e fala de "utopias intersticiais" como sintomas da pós-modernidade. O "transformar o mundo" da minha geração reduziu-se a transformações em "nichos dentro das tribos pós-modernas". E aí volto à mesma pergunta: *Quo vadis?*

FALCÃO — 251

No dia seguinte ao completar os 60 anos, você vai correndo tirar o cartão de idoso?

FANTA KONATÊ — 256

Por que você gosta da África?

FÁTIMA SEVERIANO — 268

Considerando que a experiência cultural é sempre
algo vivo, que nos transpassa e nos acontece, como você
vislumbra o futuro da experiência cultural, haja vista que a
maioria de nossas crianças desde tenra idade não mais brinca,
e cada vez elas estão mais submersas no mundo digital,
assistindo à vida?

FÉLIX VIANA — 275

Quando se chega aos 60, é bom mesmo
dar uma pausa e olhar para trás buscando o resgate
do que melhor se produziu para dosar, com mais essência,
o combustível necessário para a condução do futuro.
Imagino o que ainda poderá vir de esplêndido da sua
capacidade inventiva, sempre desafiando e questionando
o modelo tradicional de se fazer jornalismo, literatura e
música. Recordo de seu primeiro trabalho,
A *Face Viva da Ilusão*, onde já se prenunciava a grande
perspectiva literária que você iria seguir.
Com vinte e poucos anos, aquele jovem, *made in*
Independência, já demonstrava ali ser condutor
de uma visão complexa e questionadora.
Gostaria de saber o que poderemos ainda esperar
de sua obra, considerando que devem existir trabalhos
em fase de produção e outros projetos por você planejados,
que, seguramente, trarão brilho e impulso à sua
vitoriosa trajetória artística.

FLORIANA BERTINI — 283
O que faz o seu coração bater, hoje?

GERALDO JESUÍNO — 289
Quais lentes, meu caro F.d'I, o nosso País
precisa usar para enxergar a sua cultura?

GILMAR DE CARVALHO — 299
O que você diria se recebesse para um estágio, aí onde
trabalha, um rapaz contestador e irreverente chamado
Flávio Paiva, do *Um Jornal Sem Regras*? Que conselhos daria
a ele? Ele seria aceito para o estágio?

ISABEL LUSTOSA — 311
Fui aluna de pintura por curto período de
João Maria Siqueira. Fiquei muito impressionada com um
artigo que você escreveu sobre ele em 2007.
Você poderia me falar um pouco mais do que foi
esse encontro para você e qual o lugar de Siqueira
na história cultural do Ceará?

JACKSON ARAÚJO — 319
O que você faria se tivesse todo o tempo do mundo?
E o que você faria se descobrisse que morreria amanhã
e não tivesse mais todo o tempo que tinha?
Qual o tempo que o tempo tem?

JOÃO DE PAULA MONTEIRO — 326

Para mim há um nexo forte entre a dedicação especial que sempre tiveste aos teus pais e a especialíssima que tens aos teus filhos. Qual a tua percepção sobre a importância desta dinâmica afetiva na tua vida?

JORGE HENRIQUE CARTAXO — 335

A amizade tem sido um dos temas clássicos da reflexão filosófica de todos os tempos. Aristóteles, Epicuro, Marco Antônio, Montaigne, Platão, Etienne de La Boétie, Deleuze, entre outros pensadores, ao seu modo e em seu tempo, refletiram sobre o sagrado tema da amizade e seu papel virtuoso na existência, na ética, na política e na felicidade. Agora, no início da sua maturidade, como "phillia" se apresenta a você? Como esse sentimento, essa percepção e o seu exercício, se aquieta e existe no coração desse jagunço da delicadeza, que, entre outros atributos, palmilha os dias e as horas sobre notas musicais?

JOSÉ EDUARDO ROMÃO — 341

Gostaria de ouvi-lo sobre a infância que você mesmo vivenciou – numa espécie de pesquisa-ação incessante – ao longo desses 60 anos: Trata-se de um tempo biológico que inevitavelmente passa? Trata-se de um tempo social que depende da classe e do contexto? Trata-se de um sentimento que se mantém e se renova ainda na maturidade com filhos, netos, cheiros, lugares e sons?

JOSÉ ERNESTO BOLOGNA — 348
É possível saber o que uma mulher deseja?

JOSÉ XAVIER CORTEZ — 359
Como você espera envelhecer?

JUDICAEL SUDÁRIO DE PINHO — 366
Ainda é Sertanto?

LUCIANA DUMMAR — 374
O que pode ser mais encantador para uma criança
do que um livro?

LUIS ANGEL HERNÁNDEZ — 383
Por que você foi à Guatemala?

MÁRCIA ROLON — 391
Como você percebe e age quando sente que há conectividade
Divina com o seu processo criativo?

MARCOS VIEIRA — 400
O futebol é visto por muitos como um território de fanáticos e
alienados. Qual a significação desse esporte em sua trajetória,
em especial como torcedor do Vozão?

MARIA AMÉLIA PEREIRA (PEO) — 410

Como você vive numa cidade na qual tem contato direto com um Horizonte aberto ao encontro do Céu e o Mar desse planeta Terra, o que você imagina que pode haver do outro lado do horizonte?

MARIA CRISTINA FERNANDES — 417

Suas canções ninaram a infância de meus filhos, quando me fiz criança de novo. Do Flávio multifacetado, escolhi este. E, inspirada por *Flicts*, te pergunto: Qual é a cor da lua?

MARTA BRANDÃO — 424

Você é uma pessoa que admiro demais pela forma de ver a vida, de se relacionar com as pessoas, amigos, esposa, filhos. Uma pessoa extremamente cativante. Certamente o Flávio que é hoje foi constituído pelas histórias que viveu. Em alguns momentos parece que foi daquelas pessoas que tudo sempre foi dando certo. Se pudesse voltar atrás, tem alguma história ou decisão que o Flávio de hoje gostaria de ter a oportunidade para viver novamente e fazê-la diferente?

MAURÍCIO KUBRUSLY — 430

Se a Dona Zefinha fosse ministra da Cultura, o que ela faria pela nossa gente?

MINO — 439

Por que deixou de assinar como Flávio d'Independência e passou a usar Flávio Paiva?

NIREZ — 447

Por que você não comemora seus 60 aninhos como eu quando fiz 80, saltando de paraquedas?

NONATO ALBUQUERQUE — 450

Que fato magnífico da história humana você gostaria de ter reportado?

OLGA RIBEIRO — 456

O que o menino homem do sertão conta ao homem menino do mar, e o que o homem menino do mar canta ao menino homem do sertão?

ORLÂNGELO LEAL — 463

Os *insights* criativos chegam muitas vezes nas horas mais inusitadas. Mesmo quando estou dirigindo ou repousando, minha mente entra em estado de abstração e começa a transformação da realidade em matéria estética. Essa situação já me levou a pensar que estou sempre trabalhando. Há estudos que associam a criatividade artística à esquizofrenia. Você concorda com isso?

PATRÍCIA AUERBACH — 470

Andei pensando bastante no quanto valorizamos a palavra falada, a palavra oral, o lugar da fala. Um sujeito é automaticamente alçado à categoria de importante ou sabido se ele "fala bem". Nas escolas, o aluno que tem boa participação é aquele que se coloca verbalmente diante do grupo. Nas redes sociais, milhares de vozes se cruzam diariamente criando uma infinidade de monólogos, cheios de certezas que não são questionadas com propriedade porque sequer são ouvidas. Muita fala, pouca escuta, nenhuma reflexão. Minha pergunta então é sobre o papel da escuta nesse nosso mundo tão carente de empatia. Quando foi que paramos de ouvir? Nosso modelo de escola enaltece a fala, mas qual o lugar da escuta na educação contemporânea?

PEDRINHO GUARESCHI — 480

Paulo Freire diz que a pergunta é libertadora, pois faz pensar; e pensando, buscando respostas, o ser humano cresce em consciência – a consciência que liberta. Mas num mundo como hoje, onde todas as respostas já são dadas, qual a pedagogia para que as pessoas se perguntem, e com isso pensem e consequentemente se libertem?

RAFAEL MARTINS — 495

Levando em consideração que toda poética é uma visão de mundo, você poderia me dizer qual foi o momento mais difícil de sua vida? Como esse momento repercutiu em sua obra?

REBECA MATTA — 503

Existe um tempo cronológico, esse que soma as horas,
que nos coloca na correria dos afazeres, que nos faz
conscientes de uma matéria finita, mas existe um outro
tempo, não cronológico, que se relaciona com a memória
e com os afetos, que tem uma velocidade própria, que nos
expande, nos permite ter todas as idades ou nenhuma...
que nos faz criar... perder a hora... enfim...
Como você pensa esse tempo fora do tempo?

RUDÁ K. ANDRADE — 510

Parece-me que só uma pergunta não faz o verão das dúvidas
que me fazem cócegas. Apenas atiça a fome de outras
perguntas que pululam feito sacys dentro de mim. Por isso,
peço licença para assuntar, não uma, mas logo sete perguntas
amarradas nas tramas das histórias destas Américas.
Aguça minha curiosidade saber: Como compreendes
o conceito de antropofagia? Achas que ela pode nos ajudar a
compreender os processos culturais e sociais de nosso país?
Dentro do vasto conjunto de patrimônios imateriais
e saberes populares do Ceará, quais identificas como genuínos
processos antropofágicos? Por quê? Quais podem ter sido
as experiências antropofágicas mais marcantes ocorridas
na história destas terras cheias de luz? O que podemos
aprender com estas histórias? E por último, de que maneira
podemos articular o conceito e vivenciar a antropofagia como
estratégia de ação nos dias de hoje?

TAMARA FERNÁNDEZ — 521

Como rapaz latino-americano vindo do interior,
numa desafiante transição do sertão dos Inhamuns
à grande capital alencarina em busca de novas
experiências pessoais e profissionais, permeadas
pelas manifestações artísticas e culturais
da cidade desde uma perspectiva crítica,
como você compreende o cenário cultural local,
sua relação com a conjuntura política e
econômica nacional e suas implicações
para os projetos de integração
da América Latina no século XXI?

TOM ZÉ — 530

Como seria o primeiro parágrafo de uma autobiografia, se
você a começasse agora, às vésperas dos 60?

VLADIMIR SACCHETTA — 535

Quando o Saci entrou na sua vida? Como você se tornou um
saciólogo?

ZÉ ALBANO — 546

Você tem o desejo, ou a esperança, de ver um dos seus filhos se
tornar mais e mais parecido com você?

REFERÊNCIAS — 551

**FICHA TÉCNICA
E LETRA DA TRILHA SONORA DA NARRATIVA — 558**

PARTITURA DE *CÓDIGO ABERTO* — 560

PRELÚDIO

Amigas e amigos não precisam pensar igual, precisam ouvir uns aos outros e dizer no que acreditam. Este livro nasceu de uma vontade de falar, mas também de dúvidas sobre o quê. Vivemos um tempo de profunda crise de significados e a maneira mais natural que encontrei para tentar descobrir o que é mesmo que estou pensando diante do que está acontecendo foi pedindo uma pergunta de presente a 60 artistas, intelectuais, filósofos, sociólogos, psicanalistas, jornalistas, poetas, empresários, religiosos, brincantes, educadores, escritores, fotógrafos, cineastas e pensadores que admiro por diversos motivos e em variadas camadas de relações. Esse número está associado ao fato de 2019 ser o ano das minhas seis décadas de trânsito pelos caminhos da humanidade. E eu não queria seguir viagem sem deixar de afirmar e de rever conceitos fundamentais ao meu posicionamento frente à vida e ao viver. Ter o privilégio de refletir sobre tão desafiadoras indagações me convidou a entrar num mundo solitário com cada uma delas, em busca de retornar com algo a dizer, não somente às autoras e aos autores das perguntas, mas também ao leitor anônimo que se dispuser a se acercar desse diálogo aberto.

Respostas dependem sempre das chaves de leitura das perguntas. Espero ter entendido o espírito dos questionamentos propostos. Fiz tudo para honrar esse esforço colaborativo. De todo modo, gostaria de eximir a quem perguntou do teor das respostas. A confiança dispensada por amigas e amigos que atenderam ao meu pedido de ser provocado não vincula esse gesto generoso com qualquer responsabilidade com o conteúdo das minhas manifestações. Até porque fui escrevendo texto após texto sem olhar para trás, sem voltar para retocar e sem preocupação que não fosse a de me levar o mais próximo possível de mim mesmo, a fim de que eu pudesse tirar respostas saídas do fundo da alma e da razão, do espaço interior como lugar da experiência. Na medida do possível, procurei me alinhar à lição do sociólogo estadunidense Charles W. Mills (1916-1962), quando ele diz: "Nunca escreva mais de três páginas sem ter em mente pelo menos um exemplo concreto" (MILLS, 2009, p. 56). Assim, os relatos deste *Código Aberto* estão bem recheados de eventos vividos, em construção sintagmática. Pela natureza da publicação, optei por não usar notas de rodapé, exceto para rápidas referências sobre quem fez as perguntas e ainda para informações complementares necessárias ao entendimento do leitor.

A música, sempre presente em tudo o que faço, mais uma vez chegou para me apoiar na afloração literária dos sentimentos e das emoções. A melodia feita pelo meu filho Artur remete a sonoridades medievais, cavaleirescas e seus fortes princípios de lealdade e amizade. Fiz a letra embalado pelos violões do próprio Artur e do meu outro filho Lucas, que abriram mais e mais a minha assimilação consciente e inconsciente do que sentia e queria revelar. Mostrei ao amigo músico e produtor Paulo Lepetit e ele teve uma ideia maravilhosa, que aceitei de imediato: gravar a trilha de *Código Aberto* em seis movimentos, um para cada década vivida por mim, sincronizando com as motivações do livro. E ficou assim:

Primeiro movimento – instrumental
Segundo movimento – Eric Diógenes e Lenna Bahule
Terceiro movimento – Tom Drummond e Suzana Salles
Quarto movimento – Zeca Baleiro e Anna Torres
Quinto movimento – Vange Milliet e Euterpe
Sexto movimento – Coro, com todos juntos

Essa música literária é parte da trama das reflexões, da memória e das evocações, retornando ao texto como trilha sonora da narrativa, revolvendo vestígios de interações e reconstrução da experiência, como uma espécie de prelúdio, uma canção de amizade na transversalidade do tempo. Essa composição, que está disponível nas plataformas de *streaming*, me acompanhou durante o processo de escrita, como mediadora da relação de amizade que nutro pelos formuladores das perguntas, cujos nomes, em ordem alfabética, definem a sequência dos capítulos. Fiz uma rápida qualificação de cada um dos 60 convidados, como forma de compartilhar com o leitor algum aspecto distintivo a quem eu tive a satisfação de responder. Adorei as saudações carinhosas e fraternas que antecediam muitas das perguntas, mas entendi que elas poderiam desviar a atenção das questões postas, portanto, não as considerei para publicação. Vali-me do mesmo critério para iniciar minhas respostas, certo de que o meu bem-querer está naturalmente implícito em tudo isso.

Agradeço a cada um dos que fizeram as perguntas, aos que interpretaram a canção-tema – em gravações feitas nas cidades de Boa Vista, Fortaleza, João Pessoa, Paris, Salvador e São Paulo –, aos músicos participantes e ao maestro Tarcísio José de Lima, que fez a partitura, à Andréa, ao Lucas, ao Artur e à Nathália Cardoso pelo apoio múltiplo. Agradeço à Cortez Editora, que nos últimos 15 anos tem me dado a honra de incluir meus trabalhos em seu catálogo. E a todas as pessoas que contribuíram de alguma forma para a tecedura dessa narrativa catártica, encadeada por relatos e reflexões tiradas do que foi feito, e não sobre hipóteses. As biografias sempre apresentam elementos de identificação com quem as lê. No processo de individuação do ser pessoa muitos eventos se tornam curiosos pelo que expressam de estímulos comportamentais, rejeições e reações emotivas, sentimentos desejantes e atividade pensante do discurso interno e externo. Para simbolizar essa dinâmica, escolhi para imagem da capa deste livro uma das esculturas circulares que meu pai, Toinzinho Rodrigues (1921-2015), costumava montar despretensiosamente no entorno de casa, no sertão do Ceará, como expressão estética e contínua da vida. Eram formas plásticas com características ora funcionais, ora diletantes que apareciam e desapareciam em enigmáticas exposições que iam além dos objetos, alcançando um estado de sentir profundo das coisas mais simples e tendo no suficiente a filosofia do bem viver. Tão belas e tão genuínas, essas obras espontâneas representam para mim pontos de subjetivação do cotidiano. São representações que não pertencem a um tempo nem a um espaço determinados, mas a outros regimes de interpretação do sensível. Bem-vindos ao *Código Aberto*.

ADERSON MEDEIROS

Artista plástico e ressignificador do imaginário ex-votivo. Vive na comunidade de Balbino, litoral leste cearense, onde integra um grupo experimental que busca formas criativas de utilização dos elementos naturais da paisagem.

Você poderia relatar três lembranças de infância boas de reviver?

Que seleção difícil você me instiga a fazer, Aderson! Escolher apenas três lembranças de onde eu estava nos momentos de descoberta da experiência cultural, vinculando-as ao meu retorno de adulto com o lugar da infância, reaviva em mim um divertido mapa de reinações favoritas. Antes, porém, farei um rápido aquecimento das muitas brincadeiras e brinquedos que fizeram parte da minha meninice no interior: rolo compressor com lata cheia de areia puxada por barbante; telefone de cordão e caixa de fósforos; brincadeira de pular corda com cabo de salsa; balanço de corda no pé de juazeiro do quintal ou sobre o leito do rio; interação lúdica com cupim e com formiga; escutar conversa de bode; jogo de pedra, de bila de vidro ou com carcaça de fruto de favela; passa-anel, triângulo no barro, pião, arraia, estátua, maca-ca (amarelinha), gangorra, futebol, grupo musical e língua do pê.

Em dias de chuva eu gostava de jogar o corpo nas poças d'água da calçada do mercado, deslizando com os braços abertos; gostava também de tomar banho nas bocas de jacaré, de fazer barragem nas coxias e brincar de barquinho de papel. Tomar ba-nho de açude era outra brincadeira que eu amava. Nadava por nadar, mergulhava com os olhos abertos em busca de tesouros submersos, e lutava de cangapé com os meus amigos. Muitas vezes atravessávamos o açude e íamos, a turma toda, brincar de herói e bandido pelos matos. Fazíamos acampamentos, tocaias e lutávamos com espadas de carnaúba que nós mesmos produzía-mos. Para podermos passar várias horas do dia nessa brincadeira, fazíamos farofa de semente de favela e comíamos. Do fruto do faveleiro montávamos carrapetas que giravam em haste de es-pinho de cacto. No quintal eu tinha uma casa na árvore, que fiz com a base de um carrinho de mão, tábuas e revestimento de surrão. Era bem alta, e, para chegar lá, eu subia por uma esca-da bem esquisita que meu pai guardara de um velho cacimbão. A entrada era por um piso móvel, uma passagem secreta.

Na sala da nossa casa, meus amigos e eu brincávamos mui-to com castanha de caju. Quem tinha a castanha maior, que cha-mávamos de pitelão, colocava-a encostada no canto da parede e os demais tentavam acertá-la e tomá-la para si. Não conseguin-do, as castanhas jogadas eram capturadas pelo dono do pitelão. Nesse jogo, valia também tentar acertar as castanhas dos outros com um peteleco, o que era uma maneira de conquistá-las. No final, ganhava quem tinha o maior número de castanhas. As brincadeiras de fazenda também eram muito diversificadas. Brincávamos de criar gado de osso, de construir estradas com cancelas e mata-burros feitos de cravos abandonados da antiga estrada de ferro desativada; de capturar calango em armadilhas de lata de leite colocadas em suas trilhas, e de criá-los vivos em cercados cavados no chão e revestidos de lata de querosene para eles não fugirem. Fazer tijolo de barro em caixa de palito de fósforo era outra brincadeira encantadora. Depois de secos, os tijolinhos eram queimados, carregados nos carrinhos que fazíamos com lata e madeira e, com eles, construíamos casas, armazéns e garagens.

Para brincar em calçadas, estradas e caminhos, tínhamos muitos brinquedos. Um deles era feito com talões de pneus, o aro de aço revestido de borracha, que é a parte que encosta na roda do carro. Empurrávamos esse aro com um arame de ponta dobrada. Nas calçadas era comum a brincadeira de lambreta de rolimã, um tipo de patinete de madeira, com freio de pedaço de pneu sobre o rolamento traseiro. Eu adorava fazer carrinho de carretel de linha com liga de amarrar dinheiro e sabão em barra rajado. A minha mãe costurava e me dava os carretéis utilizados, e era com eles que eu fazia incríveis carros que andavam sozinhos. Jogar futebol de calçada era uma prática de quase todas as noites. Colocávamos nossas chinelas havaianas delimitando os espaços das traves, e estava feito o campo de batalha da bola. Desse universo de diversões, e pensando em três lembranças boas de reviver, adotei o critério da relação com a natureza para relatar esse encontro comigo mesmo.

28 CÓDIGO ABERTO

Banho de chuva

Tomar banho de chuva no semiárido é uma festa, mas também uma oportunidade de falar com Deus. O céu une-se à terra em uma celebração de pingos de água-benta. Tudo se transforma e se enche de frescor, na comunhão dos trovões com a gritaria das crianças. E por sentir o caráter sagrado dessa animação, compus, em parceria com a cantora Aparecida Silvino, um Glória da Fantasia Verde, canto de fartura pela dádiva que cobre o nosso coração de fé, que ajuda a olhar e ajuda a sentir: "Sou a alegria do sertão em flor / frescor de viver e cantar o Teu amor / de ouvir os pássaros cantando por prazer / cantando por cantar / cantando para alegrar as manhãs (...) Sou o viço farto da natureza / dos riachos a correnteza / a malva braba das estradas / piruetas de borboletas / sapos e grilos que tocam o som do tempo / O tempo do nada / o legume / a lavoura / o cheiro da terra / os bichos em festa (...) A gente a rezar / Senhor Deus / nós Vos exaltamos / bendizemos / adoramos / Glória Vos damos / graças / por Vós plantamos a flor mais bonita / da nossa fantasia verde".

A jornalista Ana Mary Cavalcante, depois de ouvir pessoas do interior em tempo de estiagem, escreveu o motivo especial por que tanta gente abre a porta para receber a chuva: "Tenho um sertão dentro de mim e, no sertão, a chuva é quase uma pessoa – dessas que fazem parte da vida inteira da gente" (CAVALCANTE, 2018, p. 9). Relata em sua crônica que a chegada da chuva para essa gente "dá vontade de pular, de chorar, correr dentro do quintal", é como "uma pessoa que tá distante, que a gente não tem notícia e volta". E complementa: "É aquela alegria com satisfação de amor" (Ibidem). A chuva faz falta, reporta Ana Mary: "É como uma mãe, um pai, um irmão, um amigo, um vivente, enfim, capaz de não morrer; que vai e volta, desaparece e ressurge, que é companhia da vida inteira da gente" (Ibidem). E tomo emprestado trechos dessa beleza de relato para reafirmar a minha satisfação de, assim como eu fazia quando criança, continuar tomando banho de chuva toda vez que vou ao sertão e tenho essa oportunidade de falar com Deus.

Conversa de bode

Dos animais que marcaram a minha infância, os caprinos são os que mais me despertaram (e ainda despertam) atenção, pela curiosidade, astúcia, sagacidade e coragem. Brinquei com cabritos e nunca tive dúvida de que eles sabiam que estavam brincando comigo. Impressionava-me a habilidade com que as cabras e os bodes mais velhos abriam cancelas e porteiras e subiam em cercas de varas trançadas. Testemunhei seu espírito colaborativo ao vê-los jogando o peso do corpo sobre os arbustos, a fim de baixar os galhos para um outro comer as folhas. E nunca me cansei de apreciar o destemor desses adoráveis brincalhões em suas escaladas pelas encostas dos serrotes, em busca de alimento onde os demais bichos de médio porte não conseguem chegar. Os cascos dos bodes e das cabras têm dois dedos e isso facilita que consigam se equilibrar nas andanças pelos rochedos mais íngremes. Do alto, ficam a contemplar o mundo como fazem os sábios.

Na minha convivência de criança com os caprinos, somente um comportamento deles me assustava. Era quando eu me aproximava de alguma clareira na mata e os ouvia conversando como se fossem pessoas. Aquele linguajar soava para mim como o dialeto dos bêbados, que falam sozinhos pelas ruas, em discursos ininteligíveis, acentuadamente modulados e dirigidos a ninguém. Os bodes conversam fazendo movimentos barulhentos com a língua, gemendo, dando risadas estranhas e gritando como se estivessem passando por alguma agonia. Talvez por isso "bodejar" seja um verbo intransitivo, vinculado à ação de soltar a voz. O escritor argentino Jorge Luis Borges (1899-1986) descreveu essa fraseologia bestial pelo comportamento mais amplo dos caprinos: "Eram lascivos e ébrios (...) Emitiam sons desarticulados" (BORGES, 1989, p. 207). Não é à toa que ao longo da história a humanidade desenvolveu, cultuou, rejeitou e brincou com o bode. Ele faz parte da figura de sátiros e faunos, seres que tinham corpo, braços e rosto humano, mas tinham chifre, orelhas pontiagudas, barba e, da cintura para baixo, eram cabra. Em muitas civilizações os caprinos foram associados a divindades e demônios. Deuses-cabritos aparecem nas representações de reinos da Antiguidade como símbolo da fecundação, provavelmente porque o pai de chiqueiro tem um odor hormonal forte, exalado para atrair a fêmea. O bode expiatório é um tema bíblico voltado para a purificação, através da transferência dos pecados da tribo ao animal, que era solto a vagar sozinho pelo deserto. A força simbólica do caprino é tamanha que ele assina um dos círculos de latitude da Terra – Trópico de Capricórnio – e dá nome a uma constelação – Capricórnio. Para mim, é uma satisfação ter esses bichinhos como meus amigos de infância.

Favela sem espinhos

As plantas também tiveram muita importância em meu tempo de criança. Era comendo farofa de semente de favela que, juntamente com meus amigos, aguentávamos brincar o dia inteiro na mata branca em intermináveis lutas de cavalos e espadas feitas com talo de carnaúba. No quintal da casa onde eu nasci, em Independência, nasceu um pé de favela sem espinho. Como espinhar-se com favela é quase tão doloroso quanto levar uma picada de marimbondo, lembro-me que nas brincadeiras de esconde-esconde eu subia em seus galhos e ninguém conseguia me achar, simplesmente porque no senso comum é impraticável enfrentar os espinhos de um faveleiro. Quando meus filhos eram ainda bem pequenos, fiz questão de levá-los mata adentro para comer semente de favela e aprender a fazer carrapeta espetando um espinho de mandacaru na parte da cápsula (fruto) protetora das sementes, que fica presa aos ramos. É um brinquedo saltitante, que se coloca em rotação com a fricção dos dedos no espinho.

Mais do que ter na favela uma companheira de brincadeiras, aprendi a admirar essa árvore como fonte de proteína, carboidrato, cálcio, fósforo e ferro, fundamentais na vida de vaqueiros, cangaceiros, agricultores e, de forma mais emblemática, na sustentação da comunidade messiânico-socialista de Canudos, no interior da Bahia. As folhas amareladas que caem das favelas asseguraram a forragem para a manutenção das cabras, cujo leite e carne contribuíram efetivamente para manter o arraial liderado pelo beato cearense Antônio Conselheiro (1830-1897), que morreu, juntamente com seus seguidores, em um massacre deflagrado por tropas oficiais. Foi por conta da presença abundante dessa planta na comunidade de Canudos que surgiu a palavra "favelado", como sinônimo de indivíduo que mora em lugares precários, como os aglomerados urbanos periféricos. Nunca entendi por que tantas favelas têm espinhos, mas sou testemunha, desde a infância, de que é possível existir favela sem espinhos.

ADRIANA CALCANHOTTO

Compositora e cantora, autora de grandes sucessos da música brasileira, tais como Senhas, Esquadros, Inverno, Vambora *e* Mentiras. *Sob a alcunha Adriana Partimpim gravou e fez shows com música infantil.*

Quando você era garoto se imaginou um dia com 60 anos? E como seria esse você, parecido ou não com o de hoje?

A sua pergunta, Adriana, me faz lembrar inicialmente que há seis décadas, quando nasci, alguém que fosse sexagenário era considerado velhinho. Na minha meninice, em muitas circunstâncias me peguei, sim, imaginando como eu seria quando chegasse ao tempo de ser respeitado pelos meus cabelos brancos. Mas, para dizer se essa percepção projetava ou não semelhança ao que sou hoje, preciso antes lhe contar uma história.

Nasci e vivi até os 17 anos em uma pequena cidade do interior, com muito quintal, muita rua e toda a estética da caatinga para me entranhar em brincadeiras de horizontes sem fim e céu azul. Em todas essas passagens, paragens e paisagens, a presença dos idosos era totêmica, e sagrada como a água. Encantavam-me os gestos calmos e as marcas do envelhecimento nas pessoas, como a beleza das plantas sem folhas e a atração da textura dos leitos secos dos açudes.

Não era a morte o próximo passo dos que conseguiam viver muito. Para mim, eles estavam se preparando para brotar novamente, pelo mesmo condão que rege a festa verde da natureza, quando as chuvas chamam os vegetais para o espetáculo da clorofila e enchem os reservatórios, libertando da lama os bichinhos que, na proteção do solo, atravessam o período de estiagem em estado meditativo. A imagem mais terna e forte que guardo dos elementos que me levavam a atinar para isso é a dos enterros feitos em rede de dormir.

Era assim que eu via a dona Felisalvina, cheia de paciência me olhando passar na calçada da casa dela em meu zoadento carrinho de rolimã; e era também assim que me chamava a atenção a tranquilidade do Sr. Luís Pedro, só de calças, sentado em um tamborete, muitas vezes exposto a nuvens de poeira, enquanto observava o movimento da estrada de terra que passava em frente à sua casa, na entrada da cidade. Mesmo quando ele saía por alguns instantes, sua presença permanecia nos vestígios deixados na parede amarela pelo suor de suas costas nuas.

O processo de transmutação mais incrível que acompanhei foi o da minha avó Odel. Na sua figura franzina, de cabelos longos e cacheados, eu encontrava significados especiais para alguém viver muitos anos. A amorosidade comigo, a inocência de suas conversas com o Louro e a Rosa, casal de papagaios que criava como membros da família, e o dom da alquimia, que ela usava magistralmente para ora fazer sabonete de restos orgânicos de animais, ora chouriço, um inigualável doce, feito com sangue de porco, pimenta, farinha de mandioca, rapadura, gergelim, castanha de caju, erva-doce, cravo e outros temperos que tornam única essa iguaria sertaneja. A cena dela mexendo o tacho ao som de labaredas alegres ainda fascina lembranças que me chegam dos galhos altos do pé de juazeiro, de onde eu costumava contemplar aquela espécie de espagiria caseira que parecia não ter começo nem fim.

A vida para mim sempre foi infinita; o universo, não. Aproveitava as horas em que eu passava pastoreando ovelhas para tentar ver o fim do mundo. Ficava um tempão deitado no chão arenoso da Lagoa da Taboa com essa fixação fantasiosa. Além disso, pensava na possibilidade de, estando absorto, poder ver disco voador e fazer contato com seres de outras galáxias. Se as dimensões invertidas do espaço remetem quem alcança as fronteiras do cosmos ao sentido de onde partiu, como depois sintetizei essa impressão intuitiva infantil, a qualquer momento um navegante espacial poderia cruzar a faixa aérea dos Inhamuns. Não testemunhei nada disso, mas, por diversas vezes, cheguei a crer que estava vendo estrelas durante o dia, e que elas piscavam para mim insinuando que eu não perdia por esperar.

Mudei para Fortaleza e levei comigo a sedução das estrelas. Mais do que sair do semiárido e ir para a zona praieira, do sertão para o litoral, do interior para a capital, saí a uma distância que não foi somente de 300 quilômetros; estava em outro lugar, e, nesse outro lugar, embora a maioria das pessoas tivesse tomado o mesmo sentido do deslocamento que fiz, não mais se comportava como antes. E um dos impactos que senti na nova vida foi o abandono das calçadas. Não havia pessoas idosas sentadas da porta para fora das casas, nem crianças brincando nas ruas. Aprendi a amar o mundo urbano, metropolitano; contudo, essa ausência de olhos comunitários ingênuos manteve em mim a sensação de estar desprotegido.

A racionalidade adulta foi criando obstáculos para que eu não acreditasse em saídas contra o sumiço de velhos e crianças das calçadas, como fazia antes, quando eu sonhava em ver trânsito livre pelo avesso do azul-celeste. Estava frente a um dilema: regredir para o mundo infantil ou dar um jeito de encarar a escadaria etária, descrendo dos sinais que avisam não haver lugar para velhos na vida urbana. Desconfortável, escrevi um poema intitulado "Buena-dicha": "Se hoje / a criança que fui / soubesse que sou / o que ela queria ser // Ficaria ela feliz // Mas não sou uma criança / e hoje / gostaria de ser / a criança que fui" (PAIVA, 1982, p. 36).

Não recordo de mim, criança, pensando na aventura de ser um jovem adulto. Os versos que escrevi afirmam que eu teria feito essa projeção. E ela é bem provável, pois na minha juventude jogava futsal muito bem, cantava em coral, tinha namoradas amáveis, amigos queridos, frequentava o Cinema de Arte da Casa Amarela (UFC), antes mesmo de entrar para a universidade, e viajei pelo Brasil de carona de caminhão. Quando li o livro *Knulp*, do escritor alemão Hermann Hesse (1877-1962), identifiquei-me com o personagem pelo seu desprezo às posses e pelo grande apreço que tinha pelas amizades, pelos amores e por uma vida simples, intensa e profunda. Entretanto, alguém me disse que o final era triste, que ele sofria muito e amargava uma solidão terrível diante da morte, e não li o livro todo com receio de que isso fosse verdade.

Eu adorava "Bandido Corazón", da Rita Lee, e fui ao Centro de Convenções ver o *show* do Ney Matogrosso, cujo repertório era inspirado nessa música. Quando ele cantou "Eu que sempre fui chegado / ao romance e aventura / Eu talvez seja condenado / a viver perto da loucura", a emoção transbordou para o receio do que seria de mim no futuro. À época estávamos criando uma Cooperativa de Escritores e Poetas, que tinha ponto de encontro na casa da Taúta, tia do poeta Farias Frazão (1950-1982). Inspirado por aquele ambiente de anarquia criativa, resolvi publicar um livro, espalhar os sentimentos que me inquietavam e afirmar o vínculo com a minha paisagem original, assinando Flávio d'Independência. No prefácio, o poeta Francisco Carvalho (1927-2013) escreveu que a atitude de aderir à poesia implicava em rupturas que me transformariam em um ser dissidente, um solitário rodeado de realidades imperativas. Dei um exemplar ao cartunista Henfil (1944-1988) e ele me escreveu dizendo que eu tinha tudo para honrar a criança de "Buena-dicha".

Era tudo o que eu precisava ouvir para me dar conta de que a boa sorte, o destino, a fortuna estão no respeito à essência do que somos. Passei a escrever mais e, ao longo dos anos, comecei a notar que além do som natural das palavras, quando eu contava alguma história, os meus pensamentos chegavam com trilha sonora. Assumi essa peculiaridade, e meus escritos quase sempre estão acompanhados por ilustrações musicais que surgem com o texto e retornam em composições feitas muitas vezes em parcerias, para influenciar o sentido das palavras. Com o tempo, comecei a identificar que quando garoto eu já fazia isso em diversas brincadeiras, e que a humanidade sempre fez canções associadas a instantes de prazeres e afazeres.

Essa manifestação espontânea ocorre normalmente em situações literárias e por vezes em algumas relações sociais. Assim, inventei cantiga de ninar para dar de presente a amigas grávidas, música para casar com a Andréa, dois álbuns inteiros para acolher a chegada dos nossos filhos Lucas e Artur, canção para a primeira escola deles, uma missa sanfonada em homenagem à vida em comum dos meus pais, Toinzinho e Socorro, e temas para sacizadas. Quando escuto artistas e crianças cantando essas músicas fico mudo, como se eu fosse ao longo da vida dizendo tudo o que podia dizer. Cheguei aos 60 anos medindo a minha idade por esses sons, por essas histórias, por esse contar de existir, e não pelo calendário.

Por falar em calendário, houve uma data que perturbou um pouco essas minhas referências de passagem no viver, que foi o ano 2000. Quando eu era garoto, não tinha noção de quantos acontecimentos eu teria de experienciar até chegar à virada do milênio. Sabia que se eu chegasse lá teria mais de quarenta anos. Isso era um pouco mais do que o meu pai tinha vivido até o dia em que eu nasci. Minha mãe estaria passando dessa fronteira com mais de 60 anos. Era muito número para entender direito essa divisão do tempo. Minha cabeça ficava mais sossegada e o meu coração mais relaxado quando eu pensava sobre como seria o mundo por trás da muralha cronológica na qual se desenrolaria o terceiro milênio.

Na adolescência, essa barreira simbólica do ano 2000 juntava-se ao sentimento vadio de como o meu coração sentia o amor e me inquietava. Foi, então, que fiz uma catarse musical para me livrar de uma vez desses dois fantasmas. Compus "Bolha", um *rock* de expiação: "Deu no que deu essa mania de acreditar em você / De pensar que a gente um dia seria feliz / Mas não faz sentido esse amor com possessão / Isso não é amor / É ambição (...) / Quero um amor mais arejado / Ensolarado / Sem *Veritatis Splendor* / E que misture *hip-hop* ao calor das matinês / De rolimã, telepatia, cibermã 2000 / No travesseiro do Brasil", gravado pela cantora Mona Gadêlha no meu álbum *Rolimã* (1994). E encerrei esse assunto no meu discurso interno, com a composição de "Amor Andança", um *soul* de sobrelevação, feito em parceria com a cantora Anna Torres, e gravado por ela no meu álbum *Terra do Nunca* (1997): "Marquei pra gente se encontrar / Quando o milênio fosse acabar / E na aurora do século XXI / De novo amor queria arrebentar / Mas não dá pra esperar, não dá! // Guardei champanha de caju / Felicidade importei lá de Itu / E veio o pedido da fada anil / Pra deixar em paz o ano 2000". Estava construída a catapulta de lembranças e esperanças que me arremessou ao outro lado desse paredão do tempo.

Toda essa história foi para dizer que, mesmo não recordando se o garoto que fui chegou a se imaginar com 60 anos, muitas coisas aconteceram nesse período, e sinto a prazerosa responsabilidade de ter a presença dele em tudo o que sou e em tudo o que faço. Duas décadas já se passaram depois que cruzei a fronteira invertida do ano 2000, iniciando, sem olhar para trás, a viagem de volta para completar o intervalo que me levará até o ponto sagrado de onde parti. Nesse percurso que me falta fazer, a experiência de observar o firmamento é dele, do menino que nunca me abandonou. A descoberta de que a vida é infinita, também. Tenho orgulho de tudo isso, me esforço para respeitar o que ele significa para mim e adoro quando ele me anima a cantar a cantiga da infância.

ADRIANO ESPÍNOLA

Poeta, ensaísta e professor de Literatura Brasileira. Autor, entre outros, dos livros Fala, Favela, O Lote Clandestino, Táxi *(poema de amor passageiro)*, Escritos ao Sol *e* Praia Provisória.

Você que escreveu livros, teve filhos e decerto plantou árvore (como reza o dito popular), ao chegar aos 60, o que mais gostaria de fazer para se sentir realizado?

Gostaria de concluir a realização de um desejo do meu pai, Adriano. Antes de fazer a viagem de volta, em 20 de outubro de 2015, ele me pediu para ajudá-lo a organizar e concretizar seu sonho de despedida. Essa tarefa passaria por cinco etapas, das quais quatro já foram cumpridas, com a anuência sempre amorosa e cúmplice da minha mãe, e com o apoio e o comprometimento firme da minha irmã e do meu irmão. Está faltando a última, aquela que dará plenitude ao propósito. Mas para explicar do que de fato se trata, vou contar um pouco sobre os meus pais, Toinzinho Rodrigues e Socorro Paiva, sobre a Manchete, o lugar que eles construíram para viver, e sobre o significado de cada uma das fases que temos avançado nesse processo de consumação da sua vontade.

Toinzinho e Socorro

Quando o meu pai, Toinzinho (1921-2015), tinha 7 anos, ele passou por uma situação de afastamento da infância, que foi determinante em toda a sua história de luta entre o homem rústico das labutas sertanejas e o ser humano de refinada inspiração existencial. Sempre resistente e constantemente em busca de luminosidade, ele parecia uma bromélia, bonito e pontiagudo, entre amoroso e armado para superar adversidades. Nessa época, no ano de 1928, ele morava em um lugar chamado Várzea da Cacimba, no semiárido cearense, onde nasceu. Era uma comunidade de criadores de gado, ovelhas e cabras. A habitação de taipa ficava à margem de um rio, e do outro lado do rio o avô dele morava em uma casa de tijolo, com as paredes externas caiadas. Pois em uma noite de festa junina, o menino que era meu pai pegou um carvão na fogueira e fez um desenho naquela parede branquinha. O castigo que recebeu pela malinação foi ter trabalho de gente grande todo dia, o dia todo. Foi assim que o meu pai ficou proibido de brincar. Quando a família se mudou para a fazenda São João, em outro lugar do município de Independência, a sanção continuou. Mesmo assim, ao passar por um monturo, no caminho do trabalho, ele pegava lata de doce, em formato circular, fazia um eixo de varetas e, enquanto pastoreava os animais, tomava para si a cultura da infância brincando de carrinho. Vrrrrrruuuuu!

Quando a minha mãe Socorro, que nasceu em 1937 num lugar chamado Boa Fé, tinha 7 anos, ela morava na fazenda Altamira, lugar que hoje está submerso nas águas do açude Jaburu, em Independência. Assim como o meu pai fazia quando tinha 7 anos, ela costumava ir brincar na casa da avó dela, onde morava a irmã Nilda. Era uma casa de tijolo, mas não era caiada. Lá, em regime de subsistência, era criado gado, ovelha, cabra, galinha, peru e capote, e cultivado milho, feijão, coentro, cebola e alho. À noite, quando voltava para casa, ela ficava ouvindo o pai tocar violão no alpendre até pegar no sono. A família mudou de morada várias vezes, e, nesse vaivém, não teve a felicidade de aprender a ler e a escrever como gostaria. Meu pai chegou a estudar durante três anos no Colégio Cearense, em Fortaleza, mas foi chamado de volta para trabalhar na fazenda em um ano de seca intensa e por lá ficou. Já estava com 23 anos quando, ao rejeitar uma surra que seu pai queria lhe dar, foi posto para fora de casa com a roupa do corpo. Passou a trabalhar vendendo gado na região.

Em julho de 1952, época da festa de Nossa Senhora Sant'Anna, padroeira de Independência, chegou um avião no campo de pouso da cidade, com autoridades que foram anunciar a autorização do Governo Federal para a construção do trecho da estrada de ferro que ligaria o município à vizinha Crateús. A expectativa criada era a de que depois seria feita a outra parte, ligando Independência a Piquet Carneiro, e isso, que nunca aconteceu, viesse a contribuir para o desenvolvimento da cidade. E foi na movimentação de ir ver o monomotor que meus pais se conheceram. A bela e sorridente menina que seria a minha mãe tinha apenas 15 anos, e o belo e charmoso rapaz que seria meu pai já estava com 31 anos. Não podiam namorar, ela tão nova, mas dois anos depois, em 1954, puderam casar sob as bênçãos do padre Jacques Moura. Passado um ano de casados, os meus pais tiveram o primeiro filho, Paulo; após mais três anos, foi a minha vez; e onze anos depois de mim nasceu a minha irmã Cynara.

A fazenda Manchete

A estrada de ferro não vingou, mas continuou em nossa história porque o meu pai foi comprando pequenas áreas de terra em um dos trechos por onde os trilhos passavam antes de chegar à cidade, e ali construiu com a minha mãe um lugar muito especial, quase biológico, uma paisagem em que pudessem viver dentro e onde fosse possível a integração com a natureza e a realização das insistentes buscas dos seus espíritos criativos. Minha mãe cuidando das flores, fazendo bordados e comidas saborosas, e meu pai nas ocupações de agricultura e pecuária. A palavra "sistema" era a cara do meu pai. Cresci ouvindo-o falar dessa idealização dele por um lugar integral, que assegurasse a sobrevivência com prazer e o mantivesse em atividade constante, como o que conseguiu desenvolver com a minha mãe Socorro. Sempre estive atento aos ensinamentos dos dois, principalmente os não verbais.

A atitude da minha mãe na sua relação com a vida me impressiona pela sofisticação da alma e pela simplicidade do seu jeito de viver e amar. Para ela todo o tempo é presente, sem nenhuma mágoa para ser compensada no dia seguinte, nenhuma pendência no querer, nenhuma cobrança no ar. Na Manchete, acordava com o sol, com o canto dos pássaros, e se recolhia toda noite fazendo orações pelas pessoas queridas e pelo bem do mundo. Nos períodos de seca, quando é grande a falta de água no sertão, minha mãe apresentava uma aflição esquisita. Sabia que a pouca água encontrada nas cacimbas ou fornecidas por carros-pipa tinham como prioridade o consumo humano, os animais e os vegetais produtivos. Em tempos tão adversos é difícil compreender o quanto aguar jarros de flores é fundamental. Se eu fosse escolher qual a missão mais difícil que vi a minha mãe enfrentar nesta vida, diria que era socorrer flores e plantas ornamentais em tempos de seca. Quando em casa não dava para salvá-las, saía distribuindo jarros de planta com as amigas para que cada uma escapasse as que pudesse. Aprendi com a minha mãe a considerar o belo como uma necessidade básica humana.

Com o passar dos anos observei que meu pai montava no entorno de casa um conjunto de esculturas com características ora funcionais, ora diletantes. Eram formas de rica plasticidade que apareciam e desapareciam em enigmáticas exposições ao ar livre. Comecei a desconfiar que tais peças poderiam me ajudar a entender a dinâmica do seu pensamento. Resolvi fotografar algumas das formas geométricas concêntricas que ele aprontava com materiais presentes nos seus afazeres de criador de ovinos e caprinos. A cada imagem que registrava eu me sentia embalado por uma mandala que ia além dos objetos dos quais era feita, para alcançar um estado de sentir profundo das coisas mais simples. Tão belas e tão genuínas, as esculturas circulares do meu pai passaram então a definir para mim o seu jeito de dar movimento ao viver. Cada obra era um ponto de subjetivação tomado emprestado do seu próprio cotidiano, como representações que não pertencem a um tempo nem a um espaço determinados, mas a outros regimes de interpretação do sensível.

Inspirado na leveza e na grandeza desse lugar fiz algumas canções, que resumem bem o quanto tudo isso me emociona. A música "Baião na Manchete", gravada nos meus álbuns *Rolimã* (1994), pela cantora Marta Aurélia, e *Missa Sanfonada* (2004), na interpretação de Aparecida Silvino, diz assim: "Ele acorda de madrugada / Ela acorda de madrugada / Na hora da passarada / Antes do sol / Ele é chamado de Toinzinho / Ela atende por Socorro / Tá bordado com carinho / Num só lençol / Ele ama os bichos e a natureza / Ela é a natureza / Com certeza ela é sim / Deu a ele a ciência / Da importância do jardim / Amor sem fim / Lá no Sertão // É cheiro de terra molhada / Semente em brasa / Procriação / Bosta de vaca ciscada / Na várzea salgada / Com gosto de requeijão // Este baião / Tem bode / Cuscuz e Carneiro / Jackson do Pandeiro / Luiz Gonzaga / Humberto Teixeira / E ave de arribação / Tetéu acuando cobra no mato / Aboios distantes / E tem bem-te-vi espantando gavião // Este baião tem gosto de infância / Criança gritando palhaço / Mormaço e frescura no algarobal / Festa da padroeira Santana / Bandeira / Balão / Paixão / Madrigal // E não importa / O clima / A rima / A roupa / Ou pote de ouro / Eles se amam / Em Independência / Ardência de casaca-de-couro // Ele canta, ela responde / Ela canta, ele responde".

Compus também uma cançoneta, intitulada "O Vento Vai Longe", sobre a relação de amizade da minha mãe com uma lagartixa. Todo final de tarde, quando a minha mãe sentava no alpendre da casa da Manchete para bordar, uma lagartixa se aproximava e ficava ao lado da cadeira de balanço. Na frente das duas, as copas das árvores e o céu azul. Minha mãe começou a gostar daquela companhia e passou a levar biscoito para a lagartixa. Pouco antes de o meu pai morrer, a lagartixa desapareceu. A letra ficou assim: "O vento vai longe / Vai longe, vai longe / Me dizia a lagartixa / Me dizia, me dizia / Cadeira de balanço / Cabeça a balançar". Ela mesma gravou essa canção, como parte das aulas de música com a professora Angelita Ribeiro, para compartilhar com familiares e amigos no seu aniversário de 80 anos, em 2017. No mesmo álbum, ela gravou também outra cançoneta que compus para celebrar o dia em que ela e meu pai plantaram um pé de baobá próximo a um juazeiro, ao lado de casa. Eis a letra de "Baobá e Juazeiro": "Plantei um pé de baobá / Com meu amor / Ô, baobá... / E no quintal o juazeiro / Festejou / Juá, juá...". Estão juntas, ali, uma nativa e outra plantada pelos meus pais, duas árvores sagradas, na longevidade botânica e na eternidade de suas simbologias.

Depois de contextualizar a infância deles e o lugar que inventaram para viver, vou detalhar um pouco cada uma das fases que compõem o sonho de despedida do meu pai, das quais, como disse anteriormente, quatro já foram realizadas, faltando apenas uma, que é a mais difícil e que, hoje, considero como sendo o meu maior desejo.

Partida sem deixar pendências

Até os 90 anos de idade, meu pai andava de motocicleta. Era um hábito de juventude que ele preservava na idade avançada. As pessoas amigas de Independência nos procuravam para alertar dos perigos de ele sofrer algum acidente, principalmente quando dirigia em estradas como a BR-226, pela qual passam muitos caminhões. Nas vezes que essas preocupações e zelo chegavam a mim, o meu argumento para não tentar impedi-lo era constantemente o mesmo. Dizia que estava me preparando para, eventualmente, receber uma notícia ruim, nesse sentido, mas que preferia estar com ele nesse risco, a vê-lo frustrado, dentro de casa, proibido de andar de moto. E foi a própria natureza que se encarregou de convencê-lo a parar. Quer dizer, a parar, não, a trocar de veículo. A vista foi ficando ruim e ele entendeu que andar de trator seria bem mais seguro. Ele tinha um pequeno trator Agrale, que usava para tudo na Manchete, inclusive para amansar carneiro que não aceitava cabresto. Isso mesmo, ele colocava o cabresto nos animais, amarrava na traseira do tratorzinho e saía lentamente quebrando a resistência dos bichos. Guiar um trator pela cidade era bem mais tranquilo: a velocidade máxima é de 21 km/h, faz muito barulho e o condutor está bem protegido por uma estrutura de ferro fornida. Mesmo assim, muita gente ligava prevenindo risco de acidentes. Nestes casos era mais fácil de convencê-los, pelo menos comparativamente com a motocicleta.

Foi nesse período que concretizamos o primeiro passo do seu sonho de despedida, que foi preparar toda a papelada necessária para ele poder partir despreocupado de deixar problemas a serem resolvidos. E assim fizemos: ele e a minha mãe foram ao cartório renovar os cartões de autógrafos, para facilitar os trâmites burocráticos, e contratamos uma empresa para fazer o georreferenciamento da Manchete, a fim de definir com exatidão a sua área e posição geográfica. Contamos com a contribuição carinhosa da advogada Elêusis Alencar, amiga que preparou a documentação necessária para iniciarmos o processo, que tinha como princípio o direito de usufruto do cônjuge que ficasse viúvo ou viúva. Os motivos da transferência de bens para o nosso nome levaram em consideração os seguintes aspectos: a) a circunstância de restrição da capacidade visual do meu pai, decorrente de um avançado processo orgânico de degeneração macular; b) a satisfação dele e da minha mãe de fazerem pessoalmente aquela doação aos filhos, ambos ainda podendo assinar as escrituras com o próprio punho; c) a preocupação de transferência de legado sem deixar pendências ou problemas a serem resolvidos em situação de inventário.

Na carroceria da caminhonete

As crianças começaram a chegar devagarinho para ver o meu pai morto. Ele estava sobre uma cama, em calça e camisa comuns, mas que costumava vestir quando ia para algum lugar especial. Ao lado da cabeça, um dos chapéus que também gostava de usar. Encostada na cabeceira da cama, uma das suas bengalas cajado. No chão, a alpercata de couro com solado de pneu. Muitas meninas e muitos meninos não estavam acreditando que ele falecera. Queriam ver de perto, conferir com os próprios olhos se era verdade que o homem que elas tanto adoravam ver circulando pela cidade em um tratorzinho estava de partida. O motivo do seu falecimento foi qualquer um que possa ser chamado de boa morte, como, no passado, era hábito se desejar a quem se amava. Deitado em uma rede na sala, final da tarde, encerrou o ciclo do viver como pessoa, no modo dos passarinhos. Era um ser da natureza. Simplesmente desligou. Reticentes, mas à vontade, as crianças entraram na casa onde morava o homem-trator. Tocavam em seu rosto e olhavam umas para as outras na comunicação muda de quem opera em um sentido que não o da racionalidade. Não sabiam que teriam uma surpresa depois do velório. E tiveram. Não envolvendo a imanência do tratorzinho, mas uma caminhonete da mesma cor alaranjada, na qual o meu pai há muito tempo dizia que queria ser levado para o cemitério.

Sabendo que se tratava de um carro antigo e que poderia trazer complicações de funcionamento no dia do seu enterro, ele deixou uma orientação quanto a detalhes necessários ao contorno de eventuais problemas de enguiço. E não deu outra, pois, quando fui tirá-la da garagem, o motor só pegou com injeção "eletrônica" manual. Freio não havia, embora com um pouco de acréscimo de fluido deu para estacionar. Para deslocar o meu pai na carroceria da velha Ford 1974, como era desejo dele, seu corpo foi acomodado em uma urna mortuária, que seguiu o trajeto aos cuidados diretos das netas e dos netos, todos em cima da caçamba, como ele costumava carregar borregos e cabritos. O cortejo teve a expressão calorosa dos eventos de vida comunitária. Antes de chegar à igreja, para uma oração de adeus, a roda do lado esquerdo traseiro começou a fazer muito barulho. Dei umas dez pedaladas no freio e consegui parar. A roda estava toda torta, quase para cair. Imediatamente muitas mãos apareceram para pegar o caixão e levá-lo em caminhada, enquanto o conserto era feito. Coisa simples, apenas parafusos frouxos. Parte da meninada acompanhou o séquito e parte ficou observando o que ia acontecer com a caminhonete. E todos nos encontramos no patamar da igreja, onde estacionei o carro para dar continuidade à jornada. Novamente o corpo do meu pai foi posto na caçamba, e as netas e os netos subiram outra vez para ir com ele até o cemitério. O sino tocou, as crianças se despediram do personagem do tratorzinho, familiares e amigos estiveram com ele ao pôr do sol, e me deu uma profunda alegria percebê-lo seguindo tão amavelmente presente. Se era assim que ele queria ir para o cemitério, foi cumprido o segundo passo.

Sorriso de Socorro

Nas conversas que eu tinha com o meu pai, ele estava constantemente me sinalizando para o valor da Manchete. Explicava cada detalhe do que tinha feito e o porquê de tudo. Como os três filhos tinham estudado e estavam com as vidas bem encaminhadas, resultado de uma combinação de recursos de venda de carneiro e por esforços próprios, ele queria ter a serenidade de que a minha mãe teria uma vida digna, depois que ele fizesse a viagem de volta. Meus pais estavam com 61 anos de casados, quando ele faleceu. Viver perto dos filhos em Fortaleza foi um movimento natural de aconchego para ela, embora mantendo a casa na fazenda Manchete funcionando, com geladeira ligada e ovelhas no pasto, tudo cuidado pelo Lisboa e pelo Manezinho, trabalhadores que consideramos da nossa família.

Uma das coisas que admiro em minha mãe é que ela tem o seu próprio espaço interior como lugar de vivência. Isso fez com que, ao se mudar, ela simplesmente deslocasse a paisagem interna para outro lugar. No apartamento em que passou a morar, revela a satisfação dos que experimentam se conhecer melhor. Tem uma visão calma das coisas e faz tudo com a tranquilidade de quem confia. Não perde tempo buscando explicações para o que não dá certo. Orienta-se pelo que virá e, desse modo, conduz com leveza a sua existência cotidiana. Ela tem mais coração do que razão no seu jeito de sentir e de resolver as questões da vida.

Logo que chegou a Fortaleza, levei-a para passar uns dias no apartamento da irmã dela, a querida tia Nilda, que também é viúva e mora sozinha. Ao entrar no prédio percebi que havia um imóvel para alugar. E em poucos dias ela já tinha uma nova casa. A vizinhança com a irmã, com quem compartilhou tantas brincadeiras no interior, foi uma das bênçãos que a minha mãe recebeu de Deus ao inaugurar sua experiência de vida urbana. Juntas, elas costumam revisitar temas importantes de memória comum. Estar perto dos três filhos passou também a ser uma grata oportunidade de voltar a uma convivência mais frequente e afetuosa com quem deu à luz e criou com o melhor do amor de mãe. Entre as outras dádivas divinas recebidas por ela no novo ciclo, percebo, como uma das mais preciosas, o vínculo com amigas na mesma faixa de idade, em um grupo divertidamente autodenominado As Meninas da Praça. É muito lindo esse encontro de queridas todo final de tarde, em frente a uma banca de revistas.

O que mais me impressiona na minha mãe é a sábia abertura que ela tem para tudo. Vamos ao cinema? Vamos! Vamos ver um *show*? Vamos! Tomar sorvete? Vamos! Pra feirinha de artesanato? Sim! Ver o pôr do sol na beira-mar? Vou me arrumar! Preocupado com que ela tivesse uma rotina de atividades, até como forma de não perder a noção do tempo, matriculei-a em uma hidroginástica. Ela foi ali por uns dias e depois telefonou para mim dizendo que havia mudado para fazer pilates. Fiquei animado com a atitude dela e resolvi testar os limites da sua abertura. Perguntei se ela aceitaria estudar música na mesma escola que os nossos filhos haviam estudado, e ela aceitou de pronto, algo pelo qual nunca imaginou que passaria. Ela sempre me chamou a atenção pela sensibilidade com a beleza, mas confesso que fiquei surpreso com a sua musicalidade intuitiva. Quando a escuto cantarolando, sinto que há uma ternura na paisagem do lugar interior que ela carrega consigo. Um mundo que se expressa por meio do seu sorriso cativante.

Manezinho e Lisboa

A quarta etapa de concretização do desejo do meu pai foi a de, em comum acordo com a minha mãe, expressar objetivamente a gratidão que tinha pelo Manezinho e pelo Lisboa, os dois trabalhadores que o acompanharam com respeito, atenção e paciência nos seus últimos anos de labuta. Reforçou que eles fossem contemplados com parte da terra, da qual pudessem tirar o sustento de suas famílias. Meu pai sempre viu a existência pelo que ela pode trazer de sentido. E a razão desse agradecimento incluiu também a admiração que ele tinha pelos dois, pelo que ambos conhecem da Manchete, por gostarem da natureza e por saberem conversar com os animais. Um dos segredos de vitalidade do meu pai era uma rede de tucum armada permanentemente em um galpão da garagem. Mais do que um apoio para descanso, era no balançar dessa rede que ele aliviava o discurso interno quando estava com raiva de alguma coisa. Sabendo disso, ninguém o importunava nesses instantes de distanciamento e de busca da paz absoluta.

Meu pai quis ser útil até o dia da morte. O Manezinho e o Lisboa conviveram com esse esforço dele, enquanto seus sentidos iam sendo desativados pela idade. Cada qual recebeu sua escritura de propriedade para uso pleno, com a ressalva de que nem eles nem os seus sucessores poderão vendê-las enquanto nós, doadores, formos vivos. O Manezinho ficou com uma parte do lado do sol nascente e o Lisboa com uma parte do lado do sol poente da área que reservamos para ser a morada da lembrança daquele lugar onde a presença do meu pai segue no movimento dos bichos, no farfalhar das folhas, no canto dos pássaros, na plasticidade da copa das árvores ao vento, no céu azul e nas noites estreladas do sertão.

Casa-museu-vivo

A última fase para a realização do sonho de despedida do meu pai é a de transformar a casa da Manchete em um museu voltado para temas do sertão, da ovinocaprinocultura e de como ele e a minha mãe idealizaram e desenvolveram um lugar integral, em cumplicidade com a natureza, tendo no suficiente a filosofia do bem viver. O bispo católico cearense Dom Hélder Câmara (1909-1999), arcebispo emérito de Olinda e Recife, dizia que "Deus pede mais de quem recebe mais. Quem recebe mais, recebe em função dos outros" (CÂMARA, 1975, p. 14). Meus pais receberam mais, tanto que conseguiram sair de uma condição de infância vulnerável para construir um lugar no qual pudessem viver e trabalhar como se estivessem brincando com a dureza da vida. Com esse espírito, reservamos a área da casa e do seu entorno para construir um ecomuseu, que funcione também como parque ecológico e cultural da cidade; um espaço no qual as crianças dialoguem com a natureza e com a cultura do sertão, em exercícios de brincadeira, curiosidade, inventividade, afetividade e cooperação.

Caso tenhamos condições de estruturá-lo de forma sustentável, esse ecomuseu poderá ser ainda um lugar de produção, catálise e disseminação de saberes e conhecimentos em diferentes domínios, de modo que nele convivam naturalmente a criança e o adulto, o erudito e o popular, o científico e o leigo. O bosque é mágico, em seu encantador jogo de claro e escuro e abençoado por árvores acolhedoras. Como as plantas ornamentais têm um significado muito especial para a minha mãe, ficará lindo ali uma plantação de flores seguindo o curso do rio que serpenteia na área reservada, com pontes, trilhas e clareiras para festas de saci. Tudo isso ao canto de casacas-de-couro, jaçanãs, corrupiões, sabiás e tantos outros pássaros que habitam a Manchete, sem nunca terem sido caçados. E, claro, entre ovinos e caprinos.

Foi na fazenda Manchete que meu pai desenvolveu sistemas próprios de criação e de desenvolvimento de ovinos e caprinos, e de onde partiu para ser reconhecido nacionalmente como um dos principais criadores de ovinos do Ceará. Ele é visto por pesquisadores e criadores como um dos pioneiros na experiência de melhoria racial de ovinos. No cruzamento sequenciado e paciente das raças Bergamácia com Morada Nova, meu pai, simultaneamente com outros pecuaristas e estudiosos do Nordeste, fez surgir em Independência o carneiro "Pelo-de-boi", que deu origem à raça Santa Inês. E foi mais longe: conhecido no meio pecuário por preservar no sertão cearense uma seleção de exemplares registrados e altamente equilibrados dessa raça de procedência italiana, meu pai avançou na experiência de acasalamento do Bergamácia com o Santa Inês, alcançando a melhoria genética de um animal de porte mais elevado, que passou a ser denominado "Deslanado Nordestino". Na condição de uma das principais referências da ovinocultura cearense, e, ainda, como destacado e premiado criador de caprinos mestiços das raças Bhuj com Anglonubiana, durante décadas, ele foi presença assídua e marcante nas exposições agropecuárias do Ceará, sobretudo nas de Quixadá, Sobral e Fortaleza. Por seu desempenho como criador de animais competitivos nas pistas, foi agraciado pela ARCO (Associação Brasileira de Criadores de Ovinos), do Rio Grande do Sul, com o troféu "Campeão dos Campeões".

Sei que não é fácil realizar esse quinto passo do sonho de despedida do meu pai, mas sei também o quanto um espaço assim oferece de possibilidades criativas para as crianças, para atividades de campo das escolas, para a integração de pais e filhos, e de opção de lazer em uma cidade que merece contar com lugares de convivência, ao mesmo tempo reais e imaginários, como a Manchete. Embora tudo esteja funcionando como antes da partida do meu pai e da mudança da minha mãe para Fortaleza, as pessoas passaram a demonstrar preocupação com o destino que daríamos à casa-museu-vivo, distante 300 quilômetros da capital. Ao informar da nossa intenção de fazer ali um ecomuseu, a receptividade foi grande. Em 28/11/2016, por uma requisição dos moradores do entorno, coordenada pelo professor e historiador Ricardo Assis, foi sancionada e promulgada a Lei Municipal nº 443/2016, denominando como Antônio Rodrigues Cavalcante (Toinzinho Rodrigues) a rua que passa em frente à casa da Manchete, no Bairro Liberdade, em Independência. Tudo indica que será possível.

ALBANISA DUMMAR PONTES

Jornalista, idealizadora e diretora do Armazém da Cultura, editora cearense focada na edição de livros infantojuvenis, história regional e catálogos de arte.

Como você entra em sintonia com mundos tão diversos, o de jornalista, o de artista, o de assessor de empresa, o de escritor infantojuvenil, o de produtor cultural etc., quais as principais virtudes a serem mais exercitadas na atualidade como tentativa de entendimento e superação de um mundo com tanta violência e desigualdade social?

Estamos em um ponto de inflexão no sentido de destino da humanidade, Albanisa. O caos estabelecido pelo modelo dominante de concentração da riqueza pela exploração das pessoas e pela destruição dos recursos naturais do planeta chegou ao nível de presságio dos *Cantos de Maldoror*, obra perturbadora do poeta uruguaio Isidore Lucien Ducasse (1846-1870), o Conde de Lautréamont, na qual o autor, dotado de originalidade frenética, abalou a cena literária do final do século XIX, ao lançar na França temas consagrados ao embrutecimento humano. Em seus escritos angustiados, Lautréamont traça uma perspectiva que alcança a agonia dos tempos atuais: a luta hedonista contra a consciência moral em esforços muitas vezes delirantes para assumir a posição da mãe diante do esgotamento do patriarcado, em situações furtivas de desejos, valores, símbolos, ideias e ideais da figura materna, da emoção feminina e do sentimento de mulher. Por isso, para propor algumas virtudes que entendo ser úteis a essa necessária evolução, tentarei resumir a questão maldorordiana à luz do pensamento do psicanalista suíço Enrique Pichon-Rivière (1907-1977), do neurobiólogo chileno Humberto Maturana, da psicóloga alemã Gerda Verden-Zöller e do arqueólogo e escritor anglo-canadense Ronald Wright.

Maldoror foi um neologismo criado por Lautréamont a partir da condensação das palavras "mal" e "dor". Seus cantos, mesmo reconhecidos como de grande valor poético e literário, foram considerados obras monstruosas, escritas por alguém em estado de possessão. Pichon-Rivière, que estudou esses textos malditos como se fossem material emergente em sessões analíticas continuadas, revelou que o caráter de desolação encontrado nesses poemas se deve à ausência de filtros no despejar das fantasias inconscientes do autor, pondo em evidência as forças secretas que movem a personalidade humana. Realça a percepção do recalcado na expressão "Bem sabeis por quê", como aviso direto às vítimas do sentimento de culpa. Em desatino de perseguição, Lautréamont cria aranhas sugadoras, polvos alados e vaga-lumes gigantes dos quais tenta escapar em busca da proteção perdida no sentimento de abandono materno. "Para não perder de novo a mulher, identifica-se com ela, incorpora-a dentro de si" (PICHON-RIVIÈRE, 1999, p. 65), como medida de segurança forjada na repetição do idêntico.

O desenlace da relação frustrada do poeta com o semelhante acabou em desconfiança, levando-o a assumir um adeus à virtude e a estabelecer uma relação anímica com o caudaloso Rio da Prata, que banha Montevidéu, onde nasceu. Com fina ironia, cumprimenta o "Oceano" por, diferentemente dos humanos, ser constante: "Velho Oceano, és o símbolo da identidade: sempre igual a ti mesmo. Não varias em tua essência, e se algures tuas ondas são furiosas, mais longe, em alguma outra zona, estão na mais completa calma. Não és como o homem (...) que de manhã está acessível e à tarde de mau humor; que hoje ri e amanhã chora. Eu te saúdo, velho Oceano" (LAUTRÉAMONT, 1999, p. 103). Reverencia o companheiro de desabafo também por sua grandeza: "(...) és modesto. Vangloria-se o homem sem cessar, e de minúcias. Eu te saúdo, velho Oceano!" (Ibidem). Depois das saudações, termina maldizendo o amigo não humano por fazê-lo pensar em seu objeto de rejeição: "Te daria todo o meu amor (e ninguém sabe quanto amor contêm minhas aspirações ao belo), se não me fizesses pensar dolorosamente em meus semelhantes" (LAUTRÉAMONT, 1999, p. 108).

A visão interior do seu mundo de relações dilaceradas e a ausência do colo materno são os elementos que dão impulso à fantasia inconsciente do Conde de Lautréamont. Recorrendo ao estudo do psicanalista austríaco Sigmund Freud (1856-1939) sobre a amargura da mutilação, Pichon-Rivière diz que "o sinistro ocorre cada vez que se desvanecem os limites entre o fantástico e o real, quando o que tínhamos considerado fantástico aparece ante nossos olhos como realidade, quando um símbolo adquire o lugar e a importância daquilo que havia simbolizado" (PICHON-RIVIÈRE, 1999, pp. 42-43). Como metáfora, acho essa imagem perfeita para a modulação civilizacional em curso, estremecida pelo sentimento de morte da mãe, frente às novas composições da estrutura familiar, e à necessidade de ressurreição matrística como alternativa ao patriarcado, e também ao matriarcado, por serem oposições de gênero por papel dominante. Na cultura matrística, que teria sido experienciada nas sociedades de caçadores-coletores, mulheres e homens podem participar de um modo de vida centrado na cooperação não hierárquica, numa relação de confiança, e não de controle e autoridade. Isso, para Maturana e Verden-Zöller, define-se pela configuração do emocionar e seu sistema de conversações. "Na vida dos seres humanos – na qualidade de seres biológicos – nada acontece porque é necessário, vantajoso ou benéfico. Esses adjetivos só são aplicáveis no âmbito dos valores, ou seja, no contexto dos comentários que um observador pode fazer sobre as consequências e as justificativas das preferências humanas" (MATURANA e VERDEN-ZÖLLER, 2004, p. 13).

O neurobiólogo chileno e a psicóloga alemã tratam o fenômeno biológico humano que envolve a mãe não como mulher, mas como "um adulto numa relação de cuidado" (Ibidem, p. 15). Para eles, nessas condições, mulheres e homens estão em igualdade para dar atenção aos filhos, desde que sintam nessa relação uma vontade e não um dever. "A maternidade, seja ela feminina ou masculina, é um fenômeno cultural (...) Fazer algo pelo outro ou para ele não constitui subordinação ou servidão. É a emoção sob a qual se faz ou se recebe o que é feito que transforma esse fazer numa coisa ou noutra" (MATURANA e VERDEN-ZÖLLER, 2004, p. 21). Se são as emoções que determinam as nossas atitudes e, por conseguinte, a grande diversidade de modos de conviver manifestada na história cultural humana, o grande desafio dos tempos atuais é a priorização da liberdade de mães e de pais amarem e cuidarem de seus filhos em coexistência amorosa e estética, em um espaço "no qual as diferenças de sexo sejam apenas o que são" (Ibidem, p. 24). E isso só será amplamente assimilado e praticado a partir da construção de um consenso de valores em que a maternidade, feminina e masculina, seja sentida e respeitada como o ato humano mais importante de todos os que se imagine existirem. Para nos distanciarmos da premonição de Maldoror e nos aproximarmos de um estágio matrístico avançado, destaco dez virtudes:

Admiração
Amorosidade
Confiança
Constância
Cooperação
Decência
Divinização da vida
Experiência estética
Idealismo
Introspecção

Essas me parecem virtudes essenciais à construção de uma cultura com "qualidade de colaboradores iguais no viver de fato" (MATURANA e VERDEN-ZÖLLER, 2004, p. 24), capaz de superar as irracionalidades do crescimento inconsequente, estudadas por Ronald Wright a partir do comportamento de culturas que se destruíram pela busca de um progresso sem limites, desde o tempo em que a humanidade descobriu que o porrete era mais eficaz do que o punho e passou a medir seus avanços pela tecnologia. O dilema enfrentado pelos povos que foram vítimas do seu próprio sucesso, em diferentes graus de esperteza, ignorância e ambição, vem de uma deturpação da ideia de progresso, que o pesquisador chama de "mal de escala" (WRIGHT, 2007, p. 20). Ele cita os caçadores paleolíticos que progrediram quando aprenderam a matar mamutes com lanças. Depois, perceberam que poderiam conduzir rebanhos inteiros a precipícios, matando-os em quantidade, e passaram a viver um período de esplendor até acabarem com a fonte de caça e morrerem de fome.

Com o surgimento da ciência moderna e da indústria, há poucos séculos, a noção de progresso ganhou relevância e consolidação como ideal de desenvolvimento. Levar vantagem sobre a natureza foi um avanço tão encantador para a evolução econômica que boa parte do mundo perdeu o equilíbrio entre a necessidade e a cobiça. Em seu estudo, Wright mostra como a aceleração do crescimento deixou na paisagem do planeta monumentos que simbolizam as armadilhas das conquistas e dos fracassos das civilizações. Ele trabalha com referências de sociedades que ultrapassaram os limites naturais e colapsaram, como os sumérios, inventores da tecnologia de irrigação, mas que não conseguiram prever as consequências da catastrófica salinização de suas terras. Fala de como maias e romanos direcionaram suas cargas ambientais para territórios conquistados e, apesar do esgotamento imperial, deixaram remanescentes diretos que são parte da atualidade.

A reflexão de Ronald Wright estende-se ainda por Egito e China, culturas resistentes, mesmo com históricos de abuso da natureza. Em termos de potencial de devastação total do planeta, ele cita a indústria armamentista como a primeira a ter essa força, atribuindo ainda o mesmo poder destrutivo ao que chama de "hemorragia do lixo" (WRIGHT, 2007, p. 149) e à explosão demográfica. A insustentabilidade começou com a mudança do sentido de suprir necessidades para o de criar necessidades de consumo excessivo. Das referências apontadas por Wright, a mais chocante é o conjunto de centenas de desoladas e colossais esculturas de pedra (*moais*) que restaram da cosmovisão dos habitantes da Ilha de Páscoa. O autor faz isso longe das atribuições das maravilhas do mundo a atlantes, deuses ou viajantes do espaço, por considerar que a mistificação rouba de nossos ancestrais os seus méritos e de nós a experiência deles. "Nenhum desastre natural transformou isso: nenhuma erupção, nenhuma seca ou doença" (WRIGHT, 2007, p. 75). Tudo foi feito por pessoas trabalhadoras, produtivas, mas que resolveram pedir proteção "extática" para progredir.

O arqueólogo-escritor explica que o culto às estátuas se tornou cada vez mais competitivo e extravagante, o que foi exigindo o corte de mais e mais árvores para a montagem de altares, num círculo vicioso de anseio por abundância, que só foi parar quando restaram apenas as esculturas gigantes, que comeram o verde, o solo e a água. Foi então que a crença compulsiva se transformou em desencanto também compulsivo e, desesperados, os habitantes da ilha derrubaram seus monumentos e desapareceram. O certo é que somos o resultado de experiências da humanidade em que "os povos gentis não venceram (...) Na melhor das hipóteses, somos os herdeiros de muitas histórias impiedosas" (WRIGHT, 2007, p. 45). Estamos no auge do consumismo, do superpovoamento urbano e da exaustão dos recursos naturais renováveis da mãe Terra. Com o exercício da admiração, da amorosidade, da confiança, da constância, da cooperação, da decência, da divinização da vida, da experiência estética, do idealismo e da introspecção, acredito que traduziremos em prática social o que a sensibilidade humana tem de melhor em sua disposição de fazer o bem.

ALEMBERG QUINDINS

Alemberg Quindins, educador social, idealizador e presidente da Fundação Casa Grande – Memorial do Homem Kariri, de Nova Olinda (CE), ambiente de educação de crianças e jovens a partir da gestão cultural e do exercício de participação comunitária integral.

Qual a importância das viagens que você costumava fazer por lugares não usuais com sua família, e o que elas influenciaram no que você escreve?

Você toca em um ponto de grande valor para mim, Alemberg. Talvez a sequência de doze anos de viagens com os nossos filhos tenha sido a mais robusta das aventuras da minha vida. Entre 2003 e 2015 procuramos estar em muitos lugares, simplesmente desfrutando juntos de ambientes e de conceitos de vida que as pessoas imprimem ao cotidiano dos cantos que escolhemos como destino. E se por um lado viajar apenas para estar em um lugar tira obrigações de conhecer isso ou aquilo, ou de ter que fazer esse ou aquele programa, por outro, esse jeito errante de dar significado prático à ignorância facilita a abertura dos sentidos a confissões muitas vezes inesperadas por onde se passa.

Nas nossas viagens em família, tivemos o cuidado para ir paulatinamente alargando extensões territoriais sempre do mais próximo para o mais distante, a fim de facilitar percepções comparativas de todos nós e, especialmente, das crianças, que, viagem após viagem, iam também aumentando de idade e tomando consciência de semelhanças e diferenças sociais e ambientais. Como na imagem da propagação de ondas resultante de uma pedra que jogamos em água parada, mantivemos a nossa casa como ponto de referência, e, assim, fizemos o movimento de ampliar a circunferência para o Ceará, o Nordeste, o Brasil e a América Latina, até saltar o Oceano Atlântico.

Nessas andanças, vivenciamos alguns lugares detentores de força simbólica especial, o que nos permitiu acesso despretensioso a variadas formas de ver e estar no mundo em diferentes tempos da humanidade. Nesta época de pressão homogeneizante por que passamos, experienciar a energia de sítios incomuns e de peculiaridades sociais é fundamental para o nosso discernimento diante da vida e do viver. A título de ilustração, passarei a comentar alguns conectivos cruzados decorrentes das nossas viagens em família; interseções de campos de sentido que, para mim, foram essenciais no contato com circunstâncias alheias aos nossos domínios e que expressam uma subordinação da ideia de lugar não usual ao poder dos seus significados.

Passado impressionante

Estivemos dentro de várias cavernas decoradas com obras-primas das artes plásticas integrantes do conjunto estilístico da chamada tradição nordestina, que representa o maior acervo contíguo de pinturas rupestres da Terra. No Lajedo de Soledad, em São José do Piauí, na serra da Capivara, na serra das Confusões e em Itapipoca apreciamos exposições milenares feitas pelos nossos ancestrais pré-históricos em tonalidades pardacentas com predominância de traços avermelhados, da cor da ferrugem e do ocre. Alguns pintados sobre fundo esbranquiçado. Essas visitas suscitavam em nós hipóteses sobre o que aqueles desenhos e gravuras queriam dizer, mas, principalmente, quais os motivos que levaram e ainda hoje levam as pessoas a terem vontade de enviar mensagens ao futuro.

Por cada lugar desses passaram inúmeros grupos étnicos, que variando temas e técnicas deixaram seus mundos simbólicos fixados em uma evolução estilística, marcada por formas geométricas, grafismos morfológicos e pinturas narrativas. Do vão das grutas elevadas eu olhava para os meus filhos e me sentia contente por vê-los naquela espécie de janela para o céu, onde por cima da mata branca a vista nada pode alcançar além do nosso próprio firmamento interior. Somos aqueles seres tanto tempo depois, o hipertexto da humanidade, e nossa travessia merece atenção e respeito. Para isso, precisamos permitir a corporificação do imaginário das crianças, de modo a não perdermos a capacidade de sentir e de dar sentido e forma ao que somos capazes de imaginar.

A exploração de vestígios de um passado impressionante, que nos fez chegar ao que somos hoje, também ganhou ares de encantamento quando caminhamos pela praia de Wulaia, na baía da Antártica chilena, em que o naturalista britânico Charles Darwin (1809-1882) parou para conhecer os canoeiros Yámana e colher material de pesquisa, na viagem que fez a bordo do navio Beagle (1833), quando formulou a "Teoria da Evolução das Espécies". Estávamos diante de coisas inacreditáveis, como a descoberta da fantástica "plastificação" térmica utilizada pelos habitantes da região para se proteger do frio, tecnologia que deu origem à expressão Terra do Fogo.

É que eles andavam nus, mesmo em temperaturas abaixo de zero grau. Viviam praticamente em suas canoas e só desciam para acampamentos rápidos em busca de abastecimento de carne de guanaco e de frutas silvestres. Suportavam os ventos frios e a água gelada em situação de nudez porque untavam os corpos com óleo de lobo-marinho e de baleia, e com azeite de peixe. Assim, permaneciam aquecidos em fogueiras fixas (quando nas ilhas) e móveis (quando dentro de canoas) em brilho fugidio por trás das brumas. Ainda dentro da imensidão daquele cenário de silenciosas paisagens, tivemos contato com uma ampla variedade de organismos curiosos e coloridos, como os líquens, que contribuem para a formação do solo por meio da degradação de rochas.

Simplicidade da grandeza

A proximidade com feitos humanos misteriosos é uma atração que cativa as crianças. Nossos filhos ficaram muito empolgados quando chegamos a Nazca, depois de atravessar o deserto costeiro peruano, entre o mar e a Cordilheira dos Andes ocidental, em trecho formado por rochas vulcânicas, sedimentares, paleodunas e dunas de areias andantes. Não tínhamos a menor ideia de como eram de verdade os gigantescos e estilosos desenhos geométricos e de bichos, expostos ao cosmo divino sobre um platô (pampa) de 550 quilômetros quadrados, e isso dava mais vontade de vê-los de perto.

Antes, porém, sobrevoamos a área em um pequeno avião monomotor de seis lugares, dos quais um estava vazio porque não tinha copiloto. Vimos de cima aquela gigantesca exposição de arte, com suas enormes gravuras de aves, animais, vegetais e seres místicos, desenhadas entre os séculos 300 a.C. e 600 d.C. Ficamos estonteados com a precisão dos traços, com a disposição espacial e com o sentido transcendente dos enigmáticos geoglifos.

Depois de uma noite de conversas e suposições, fomos até a Carretera Panamericana e, de lá, seguimos a pé para ver de perto como foram mesmo traçadas essas linhas. Tomamos um choque de sofisticada singeleza, ao descobrirmos que o povo antigo do altiplano construiu aquela obra tão grandiosa e com tanta resistência ao tempo apenas afastando as pedras da superfície e deixando limpos os sulcos contínuos que constituem os desenhos e seus contornos harmônicos, com entradas e saídas em pistas trapezoidais, retangulares e triangulares.

Muitas são as explicações fantasiosas do que pode ter motivado os nazquenses a criarem essas figuras, normalmente com mais de cem metros de tamanho. Na pedagogia da viagem em família, o mais importante não é o apego a verdades, mas o exercício da sabedoria da dúvida. O que mais aproxima uma pessoa de si mesma é perguntar. E, dessa aventura, felizmente saímos mais cheios de indagações do que quando fomos ao encontro da arte dos geoglifos.

Se eles foram feitos como manifestação de transmissão da memória, se para serem observados por Deus ou para incentivar descendentes a pensarem no indivíduo como parte dos elementos perceptíveis do universo, não há como saber; o que é certo é que eles dispunham de um primoroso senso estético e de uma requintada tecnologia, inclusive o conhecimento da conservação pelo "sereno da noite" e pelos ventos que sopram rasantes, evitando que se acumulem terras sobre as figuras e venham a apagar suas linhas.

A sensação de sobrevoar Nazca e de depois sentir de perto a força do seu mistério pode ser associada à que sentimos na Amazônia. O verde das copas das árvores em escala de perder de vista surpreende quando em solo nos aproximamos dos monumentos naturais. Pela rodovia que leva à represa de Balbina, quase na fronteira com Roraima, fomos agraciados com uma situação de reverência à natureza. As formas, as cores, a beleza, a vastidão e a refrescância das águas que banham a Caverna do Maruaga e a Gruta da Judeia, nas quais tomamos banho, são avisos deslumbrantemente sutis de que antes de tudo somos seres da natureza.

O encontro com a simplicidade da grandeza também nos acometeu em andanças pela Amazônia. A floresta pulsa em ritmo e intensidade de variedades simultâneas, em uma biodiversidade de cadências que independe do tamanho dos acontecimentos em seu conceito de tempo, segurança, riqueza e permanência. Tudo é grandioso na selva porque a ideia de valor na natureza está vinculada ao todo e não a partes. O estado selvagem tem seu agito no movimento das águas, das chuvas, dos ventos, das folhas, das embarcações. É prazeroso andar num lugar habitado por um sem-número de mitos e lendas. A presença dessas forças que para muitos não existem projeta a aventura exterior e interior para além da viagem. Nos mistérios da selva há sempre uma história a contar. Em cada planta, em cada sombra, mora um ser fantástico nos olhando. Para sentir na pele o vigor dessa presença, o Lucas, que então tinha 13 anos, e eu fizemos uma caminhada de algumas horas pela mata fechada. O guia Luizinho tinha nascido e vivia na selva, e nos convenceu de que a floresta é um lugar mais seguro do que a cidade. Fundamentou dizendo que a dinâmica da natureza é mais previsível do que as ruas de uma cidade grande, citando como exemplo o fato de que a maioria dos bichos perigosos tem hábitos noturnos e que não há como alguém ser picado por uma cobra se não pisar nela em seu descanso.

Entre essas e tantas outras aventuras que fizemos pelo mundo verde amazônico, aprendemos juntos que caminhadas silenciosas pela floresta expandem a existência. Tudo o que está ao nosso redor torna-se muito mais do que se pode ver, ouvir, tocar, cheirar, saborear, lembrar e sentir. Os ciclos da vida fluem como se dissessem que, permanente mesmo, só a natureza em sua exuberante simplicidade, tudo o mais são circunstâncias.

Na natureza com os bichos

Um misto de espanto e fascínio tomou conta de nós no dia em que nos misturamos com mais de 70 mil casais de pinguins na Ilha Madalena, no extremo sul do continente. Sentimo-nos dentro de uma imagem de brincadeira de liga pontos. Eles cavam seus ninhos no barro e, para se localizarem, soltam zurros que lembram o relinchar de jumentos no cio. Os filhotes da espécie pinguim-de-magalhães tinham nascido e os pais estavam em estado de alerta, não permitindo que ninguém chegasse muito perto das suas crias. Para defender os ninhos eles tentam amedrontar quem se aproxima com ameaça de ataque de bicadas.

Esse comportamento agressivo foi interpretado por nós com comoção, justo que é da natureza dos pais protegerem os filhos. Sentimento igual sentimos ao ver os gestos carinhosos e pacientes dessas aves marinhas típicas do Polo Sul, quando elas distribuem nos corpos uns dos outros a substância segregada por suas penas para servir de impermeabilizante do frio nas águas geladas. Cuidados com a sobrevivência podem parecer cafuné.

A atração e o receio na relação com os bichos livres, por mais fofos que sejam, ocorreu também quando tomamos banho com os botos-cor-de-rosa no rio Acajatuba, pequeno afluente do rio Negro. Foi destacada a força da fantasia do meu filho Artur, então com 11 anos, diante dos saltos alegres desse mito da narrativa oral amazonense. Ele não sabia se abraçava ou se fugia das peripécias desse inquieto mamífero de água doce, mas sabia que estava brincando com uma lenda do folclore brasileiro, um ser capaz de se transformar em um belo e elegante jovem namoradeiro que aparece para encantar as moças nas noites de lua cheia.

Diferentemente da diversão com pinguins e botos, a aventura das cavalgadas por dentro dos pampas uruguaios nos levou a patamares imaginários da mitologia grega, com nossos corpos mesclados aos corpos dos animais. Por dias seguidos saímos por amplas plantações e pastagens como se fôssemos centauros em fruição sobre colinas que não seriam facilmente acessadas por outro meio. Trotamos por coxilhas distantes da pressa e de qualquer pressão de rotina; paragens de calmarias, onde só ouvíamos o som das patas dos cavalos, o vento e o canto dos pássaros. Assim, aprendemos que, em lugares como a estância San Pedro de Timote, perdida no meio do nada, as horas passam, mas não se vão; ficam apenas serenas como as árvores frondosas, as flores vivas, as luzes e as sombras dos recantos guiados pela poética da permanência.

Na quentura e na friagem

Quando subimos a Cordilheira dos Andes para brincar na neve, já tínhamos sentido o chão das cinco regiões brasileiras, com danações especiais pelos nove estados nordestinos. Em linhas gerais, havíamos saboreado as compotas de jaca da fábrica de doces Lili em Ipiranga, degustado os produtos das videiras de Petrolina, mergulhado nas águas verdes do Cânion de Xingó no São Francisco, caminhado pelas ruas enfeitadas de Arthur Bispo em Japaratuba, ressoado ao som dos ferreiros de Potengi, subido a serra da Barriga para chegar ao Quilombo dos Palmares, escutado um cego cantador nas ruas de Juazeiro do padre Cícero, tomado banho de lama no Brejo das Freiras, e até descansado na Grota do Angico, local da morte de Lampião, Maria Bonita e seus companheiros de cangaço.

Os dias de férias que os nossos filhos passaram sozinhos em experiência de convívio social e de emancipação da infância juntamente com as crianças, seus familiares e educadores da Fundação Casa Grande, em Nova Olinda, estão entre os mais completos dessa jornada sertaneja, considerando as características desse lugar em que a realidade se torna apreensível pelo exercício do afeto, da confiança, da curiosidade, da memória, dos saberes e da relação com a natureza. Foi muito bom para eles frequentar um espaço do qual crianças e jovens são corresponsáveis, e fazem isso com divertida e edificante exploração de possibilidades criativas.

Da quentura fomos para a friagem. Escolhemos um povoado de montanha, com o qual pudéssemos estabelecer um diálogo com o cotidiano de um mundo nevado, com temperaturas abaixo de zero. Em Farellones, no Chile, mais do que deslizar de esqui, pudemos encontrar espaços para brincadeiras, para ficar sem fazer nada, para conversar com pessoas do lugar e para admirar as belezas naturais, sem assédio de pacotes turísticos. Aproveitamos para escalar a neve sem pressa, curtindo cada camada da sua formação, cada textura dos seus cristais de gelo, pelos relevos da montanha entre saliências rochosas.

A diversão na neve é como a diversão na areia da praia. Escalar a montanha nevada traz sensações parecidas com as de subir grandes dunas. Apreciar os vãos da cordilheira é como contemplar a imensidão do mar. A paisagem andina gelada é tão bela quanto a paisagem quente da caatinga, que os nossos ancestrais índios chamavam de "Campo Branco". Tirando os extremos da altitude e da temperatura, ambas são marcadas pelo ar puro, por uma vegetação resiliente, formada por arbustos espinhosos, cactos, carrapichos, flores teimosas, e por pequenos riachos murmurantes. Vimos que nem tudo é tão diferente que não possa ser comparado.

O brincar e a brincadeira

Entre as descobertas que fizemos ao caminhar pelas travessas da fascinante plasticidade urbanística de Machu Picchu, uma deixou os nossos filhos tomados por uma animação reflexiva.

Na passagem da parte superior que dá acesso ao Relógio do Sol deparamos com uma rampa de pedra polida que nos pareceu um escorregador. Imaginamos a alegria das crianças incas deslizando naqueles paredões da enigmática cidade sagrada do maior império da América pré-colombiana. Aqueles meninos certamente brincavam antes de frequentarem a escola de preparação de líderes do Estado de Tawantisuyo.

A palavra inca quer dizer governante, guia, modelo. O inca era a pessoa que alcançava a sabedoria, que tinha a espiritualidade elevada, um corpo fisicamente forte e que era capaz de falar com Deus. Uma das provas de superioridade realizadora dos Filhos do Sol eram as pedras meticulosamente talhadas, encaixadas e polidas com areia e água na cantaria (Rumiqolqa). E os meninos incas usufruíam dessa tecnologia podendo brincar em superfícies inclinadas e lisas. Depois de se divertirem no brinquedo de pedra, nossos filhos e nós passamos a deduzir que não é à toa a presença constante de tobogãs em outras cidades peruanas, especialmente em Cusco, a eterna capital da civilização andina.

O pensamento acerca dos espaços sagrados do brincar afluiu também em nossas conversas quando fomos ao encontro de Astrid Lindgren (1907-2002) em Estocolmo, a autora do livro *Os Irmãos Coração de Leão*, um dos favoritos dos nossos filhos para as leituras noturnas que fazíamos com eles. Em toda a cidade há lugar para a cultura da infância, para o brincar e para a brincadeira. Alguns são prioritariamente dedicados a isso, como é o caso do Junibacken, um ambiente lúdico e literário que fica em Djurgarden, uma das quatorze ilhas ajardinadas e interligadas por pontes, que formam o território da capital sueca. Passeamos em um pequeno trem que circula por dentro dos contos de Lindgren, atravessando caracterizações de relatos, em narrativa lenta, subindo e descendo ao sabor da nossa respiração.

No interior da Dinamarca, celebramos a culminância do desenvolvimento infantil do Lucas e do Artur, e do amadurecimento da nossa liga familiar. A preferência por esse destino convergiu para dois marcos simbólicos dos vínculos constitutivos da nossa família: Odense (na Ilha de Fyn), a cidade natal do escritor Hans Christian Andersen (1805-1875), e Billund (na península de Jutlândia), onde nasceu a indústria da Lego e onde está localizada a sua fábrica sede, o parque e o Hotel Legoland, onde ficamos hospedados. Passamos um bom tempo na casa em que nasceu o autor de clássicos como *A Pequena Sereia*, *O Soldadinho de Chumbo*, *O Patinho Feio*, *O Pequeno Polegar* e *O Rouxinol do Imperador*. Ele viveu ali sua infância, numa época em que o rei era a lei, e a maioria dos dinamarqueses era pobre e analfabeta, mas nada disso o impediu de produzir uma literatura de desconstrução do materialismo, com humor poético e caricatural, em favor dos mais humildes, dos humilhados e dos injustiçados.

A hospedagem no Hotel Legoland foi enlouquecedora, entre panelões cheios de peças de lego, zonas de *videogames* de lego, camas e decoração com motivos de lego e restaurante com mesas de lego adequadas para crianças. Tudo bem harmonizado com obras de arte e com uma ponte de acesso direto a um bem arborizado parque que fala a linguagem da infância, que é o brincar e a brincadeira. A marca Lego nasceu da expressão "leg godt", que significa "brinque bem". E foi muito boa a diversão naquele parque onde tudo é integrado e espaçoso, com funcionamento de cidades em miniatura e montanhas-russas, mas que tem como guardiã a estátua de Andersen lendo um livro com uma criança.

A sacralização da brincadeira voltou a ser assunto renovado e espontâneo nas conversas lá de casa, com a nossa primeira de muitas atuações em sacizadas. Em 2007, data em que a Sociedade dos Observadores de Saci (Sosaci) estava comemorando cinco anos de sua fundação no Vale do Paraíba, a festa foi no Museu Afro Brasil, do Parque Ibirapuera, em São Paulo, com apresentações musicais, brincadeiras e exposições. Além da alegria do brincar, nos sentíamos orgulhosos de ver o meu livro *A Festa do Saci* nos nichos das principais obras nacionais sobre o Pererê e de estarmos ao lado da querida Joyce Campos, neta de Monteiro Lobato (1882-1948). A sacizice estendeu-se pela tarde do mesmo sábado com o lançamento do meu livro no espaço cultural da Cortez Editora, festejado com *show* da cantora Giana Viscardi e do Trio Sopramadeira.

Rivalidade no futebol

Os meninos não viam a hora de assistir ao clássico uruguaio Nacional x Peñarol, na semifinal de uma copa de verão. Bem antes da partida fomos conhecer o Estádio Centenário, a velha arena que sediou a primeira Copa do Mundo de Futebol, em 1930, e que tem esse nome como homenagem aos cem anos da primeira constituição do país, comemorados naquela data. A familiaridade proporcionada pela visita que fizemos ao estádio, incluindo o Museu do Futebol, em que se destacam as gloriosas conquistas da Celeste, como é carinhosamente conhecida a seleção uruguaia, nos deu segurança para curtir uma integração com os torcedores apaixonados daquele país.

As arquibancadas estavam lotadas. Mais de 60 mil pessoas foram incentivar os times de suas preferências, nesse que é considerado o mais antigo clássico da América do Sul. Escolhemos torcer pelo Peñarol, pela semelhança da camisa do aurinegro com a do nosso alvinegro cearense, e ganhamos o jogo como parte da vibração da "carbonera", como é chamada a torcida do Peñarol, que, em suas origens, era formada basicamente por operários da companhia ferroviária, responsáveis pelo abastecimento de carvão nas caldeiras dos trens.

A experiência de sentir na pele as emoções das torcidas de grandes adversários do futebol de outros lugares contribuiu para o nosso entendimento do que se passa na psicologia das multidões em dias de partidas acirradas do Ceará com o Fortaleza, na rivalidade local, ou nos clássicos nordestinos. Das explorações que fizemos nesse sentido, vale realçar ainda a que vivenciamos em Porto Alegre por ocasião de um grenal. O Lucas e o Artur quiseram testar a reação dos gaúchos e passaram todo o dia do jogo vestidos, um com a camisa do Grêmio e o outro com a camisa do Internacional. Ouviram poucas e boas provocações, mas como estavam cientes da brincadeira, encararam tudo com bom humor. À noite não fomos ao estádio, pois sabíamos que nas arquibancadas do Beira-Rio não haveria lugar que abrigasse lado a lado colorados e gremistas.

Imóvel, mas não inerte

Vimos a frase latina *Immotus nec iners* em uma das paredes da oficina de Francisco Brennand, em Recife. Ela mexeu com o nosso conceito de escultura tanto quanto as formas modeladas por Brennand mexeram com a nossa imaginação e com a maneira como vemos e sentimos o mundo. "Imóvel, mas não inerte" foi a mensagem encontrada pelo artista plástico pernambucano para alertar aos visitantes que, mesmo paradas, suas obras cerâmicas estão em atividade, monumentalizando a vida pela energia divina do barro. A arte de Brennand transmitiu para nós um testemunho da existência real do imaginário. Pelo olhar circunspecto das crianças diante do Ovo Cósmico, símbolo da imortalidade, deduzi que elas gostaram dessa síntese dos aspectos míticos da fantasia. Situação que se repetiu algumas vezes diante dos relevos com caracteres, figuras enigmáticas, adornos, representações mitológicas, lagartixas, sapos, tartarugas, ovelhas e aves, entre as quais a representação do Pássaro Rocca, fazendo as vezes de guardião desse misto de ateliê, museu e templo de estética.

Comportamento equivalente tivemos também quando entramos no inquietante ambiente de centenas de esculturas ao ar livre, feitas em bronze, ferro e granito por Gustav Vigeland (1869--1943) e dispostas no imenso parque público que leva o seu nome, em Oslo. No primeiro momento fomos absorvendo o impacto da criatividade plástica integrada à natureza e espalhada em figuras na escala humana, nuas e com detalhes anatômicos, formando um vasto repertório de sentimentos, linguagens e relações entre as pessoas, com realces em motivos do inconsciente, gestos afetivos e expressões faciais presentes na humanidade desde o nascimento até a morte. No centro do Vigelandsparken nos sensibilizamos com os detalhes de mais de uma centena de esculturas humanas talhadas em uma só pedra de 17 metros de altura. O Monolito (Monolitten) é um entrelaçamento dramático que começa na base com figuras supostamente inertes, e sobre seus ombros desenvolve-se uma espiral de corpos de todas as idades que chega ao topo com a conquista de um grupo de crianças. Nessa coluna de gente, como acontece secularmente na tradição de vários povos, o escultor revela o comportamento de personas que se agarram umas às outras para subirem, para não caírem, e daquelas que se deixam levar na passividade.

Não diferentemente das demais crianças norueguesas e estrangeiras que estavam no parque naquele domingo, nossos filhos subiram nas estátuas, conviveram com suas estruturas de granito e seus espíritos de liberdade, entre brincadeiras de pais e filhos, mães amamentando, garotas e garotos trepados em árvores de pedra no meio de uma nascente, provando da capacidade humana de contribuir com a comunhão entre água, gente, vida e natureza. Foi impressionante aquela brincadeira de infância entre meninas e meninos que não falavam a mesma língua, mas que conseguiam se comunicar até com as crianças "imóveis, mas não inertes" do reino mineral.

Turismo cidadão

Chegamos a Punta Arenas com a intenção de levar os nossos filhos a uma aventura nas Torres del Paine, um dos lugares mais impressionantes nos quais a Andréa e eu tínhamos passado férias, anos antes do nascimento do Lucas e do Artur. Não deu. A cidade estava toda em greve, com suas saídas bloqueadas por barricadas feitas por moradores em protesto contra um aumento abusivo no preço do gás. Muitos turistas protestavam e a situação era bem crítica, não somente com relação a deslocamentos, mas de abastecimento e de preservação da integridade física, haja vista que o governo lançara mão de uma controvertida Lei de Segurança do Estado (Lei nº 12927), que permite a perseguição judicial a manifestantes e até a intervenção das Forças Armadas. Antes de tomarmos qualquer atitude, nos juntamos os quatro para tentar entender o que de fato estava acontecendo.

Apuramos que o gás é um insumo vital e de uso massivo naquele frio do sul chileno, tanto que seu baixo custo sempre foi tratado como incentivo ao povoamento e desenvolvimento da região. A confusão toda estava associada à privatização do petróleo, mesmo o recém-eleito (2010) presidente Sebastián Piñera tendo prometido em campanha que manteria o tratamento especial para a calefação domiciliar no sul do país. Entendemos que a luta era justa, pacífica e transversal, uma vez que unia diversos setores da sociedade, e estava sendo conduzida por uma Assembleia Cidadã, e não pelos partidos políticos. Fomos para as ruas, participamos de reuniões com líderes do movimento, demos entrevistas em rádios e participamos de passeatas, agitando a bandeira da Região de Magalhães. Uma semana depois, quando o governo sinalizava para o recuo, os coordenadores da paralisação autorizaram o nosso retorno ao Brasil. Os meninos perderam a oportunidade de conhecer as Torres del Paine, mas todos nós demos adeus aos piqueteiros em paz com os nossos corações.

Espírito da beleza popular

A festa junina mais encantadora que passamos com os nossos filhos foi em São Luís do Maranhão, quando o amigo Papete (1947--2016) nos convidou para uma animada e bonita noite na praça Maria Aragão, na qual ele fez o *show* de encerramento. Cantar e principalmente ouvir o bis com o povo todo entoando com ele a antológica "Boi da Lua", de César Teixeira, elevou o estatuto do espetáculo para o de celebração: "Meu São João / eu vim pagar a promessa / de trazer esse boizinho / para alegrar sua festa / Olhos de papel de seda / com uma estrela na testa". Ao fundo e ao infinito ainda soavam os sons dos pandeirões, do tambor-onça, das matracas e dos maracás abalando a ilha.

No começo da noite soubemos que, antes do *show* do Papete, haveria uma apresentação do batalhão de Apolônio Melônio (1918--2015), amo devoto do Boi da Floresta e seu sotaque da baixada. Procuramos por ele entre os boieiros e encontramos a lenda de boina preta e ralo bigode de pelos brancos, acentuando sua face negra brilhante e serena. Por cima da camisa rósea, de botões também cor-de-rosa, mestre Apolônio vestia um colete preto, com desenhos e bordados de multicoloridos arranjos florais, tendo ao centro a representação da pomba do Espírito Santo, numa explícita manifestação do sentido cultural e religioso do bumba meu boi.

Quando o boi entrou no ritmo, Apolônio apitou e nós fomos juntos, entre caretas, caboclos de pena, Negro Chico, Catirina, vaqueiros, onças-pintadas e mutucas que saem picando os brincantes para assegurar a alegria. O batuque é bom, as melodias, envolventes, e as coreografias, mágicas. Lindo, mas o mais belo dessa experiência foi percebermos que tudo acontece na praça como se todos dançassem nos terreiros de casa, dramatizando para familiares e vizinhos. A travessia do São João no Maranhão só tem paralelo, em nossas viagens, a outra manifestação popular da qual fizemos parte do cortejo, que foi a procissão de barcos do Bom Jesus dos Navegantes na cidade de Penedo, no extremo sul alagoano. A cidade toda desce aos fogos para a beira do rio São Francisco e aplaude as dezenas de embarcações caprichosamente enfeitadas com fitas coloridas que deslizam pelas águas, enquanto o sol se põe e o séquito fluvial ganha iluminação própria em contraste com o escurecimento das águas do Velho Chico. Na balsa ao nosso lado, o Santo abençoa o rio e os que dele vivem. Amém.

A força da imensidão

Encerro essa lista de exemplos das aventuras que fizemos durante a infância dos nossos filhos com dois momentos em que a força da imensidão explodiu em palavras pronunciadas por eles e que nunca deixaram de ressoar em nossas lembranças. Em muitas circunstâncias das nossas viagens, os impactos da estética natural foram determinantes como anuentes do valor de deixar a vida acontecer, apenas nos permitindo estar dentro de paisagens que nos ensinem a valorizar a existência.

Aos Lençóis Maranhenses fomos nas férias de meio do ano, no final da estação chuvosa, quando as dunas estão cheias d'água e boas para caminhar na areia compactada. Nesse período o campo dunar fica entrecortado de lagoas de água doce, umas azuladas e outras esverdeadas. A brincadeira de escorregar pelas encostas e cair nas águas cristalinas é de deixar toda criança maravilhada. Na chegada precisamos subir uma duna muito alta. O Lucas tinha 7 anos e o Artur, 5. O mais velho conseguiu escalar primeiro a montanha de areia. Descortinada a beleza do lugar, ele abriu os braços e gritou a plenos pulmões: "Isso aqui é o paraíso!".

Nas Cataratas do Iguaçu, seguimos em um bote pelo leito do rio até tangenciar as quedas-d'água. Um incrível volume de águas agitadas despenca multiforme em cachoeiras. O banho ora de fiapos refrescantes, ora em vapor de pingos esvoaçantes é de uma vivência sensorial indescritível. Mais do que estar dentro de um monumento da natureza, nos surpreendemos a todo instante com arco-íris em pequenas doses de cores ou ligando as margens da floresta, em uma estonteante festa de contemplação para a mente e de prazer para o corpo. O Lucas estava com 14 anos e o Artur com 12. O mais novo escreveu em seu diário: "Nunca pensei em chegar tão perto de uma das coisas mais belas feitas pela natureza".

Sentidos de cada um

Os fatos circunstanciados e resumidos atendem às narrativas que deles fazemos, não sendo, contudo, capazes de traduzir o acontecido. Como falar, então, do torvelinho orgânico de cada viagem, estando dentro dele? O que dizer da realidade do dia brumoso em que estivemos com os Uros, em suas ilhas flutuantes, distribuídas no espelho d'água do Lago Titicaca, na fronteira do Peru com a Bolívia? Esses alegres habitantes das alturas aquáticas fazem tudo a partir do talo de uma planta, a totora, nativa do lugar em que vivem. Eles navegam em barcos de totora, habitam casas de totora, comem em mesas, sentam em cadeiras e dormem em camas também de totora. E tudo sobre ilhas artificiais feitas de quê? De totora! A gente sai desses lugares com o pensamento alterado, mas contente com a oportunidade de observar que, cada qual a seu modo, todos nós passamos pelo mesmo processo de sublimação.

No dia em que fomos à Isla Negra, na costa chilena do Oceano Pacífico, ficar um pouco no recanto construído por Pablo Neruda (1904-1973) para escrever parte significativa de sua obra, inclusive o *Canto Geral*, fomos recebidos por máscaras de proa, réplicas de veleiros, conchas e caracóis trazidos de muitos lugares do mundo por onde o poeta sedimentou o seu imaginário do mar. Sentindo a força daquele cenário mítico na percepção dos meus filhos, resolvi comprar o livro *O Carteiro e o Poeta*, de Antonio Skármeta, a fim de ler com eles ao voltar para casa. Os diálogos do poeta com o jovem carteiro são maravilhosos. Em uma passagem, Neruda lê uns versos: "Aqui na Ilha o mar, e quanto mar / Sai de si mesmo a cada momento / Diz que sim, que não (...) que não pode sossegar" (SKÁRMETA, 2011, p. 22). E o carteiro, um tanto enjoado do balanço das palavras, comenta: "Quando o senhor dizia o poema, as palavras iam daqui para ali" (Ibidem, p. 23). À medida que eu passava as páginas do livro eles tentavam prolongar os instantes para ouvir mais e mais. O balanço modorrento de suas pálpebras entreabertas me avisava para ir baixando a voz até vê-los mergulhar sorridentemente em sono profundo.

Pois bem, Alemberg, com esses relatos procurei externar a importância das viagens alusivas ao tempo da infância dos nossos filhos, destacando, como você sugeriu, alguns dos lugares não usuais que vivenciamos em família. Convém dizer que, sejam quais forem os destinos, compartilhar descobertas é engrandecedor. Particularmente defendo que cabe aos pais e responsáveis o esforço que for possível para proporcionar às crianças que amam o usufruto de experiências que possam ir além das viagens normalmente ofertadas pelo mundo comercial em suas maravilhas e suas contradições. Dos tantos passeios que fizemos juntos, sinto que esses são os que mais intensamente tocaram nossa família. E, sem qualquer dúvida, foram os que mais influenciaram o que sou e, consequentemente, o que escrevo.

ALICE RUIZ

Poeta e compositora, autora de Dois em Um, *entre outros livros. Foi parceira de Paulo Leminski (1944-1989) na vida, na obra e no estilo hai tropikal de ser e fazer arte.*

Quais sonhos da tua infância você ainda não realizou?

Acontece um fenômeno curioso comigo, Alice, ao qual associo uma busca interminável de realização infantil. É uma espécie de *déjà-vu*, no sentido da sensação que sinto quando meu cérebro verifica a memória criada sobre certos livros e tenho a impressão de que já os li ou que estive com eles em situação de leitura. Na minha casa não havia livros, como era comum no interior onde eu nasci. Ler estava entre os meus sonhos quase impossíveis. Jamais esqueci a sensação de poder que tive no momento em que percebi a correspondência entre o vocábulo e o acontecimento na historieta de *Os Três Porquinhos*, com a qual fui alfabetizado. Os nomes dos personagens, Palhaço, Palito e Pedrito, cada qual associado ao material com que fizeram suas moradas (palha, madeira e pedra), nunca saíram da minha cabeça. Todo dia eu acordava bem cedo, ajudava meu pai a soltar a criação para o pasto, auxiliava a minha mãe a moer milho para o lanche e, depois, amava ir ao grupo escolar encontrar meus amigos e ficar ao lado dos porquinhos na tensa fuga do lobo mau naquele conto divertido e dramático.

A primeira vez que tomei consciência da recordação ilusória que tenho de livros que não li ocorreu no dia em que vi na casa de uma amiga, a jornalista Cinthia Medeiros, alguns volumes de uma coleção intitulada Novos Tesouros da Juventude. Ela me emprestou alguns exemplares. Eu não sabia nem por onde começar a ler tantas seções atraentes. No *Livro dos Porquês* fui vendo o que acontece quando a luz se apaga, se seria possível o céu desabar sobre as nossas cabeças e por que os mundos não se chocam. O *Livro da Ciência* estava ali nas minhas mãos, mostrando como se bombardeiam os átomos e discorrendo sobre ondas que revelam os segredos da natureza. A parte que trata de *Os Países e seus Costumes* tinha um quê de convite a passeios pelo continente africano, pela história árabe, pelo coração asiático, enfim, por todos os cantos do planeta. Nas páginas do *Livro de Nossa Vida* encontrei o corpo humano com sua floresta de nervos, detalhes do olho, a função dos alimentos, mistérios do cérebro e o sentido da audição. Tudo isso e muito mais em 18 volumes, com 17 seções, que incluíam ainda literatura, poesia, artes, lições recreativas, jogos e passatempos.

Emoção semelhante eu tive quando procurei me aprofundar na obra infantil de Monteiro Lobato (1882-1948), em decorrência do meu trabalho de comunicação para a governança no Grupo J.Macêdo, com o intuito de subsidiar os acionistas a entenderem melhor a essência e a extensão da marca Dona Benta, de produtos alimentícios. O que mais me surpreendeu nessa descoberta foi perceber que, ao criar o *Sítio do Picapau Amarelo*, com a intenção de motivar as crianças a construírem um país que pudesse aflorar e crescer a partir da própria inventividade, Lobato desenvolveu um método construtivista prático, com base na cultura, enquanto Jean Piaget (1896-1980) iniciava, por razões clínicas, estudos de processos semelhantes nos campos da biologia e da psicologia. A plataforma estética e educativa lobatiana está organizada em quatro personas-chave: Pedrinho e Narizinho, na condição de crianças abertas a tudo e sempre cheias de curiosidades; a Dona Benta, na representação pedagógica do adulto disposto a aceitar e a motivar as invencionices das crianças; a Tia Nastácia, na destacada posição de síntese da cultura popular; e a Emília que, sendo uma boneca, ficou com a liberdade de desconstruir a lógica das coisas sem dar muitas satisfações.

Lobato concebeu a estrutura da sua obra para crianças como ambiente de integração no qual tudo cabe e tudo se desenvolve com o combustível da curiosidade e da imaginação, potencializando a capacidade de meninas e meninos de refletir, criar ideias e conduzir o conhecimento, estágio após estágio, num crescente cogeracional de complementaridades e interdependências. No cotidiano do Sítio há sempre um mundo novo e desconhecido a ser explorado, quer em caçadas de saci na mata fechada do Capoeirão dos Tucanos ou nos labirintos do Minotauro em distantes aventuras pela Grécia Antiga. A evolução humana, as criaturas fantásticas, a ciência, a matemática, a física, a história, a geografia e a paz passaram a contar com um segredo especial de brasilidade naquele lugar imaginário, de onde foi possível, inclusive, chegar à lua bem antes dos astronautas e antecipar a descoberta de petróleo no Brasil.

Fui fazendo comparações e vi que um dos momentos mais brilhantes de Piaget foi, na década de 1930, quando ele trabalhou as noções de quantidade e número. Na década seguinte, provavelmente sem saber dessa façanha, Lobato lançou a *Aritmética da Emília*, cheia de recursos teatrais e dos encantos da magia circense. Nessa historinha, os Algarismos Arábicos entram no picadeiro como um grupo de malabaristas puxados pelo número 1. O Visconde de Sabugosa explica que o número 1 é o pai de todos porque se não fosse ele os outros não existiriam: "Sem 1, por exemplo, não pode haver o 2, que é 1 mais 1; nem 3, que é 1 mais 1 mais 1" (LOBATO, 2003, p. 9), e segue assim até a Emília deduzir que os algarismos são "feixes de Uns". Lobato aproveita a irreverência da boneca de pano para avançar da noção de número para quantidade: "Os algarismos são varas. O 1 é uma varinha de pé. O 2 é um feixe de duas varinhas; o 3 é um feixe de 3 varinhas" (Ibidem, p. 10) e assim por diante. Depois da apresentação dos números entra em cena a Dona Unidade, e o Visconde esclarece a razão de, sem ela, não existir qualquer quantidade: "Quando alguém diz, por exemplo, cinco laranjas, está se referindo a uma quantidade de laranjas; e nessa quantidade uma laranja é a unidade" (Ibidem, p. 12). Na sua vez de se apresentar, a própria Quantidade explica que serve "para indicar uma porção de qualquer coisa que possa ser contada, pesada ou medida. Se alguém pergunta que quantidade de gente há neste circo, eu conto as pessoas e respondo que há oito. Oito pessoas é uma Quantidade" (Ibidem, p. 12). Foi nesse clima que

Lobato desenvolveu a aplicação do construtivismo antes mesmo de ele existir. Depois de ler a obra de Monteiro Lobato com olhos de adulto, fiquei me devendo a experiência de usufruir da sua genialidade destituído de intensão analítica, como leem as crianças.

Com o nascimento dos meus filhos, Lucas (1999) e Artur (2001), percebi que eu tinha muitos sonhos pendentes no universo da literatura infantil e juvenil. Certa vez, visitando com eles o Museu Pedagógico de Montevidéu, não deixei de pesquisar sobre o educador José Pedro Varela (1845-1879), considerado um dos ícones da mais original mentalidade uruguaia, mas me detive mesmo foi nas narrativas de autores originários daquele país. Na livraria mais próxima compramos o livro *Chico Carlo*, com contos de infância de Juana de Ibarbourou (1892-1979). Ao ler "A Mancha de Umidade", novamente passei por um confortante *déjà-vu*. Nesse texto ela faz um relato da relação que desenvolveu com uma mancha na parede ao lado de sua cama, causada pela infiltração da água da chuva. Todo dia a menina Juana passava bons momentos descobrindo flores, paisagens, ilhas de corais, rostos de pessoas conhecidas, silhuetas de animais, rios, duendes, céus e nuvens em tonalidades de amarelo. Tudo o que escutava e de que tomava conhecimento ganhava vida na mancha de umidade. Passado o inverno, enquanto ela saiu para a escola, seus pais chamaram um pintor, que deu boas pinceladas de cal no lugar da mancha, deixando a parede limpa e branquinha. Quando ela viu, entrou em choque. "Em pé, na porta do quarto, contemplei atônita, quase sem respirar, aquele serviço que tinha para mim a magnitude de um desastre. Minha mancha de umidade tinha desaparecido e com ela meu universo" (IBARBOUROU, 2001, p. 14). Prometeu a si mesma nunca perdoar os responsáveis por aquela tragédia que lhe roubou "países inteiros cheios de gente e animais" (Ibidem).

A situação vivida pela poeta uruguaia me fez lembrar de uma réstia que havia no meu quarto de menino no sertão. Todo dia depois do almoço, meus pais fechavam todas as portas da casa para tirarmos a sesta. Deitado em minha rede, na escuridão do quarto, assim como Juana Ibarbourou, eu tinha momentos de deslumbrante experiência sensível. Enquanto ela se deleitava com as figuras da mancha de umidade ao lado de sua cama, do fundo da rede eu viajava pelo cosmos a partir de imagens reais do céu azul e das nuvens brancas em movimento, projetadas na parede lateral, proporcionadas pelo fenômeno físico da passagem de raios luminosos por um pequeno orifício entre as telhas. Eu amava aqueles instantes mágicos com tanta intensidade que pedi a meu pai para nunca mexer naquela fresta. Meu receio de perder a atração do descanso do meio-dia aumentava à medida que se aproximava a estação chuvosa, quando são feitos os retelhamentos das casas para evitar goteiras. Quando os homens subiam no telhado eu ficava tenso, ouvindo o arrastar das telhas umas nas outras, mas logo me confortava ouvir a voz do meu pai dizendo que ninguém mexesse na telha afastada que ficava na parede lateral do quarto do meio. Era o meu.

Toda vez que deparo com obras revolvedoras dos meus sentimentos infantis e juvenis, fico pensando em quantos autores que não li escreveram experiências semelhantes. Anos atrás, em Fortaleza, acompanhei o lançamento do livro *Fazendinha*, do poeta Rodrigo Marques. Inicialmente pensei que se tratasse de poemas sobre a vida no campo, mas ao me deleitar com seus escritos notei que "fazendinha" vinha do tecido que era bordado pela mãe e pela avó do autor. Isso me remeteu instantaneamente a cenas da minha mãe bordando em cadeira de balanço no quintal de casa. Rodrigo foi criado entre as fantasias de linhas e agulhas e fez um maravilhoso livro de prosa poética, poemas e literatura de cordel. "Pétalas de chuva / em cachoeira / pela fazenda / de linho" (MARQUES, p. 13) foi bordado, do mesmo modo que o pano do varal torce o pato de chita e "Pelo chão fica uma poça molhada / Entre o bico e os pés torcidos / fica o pato enrolado" (Ibidem, p. 38). Jabuti, viola, pavão e cata-vento, tudo cabe nesses panos de recriação imaginária do que foi imaginado bordando e brincando.

Percebo que os meus sonhos de infância seguem em busca de realização quando descubro obras como *Rônia*, da escritora Astrid Lindgren (1907-2002), autora sueca que acreditou na infância como um princípio fundante da grandeza humana, e talvez por isso tenha escrito várias obras baseadas diretamente na própria existência e inspiradoras do cultivo da brincadeira, da imaginação, da descoberta transgressora e inventiva do mundo. No dia em que Andréa e eu estivemos com nossas crianças no Junibacken, em Estocolmo, um espaço dedicado à infância leitora, compramos vários livros de Lindgren, em versão espanhola, e, entre eles, esse que narra a aventura da filha de um bandoleiro parecia me pedir para ser lido nesses tempos de exacerbação da violência e da intolerância. *Rônia* acontece em ambiência medieval, mas é uma obra contemporânea, por se valer da cultura da infância para mostrar que mesmo os filhos dos bandidos têm os seus filtros, sua ética, seu senso de justiça e solidariedade. Em um cenário de ódios, a literatura de Astrid Lindgren consegue colocar uma menina e um menino influindo com sensibilidade, respeito à natureza e alteridade, nos rumos do meio onde vivem. A força literária dessa autora está na intimidade que ela, como menina do campo, desenvolveu em um ambiente de afeto, confiança e liberdade. Ao longo da narrativa repete-se o canto que a mãe de Rônia cantava para ela toda noite, uma espécie de boi da cara preta nórdico, que fala da espreita de lobos selvagens, esperando para atacar, mas só conseguem mesmo é aumentar o aconchego do ninar.

São muitos os livros que me dão a sensação de já tê-los lido ou de ter estado presente no contexto das suas narrativas. Em toda livraria em que entro, procuro sempre descobrir onde eles estão escondidos, normalmente nas prateleiras de baixo. Foi o que aconteceu com *Por um Simples Pedaço de Cerâmica*, da escritora coreana Linda Sue Park. Comprei-o por intuição de capa, para ler durante um voo entre São Paulo e Fortaleza, e fui tão impactado pelo seu conteúdo humano que, quando cheguei em casa à noite, fiz questão de iniciar sua leitura com os meus filhos. A história acontece no século XII, como exercício de consciência em um povoado coreano, com destaque para a sensibilidade, o papel da atenção ao outro e as fronteiras da convivência solidária. Os personagens do livro de Linda Park são claros até em suas dúvidas. Realizam a vida com esmero, distração, rudeza e amorosidade. Podem até não saber, mas sentem que viver exige força, determinação e coragem de existir com grandeza, mesmo quando se sentem fracos e frustrados. É bem preciosa a forma emudecida como os personagens descobrem os sonhos uns dos outros e, recatados, tentam contribuir para que se realizem. Todos apresentam posturas traçadas por dentro de suas almas, onde a comunicação muitas vezes se dá em palavras não pronunciadas. Com aceitações que às vezes parecem recusas, eles se fortalecem na separação entre o fundamental e o supérfluo.

São personagens que agradam, mesmo quando suas atitudes são desagradáveis. Com maior ou menor intensidade, essa parece ser a vida dos lugares silenciosos, onde a realização pessoal e coletiva ocorre como resultado do desejo sincero e como fruto de insistentes procuras do espírito criativo. Acredito nisso e sei que muitos autores de obras infantis e juvenis ainda me darão o prazer de conhecer mundos nos quais eu reconheça a minha meninice e juventude. Gosto desse sonho porque ele nasceu de uma vontade de leitura e tem se realizado naturalmente em um processo constante de descobertas.

AMARÍLIO MACÊDO

*Empresário e presidente do Conselho de Administração da J.Macêdo S/A,
empresa brasileira de alimentos, líder de segmentos nas categorias de farinha de
trigo doméstica e de mistura para bolos, e a segunda maior empresa nacional no
segmento de massas alimentícias.*

**Como uma empresa deve ser, a fim de
ser antenada no momento que vivemos,
benéfica para a sociedade, ao meio
ambiente, à mãe Terra e ao mesmo
tempo com compreensão do futuro
e da sua perenização?**

Os desafios enfrentados pelas organizações empresariais no
século XXI, Amarílio, passam por um complexo redesenho da economia mundial, que está diretamente vinculado às tensões geopolíticas, à adaptação a novos ambientes de negócios físicos e virtuais, e

às mudanças de hábitos na agenda social e política; movimentações intensas e diversas que afetam o consumo e a relação com o consumidor. O desempenho das companhias hoje é acompanhado por analistas de mercado, investidores, clientes, consumidores, cidadãs e cidadãos cada vez mais cheios de informações, o que requer mais transparência, lisura nos procedimentos e ampliação do diálogo com todas as pessoas e grupos que têm suas vidas de algum modo relacionadas à existência de uma empresa e ao que ela faz. Além do cumprimento das obrigações trabalhistas, tributárias e ambientais, e do acirramento da concorrência e da competitividade, aumentam, para o bem e para o mal, as pressões sociais sobre as corporações.

O momento é de crise civilizatória e a empresa privada está entre os alvos das críticas feitas ao neoliberalismo. Para o economista franco-brasileiro Ladislau Dowbor, vivemos o esgotamento de um conjunto de instituições que já não respondem às necessidades de convívio produtivo e civilizado. Nesse cenário de transformações com avanços tecnológicos espetaculares e desarranjo social e político, com a empresa sensível aos tempos e a população sensível à empresa, o dilema é descobrir como conciliar a eficiência econômica com o papel social dos negócios. Assim sendo, a empresa precisa se reinventar, enquanto o mundo vai revendo os caminhos que o levou a tantas desgraças, injustiças, concentrações e desigualdades extremas. A tarefa não é fácil, visto que as balizas dos preconceitos estão por toda parte a apontar culpados e raramente a pensar em alternativas. "Pensar, como se sabe, é trabalhoso. Muitos preferem ter opinião" (DOWBOR, 2017, p. 12). O problema torna-se maior por se tratar de transnacionais que controlam a economia, se apropriam de parte dos aparelhos de Estado e influenciam as dinâmicas comportamentais em todos os continentes. Dowbor vê as corporações como o principal núcleo dominante do planeta, sendo muitas delas financeiramente mais fortes do que muitos países. "Agindo no espaço planetário, na ausência de governo/governança mundial, frente à fragilidade do sistema político multilateral, as corporações manejam grande poder sem nenhum contrapeso significativo" (Ibidem, p. 41).

A constatação de Ladislau Dowbor é que o planeta está sendo destruído em proveito de uma minoria. Citando dados de um estudo do Crédit Suisse (2016), ele ressalta que apenas oito famílias detêm um patrimônio igual ao da metade mais pobre da população mundial. Uma concentração de riqueza que "não funciona para o planeta, nem no plano ambiental, nem no plano social, e muito menos no plano político. Pior, nem no plano econômico funciona" (DOWBOR, 2017, p. 57). A situação é tão grave que até as velhas rusgas entre capital e trabalho já não têm tanto espaço na pauta quanto essa extrapolação do capitalismo. Amplia-se o cerco ao que é mesmo direito e dever da pessoa jurídica – empresas, associações, igrejas, partidos políticos, governos e demais atividades econômicas e de interesse social –, enquanto entidade moral não humana, mas formada por humanos dotados de consciência e vontade. Ser pessoa é um atributo humano que, por necessidade de organização social, foi associado a um sujeito abstrato, com personalidade e capacidade jurídica. Entretanto, a figura da pessoa, mesmo jurídica, tem sido vista em seu efeito de metonímia; portanto, parte de uma sociedade, com a qual deve se corresponsabilizar, contribuindo com seu modo de ser e de agir para o desenvolvimento e o bem-estar social e cultural.

Diante de tudo isso, as saídas para o êxito empresarial vão ficando mais e mais aproximadas das boas práticas de governança.

Cresce o interesse das empresas por Conselhos de Administração que tenham condições de se responsabilizar pelo desempenho das companhias, analisando e antecipando-se a tendências econômicas, geopolíticas, sociais e tecnológicas que o cotidiano operacional da diretoria executiva não permite identificar. Uma boa governança que assegure a distinção entre propriedade e gestão, e que, preferencialmente, recomende a contratação de lideranças mais orgânicas, portanto mais comprometidas com a cultura da empresa e com a estratégia do negócio, e que garantam a entrega do que a companhia promete a clientes e consumidores, e o que está pactuado com os acionistas e investidores. Conselhos que sejam capazes de cuidar do prazo de validade da estratégia, seja por motivo de dinâmica interna ou por mudanças tecnológicas, ações da concorrência ou alteração de preferência do consumidor; que estejam atentos à proteção do caixa, mas também das posições-chave, ao clima organizacional, à filosofia de remunerações e benefícios, a mixes de metas ousadas e realistas, a indicadores de longo prazo factíveis e para que os níveis de riscos assumidos estejam apropriados ao porte do negócio. Conselhos que se distanciem dos impulsos de cogestão, que façam questionamentos bem estruturados, fugindo às tentações de microgerenciamento retórico, que evitem a vulnerabilidade dos modismos, que cobrem resultados, mas que passem confiança à companhia, com mensagens claras e com qualidade das decisões, agregando valor, tornando a empresa mais atraente para investidores e desejada por clientes e consumidores.

Parafraseando o entendimento do filósofo alemão Emmanuel Kant (1724-1804) sobre as aspirações humanas, eu diria que as pessoas que trabalham em uma determinada empresa não estão buscando a felicidade no trabalho, mas certamente procuram encontrar os meios de se tornarem dignas de serem felizes. As empresas que aspiram por perenidade devem contribuir para que seus dirigentes e funcionários tenham qualidade de vida pessoal e relações comunitárias saudáveis, começando na fábrica, no escritório e indo até o corpo a corpo com o mercado. É possível ser uma empresa feliz, uma vez que tenha como suporte valores testados e refletidos para subordinar suas ações, respeitando as pessoas e as características culturais dos lugares onde atua. Quando um negócio atende suas prerrogativas de lucratividade considerando o bem comum, é natural que tanto institucionalmente quanto nas atitudes de cada um dos indivíduos que a integram – desde o trabalhador mais simples até o acionista controlador –, haja compromissos sociais dentro de suas convicções, e não com intenção de obter boa imagem às custas da miséria dos outros e de circunstâncias de calamidades sociais e ambientais. Uma empresa precisa de crenças que convirjam em pontos constitutivos da sua cultura. Assim como não existe *marketing* social, não existe capital humano. Gente não é recurso a ser aplicado em um negócio. Nem por analogia as pessoas deveriam ser tratadas como capital, pois elas não têm dono. Todas as que integram uma organização têm suas vidas, suas individualidades, mas dentro da empresa são sócias dos bens intangíveis da cultura organizacional. Isso é bom para quem trabalha, para a produtividade e para o retorno do capital investido.

Esse é o primeiro movimento para uma empresa ser desejada. É esse passo que leva à geração de produtos e serviços de qualidade aos consumidores. A partir da satisfação interna a organização está preparada para integrar de fato o conjunto de equipamentos voltados ao bem-estar e ao desenvolvimento. José

Dias de Macêdo (1919-2018), o visionário fundador do Grupo J.Macêdo, sempre foi taxativo neste aspecto: "O empresário tem que estar atento à função social da empresa, não só como contribuinte fiscal e pelas oportunidades de emprego que oferece, mas especialmente pela responsabilidade em termos de desenvolvimento econômico e de elevação do nível de bem-estar social". Reproduzo esse pensamento com a felicidade de quem acompanhou seu autor de perto, pelos anos em que presidiu o Conselho de Administração, e que por mais de três décadas atua na comunicação da Governança, com a oportunidade de testemunhar a aplicação da filosofia de uma empresa que tem um histórico de 80 anos de vocação pioneira e de integração responsável com as comunidades com as quais se relaciona, tratando de maneira especial as questões relativas ao meio ambiente, à cultura, cidadania, pesquisa, tecnologia, educação, capacitação, parceria, inovação, garantia de qualidade e respeito ao consumidor.

Integrada à sociedade e não vista apenas como um instrumento de exploração capitalista, a empresa pode obter sua lucratividade sem matar a "galinha dos ovos de ouro". Essa sabedoria que, em nome de Esopo, vem dos gregos para mais de dois mil e quinhentos anos atrás, alerta que o segredo da prosperidade sustentável está no controle da ansiedade, na paciência que não teve o protagonista dessa fábula: "Sem pensar duas vezes, subiu no terraço e, sem piedade e sem nenhum reconhecimento pelo que a galinha lhe fizera, cortou-lhe o pescoço" (DRUMMOND, 1996, p. 11). E, como a galinha não tinha ouro na barriga, a ilusão se desfez, tudo desapareceu, quando ele poderia ter se valido do uso da criatividade, da inovação, para seguir expandindo. Descobrir o que fazer com o ovo de ouro que é posto todo dia pelo negócio é onde está o segredo da perenidade e do reconhecimento. Mais do que admirada, uma empresa pode ser desejada. O equilíbrio para tal condição está em olhar para onde se quer chegar e não para os pés, sem nunca regatear o combinado. Tudo isso é de grande importância, sobretudo em momentos atuais, marcados por uma intensa alteração de significados e de novas expectativas diante da função empresarial no processo de evolução social.

O advento das novas tecnologias de gestão voltadas para a cultura permite que ativos imateriais, tais como a convivência, a credibilidade e o propósito, componham com destaque os bens intangíveis de uma companhia, renovando o ar abafado dos tempos difíceis, por meio do exercício da pulsão restauradora dos sonhos fundantes da organização e do estímulo ao espírito revolvedor de novos paradigmas. Organizações empresariais que são necessárias e desejadas, mais do que agentes de desenvolvimento econômico-social, são percebidas em sua essência como um campo formado por referências culturais, simbólicas e imaginárias. Os valores incorporados ao longo dos anos, as crenças compartilhadas, o espírito de unidade e os desafios comuns formam um amálgama comportamental com tez própria. As principais e mais ativas horas do dia são usufruídas na convivência no local de trabalho. Nesse período comum, as pessoas concentram seus esforços em um só objetivo, que é a movimentação da vida empresarial, e isso exige socialização e definição de cada um com relação ao ideal proposto. No dia a dia do trabalho, nas atividades externas, nos comentários que faz em grupos sociais, sejam religiosos, desportivos, familiares etc., o membro de uma organização constrói o conjunto de referências que possibilitam a formação de um conceito empresarial público. Para ser desejada externamente, a organização precisa ser querida entre os que fazem o seu cotidiano. É neste sentido que a carga de simbologia que acompanha o histórico da sua atuação tem muito como ajudar. Mais do que grandes, em termos de proporções físicas, os símbolos motivadores do sentido existencial da empresa são assimilados por meio da emoção contida na narração dos feitos da organização.

Quanto mais a cultura se revela através de quem está no dia a dia da organização, mais se configuram os traços de identidade e mais nitidez a empresa obtém na avaliação dos seus públicos de interesse, e até mesmo no senso comum. Ao conquistar um conceito bom de lugar para se trabalhar e de que é um equipamento indispensável ao meio onde desenvolve suas atividades, a empresa torna-se desejada e, consequentemente, seus produtos e serviços também. O mercado, a competitividade, o sucesso de vendas, a superação do faturamento dos anos anteriores, a lucratividade e tantas outras metas fazem parte da face visível das organizações empresariais. Mas por trás das conquistas econômicas e financeiras, a necessidade de ser desejada leva a empresa à promoção de inúmeros malabarismos conscientes e inconscientes. Por inevitavelmente ter uma cultura e por gozar da possibilidade de construção de uma imagem referencial, a empresa busca incessantemente fantasias que possam realizar essa necessidade. O inconsciente coletivo das organizações almeja esse reconhecimento tanto quanto a elevação dos gráficos nas planilhas de faturamento. O racional é sempre menos ousado do que o imaginário. A superação de objetivos recai na emoção da operacionalização da vida, porém o orgulho vigoroso da admiração é o que move a força de viver e de fazer tudo com gosto para ter o contentamento de conquistar o resultado.

O prazer de pertencer a um agrupamento identificado pela sociedade como necessário e desejado contribui significativamente para a fecundação da imaginação, ensejando novos caminhos para a realização individual e coletiva. Ter ou não prazer em fazer parte de uma organização é uma questão de motivação, de valorização da dinâmica renovadora e sedutora do imaginário. O que posiciona a empresa como uma célula social portadora de espírito elevado é a sua imagem. Como a identidade tem na pessoa jurídica o mesmo nexo que a personalidade tem para a pessoa física, para a empresa institucionalmente bem resolvida é bem mais fácil se guiar ante as pressões feitas às instituições para que adotem ou reforcem uma conduta moral e ética compatível com as exigências contemporâneas. "Na minha convicção, os caminhos estão na construção de uma sociedade mais esclarecida, com governos e empresas legalmente obrigados a funcionar de maneira mais transparente, com sistemas de gestão mais descentralizados e comunidades mais participativas" (DOWBOR, 2017, p. 13). A empresa desejada, que goza de reputação no mercado e na sociedade civil, certamente atravessará as turbulências da hipermodernidade contribuindo para a promoção humana e para o desenvolvimento econômico-social.

ANA LÚCIA VILLELA

Idealizadora e presidente do Instituto Alana, organização sediada em São Paulo (SP), que atua nacional e internacionalmente com projetos destinados à melhoria de condições para a vivência plena da infância.

Como cultivar nas crianças e permitir – e potencializar – a expressão daquela imaginação que voa solta e que cria histórias, poesias e músicas?

O desafio que você coloca, Ana Lúcia, tem sabor de alegria, mas não é fácil de ser tangibilizado. Na minha experiência de afetividade paterno-filial, refleti muito sobre a necessidade de evitar a idealização, o estímulo em excesso e a doação em demasia, comportamentos que podem levar nossos filhos a não se sentirem à vontade para a realização plena da infância por meio da brincadeira e do jogo. Nesse esforço de compreensão dos cuidados com o desenvolvimento das crianças que amamos, aprendi que a individuação de meninas e meninos requer experiências sensoriais equilibrantes e ligações imanentes do real com o imaginário, para que participem ativamente do processo de fabulação próprio do humano, de modo que suas vidas não se resumam apenas a uma existência.

A construção de vínculos durante a fase intrauterina e a primeira infância é a chave para a abertura das portas da sensibilidade, que começa com os sons. Na gestação e na primeira infância o ser humano passa por um tempo de preciosa experiência acústica. Isso porque o estado emocional de cada indivíduo está inicialmente associado à audição. A presença de ondas sonoras, sobretudo aquelas entoadas em carícias das vozes maternais, é fundamental para o desenvolvimento de laços afetivos. A região do ventre é tocada por tudo que é audível, sejam sons harmônicos ou ruidosos, e a disposição do ouvido é capaz de registrar impulsos minúsculos da realidade sem se prender aos limites das superfícies que barram os demais sentidos. O som permite a nossa aproximação com o que está por trás das coisas, e é assim que o ritmo respiratório e as batidas do coração da mãe se somam às vozes e aos sons externos, contribuindo no período pré-natal para os primeiros acordes da nossa consciência do mundo.

Ao nascer é importante que o bebê reconheça alguns dos sons externos que escutou dentro da barriga da mãe, principalmente a voz dela. Essa identificação inspira segurança, proteção e carinho. O recém-nascido precisa de conforto na psicodinâmica de controle da ansiedade causada pela separação da mãe, pelo medo do abandono e pelo choque com a luz no processo de abertura dos olhos. A criança tem normalmente no pai o elemento provocador da sua percepção de que não faz parte da mãe. Nesse momento, ter sons já soados e vinculados à voz paterna conduz a uma situação de bem-estar. Sem contar que esse colo de som torna ainda figuras parentais, cuidadores e educadores mensageiros de valores culturais.

Nos primeiros momentos de vida do bebê, recursos como o da música, da poesia e da literatura podem servir de elementos transicionais, como acontece com os paninhos e os bichinhos de pelúcia. O som de dentro das palavras, presente no sentimento que a fala carrega durante a leitura, no tom, no timbre e na modulação da voz, toca o código de significados, enquanto a música cita o código de significantes. A audição continuada favorece a criação de campos de força da relação harmoniosa, em sedimentação de lembranças sonoras que não se limitam a recordações, pois movem-se em cadências subjetivas, fluindo pelos fenômenos físico, emocional, sentimental e estético rumo à construção de vínculos.

O cuidado com a sonoridade poética e musical durante a gravidez e a primeira infância põe simultaneamente a criança em contato com a sua natureza interior e exterior, produzindo o sentimento de ser parte do todo. E o ponto de encontro dos mundos placentário e planetário é o som e seu poder de alcançar vibrações íntimas profundas. Convém lembrar que o som vem de antes dos humanos, estava na natureza desde sempre. Não conformada apenas com o sentir, a inteligência humana combinou elementos sonoros da força ativa do mundo invisível e criou a música, e, com o mesmo impulso, inventou a palavra, feita de fonemas e significados. Nas matas, o som do vento é fenômeno natural. Enquanto desconhecido pelas pessoas, assusta e vira substantivo, duende, saci e outras entidades fantásticas. Em si, a performance do som depende do ambiente, ao passo que, na mente, os significados subordinam-se à intuição, ao saber e ao conhecimento. Tudo, no entanto, está entrecruzado com os demais sentidos, constituindo o âmago do nosso ser, como bem resume a escritora canadense Nancy Huston: "As primeiras marcas – língua materna, histórias, canções, impressões gustativas, olfativas, visuais – serão as mais profundas" (HUSTON, 2010, p. 64).

Em uma perspectiva histórica podemos encontrar a fala dos sons e os sons da fala tornando-se instrumentos para atrair, para espantar e para afagar; aproximando-se em manifestações de espiritualidade, nas comemorações pela vitória na caça e na guerra; e ganhando força estética em contação de contos, na poesia e na narração com música, em rodas de cantos e danças. Do universo das relações sensoriais surgiu a composição musical, e do universo das redescrições da realidade nasceu a literatura; ambas partilhando da mesma matéria-prima: os sons e seus intervalos. Quando juntas, a música e a literatura ganham força para chamar o humano pelos sentidos e suas sensações; pela mente e suas criações; e pela alma e seus mistérios.

No mundo de signos em diversão, constituído pela coexistência das particularidades dessas duas linguagens, é o ouvir e não ouvir que constrói o ouvir-se. Brincando no seu tempo interior, por onde passeiam a consciência das coisas e seus nexos emotivos, a criança estabelece vínculos entre o som de dentro das palavras e o som de dentro dos significados para sentir, pensar, refletir e produzir narrativas. E toda história tem trilha sonora, cadência, ruídos e efeitos de sons reais e imaginários, que a compõem na dinâmica das necessidades, dos desejos e das expectativas do indivíduo em seu mundo circundante. Do momento em que desembarcamos na Terra, pelo nascimento, até a viagem de volta, ao morrer, somos o sentido do nosso enredo. "A narratividade se desenvolveu em nossa espécie como uma técnica de sobrevivência" (Ibidem, p. 9). E é isso o que nos distingue enquanto persona.

Oferecer à criança o acesso a fontes fabuladoras é muito importante para o fortalecimento de sua capacidade de dar conta do real, interpretando e reinventando o mundo. Nessa jornada, o ato literário e musical dá vazão à liberdade do si, contribuindo para evidenciar os significados dos intervalos como plataformas de reações sensíveis, respeitando a unidade de medida de cada pessoa e seus efeitos particularizados, possibilitando uma partida do tempo interior para a formação do ser crítico e criativo no tempo coletivo. Isso ocorre quando música e literatura se juntam em métrica e em sílabas, articulando o idioma da infância, que é o brincar, para a brincadeira do cantar com palavras, na matemática do prazer estético, da satisfação social, do calor da afetividade e do sentimento de recriação da vida e de encantamento do cotidiano.

Ler para o bebê ainda na barriga da mãe é um exercício de criação de vínculos fundamental para o equilíbrio dos sentimentos e das emoções da criança. O uso da música nessas circunstâncias também é de grande valor como preparação para o pós-parto e primeiros anos de vida. Um dos momentos mais sublimes na relação com a infância é a hora de colocar o bebê para dormir. É intraduzível a sensação que mães, pais, babás, cuidadores e educadores têm ao embalar as crianças que cuidam durante a passagem da vigília para o sono. Na minha experiência paterna descobri que a poesia e a música, talvez por serem tão próximas em ritmos e metáforas, quando juntas e integradas ao prazer de ninar, perenizam facilmente esses instantes de emoções e sentimentos movidos a laços encantadores e afetuosos.

Dormir bem reflete no bom humor, no temperamento saudável, na disposição física e na sensação de segurança que a criança precisa ter, a fim de desenvolver plenamente os sentidos, o pensamento, os atributos de sociabilidade e a capacidade de sonhar e realizar. Valorizar o sono tranquilo e reparador dos nossos filhos, como diz a Oração do Anjo da Guarda, é possibilitar que eles desfragmentem o cérebro, limpem a mente e se livrem das sujeiras sensoriais acumuladas na vida cotidiana. Dormir é fundamental, sobretudo para os bebês. Tirar uma soneca após o almoço e depois dos lanches da manhã e da tarde, como algo relacionado à rotina da casa, à praxe das creches ou às atividades da educação infantil, é um hábito que merece ser cultivado.

Os acalantos e a leitura amorosa são expressões transbordantes. A repetição leva a imagens associadas a palavras e sons que passam por si mesmos em balanço de aconchego. No decorrer dos anos, tudo vai se revelando em significados, e neles a criança pode encontrar sempre novidades imaginárias. As palavras são melhor sentidas quando lidas pausadamente, com serenidade, suavidade e afeto, como se a entonação fosse um veículo trafegando na paisagem da voz. E o bom é quando se faz isso sempre em torno da mesma hora. Assim como o sono da noite, cada soneca, em hora e lugar diferentes, pode ter a sua própria trilha sonora.

É comum encontrar narrativas para crianças feitas em versos. Entendo a poesia como uma linguagem que está situada entre a literatura e a música, mas não é uma nem outra. Declamado, cantado, recitado, entoado, falado ou mentalizado, o poema tem estrutura própria de construção, entonação, velocidade, pausas e intensidade rítmica. Da concisão do haicai à visualidade concretista, ele é feito essencialmente de palavras, mas não é literatura, e tem fervorosas propriedades sonoras, mas não é música. Na brincadeira da literatura com a música e a poesia, a imaginação dá uma mão às palavras e a outra mão às notas, e sai dançando ciranda de frases e acordes. Cantar com palavras, como toda ação de ludicidade, é uma atividade que acontece em dois andamentos: um, na noção de brincar, onde não há regras fixas, prevalecendo, portanto, a espontaneidade; e o outro, na noção de jogo, em que parte da diversão tem regras preestabelecidas, em conjunção com espaços de inventividade. Brincadeira é jogo de cultura, e jogo é brincadeira de educação. Afinal, o que as palavras querem dizer está na fala das significações da mudez da escrita, assim como o estado de espírito está na voz da emotividade do canto em fantasia.

Estar em situação simbólica do brincar e do jogar é estar em movimento pelos campos de descobertas e simulações, sempre acompanhado por algo imaginado, pela fala e pelo canto mudo dos brinquedos, recriando o que está presente e o que está ausente no tempo e no espaço, no real e no alegórico. Os estudos do psicanalista inglês Donald Woods Winnicott (1896-1971), sobre fenômenos transicionais, trabalham a complexidade e a significância dos estágios primitivos da relação de objeto e da formação de símbolos e deduzem que "é no brincar, e somente no brincar, que o indivíduo, criança ou adulto, pode ser criativo e utilizar sua personalidade integral: e é somente sendo criativo que o indivíduo descobre o eu (self)", e, ainda, que o "Self (eu) realmente não pode ser encontrado no que é construído com produtos do corpo ou da mente, por valiosas que essas construções possam ser em termos de beleza, perícia e impacto (...) A criação acabada nunca remedia a falta subjacente do sentimento do eu (self)". (WINNICOTT, 1975, pp. 80-81).

No processo de descoberta do eu (self) como alicerce da criatividade no tempo interior, a brincadeira da literatura com a música é fundamental, em especial quando a discussão está centrada nas relações da criança com o brincar (esconde-esconde, gangorra, dar cambalhotas...) e o brinquedo (boneca, bola, vai-vem...). No esforço de cultivar a "imaginação que voa solta", faz-se indispensável a disponibilidade de espaços de vivência para fruição das metáforas, do *nonsense*, do repertório comum da memória coletiva, dos sons e dos sentidos da vida cotidiana. Neste aspecto, a brincadeira da literatura com a música serve para gerar e revelar perspectivas; para dar ao pensamento a experiência de entrar na realidade pelo portal do sensório-emocional e da imaginação; para enfrentar o desconhecido, seguro de si; para encontrar significações que levem à interpretação e reelaboração do mundo; e, acima de tudo, para que as crianças possam viver criativamente o seu tempo, que é o tempo da humanidade.

Há dois gestos que caracterizam bem a relação de respeito do adulto quando diante de uma criança: agachar-se, para ficar da altura dela, ou levantá-la pelos braços, para que ela fique da sua altura. O mesmo nível do olhar é fundamental para o estabelecimento sincero dessa comunicação. Associo essa atitude de deferência para com as crianças ao exercício da leitura em família, em que abaixar-se é fazer a leitura para a filha ou para o filho na hora de dormir, e elevá-los ao nível do olhar é incentivar que a criança leia por si. A leitura da noite está no âmbito da oralidade e pede textos que envolvam estratégias mentais que ajudem a criança a se desligar da condição de acordada para se entregar ao ato de dormir. Assim, ainda no semissono, ela vai saindo das tarefas diárias e dos apegos eletrônicos até adormecer. Já o hábito de ler sozinha é uma experiência ativa de construção das próprias imagens, a partir das palavras e da criação metafórica pródiga que estas proporcionam. O texto literário é um orientador de emoções, mas a emoção é de cada leitor.

A leitura é um processo vivo, que permite à criança especular a forma como organiza o próprio mundo. Toda movimentação em favor do hábito de ler precisa levar em conta a natureza da imaginação de meninas e meninos. A concentração em personagens e situações portadoras de algo que lhes interessa na história é uma característica básica dessa compreensão. Está na lógica da articulação do pensamento infantil em sua busca para encontrar sentido nas coisas que a cercam. Ler é se colocar no centro de um universo de significados, e não apenas no centro do livro. Daí a percepção infantil se tornar mais atraente para cativar e cultivar a imaginação. O desconhecido é estimulante, e é desafio dos pais descobrir novidades, livros que tenham história, fluência metafórica, com autores querendo dizer alguma coisa, mesmo sabendo que é difícil de encontrar livros bons para os nossos filhos em meio a tantos títulos preparados mercadologicamente para seduzir "consumidores" infantis.

É importante observar que o pensar da criança não é um estágio do pensamento adulto; é outro pensamento, outro modo de ver o mundo, algo menos lógico e mais lúdico. A leitura é uma possibilidade de levar a criança a reconhecer o mundo adulto a partir do seu imaginário. Isso se dá porque as histórias contidas nas páginas do livro são reanimadas por ela, mesmo originalmente tendo sido criadas por adultos. Existe nessa troca uma circularidade. O imaginário parte do real e o real recebe de volta a atenção da criança pelo prisma imaginário, pelo qual ela tem a oportunidade de atribuir um papel a si, de se idealizar em seu meio. Vale ressaltar que a leitura para crianças não precisa ser necessariamente de um livro infantil; se o alvo da narrativa é uma criança ou algo de interesse da infância, elas perseguem o que as inquieta nos personagens ou na ação.

Um dos achados mais reveladores no aprendizado dos momentos de leitura, especialmente na hora de dormir, é o da sua atração por meio de fluxos de olhares, ouvires e tocares como desenvolvedores de percepções e compreensões particulares de cada criança. Muitas vezes as palavras e os sons não precisam representar nada. No caso da vida intrauterina e dos primeiros anos do bebê, o significado, no sentido lexical, não tem tanta importância. Nessas circunstâncias, cultivar afetos por meio da leitura é facilitar a recepção da criança com abertura à experimentação livre com os signos. O que faz ou não sentido é o sentir, e não a significação. Para tornar esse um bom caminho para a iniciação de leitura dos nossos filhos, o ideal é disponibilizar o texto como se as palavras e seus sons fossem figuras de um móbile, cujo contato tem menos de táctil e mais de movimento.

As primeiras leituras têm um quê da complexidade dinâmica que se transforma em prazer, como quando aprendemos a andar de bicicleta, a nadar ou a nos balançar em uma rede. É algo do estatuto do suspenso e pode não ser facilmente aceito por adultos dotados do senso educacional da transmissão do que se quer que o outro entenda. O entendimento surge na imaginação infantil quando a potência que está na palavra ganha força em sinergia com a potência perceptiva da criança. Como elementos de atração nos primeiros momentos de leitura compartilhada (adulto e criança), o valor das palavras está no sentir, e não no entender. Com o tempo os significados vão chegando conforme o repertório e a capacidade de percepção de cada criança e de quem com ela lê. Tratam-se, portanto, de deslocamentos sonoros de curiosa audição que levam ao interesse pelo que pode ser encontrado nos livros.

Muitas das lembranças que temos da infância são recordações que ouvimos alguém contar e assumimos como feito próprio da nossa memória. Outras tantas, vivenciamos de fato o que nos chega como pensamento distante. É desse novelo de imprecisões que puxo a ponta de uma das mais agradáveis referências afetivas que tenho da minha mãe. Ela cantava para mim um *pot-pourri* de expressões de aconchego, como quem juntava retalhos sonoros para me embalar. Certo dia, já menino brincando na rua, descobri "gritando palhaço" que uma dessas cantarolices dela estava associada ao circo: – Hoje tem espetáculo? – Tem, sim, senhor! – Às oito horas da noite? – É, sim, senhor! – Hoje tem marmelada? – Tem, sim, senhor! – E o palhaço, o que é? – É ladrão de mulher! – E o palhaço, o que foi? – Ladrão de boi! – Vou ali e volto já! – Vou comer maracujá! – Ô raia o sol, suspende a lua! – Olha o palhaço no meio da rua! – E o Benedito Bacurau? – Tá no oco do pau! – Arrocha, negrada! – Uhhhhhh!

Além da brincadeira, responder ao palhaço da perna de pau e segui-lo pelas ruas em sua divulgação do espetáculo dava a entrada de graça no circo. Mas, particularmente, ganhei uma novidade preciosa para a minha vida, que foi saber a fonte inspiradora dos versos "Benedito Bacurau / Tá no oco do pau", que a minha mãe entoava para mim. E toda vez que ela cantava o Bacurau como recurso de ninar, eu lembrava da cena de rua, e isso me conduzia ao sono. O mesmo ocorria quando chegava um circo em Independência e eu ia gritar o palhaço. Fazia aquilo com alegria redobrada, pois mesmo meus pais não concordando muito com a minha participação naquele chamamento público circense, na hora de responder que o Benedito Bacurau "tá no oco do pau" eu sentia a voz da minha mãe saindo junto com a minha.

A criança ninada com carinho, que faz coisas como cantar palhaço na rua e ajudar os pais em seus afazeres, se sente valorizada. Digo isso por sentimento próprio. Sempre associei inventividade com liberdade, compromisso e respeito. O maior estímulo para que a criança deixe a imaginação voar é evitar expô-la a situações em que ela se sinta inferiorizada na relação com o adulto. O acesso a um repertório cultural sincero e variado é um tipo de vacina que também engrandece nossos filhos e fortifica suas capacidades de discernimento para o viver e para a operacionalização da vida. Quando o pensador italiano Giovanni Pico (1463-1494) refletiu que "o ser humano é o único ser que livremente pode ser mais do que já é por natureza" (PICO, 1999, p. 33), ele estava se referindo ao vigor cultural como base para o desenvolvimento social. E tudo começa na brincadeira.

Brincar é uma situação encantatória por meio da qual nos preparamos para tomar consciência da nossa humanidade e do mundo que nos cerca. Destaco duas narrativas do brincar em seu ato concreto, que é a brincadeira: a narrativa do calor táctil e a narrativa que acontece pelo ouvido da mente. Uma está associada aos jogos para os quais utilizamos os tradicionais cinco sentidos; a outra faz parte do conjunto de sensações resultantes da combinação de sentidos e da força reveladora dos significados das palavras. Ambas se constituem, por conseguinte, um direito humano, o direito à brincadeira do corpo, do pensamento e das palavras. Por sua natureza espontânea e sua incomensurável espontaneidade, brincar é uma das mais claras alternativas de busca de equilíbrio psicossocial diante do emaranhado de crenças e descrenças que rondam os tempos atuais

Brincar é essencial para a formação da subjetividade da consciência, logo, um contraponto ao homogêneo e um fortalecedor da diversidade. É a melhor forma para o desenvolvimento da noção de tempo, espaço e capacidade de realização, assim como da vida social e da participação na escola e na construção do sentido de proteção. A criança que cresce na experiência da brincadeira passa a agir com mais segurança e com mais criatividade em tudo o que faz. O brincar e a brincadeira são premissas de civilidade, que acontecem em lugares descolados dos nexos da realidade. Em sua experiência pelo mundo da imaginação e da fantasia, a criança tem muito sobre o que "pensar"; não o pensar lógico do adulto, mas o pensar que a faz tomar a distância necessária para configurar a sua interação com as medições do mundo, sem o rigor de pesos, volumes e comprimentos.

No país das maravilhas, do escritor britânico Lewis Carroll (1832-1898), a personagem Alice cresce e encolhe a todo instante, de acordo com tudo o que não precisa estar de acordo com nada.

No brincar e na brincadeira, a criança aprende a adquirir novas perspectivas sobre si e sobre o seu meio e a controlar as emoções nas situações mais complexas. E o mais relevante é que as referências ao imaginário não desaparecem quando se tornam reais porque, na brincadeira, espírito e matéria se confundem, cultura e natureza se mesclam, seguindo o fluxo de troca de estímulos e respostas entre os mundos interior e exterior da criança, a fim de que ela possa crescer na plenitude de suas faculdades humanas. Esse fluxo se dá pela liga da imaginação existente no lúdico – a zona do jogo presente em adultos e crianças –, pelo efeito da alimentação da curiosidade, e passa pela produção de hipóteses – o não lugar de montagem do entendimento do mundo –, até chegar ao raciocínio, onde se processa o significado lógico das coisas. Irmanados nesse fluxo, crianças e adultos podem idealizar, fazer projeções, inovar e encontrar juntos caminhos que levem a humanidade a novos estilos de vida que deem respostas mais convincentes para o que somos e o que queremos ser.

O jogo – que é a brincadeira com regras – impulsiona a criança ao desenvolvimento integral, possibilitando que ela, mais do que assimilar o meio, desenvolva formas de interferir na sua relação com o ambiente em que vive. Cada povo, cada sociedade, cada civilização constrói a sua percepção de realidade, por meio da qual se sustenta culturalmente. O jogo diverte, ensina a ganhar e a perder, educa no esperar da vez e propicia a vivência de parâmetros de relacionamentos aplicáveis à vida cotidiana. Através de regras, o jogo, enquanto leito natural do lúdico, prepara a sensibilidade infantil no que diz respeito à tolerância, à alteridade, à memória coletiva e à relação com o espaço e com o tempo. Jogar, assim como brincar, é um exercício de autoconhecimento e de tomada de consciência da noção de pessoa. Essa prática de se reconhecer na relação com o meio fortalece o sentido de apropriação da realidade construída e das condições de transformá-la. A imaginação permite ao ser que joga e que brinca o arejar do dom de ressignificar a cultura, para que possa construir realidades, consolidando a virtude comum da ética e aperfeiçoando as referências morais do respeito mútuo nos mais diversos contextos.

Os olhares convergentes do biólogo chileno Humberto Maturana e da psicóloga alemã Gerda Verden-Zöller, voltados à antropologia da cultura e da educação, colocam em uma mesma plataforma de reflexão as narrativas fundadas no amor e na brincadeira como inspiração para a fuga dos que querem escapar dos efeitos da cultura da guerra, da competição desmedida, do consumismo e do controle social por meio da apropriação do que possa ser a verdade. Eles partem da premissa de que todos os domínios racionais produzidos pelos humanos vêm de um fundamento emocional. O amor entra como a emoção que conduziu nossos ancestrais ao domínio das ações nas quais o outro passou a ser aceito, fazendo surgir a linguagem que nos caracteriza como humanos. O brincar, por sua vez, aparece no texto como a linguagem da cultura da infância em sua dinâmica também associada à origem da humanidade.

Em outras palavras, o amor, como emoção, e a brincadeira, como prática não reflexiva do exercício de ser, são modos de vida e de relação que constituem o outro, enquanto igual na sua diferença. Maturana é de opinião que, por decorrer de redes de conversações apoiadas na trajetória do emocionar, a vida humana ganha sentido e o ser social integral se forma quando infundido na aceitação e na confiança que a biologia do amar e do brincar são capazes de proporcionar. O que eles propõem com isso é a existência humana que acontece em um espaço relacional modelado e transformado num diálogo entre a biologia e a cultura. As crianças são parte essencial desse processo de conservação e de mudança, considerando que é no espaço relacional do conversar que configuramos o mundo enquanto vivemos. Essa condição sustenta o argumento de que a história da humanidade seguiu o curso dos desejos, e não o da disponibilidade de recursos naturais. Na opinião de Maturana e Verden-Zöller uma coisa só existe ao passo que a desejamos.

Na interação corporal, na contação de histórias e nos cantos de ninar estaria uma chave para a abertura da infância aos mais variados modos de emocionar. Verden-Zöller explica que, com a mãe e com outros membros da família e da comunidade, a criança desenvolve suas coordenações emocionais e se torna capaz de se orientar por meio de sua consciência corporal operacional no domínio humano de relações espaciais e temporais. Com isso, pode crescer sem medo de perder sua individualidade na integração social. A educação pode encorajar duas antigas atitudes emocionais diferentes. No recorte de Maturana, o tom nas conversações da humanidade migrou da confiança no equilíbrio natural para a busca ansiosa de segurança quando a emoção do caçador, que se sentia agradecido ao tirar a vida de um animal para comer, mudou para o orgulho de matar lobos para conservar propriedades. "Fica claro que na ação de caça o animal caçado é um amigo, enquanto na ação de matar o animal morto é um inimigo" (MATURANA, 2011, p. 55).

De modo inconsciente, alerta Verden-Zöller, muitas vezes ensinamos nossas crianças a não amar, quando, mesmo num encontro corporal íntimo, não vivemos a vida no presente, e sim no futuro, em relação ao que queremos, ou no passado, em relação ao que perdemos, fazendo com que nosso abraço "deixe de ser um abraço de plena aceitação" (VERDEN-ZÖLLER, 2011, p. 141). Diante desses "fundamentos esquecidos do humano" deparamo-nos com o dilema contemporâneo de um emocionar contraditório que ora nos põe refém das conversações dominantes e ora nos impulsiona a assumir a brincadeira como uma das mais sérias expressões das conexões entre o ser vivo e seu meio, cujas configurações atuais são apenas mutações de formas arcaicas responsáveis, nos movimentos da evolução da espécie humana, pelo desenvolvimento da autoconsciência, da consciência social e da consciência do mundo.

Em seus estudos sobre o lúdico na humanidade, o pensador holandês Johan Huizinga (1872-1945) afirma que "encontramos o jogo na cultura, como um elemento dado existente antes da própria cultura" (HUIZINGA, 2001, p. 6). Essa informação é fundamental para quem acredita no espírito brincante como energia unificadora do humano. Em situação normal, toda criança é poética, musical e merece deixar-se fluir no poder transformador da delicadeza e da fabulação. O educador carioca Gabriel Perissé afirma que "não se pode mentir em poesia porque tudo o que se inventa, esteticamente falando, é verdade" (PERISSÉ, 2009, p. 87). Isso quer dizer que o mundo tem o sentido que damos a ele. Mas para construirmos algum sentido, necessitamos da experiência estética, do brincar, do jogo e de todas as relações imaginativas e da reciprocidade entre sentimentos e pensamentos no cultivo da mente, do espírito, do corpo e do outro.

ANA OLMOS

Psicanalista e psicoterapeuta de crianças e adolescentes, especialista em Vínculos Familiares.

> **O que você acha de escrever sobre a afirmação de Winnicott: "Tudo começa em casa"? Isto porque sempre me impressionou a maneira de você e Andréa criarem as crianças. Que tal?**

Perfeito, Ana! Essa feliz afirmação de Winnicott vai ao encontro do que mais acredito no compartilhamento do viver entre pais e filhos, que se estende para outras relações sociais tendo como plataforma educativa o que toca o sentido comum pelos vínculos e pelo respeito às singularidades, coisas reforçadas em mim pelas preciosidades da literatura psicanalítica que ao longo dos anos você me deu e pelas quais sou agradecido. Percebo a casa como um território orgânico que se movimenta pelas vicissitudes do cotidiano, pelo campo da apropriação do contexto, pela dinâmica das vivências culturais e pelo desfrute da realização.

Quando os meus filhos estavam ficando crescidinhos, chamei os dois na varanda do apartamento e propus que eles olhassem para o pé de oiti cuja copa fica à altura do nosso andar. O vento agitava galhos, ramos e folhas daquela árvore sustentada pela firmeza de um tronco de raízes profundas. Pássaros cantavam alegres e protegidos pelo verde frondoso e monumental. Em seguida pedi que fizessem o mesmo com o que havia de construção humana ao redor, e com o movimento dos automóveis e pessoas.

Enquanto eles olhavam tudo com curiosidade fui contando baixinho que dentro da copa do oitizeiro havia um ninho, como no nosso prédio existia a nossa casa. Comparei o instinto dos filhotes de passarinhos de deixarem o ninho com a vontade deles de saírem sozinhos pelas ruas. Primeiro, prossegui, os meninos passarinhos exploram os galhos mais próximos e, conforme vão se sentindo seguros, saltam para outros galhos e, assim, seguem até voar. O mesmo acontece com as crianças que têm coração de pássaro, revelei com ar de segredo, que primeiro andam pela calçada sem atravessar a rua e, somente quando se sentem confiantes, cruzam ruas e avenidas pelas faixas de pedestres, mudando de quadra em quadra, e, assim, seguem até ganhar o mundo. Essa imagem suscitou lindos comentários sobre chilros e vozes, gorjeios e canções, asas e braços, bicos e bocas.

Inventei essa comparação a fim de dar naturalidade às adaptações progressivas que devemos estimular em nossos filhos. O galho como metáfora da rua e o voar como símbolo da liberdade de quem assume a ação de si mesmo passaram a servir de referência para a noção de amadurecimento, controle, alcance e necessidade de esforço para as nossas conquistas. Serviram ainda para abrandar eventuais sentimentos de perda, por tornar o afastamento um gesto espontâneo do ir e vir, além de contribuírem para a fundamentação da prática educativa da casa circulante que Andréa e eu vivenciamos continuamente ao lado dos nossos filhos Lucas e Artur, durante toda a infância deles, experiência que passei a chamar de pedagogia da viagem em família.

Assim como o psicanalista inglês Donald Woods Winnicott (1896-1971), tenho a convicção do quanto é importante sentirmos a existência, vivermos a própria vida. E "a vida de um indivíduo saudável é caracterizada por medos, sentimentos conflitivos, dúvidas, frustrações, tanto quanto por características positivas" (WINNICOTT, 1989, p. 22). Tudo isso é o que os passarinhos e as crianças sentem nos momentos em que inventam de caminhar pelos galhos e pelas ruas, considerando, inclusive, a ação cruzada de que os pássaros pousam nas calçadas e as crianças sobem em árvore. Mas é assim, percebendo o que está parado para dar sustentação ao que se move, e sentindo a hora de nos surpreender com nossa ousadia, que aprendemos a ver o mundo criativamente e nos preparamos para voar.

Começamos em casa observando nossos pais para encontrarmos quem somos na experiência cultural. Passei minha infância no sertão e me deleitava com a diferença de motivos que levavam meus pais a amarem a natureza. Para ele, o bonito de uma planta era dar bons frutos, rama nutritiva para os animais ou madeira para os diversos usos de interesses humanos. Para ela, a produtividade botânica se expressava no jogo de cores e formas, na folhagem, na floração, na maneira como se agita ao sabor dos ventos. Particularmente, passei a amar a natureza tanto pela beleza econômica enxergada por ele quanto pelo valor estético sentido por ela. "Ele ama os bichos, a natureza / Ela é a natureza (...) Deu a ele a ciência / da importância do jardim", dizem os versos de "Baião na Manchete", música que tempos depois fiz para eles em agradecimento por esses referentes.

Recorro a essa lembrança a fim de ilustrar com relato próprio a força da casa na definição do lugar que o indivíduo ocupa na interpretação do mundo. A família, enquanto estrutura que se relaciona intrinsecamente com as bases de formação do ser pessoa, é, segundo Winnicott, dos grupos humanos o que está "mais próximo de ser um agrupamento dentro da unidade da personalidade" (WINNICOTT, 1989, p. 103). Na configuração que for, o meio familiar tem papel fundamental na sedimentação da cultura, por onde se dá a educação inicial, e na transmissão da sensação de segurança, decorrente da ideia de que o indivíduo pode se aventurar pelo que realmente vale a pena na vida, sabendo que tem um ponto de origem ao qual poderá retornar.

Em situação normal, é no lar que abertamente se exercita a interdependência para poder ser livre. Na adolescência, quando os cuidados com as singularidades se tornam mais inevitáveis, antes de tudo resta aceitar que "o mal é da idade", como diz o "Xote das Meninas" (Luiz Gonzaga / Zé Dantas), canção lançada seis décadas atrás, quando eu nasci, e que continua insuperável no seu entendimento da juventude. Isso não significa, no entanto, abrir mão de estar junto nessa fase. Winnicott adverte que se as figuras parentais "abdicam, os adolescentes são obrigados a um salto para a falsa maturidade, perdendo sua maior riqueza: a liberdade de ter ideias e agir por impulso" (Ibidem, p. 129). E cada um tem seu tempo.

O equilíbrio emocional da família depende em muito da narrativa que lhe dá sentido. Na nossa casa identificamos no termo "fala" uma forma de unidade com a qual procuramos dar coesão aos nossos laços afetivos internamente, ampliando-os para a vida em sociedade. Formada pelas letras iniciais de Flávio, Andréa, Lucas e Artur, essa palavra, que sugere diálogo, nos remete à noção de pertencimento e de intersubjetividade, constituindo um "discurso vincular" multiplicável em subprodutos simbólicos, a exemplo do valor da palavra empenhada, do compromisso assumido e do respeito ao outro. Esta prática que desenvolvemos intuitivamente como liga da maneira como nos vemos enquanto agenda comum é bem definida nos estudos sobre configurações vinculares da corrente psicanalítica argentina. Rodolfo Moguillansky e Guillermo Seiguer refletem que "se a família é também uma dimensão ou categoria a ser construída em conjunto e passo a passo, entende-se que esteja sempre ameaçada com sua negação em algum momento, ainda que haja em seus membros uma permanente necessidade de reafirmar que a ela pertencem, que uma família existe" (MOGUILLANSKY e SEIGUER, 1996, p. 115).

Ao começarem em casa, como apregoa Winnicott, os desafios da educação podem impulsionar também as famílias a deslocarem a dinâmica da aprendizagem da morada a lugares desconhecidos, de maneira que, ao viajar, ninguém precise assumir o papel de autoridade transmissora de conhecimento. A pedagogia da viagem, que foi uma das nossas prioridades educativas durante toda a infância dos nossos filhos, permitiu aprendizados conjuntos na exploração de passeios nos quais transformamos o que sabíamos, a partir da inutilidade de informações preconcebidas e da valorização do sentido estético e do nível de curiosidade de cada um de nós.

A chave para abrir as portas da ponderação sobre a relevância dessa casa em movimento fui encontrar séculos atrás na obra do pedagogo francês Joseph Jocotot (1770-1840), que defendia a emancipação da igualdade por meio da libertação da reflexão. Para isso, estimulava as pessoas a ensinarem o que não sabiam. E foi isso que por muitas vezes exercitamos com os nossos filhos em viagens despretensiosas por muitos lugares do Nordeste, do Brasil e do mundo. Para estimular a manifestação do que eles percebiam por onde andávamos, fiz com os dois um jornal, intitulado *Aventuras*, no qual foram registrados desde desenhos de paisagens e rabiscos de palavras até textos e fotografias que revelavam suas particularidades de apreciação e assimilação.

Nessas jornadas revolvedoras de saberes e conheceres, o jornal *Aventuras* teve a função silenciosa de instigador de relatos. Para facilitar a reação dos meninos por onde passávamos, cada um viajava com um moleskine, no qual anotava prováveis temas que iriam para publicação no final das nossas peripécias. Isso estava em linha com o pensamento de Jocotot, quando este assegurava que quem sabe ver, falar, mostrar e lembrar não tem razão para não contar o que viu, sentiu e deduziu por onde andou. Tudo diz alguma coisa e, se diz, é passível de ser escutado; e se pode escutar, pode-se relatar o que entendeu, sem a preocupação de certo ou errado. Esse exercício fez com que uns de nós notassem que os outros podiam perceber de modo diferente os mesmos objetos, cenários, signos e movimentações observados.

Além das diferenças de olhar dos indivíduos em si, há nessa prática a diferença do olhar do adulto e o da criança. Se ambos, porém, pensam por meio de relações, pronunciam-se as referências de cada um, tanto de universo de conhecimento e saber quanto da cultura da infância. Os lugares estão onde estão por inteiro, com seus motivos, suas histórias e seus sentidos de destino. Os olhares sobre eles podem suscitar explicações surgidas de qualquer membro da família, enriquecidos entre si pelo compartilhamento. O mais relevante dessa prática é que todos notam que houve descobertas, questionamentos e provocações diferentes, aptos a serem comparados e assimilados mutuamente.

O filósofo argelino Jacques Rancière realça no livro *O Mestre Ignorante – cinco lições sobre a emancipação intelectual* que o primeiro princípio do Ensino Universal de Jocotot é o que potencializa a capacidade do ato: "É preciso aprender qualquer coisa e a isso relacionar todo o resto" (RANCIÈRE, 2017, p. 41). Jocotot questionava a necessidade da explicação e reconhecia seu método de aprendizado pela própria inteligência como especialmente propício ao ambiente familiar. Para ensinar o que não sabem, basta aos pais evitar que os filhos fiquem expostos a estados de impotência. Educar, por esse caminho, é dar chance ao sonho, à curiosidade, ao espírito criativo, à inquietação e à vontade de realização.

Na complexidade educacional contemporânea, quando as mídias de massa e as redes sociais digitais têm grande poder de influência sobre as crianças, muitas vezes maior e com mais intensidade do que as famílias e a escola, a emancipação de meninas e meninos passa pela sensibilidade do adulto cuidador, de acreditar nos impulsos da força de vontade que o estado de ignorância pode oferecer na educação das crianças. Essa reciprocidade contribui para a eliminação da crença na superioridade ou inferioridade da inteligência e para reforço de que na natureza não existem dois seres idênticos. Se uns veem mais que outros é porque observam mais, se esforçam mais para isso. O mais importante é que, considerando o olhar de Winnicott e parafraseando Jocotot, ao começarem em casa, todos tenham a oportunidade de se perguntar: O que vejo? O que isso que vejo me faz sentir? O que farei com o que vi e senti? O que penso disso? O que a respeito disso vale a pena contar?

ANTÔNIO NÓBREGA

Antônio Nóbrega é músico, cantor, ator e pesquisador de cultura popular. Fundador e diretor do Instituto Brincante, espaço de conhecimento, assimilação e recriação de manifestações artísticas brasileiras, sediado em São Paulo (SP).

Como compatibilizar o que gostaríamos que fôssemos com o que estamos sendo?

Todos nós, ao jeito de cada um, inventamos válvulas de escape para sobreviver à pressão da vida em sociedade, Nóbrega. Por si, o estado gregário do nosso viver nos limita enquanto seres humanos. Não importa o quão aberta seja uma comunidade, ou quão livre seja um povo, todos dependem invariavelmente de balizas asseguradoras da convivência. Por outro lado, nossos dons, vocações, sonhos, desejos, necessidades e senso de realização nem sempre se adaptam facilmente a esse indispensável estabelecimento de regras para a colaboração mútua, resultando muitas vezes em insatisfações, ansiedades, estresse e outros distúrbios neuróticos mais ou menos intensos.

Identifiquei nas brincadeiras de infância que precisava de algo mais que simplesmente existir. Não sabia que se chamava imaginação aquele meio de me transportar pelo mundo por representações, aproximando-me de mim mesmo e das possibilidades oferecidas pelo multiverso cultural. Saí, intuitivamente, inventando time de futebol, grupo musical e outras atividades que exigiam um sistema relacional e de organização fora da minha rotina escolar e de trabalho com os meus pais. Notei que os adultos já faziam isso quando brincavam nos autos populares e, tempos depois, observei pessoas engajadas em ações de assistência e de emancipação social, movidas por alguma coisa que não era apenas sobreviver.

Observei que, independentemente dos seus afazeres regulares e das suas condições sociais, as pessoas seduzidas por essas atividades me pareciam mais plenas e normalmente mais afáveis. Além de se ocuparem com o algo mais da vida, elas pensavam no desenvolvimento integral da humanidade, fundado no princípio da equidade social e do respeito à natureza. Procurei entender em que tipo de realidade acontecia esse campo de eventos especiais porque eu queria me integrar a ele. Descobri que não era simplesmente uma realidade complementar porque ela não totalizava nada, não fechava partes; não era alternativa como os universos paralelos da física porque não se tratava de outra realidade; não era ambiente virtual de simulação porque não dava para baixar; não era coisa de dimensão transcendental porque não ultrapassava o domínio da experiência; não era solo criado como no direito urbanístico porque não dependia de espaço artificial para edificar suas virtudes; e não era *hobby* porque, mesmo praticada por prazer, não era passatempo, distração nem busca por relaxamento.

A realidade que eu buscava compreender e para a qual me sentia atraído pressupunha ligações recíprocas de inconformismos, conflitos de pontos de vista e disposição para suportar as implicações de ser *outsider* em uma sociedade fortemente ameaçada pelo crescimento das mentalidades clubistas, na qual os privilégios são mais importantes do que os direitos. Por gostar de me enriquecer com as diferenças e ser multiturma, me reconheci nesse ambiente provocante. Ademais, não há como fugir do entrelaçamento dos nossos destinos. O desejo de boa fortuna é comum a todos, mas necessita do preenchimento de uma falta que a felicidade do outro faz em nós. É nesse sentido que cheguei ao conceito de Realidade Suplementar como definição dessa zona adicional de comportamento voltado para o combate às causas das desigualdades; um desafio que está à altura da nossa vontade e consciência, mas que ainda é mantido no patamar da irracionalidade por instintos primitivos de preservação.

A definição da Realidade Suplementar facilitou muito o meu posicionamento com relação à realidade ordinária e, consequentemente, a compatibilização do que sou com o que gostaria de ser. Por exemplo, se minha produção literária e suas ilustrações musicais atendem prioritariamente ao que quero dizer do que sinto e penso, e não às exigências precípuas do mercado, tenho esse trabalho mais próximo de uma missão do que de uma profissão. Para poder fazer isso, procuro me relacionar com editores e produtores que veem seus negócios como instrumentos a serviço da formação humana, da fruição estética e do papel libertador da cultura, e não apenas máquinas de ganhar dinheiro. Como esse caminho dá um retorno econômico e financeiro insuficiente, trabalho simultaneamente como jornalista, e gosto do que faço. Vista pelos olhos da racionalidade, essa decisão é pouco vantajosa por me tirar potência dos dois lados; porém, se observada como decisão de vida, é mais benéfica para mim e para as pessoas que eventualmente usufruem do que produzo.

A clareza da Realidade Suplementar propicia no meu caso a delimitação de escopos nos acordos de trabalho, considerando-se os códigos de conduta e os conflitos de agência, e deixando livre os assuntos inerentes à minha atuação no âmbito da cultura e as minhas convicções políticas. Nesse percurso, aprendi a separar as coisas, a fechar os arquivos de um quando estou com o de outro aberto. Aprendi também lendo Winnicott (1896-1971) que "meu ofício consiste em ser eu mesmo. Que pedaço de mim mesmo posso dar a vocês, e como posso lhes dar um pedaço sem parecer que perco a totalidade?" (WINNICOTT, 1989, p. 43). Essa indagação do psicanalista inglês ilumina o meu afinco de procurar permanentemente ser inteiro nas relações.

A estratégia que combina a operacionalização da vida (Realidade) e o viver (Realidade Suplementar) me dá a satisfação de produzir o que realmente me interessa, sem ficar na dependência das inclinações mercadológicas e dos interesses de curadores e elaboradores de editais de cultura e de educação. Faço o meu trabalho com o que acredito e da forma que acredito. Essa é a liberdade que a vida dupla de profissão e missão me proporciona. Em muitas circunstâncias posso até ser marginalizado, mas não fico refém. E isso para mim não é um problema. Foi uma escolha que fiz e para a qual preciso estar preparado de modo a entender suas limitações e alcances. Tenho consciência disso, treino a paciência e me esforço para conseguir o melhor nessa condição.

Reconheço as imperfeições do que publico, em razão da pequena área de manobra que disponho para refinar o que faço. Mesmo feito com dedicada paixão, meu trabalho é quase bruto. Não tenho, no entanto, receio de me expor como alguém que faz coisas inacabadas. Tudo é inacabado. Talvez eu tenha aprimorado essa compreensão com o exercício do jornalismo, onde é fundamental a adequação do que se tem a dizer com o horário de fechamento da edição. Ao aceitar essa adrenalina na produção de escritos literários e suas ilustrações musicais, a imperfeição passa a ter lugar cativo nas minhas obras, todavia, esse *modus operandi* contribui para encher o texto de energia, emoção e sinceridade autoral. Neste aspecto, o que seria falta de tempo para rebuscar a expressão mais ajustada acaba por imprimir calor às palavras, uma espécie de aquecimento vital para o propósito dos significantes.

Sempre defendi que, na arte e na literatura, sentir é melhor do que entender. Se o que escrevo e componho serve para alguém sentir algo, nem que seja discordar, achar sem nexo, já estou satisfeito. Essa é uma premissa estética que me anima e me encoraja a seguir na perspectiva da transversalidade e da interdependência, considerando os campos de sentido da infância e da cidadania orgânica como vórtices da minha percepção e doação. Identifico-me no trabalho intelectual com as figuras do "amador", do escritor palestino Edward W. Said (1935-2003), e do "artesão", do cientista político estadunidense Charles Wright Mills (1916-1962), referências transbordantes no gosto pela experimentação, pelo uso de material empírico, pela força obstinada, pela satisfação da realização e pelos hábitos autorreflexivos derivados da aplicação cotidiana da existência.

Nos enduros pelos cenários pouco povoados da Realidade Suplementar, vira e volta alguns paradigmas vão sendo movidos, mesmo que timidamente. Ao convidar intérpretes para as ilustrações musicais que integram a narrativa dos meus livros, eles concordam em reverter uma distorção estabelecida pela indústria fonográfica que, por motivos meramente comerciais, sempre destaca quem canta, quem faz *show*, como o único e legítimo representante de uma composição. Com o advento da internet, isso foi intensificado pelos portais da nova economia digital, nos quais até o destaque das letras sai associado ao nome do intérprete, geralmente omitindo o nome do autor, como se a música e seus usos estivessem a serviço apenas do mercado. Acreditando e defendendo que o realce na divulgação de um fonograma deve estar associado ao que dá sentido à sua gravação, as ilustrações musicais dos meus livros cumprem a função para as quais elas foram compostas e interpretadas.

Recorro a esse exemplo para mostrar que a compatibilização entre o que somos e o que queremos ser depende de pequenos gestos que podem contribuir para alterar deformações comportamentais, provocadas pela submissão irrefletida, chamada de servidão voluntária pelo filósofo francês Étienne de La Boétie (1530-1563). Ele argumenta que o usurpador só consegue fazer o que faz porque é tratado como se fosse mais poderoso do que é, quando de fato o que o diferencia do cidadão comum resume-se aos privilégios a ele concedidos por aqueles que esquecem que podem ser livres. As cantoras e os cantores que aceitam mudar hábitos como os que escondem os compositores revelam um despertar para a liberdade sobre a dominação, que está em não fazer o jogo que alimenta o sistema destruidor do poder das complementaridades.

Em *Demian*, ao alertar que quem quiser nascer tem que destruir um mundo, romper com o que aprisiona a espontaneidade, o escritor alemão Hermann Hesse (1877-1962) exalta um estado sentimental de rebeldia, sintetizado na epígrafe do livro: "Queria apenas tentar viver aquilo que brotava espontaneamente de mim. Por que isso me era tão difícil?" (HESSE, 2010, p. 13). A aspiração de ser o que somos é um motor de grande propulsão, ainda que, como diz Hesse, ninguém chega completamente a ser o que é. "Todos levam consigo, até o fim, viscosidades e cascas de ovo de um mundo primitivo. Há os que não chegam jamais a ser homens e continuam sendo rãs, esquilos ou formigas. Outros que são homens da cintura para cima e peixes da cintura para baixo. Mas cada um deles é um impulso em direção ao ser" (Ibidem, p. 16). Seja como for, o que ele argumenta é que a vida de todo ser humano é um caminho em direção a si mesmo.

E a realização do si tem na arte e na literatura uma excepcional atitude subversora do senso comum. A liberdade de reler, de reinventar e de interferir no real está no seu genoma político. Entretanto, a coerção que escritores e artistas recebem para abandonar a esfera da Realidade Suplementar, motivados por apelos comerciais tentadores e por reconhecimentos públicos protocolares, põe em risco a função transformadora da arte e o papel social de quem a produz, rebaixando a criatividade a meras crônicas das nossas fraturas expostas. Esse tipo de decalque de circunstâncias, composto por referências imediatas do cotidiano, acaba por deter no espelho das imagens nuas e cruas o que está por trás delas. A apropriação direta da realidade não necessita da arte, sob o aspecto de desestabilização da ordem dos sentidos, porque senão os estímulos de ficção instalados na rotina seriam os destinatários de si mesmos por terem como endereço a vulnerabilidade humana.

Em *A Alma da Marionete* o escritor britânico John Gray propugna a volta da visão gnóstica, marcada pelo sentimento de que o mal domina tudo e por uma contundente rejeição à ideia de livre-arbítrio. Nesse ensaio filosófico ele aponta o anseio humano por liberdade como responsável pela opressão que domina o mundo. Acusa a humanidade de se deixar possuir pelo sonho de criar versões superiores de si mesma, como os golens das lendas medievais e as máquinas inteligentes da era moderna. Para Gray, os racionalistas, os pregadores contemporâneos da evolução, os trans-humanistas e os tecnofuturistas não passam de seguidores do gnosticismo. Ele apela ao olhar do escritor alemão Heinrich von Kleist (1777-1811), que via na graça natural dos fantoches um tipo de liberdade que nunca seria conquistada pelos seres humanos. Nesse pensamento, o boneco de mamulengo suporta a condição de ser manipulado, sem direito à vontade própria, por não saber que não é livre. Diferentemente dos humanos, os títeres não sofrem com afetações, por não existirem como condenados à maldição do pensamento autorreflexivo.

Para reforçar a suposição de que a autoconsciência é um obstáculo à liberdade, John Gray cita vários outros autores que, como Kleist, viam a liberdade não apenas como uma relação entre as pessoas, mas como um estado de espírito presente na afirmação dos estoicos de que um escravo pode ser mais livre do que o senhor; na fixação dos taoistas por um tipo de sábio capaz de reagir aos acontecimentos sem ponderar alternativas; na crença dos monoteístas de alcançar a liberdade pela obediência a Deus; e em outras correntes filosóficas e teológicas que procuram fugir do que ele chama de maldição da escolha. A passagem em que ele lança mão do Tratado dos Manequins, do escritor e pintor judeu-polonês

Bruno Schulz (1892-1942), é cheia de imagens fortes salientadoras da seriedade trágica da matéria e sua pulsão por infinitas possibilidades de uso, sem sequer saber por que precisa ser o que é. "No mito que inspira os escritos de Schulz, a individualidade é um tipo de exibição teatral na qual a matéria assume um papel temporário – um ser humano, uma barata – e vai em frente" (GRAY, 2018, p. 23). Gray trabalha também com a visão do poeta italiano Giacomo Leopardi (1798-1837), que atribuía as desgraças do mundo ao enfraquecimento da ilusão diante da racionalidade. Acreditava ele que tudo é matéria, inclusive a alma, e que os humanos relutam em abrir mão da distinção entre matéria e mente por serem incapazes de imaginar a matéria pensando (Ibidem, pp. 27-28).

O questionamento central de John Gray está no que é mesmo ser humano, em tempos de orações algorítmicas e conflitos de diferentes virtudes originários de velhas, e ao mesmo tempo atuais, divergências sobre a vida e como se deve viver. Provocações como essa são fundamentais ao esforço de compatibilizar o que somos com o que gostaríamos que fôssemos, por colocar o debate no marco zero da nossa razão de ser. Acredito no Deus amoroso e nos atributos amáveis da humanidade. O que para mim justifica pensar e atuar na Realidade Suplementar como agregação de sentido à existência é a autonomia de atuação de mulheres e homens de acordo com o discernimento próprio de suas naturezas e crenças. O certo é que precisamos de um sentido de destino comum e, para alcançá-lo logo no presente, resta-nos escapar das armadilhas dos códigos e mensagens estimuladores do senso de que a felicidade pode ser comprada ou vendida.

BENÉ FONTELES

Artista visual, poeta, compositor, ativista ecológico, gestor cultural, curador editorial e autor do princípio prático alternativo "Antes arte do que tarde".

Quem é de verdade mesmo o tal do Flávio Paiva?

Para início de resposta, Bené, lanço mão de uma frase do pensador francês Roland Barthes (1915-1980) que anotei por ocasião da visita que fiz à mostra Roland Barthes Plural (15/08/2015), na Casa das Rosas, em São Paulo: "Não falar de si próprio pode querer dizer: Eu sou aquele que não fala de si próprio; e falar sobre si próprio, dizendo 'ele', pode querer dizer: Falo de mim como se estivesse um pouco morto". Quem sou de verdade? Bom, reza a lenda que quando o mundo foi criado Deus colocou a verdade no fundo dos oceanos para que as pessoas só pudessem descobri-la em mergulho profundo. Depois achou muito fácil e resolveu colocar a verdade no meio das estrelas, de modo que quem quisesse encontrá-la teria que contemplar o infinito. Pensou, pensou e entendeu que mesmo assim a verdade ainda estaria perto demais. Foi então que decidiu colocar a verdade dentro de cada um de nós. Como tendemos a buscar a verdade nos outros e nos contextos em que vivemos, é muito difícil dar esse mergulho em si; mais difícil ainda neste caso, porque o sentido de verdade posto por você está voltado à indagação de quem sou. Tomando a compreensão do termo como a consciência que se tem das coisas, tentarei revelar, não como me percebo, mas alguns exemplos de como a minha mente funciona na catalisação do viver para operacionalizar a vida.

Estruturei simbolicamente um sistema de campos vivenciais para com ele assegurar o equilíbrio dinâmico das minhas relações sociais: vida familiar, vida comunitária e vida profissional. Tudo o que faço deve caber nesses ambientes inter-relacionados e flexíveis entre si. O campo pessoal está na interseção desses três conjuntos de contextos narrativos, como uma espécie de zona livre de exercício da individualidade. É um modo de estar no mundo com o qual me sinto protegido dos estouros da falta de sentido que, como na conjuntura atual, contagiam a sociedade de verdades extremistas. Em 1980, na companhia do poeta José Carlos Gurgel e de amigas e amigos das revistas mineiras *Flor da Terra* e *Pé de Moleque*, vi a peça *O Rinoceronte*, do dramaturgo romeno Eugène Ionesco (1909-1994), no Teatro do DCE, da PUC, em Belo Horizonte. Fiquei impactado com o poder metafórico desse texto do criador do Teatro do Absurdo, no que ele revela de insensatez quando as correntes de opinião se resumem a cabos de guerra da insanidade política. No palco, essa obra escrita em 1959, o ano em que nasci, expõe a dificuldade de diálogo entre os frequentadores de um café, quando todos são surpreendidos por um barulho potente e estranho. É um rinoceronte que passa, seguido de outro e mais outro. São tantos e tão violentos que até os próprios personagens começam a se transformar em rinocerontes e a seguir a manada pelas ruas da cidade, arrebanhando quem ainda permanece em estado humano. Prometi a mim mesmo que faria de tudo para não me deixar levar por esse tipo de metamorfose dogmática.

Fui compreendendo com o tempo que tudo o que faço passa pela interdependência dos campos de sentido da Infância e da Cidadania Orgânica. A clareza desse posicionamento me ajuda, inclusive, a enfrentar com uma certa tranquilidade a recessão utópica que vivemos, fruto da falência de uma noção de futuro que nos impõe um endividamento do presente, como um pecado original de agiotagem da concentração de renda, de poder e de acesso privilegiado a bens simbólicos. O condicionamento tradicional ao senso de futuro é que vem matando cada vez mais o tempo da infância, em nome da preparação das crianças para a vida adulta. Esse conceito perverso diz que a criança pertence à geração seguinte e que, portanto, precisa, acima e antes de tudo, ser preparada para o futuro. Trata-se neste caso de uma questão ideológica geracional, mas, em sentido lato, o futuro é uma questão moral e política que vai e volta, em movimentos cíclico-conjunturais. Por outro lado, a palavra mais característica da oratória do futuro é sustentabilidade, uma tipificação institucional das organizações que ganhou onipresença nas mesas de debates, abrangendo tudo e não conseguindo dizer quase nada. É com urgência social que necessitamos repensar o que se pensa do amanhã. A não atenção a essa estratégia de manutenção da ordem estabelecida pelo discurso do futuro tende a, paradoxalmente, fomentar um erro de visão que deixa sem rumos o sentido de humanidade. O futuro de fato depende mesmo é do respeito com que se tratam as coisas do presente. A armadilha do que seremos tem sido um artifício retórico colocado em favor de tudo, para que tudo siga como está. As mudanças estruturais indispensáveis a uma vida melhor, mais justa e mais divertida passam pelo colapso dessa ideia de futuro como proteína do metabolismo cultural da humanidade. O futuro ideologizado é o responsável pela fantasmagoria que tira a naturalidade do imprevisível. Ele está para a morte do presente como a paz está para a justificativa da guerra.

Como jornalista, gosto de transitar pelos interstícios dos saberes e conhecimentos, intuições e racionalidades, sempre valorizando aspectos que não nascem diretamente da realidade observada, mas da subjetividade, a fim de dar chance ao leitor de reagir, de se pronunciar. Tenho me esforçado para contribuir com esse processo, procurado exercitar o que chamo de jornalismo expressionista, um conceito inspirado na mudança comportamental de cunho estético que caracterizou a arte na passagem do século XIX para o século XX, quando pintores e escritores holandeses, russos, húngaros, austríacos, tchecos e alemães reprocessaram valores em busca da restauração da plenitude humana. Procuro atuar na conjunção das circunstâncias que envolvem o fato, dando interpretação simbólica aos acontecimentos, como uma crônica que desmaterializa a rotina para jogar luzes de possibilidades sobre os seus fragmentos. Priorizo em meu trabalho a manifestação emocionada, a existência, com impressões que vêm de dentro para fora e não de fora para dentro. Assim, como o expressionismo nas artes, não encaro esse modo de atuar como um estilo, mas como uma direção impulsionadora de dúvidas e que me parece dar mais naturalidade ao conflito e mais satisfação de experienciar as contradições culturais, educacionais e políticas que entram permanentemente em choque na modelagem das convenções sociais. Com essa prática me esforço para que o obscuro das convulsões sociais apareça como desafio na busca de iluminação. É no espaço das tangências que tento desenvolver o jornalismo expressionista, mesmo tendo muitas vezes que apelar para a hipérbole. No prefácio do meu livro *Como Braços de Equilibristas* (Edições UFC, 2001), o economista Paul Singer (1932-2018) é certeiro ao dizer que "São apreciações eloquentes, que vibram de indignação e não poucas vezes caem no exagero. Mas é o exagero da caricatura, que ressalta ou deforma o detalhe revelador, desnudando o que o retrato ou discurso bem-comportado trata de ocultar" (p. 25). Ele captou bem essa espécie de grito presente em meus escritos quando imagino o leitor distante do que eu gostaria que ele ouvisse.

Aprendi com os meus pais a viver com o necessário, a viver com simplicidade. Isso, inclusive, é o que eventualmente me permite fazer algumas extravagâncias quando tenho vontade. Viver com o que se precisa não é dispensar o que dá prazer, pelo contrário, é o que nos torna capazes de sonhar com muito, de ter muitas ambições sinceras, sem a obrigação de levar vantagem sobre os outros. A noção de que o verdadeiro sentido de possuir algo está associado ao usufruto que esse algo pode oferecer altera-se com as novas configurações de negócios e comportamentos sociais. Empresas de transporte não necessitam mais possuir veículos para serem líderes de mercado, e, para escutar música, já não precisamos mais ter estantes para guardar álbuns de nossas preferências. Nessa perspectiva, o caráter tradicional de propriedade perde força e me identifico com isso. Em muitas circunstâncias, ficou mais cômodo possuir sem ter a posse. Possuir, no senso comum de ter a posse, é um verbo que tende a se inclinar para a variante do seu sentido de desfrutar, independentemente do caráter de propriedade em si. Torna-se cada vez mais comum a disposição de muita gente de não mais abrir mão do usufruto do acesso em troca da ânsia de possuir coisas, muitas delas dispensáveis. Ademais, o tempo livre, aprisionado em apelos por descanso e recuperação semanal, já não parece mais tão inútil. As tradicionais horas vagas passam a ter substância social e cultural na compreensão de muita gente. A escala do olhar não é mais a mesma nesse tipo de realidade literalmente expandida. Os antes dias inúteis passam a ser um importante ativo com as possibilidades criadas pelo senso de possuir sem ter.

Em seu álbum *Com Defeito de Fabricação* (1999), Tom Zé chama a atenção para um fenômeno que envolve pessoas dos países periféricos que, mesmo modeladas para serem mais baratas do que robôs operários, revelam deformações inatas como criar, pensar, dançar e sonhar, o que é visto como uma afronta pelos "Patrões do Primeiro Mundo". Identifico-me com essa má-formação e tendo a desprezar gente que, como diz o compositor baiano, ora todo dia e depois manda "a consciência junto com os lençóis para a lavanderia". Tenho muita dificuldade de lidar com pessoas gananciosas, apegadas demais ao poder, e isso muitas vezes dificulta a minha integração. Há uma credulidade em mim que, quando sou chamado a colaborar com ações sociais, culturais e de cidadania, acredito que é para valer e abraço tais causas de braços abertos, sem muitas vezes perceber os filtros, e isso me maltrata. É que gosto de confiar. E, quando confio, levo tempo para desconfiar, mesmo diante de supostas evidências. Agora, quando chego ao estado de desconfiança, pratico o desapego, o que também não me faz tão bem, por me sentir amputado, mas sem querer de volta o membro perdido. Outro defeito de fabricação que complica a minha vida é meu espírito multiturma. A característica mais presente nas minhas relações sociais é circular fora dos contornos, valorizando mais as sensações do que os objetos. Acho a multiplicidade e a diversidade do mundo tão encantadoras que não consigo conviver com um só tipo de gente, com grupos de afinidades eletivas. E na nossa sociedade isso tem um preço alto.

Vou fazendo o que está a meu alcance. De tudo o que ganho com meu esforço físico e intelectual, por exemplo, retiro um percentual variável para espalhar o que me encanta. Chamo isso despretensiosamente de Verba da Utopia. Ela atende a uma necessidade do imanente e, por isso mesmo, sua aplicação dispensa padrões, conceitos e cobranças exteriores. É uma ação de respeito ao que vem de dentro, ao que está contido na transcendência dos sentimentos que regem a minha relação com o belo indefinido e indescritível que se apresenta agradável aos meus sentidos e consciência. Faço isso com a crença e a satisfação de que multiplicando espontaneamente o que nos enleva exercemos uma influência direta sobre o nosso ser, imunizando-nos contra a síndrome do vencedor infeliz, essa moléstia que tanto perturba a sensibilidade e promove o embrutecimento. A inteligência pode ser artificializada e transferida para as máquinas. A consciência, não. Quando observamos o mundo com afeição, como fazem as crianças, somos capazes de nos entreter conectando sentimentos e sentidos. O encanto que nasce da nossa sinceridade interior tem efeito repentino, não dá aviso, nem depende dos despachantes comissionados dos amores consignados de mercado. A Verba da Utopia age nos campos da vida onde sonhar influi na realidade e nem sempre nos damos conta. É uma espécie de dotação orçamentária concreta que passamos ao controle da força abstrata da admiração. O melhor na prática desse prazer é a consciência do distanciamento dos valores calcados em controles e resultados presumíveis, em favor da preservação da liberdade do encantamento interior como forma de valorizar a existência.

BIA BEDRAN

Compositora, cantora, atriz, contadora de histórias e educadora niteroiense, com carreira dedicada à infância e à arte de contar e cantar. Autora de obras que são referência da produção infantil brasileira, a exemplo dos álbuns Bia Canta e Conta *e* Dona Árvore.

No seu livro *Como Braços de Equilibristas,* **ao comentar o meu espetáculo** *Dona Árvore,* **denominando-o como uma "Fábula Contemporânea" (Artigo publicado originalmente no caderno Vida&Arte, do jornal** *O POVO,* **de 11/01/2000), você diz que "quando um rouxinol canta é para quem quer ouvir, para quem vai ao seu encontro por conta própria, por vontade própria e com as próprias pernas". Depois de duas décadas dessa afirmação, o que, a seu ver, mudou no universo da cultura da infância e da mídia que a devora?**

Durante esse tempo, as coisas pioraram, Bia; aumentou a oferta de produtos e serviços para crianças, e pouco desse tanto parece de fato voltado ao interesse infantil. Não vou dizer que de todo as crianças estejam largadas à própria sorte porque são muitos os educadores, as educadoras, pais, familiares, escritores, artistas e instituições comprometidas com essa questão, mesmo em um quadro de desarranjo social e político que não aponta dias melhores à integridade de meninas e meninos. Há uma esperança também no que podem fazer as próprias crianças diante dessa realidade. Como se descreverão a partir das suas vivências e dos impulsos inconscientes da "antropologia" cultural infantil? Que tipo de sentença final sofrerão por se rebelarem contra o estado de abandono a que estão relegadas? Por enquanto, destituídas de experiência estética, do brincar livremente e de amorosidade, muitas e muitas delas estão sendo punidas com medicamentos. Nas mídias, especialmente aquelas que dominam o ciberespaço, a infância é preponderantemente tratada como consumidora a ser fidelizada, e, entre os efeitos colaterais desses estímulos em desmedida, está o aumento da obesidade, a puberdade precoce e os transtornos decorrentes do sono irregular. Ao concentrar no mundo social virtual o espaço de diversão, a indústria do entretenimento promove o fracasso da convivência com calor táctil, a excitação pela servidão voluntária e a substituição dos desejos essenciais pelos desejos induzidos.

Os espaços para as discussões sobre o tema infância são muito tímidos nos nossos meios de comunicação. Editorialmente esses temas são tratados como algo menor, algo que pode ser feito de qualquer jeito, aos pacotes e, via de regra, à mercê dos apelos comerciais. Diante de um modelo precário de subordinação à produção de massa, as pessoas que conseguem perceber a realidade não traduzida pela mídia resistem a esse padrão e buscam uma visão na qual prevaleçam as expressões culturais mais próximas de onde a vida acontece. A descoberta de que essa busca é possível vem relativizando a voz dos tradicionais formadores de opinião, hoje concentrados nos chamados "influenciadores" de internet. Muitas pessoas têm procurado veios que possam fortalecer a autonomia e o reconhecimento da realidade marginalizada pelas mídias, a fim de preservar e dinamizar o que acreditam que são, e de conhecer o que realmente acontece no mundo. No entanto, ainda são poucos os que conseguem enxergar mais claramente que a rede mundial de computadores e os aplicativos de troca de mensagens dos *smartphones* e *tablets* viraram uma grande praça de espetáculos, na qual o que é compartilhado, recortado e mostrado não precisa necessariamente condizer com a realidade. O despertar para essa compreensão tem resultado na formação de comunidades virtuais de sentido, nas quais os inquietos procuram dizer que estão vivos em meio à guerra de recepção de significados e de estilos de vida. São principalmente as pessoas que trabalham, que fazem coisas, que têm a dizer, a mostrar, mas que estão fora do domínio da lógica perversa da valorização limitada aos que podem pagar para aparecer.

Assim como no clássico conto do rouxinol, podemos ouvir com nossas crianças o canto de dois rouxinóis: um vivo, singelo, que tem coração e canta livre; e o outro, de metal, com cauda de ouro e prata, incrustado de pedras preciosas, que canta quando lhe dão corda. O que canta pela vontade de cantar, não aceitando a proposta do imperador de viver no palácio, mesmo convidado a trinar em um poleiro de ouro, retornou ao bosque, à natureza, onde se sente bem e faz a alegria das pessoas mais simples. O soberano não admitiu a possibilidade de não ter o controle do canto do pássaro, que era reconhecido pelos viajantes que visitavam seu reino e que o tinha feito chorar de emoção.

"As lágrimas de um imperador têm um estranho poder" (ANDER-SEN, 1978, p. 228). Com o entusiasmo de cortesãos e de outros bajuladores que viviam no seu suntuoso palácio de porcelana, tornou oficial o canto medido, repetitivo e sem vida do cintilante rouxinol artificial, que cantava a qualquer hora que ele quisesse, e sem se cansar. Mesmo assim, e indo de encontro aos procedimentos recomendados a um imperador, ele combinou com o rouxinol verdadeiro que o ouviria toda noite, na hora de dormir. O rouxinol aceitou, com a promessa de sua majestade de não contar a ninguém. E a razão do pedido era muito simples: cercado de tantos interesseiros e puxa-sacos, se essa gente soubesse da proximidade dos dois, até o ar que o rouxinol respirava seria envenenado.

Os ensinamentos desse conto estão vigendo no atual cenário que, influenciado pelas correntes políticas e culturais sustentadas pelo egoísmo social, rejeitam o estatuto do livre-arbítrio. O escritor britânico John Gray está entre os que apontam o anseio humano por liberdade como responsável pela opressão que domina o mundo. Ele propugna a volta da visão gnóstica, marcada pelo sentimento de que o mal domina tudo, e por uma contundente defesa da ética alienante dos fantoches. Essa visão conservadora toma como analogia a alma das marionetes, que parecem ter autoconsciência e se sentem livres quando atuam. "Em vez de tentar impor sentido à própria vida, o indivíduo se limitará a permitir que o significado venha e vá" (GRAY, 2018, p. 115). O pensamento representado por Gray é um bom balizador dos princípios que negam o acesso das crianças (e também dos adultos) à produção cultural e à educação de qualidade, haja vista que sem esses complexos de civilidade as pessoas ficam vulneráveis às ofertas dos mercados, inclusive ao que comercializa a fé.

O questionamento central do seu raciocínio está no que é mesmo ser humano, em tempos de orações algorítmicas e conflitos de diferentes virtudes causados por divergências sobre como se deve viver. "Ser torturado ou perseguido é ruim, em qualquer que seja a cultura a que se pertença; ser objeto de atenção e gentileza é bom. Mas esses valores estão em conflito uns com os outros" (Ibidem, p. 109).

Reflexões como essas indicam o vórtice de impulsos conflitantes e carentes da atenção que nos separa de nós mesmos, substanciando a ilusão como passaporte para o bem viver e a prosperidade. É no meio desse turbilhão de enunciados obscuros que as crianças brincam no labirinto de um mundo feito de seguidores. O cientista social estadunidense Charles W. Mills (1916-1962) já dizia com propriedade que "a maior parte das pessoas não vai atrás das coisas que estão fora de seu alcance" (MILLS, 2009, p. 91). O pensador indiano Ashis Nandy complementa essa observação, afirmando que "na prática, a vida social raramente é autoconsciente" (NANDY, 2015, p. 207). Mills é taxativo ao reiterar que "o aparato [cultural] é hoje um auxiliar de organizações comerciais que usam a 'cultura' para seus próprios fins não culturais – de fato, anticulturais –, e assim degradam seu próprio significado" (MILLS, 2009, p. 75). Sem qualquer pudor, John Gray chega à conclusão de que, no anseio de se libertar do direito de escolha, parte significativa da população deseja ser dominada por algum tirano; o que justificaria o movimento de conservadorismo presente em casos como o do ódio aos migrantes na Europa e nos Estados Unidos e o da intolerância à mobilidade social no Brasil. Uma conjuntura de alienação como essa privilegia o rouxinol metálico, que depende de corda para cantar. E o rouxinol verdadeiro vai ficando cada vez mais reservado às pessoas que se aventuram a andar pelos bosques.

Sempre estive atento a seu trabalho e comportamento de rouxinol, Bia Bedran, porque você representa as artistas e os artistas brasileiros que quando cantam e contam transmitem elementos estimuladores da elevação do espírito. Suas cantigas, contos e representações cênicas estão impregnados por atraentes sabores de infância. E por duas décadas você cantou no palácio, fazendo programas de televisão – Canta Conto, Baleia Verde e Lá vem História, na TV Cultura e TV Educativa (hoje TV Brasil) –, quando a televisão era o imperador da comunicação em nosso país. Mesmo assim, você não se deixou atrair pela árvore de ouro desse castelo de ilusões; escapou pela janela e foi para o bosque. A sua crença de que o mundo infantil precisa exercitar ampliações imaginativas em favor do equilíbrio e da inventividade humana era incompatível com fazer seus ninhos entre os cortesãos e a vassalagem palaciana. Na condição de pai e de interessado no que é feito de bom para a infância, sou testemunho da sua capacidade de provocar emoções prazerosas e de instigar pensamentos sonhadores nas crianças. Você é uma espécie de Maria Elena Walsh (1930-2011), em termos de referência artística tecida geração a geração por famílias e escolas de um país, embora, diferentemente da compositora e cantora argentina, você não tenha recebido o reconhecimento público que ela teve, e que você também merece. Compor e cantar músicas plenas de sentimentos sinceros e profundos infelizmente ainda não é um valor nos ambientes institucionais da nossa coletividade.

Na linha evolutiva da música para crianças no Brasil, derivada das tradições populares, das pesquisas de Villa-Lobos (1887-1959), da MPB infantil criada pelo Braguinha (1907-2006), da irreverência dos *Saltimbancos*, que Chico Buarque trouxe da Itália, da festa dos bichos na *Arca de Noé* de Vinícius de Moraes e no *Mundo da Criança* de Toquinho, passando por Bia Bedran e pelo grupo Palavra Cantada, muitos artistas assumiram o papel do rouxinol, despertando a paixão de crianças e adultos pela música, mas também por fábulas, lendas e contos infantis. Acontece que o interesse pelas expressões artísticas é um aprendizado social e cultural. As preferências dependem em muito da educação e dos acessos que cada um tem. Sem imaginação e sem conteúdo, prevalece o instinto e a lei da ignorância. Dizem que a pesca seletiva dos peixes graúdos estimula a inanição nas futuras gerações. Isso é da natureza, está no instinto de conservação. Do mesmo modo, um povo que não dá a oportunidade às suas crianças de engrandecerem pela vitamina estética, e, pior que isso, submete seu metabolismo cultural ao consumo de estimulantes artificiais de entretenimento, aniquila com a inocência e compromete a infância no futuro.

O sentido de futuro é um componente indispensável ao debate sobre a infância; não só porque, no ritmo que está sendo imposto ao mundo, a criança pode desaparecer, mas igualmente porque sem infância a dimensão sensível, generosa e inventiva da humanidade entrará em declínio vertiginoso. É em nome de garantir um futuro de abundância para os filhos que muitas mães e muitos pais não têm tempo de ir ao bosque com a família para ouvir o canto do rouxinol verdadeiro. É também em nome de assegurar um futuro sustentável para as novas gerações que muitas instituições transformam meninas e meninos em promessa do que há de vir, tolhendo-lhes muitas vezes o privilégio de viverem a experiência da infância. Evidentemente que há melhorias no tratamento de questões relativas ao mundo infantil. No campo da legislação, por exemplo, esses avanços são reais, observando-se os textos das leis de proteção à criança. E a infância segue deslocada em uma dupla direção temporal: no sentido do passado, quando comparada ao que não era, e rumo ao futuro, por projeção do que não será.

O grande desafio da sociedade nos dias de hoje é o de dar vez ao tempo da infância, um tempo presente, caracterizado pela multiplicidade de comunidades educativas e, por isso mesmo, um tempo que requer mais e mais ações mediadoras e de criação de vínculos e vivências. Para dar vez a esse tempo do bosque do rouxinol é necessário contar com a confiança da meninada no que é oferecido a ela pelo adulto. Aquela criança que já não consegue conduzir suas aventuras, devido a tanta proibição, não cabe mais no atual conceito de infância. Nada de "o futuro que queremos" sem um "nós" que contemple o interesse e a capacidade de contribuição infantil. A existência de um tempo comum a todos os fenômenos, pelo entrecruzamento de séries de acontecimentos, é como as estações do ano. Por isso, penso numa analogia fora dos itinerários das sucessões para tratar a criança como uma criança, na qual não dá para olhar para a primavera e esperar expressões de outono na natureza. O universo infantil tem a sua própria massa estelar em estágio de condensação, e as possibilidades de cada menina e de cada menino na experiência da infância são bem mais pujantes quando mediadas e apoiadas por adultos. Na sua invenção do conhecimento, a criança sente a importância do adulto, tanto para se perceber segura quanto para aprender a ser autônoma. Para isso, precisam ir ao bosque juntos, ouvir o canto do rouxinol.

CALÉ ALENCAR

Compositor, cantor, produtor cultural, idealizador e diretor do Maracatu Nação Fortaleza.

Como sugestão para um navegar nas águas da imaginação, pra cá e pra lá dos pedaços de piúba que constroem a embarcação, alimentando o viajar das ideias neste mar profundo que é ser artista nesta passagem, com quantos paus se faz uma jangada?

A metáfora da jangada para tratar da condição da nossa arte é perfeita, Calé. Principalmente pela referência que você faz à piúba, essa embarcação artesanal tipicamente cearense, feita com encaixes de madeiras amarradas por cipó, sem leme e dotada de um tipo de vela capaz de enfrentar ventos fortes, com a qual pescadores se afoitam mar adentro em sua poética lírica e trágica. Assim também é ser artista em uma cultura marcada pelo ardor, pela busca, pelo olhar distante e pela coragem de se aventurar nas águas agitadas da vontade de viver cultivando o sublime. O jeito errante e cheio de almas da diversidade étnica nos impõe um constante movimento criativo e criador, que muitas vezes transforma impossibilidades em novos desejos e realizações.

Tenho uma admiração especial pelos artistas que produzem na marra, aqueles que, mesmo diante das dificuldades de atuar entre o drama da homogeneização e a comédia bufa dos grupos de proteção da vassalagem cultural, não têm preguiça de ser o que são, de defender o que defendem, de existir. Vibro com as atitudes dos que não se deixam tragar pela indiferença, dos que partem para cima das instabilidades unindo-se a todas e todos que precisam improvisar beleza, sensibilidade e sentido de grandeza perante as venturas e desventuras de um mundo e um tempo marcados pelo império do descartável. Navegar nos mares dessa cultura, que parece não ter noção do próprio valor, é como guiar uma jangada de essências pelo palco de um oceano de supérfluos. A situação é quase sempre desfavorável, o que aproxima o fazer artístico da gambiarra, esse arranjo espirituoso de busca de soluções na escassez. Em geral, começamos nossa vida de gambiarreiros desenvolvendo um conhecimento tácito normalmente iniciado com a criação dos nossos próprios brinquedos. Embora sem uma consciência aprofundada desse valor criativo e transformador, armazenamos em nós repertórios caóticos de soluções, como ocorreu com a criação do baião de dois e da capoeira, expressões da culinária e da dança que surgiram como quebra-galho da necessidade alimentar e de defesa corporal. A maioria das grandes invenções partiu de improvisos pouco recomendáveis. Em todas as áreas existem ilustrações notórias de que a gambiarra está na gênese da inovação. A riqueza da arte brasileira está nessa busca por sobrevivência, liberdade e transbordo estético da nossa alma mestiça.

O risco do enquadramento da cultura da gambiarra é o de negá-la. Atualizar a acepção dessa palavra, de modo que ela passe a significar força criadora, é uma oportunidade que temos de variar a angulação do olhar, fugindo do poder hipnótico da classificação. Quando falo em classificação não me refiro à organização de características básicas de assemelhamento, que auxiliam a compreensão, mas ao que o ato de classificar impõe de conveniências inibindo a multiplicação de possibilidades. No contexto de tensão global em que vivemos, a improvisação tem, certamente, uma contribuição a dar na reorganização das nossas energias e na reinvenção de hábitos e de padrões de comportamento. Isso é facilmente observável na economia popular praticada por camelôs, barraqueiros, vendedores de água nos cruzamentos das ruas, artesãos, cozinheiras das feirinhas de bairro e toda sorte de pessoas que vivem na informalidade. Para saber "com quantos paus se faz uma jangada", essa gente desenvolve habilidades fazedoras que resultam em iniciativas tiradas do nada, da escassez, contribuindo para fazer rodar a economia em um mar de desigualdades. São grandes e admiráveis empreendedores anônimos, invocados que entram jogando no jogo da estratégia e das táticas de sobrevivência em um mundo de precarização do trabalho. Sem direitos e sem reconhecimento público, tocam a vida por conta própria, à mercê dos imprevistos e da falta de acesso a muitas das obrigações do Estado. Em vez de potencializar a garra e a criatividade dessas pessoas, as lideranças do país gastam uma enorme energia para detê-las em suas vulnerabilidades sociais. Indignado com a predominância dessa mentalidade de colonizado, o antropólogo mineiro Darcy Ribeiro (1922-1997) espalhava aos quatro ventos que o Brasil tem um povo maravilhoso e uma elite horrorosa.

A jangada da arte segue esse mesmo destino de marginalidade imposta pela vulgata do neoliberalismo que decretou o fim da história, promove a destruição das diferenças, diviniza o individualismo e promete instantânea abundância de visibilidade com pertencimento virtual. As facilidades tecnológicas têm sido uma maravilha para gambiarras digitais, embora administrar os nossos interesses diante das telas – os novos espelhos oferecidos pelos neocolonizadores – é um dilema nada fácil de enfrentar. Por um lado, precisamos ser flexíveis a ponto de não travarmos as possibilidades que com elas se abrem; e, por outro, devemos estar atentos para, em nome dos sonhos de igualdade e do fluxo livre de mensagens, não nos tornarmos inocentes úteis na guerra de competitividade da nova indústria de som e imagem e dos rearranjos da geopolítica planetária. O determinismo apregoado pelo capitalismo da era tecnológica pressiona os autores a abrirem mão dos seus direitos em nome do enriquecimento cultural e científico da humanidade. Em tese essa proposta tem sentido e é de grande valor solidário. Mas por que somente a propriedade inventiva deve ser socializada? A suposta generosidade desse discurso não responde a essa questão porque tem como fim a concentração do poder econômico no comércio de conteúdo.

O debate sobre o mercado de conteúdos está fora da agenda atual porque o discurso da pós-modernidade tem sido moldado por eficientes ações de *advocacy* das corporações de cultura digital. Vivemos uma circunstância desafiadora nesse jogo entre a vontade de criar condições de difusão rápida e plena do que produzimos e a pressão dos cartéis e das hegemonias com seus sofismas de gratuidade das redes. A navegação artística, que não seja entretenimento de massa, segue em mar revolto, na jangada de vela da arte, enfrentando bravamente a nova era de transformações no perfil dos mercados mundiais que atuam orientados pela mesma e velha mentalidade do passado. E quem tem maior poder de difusão segue com maior poder de influência. O fortalecimento econômico da indústria cultural digital depende de conteúdos para a intensa produção do efêmero. A oferta de nichos de liberdade que eles permitem precisa ser maior e mais bem ocupada. A vida de um artista que teima em viver de sua obra passa por uma existencial oposição recíproca entre as perspectivas oportunizadas pelas novas tecnologias e a dificuldade de pagar as contas no final do mês. Muitos desses artistas já não conseguem saber se correm ou se ficam para serem comidos pelo bicho da competitividade e da fama. E muitos se afogam, abraçados ao impulso criativo, nas correntezas contrárias da inutilidade e da teimosia.

Por serem transitórias, as belezas da vida e do viver são motivos de buscas constantes de fixação e representação artística. Os esforços para estancar o instante estão presentes nas essencialidades do ser pessoa ao longo da história da humanidade. Emergindo das ocorrências empíricas e associada à fantasia, a prática da experiência sensível tem na manifestação do belo um indiscutível desejo de eternidade. Essa fantástica aventura da fruição artística é o que ainda assegura a disposição para colocar a jangada da arte em um mar que, contraditoriamente, não está para peixe que não seja de aquário. A arte domesticada torna-se residual das circunstâncias em que emerge, perdendo o desejo inesgotável de perenidade. A ausência de valorização da arte não manipulada causa passividade e negação do diferente. O artista não cooptado é visto como perigoso por ser um facilitador para que tempos diversos se comuniquem e gerem novos sentidos. O estado de fatalidade que desgoverna o Brasil tem paradoxalmente parte de sua estabilidade no frenesi da negação, o que implica no aumento da força dos ventos contrários ao mundo artístico. O grande desafio dos jangadeiros da cultura é molhar o pano da vela e seguir mar adentro, com o cuidado de não cair nas insuficientes tentações de apenas amaldiçoar a tempestade. O engajamento centrado apenas na maledicência e na reação dificulta o deslocamento da rebeldia para as zonas de liberdade dos mares, onde a arte navega com suas intensidades, imanências, poder de coesão e vontade poderosa de existência transbordante.

CARLOS VELÁZQUEZ

Carlos Velázquez é músico e pesquisador mexicano, professor de Estética, História da Arte e Mitologia na Universidade de Fortaleza (Unifor). Autor, entre outros, dos livros Mas Afinal, o que é Estética? – Por uma redescoberta da educação sensível *e* Mitologias para o Século XXI – Facultas Characteristica.

Tua trajetória é marcada por uma forte atividade criativa, expressa nas diversas modalidades de arte e literatura que tens produzido. Imagino que muito dessa criatividade tenha bebido em tuas vivências identificadas à tua cultura e ao meio que a circunda. Imagino isso porque observei que você e Andréa fizeram questão de vivenciar essas fontes com Lucas e Artur, inclusive dosando-as equitativamente com as tendências e tecnologias próprias da atualidade. Entretanto, o caso de vocês é

excepcional. Uma esmagadora maioria na juventude atual substituiu suas vivências e experiências identitárias por virtualidades tecnológicas. Como você vislumbra o futuro da criatividade de si (processo identitário) e da criatividade funcional e artística a partir desse novo substrato?

A minha compreensão sobre o devir do ser pessoa, enquanto habitante de um mundo social, simultaneamente físico e virtual, Velázquez, passa por algumas camadas reflexivas suscitadas pelo meu aprendizado de vivências parentais, como autor de literatura e música para crianças e adolescentes, e por minha atuação em ações culturais, educacionais e de cidadania voltadas às questões infantis e juvenis. Essas experiências têm em comum um tempo social em que a agregação da linguagem digital e da dinâmica das redes de virtualidade em nossas vidas alteraram naturalmente os papéis tradicionais, criando, com isso, novas referências relativas ao desenvolvimento do caráter, do sentido de responsabilidade, da noção de pertencimento e da vontade de viver em sociedade.

Multiplicaram-se os campos de disseminações informacionais, e nessa teia de formadores e deformadores fica muito difícil identificar o que realmente a criança escuta e o que escuta a criança. Ao deparar com esse problema, antes de demonizar os meios e as mensagens, entendo ser mais adequado trabalhar o refinamento da nossa capacidade de ver o outro a partir do que ele deseja e necessita. Nessa perspectiva, cabe destaque à figura da criança como pessoa igual em direitos, mas diferente no jeito de se relacionar com o mundo. Isso é indispensável, considerando que, na sociedade de consumo, meninas e meninos voltaram a ser tratados medievalmente como adultos pequenos, para poderem ser alvos comuns da comunicação mercadológica. Some-se a tal despropósito o discurso radical da autossuficiência, que confunde emancipação com abandono no esforço de livrar as crianças da autoridade dos pais e de submetê-las ao poder das mídias comerciais.

O desafio das famílias e das demais comunidades educativas é o de encontrar formas de reaproximação de crianças e adultos, para, cada qual em seu estágio de fantasia, consciência e razão, poder fortalecer o outro para o usufruto das possibilidades afirmativas das tendências e tecnologias próprias da atualidade, de forma menos especializada, menos etiquetada, mais instintiva, mais aberta e mais fecunda. Para tanto, faz-se necessário que se encontrem maneiras de evitar que o acesso às redes sociais digitais impeça a vivência nas redes sociais físicas. E o primeiro passo para o estabelecimento de vínculos afetivos estáveis é deixar a criança afastada de telas o maior tempo possível, sobretudo na primeira infância. Os objetos mudam e com eles mudam os significados de uso. Os equipamentos digitais, associados aos ambientes das redes, tendem a mover as pessoas à busca intensa de se mostrarem como gostariam que os outros as vissem, instalando-se, então, uma espécie de autoritarismo da liberdade, propício à corrupção do afeto.

O risco da perturbação do indivíduo frente ao espelho multifacetado das páginas das redes sociais nasce com a classificação da criança como ser natural do mundo dos algoritmos e se estende aos jogos de estímulo à fobia social. O rótulo de nativo digital força a restrição da expectativa de destino da infância ao mundo social virtual e reduz o interesse de meninas e meninos pela dinâmica mais lenta do mundo físico, enquanto o caráter transgressor das missões recebidas pelos praticantes dos jogos eletrônicos de violência é sempre uma inspiração para quem enfrenta a angústia do crescimento e para quem, tomado por apatia, tem dificuldade de lidar com escolhas de prazeres, considerando que a vulnerabilidade da estrutura emocional é um arquivo propício à proliferação de maliciosos vírus antissociais. O hiato ainda acentuado entre os estados físico e virtual contribui para embaralhar referências culturais, estéticas e morais, cabendo aos pais, cuidadores e educadores, sejam quais forem suas configurações familiares, escolares e comunitárias, evitar idealizações simplesmente favoráveis ou desfavoráveis ao uso dos espaços comercializados pelas empresas de serviços de relacionamento.

Quando a decisão pelo acesso da criança às redes sociais ocorre em um processo compartilhado com o adulto tudo fica mais fácil. Ademais, o exercício do consentimento mútuo é um bom antídoto à predominância da pressão isolante de grupos e ao uso desses instrumentos de oportunidade de buscas e de aprendizado social apenas como válvula de escape. O certo é que a infância caiu no mundo virtual, e esse é um fato sem volta. Resta saber como ajustar os usos dessas ferramentas digitais e de conexões para que meninas e meninos possam brincar na rede, mas de forma comedida. O que não faz sentido é deixarmos de explorar as potencialidades oferecidas pela internet, largando nossos filhos à salivação das corporações, simplesmente porque ainda não nos dispusemos a ocupar os espaços baldios da rede com atrações edificantes. Todas as linguagens são aprendidas na prática, e o melhor que se pode oferecer a uma criança para que ela tenha discernimento ao participar das redes sociais é a oportunidade de convivência fora delas. Os códigos dos teclados e das telas precisam de um vocabulário cultural concreto que dê sustentação à participação da criança nas praças e salas virtuais.

O que faz uma pessoa ser única é o fato de ela ser formada por si e por muitas partes de outros. Assim é com todo mundo, embora isso não seja facilmente aceitável em decorrência do receio que temos de ser tragados pelas nossas diferenças sociais, culturais, físicas e intelectuais. Mas, querendo ou não, só existe o "eu" porque existe o "outro" e as relações sociais. Quanto mais nos relacionamos, quanto mais compreendemos que o contato estabelecido entre pessoas faz parte da constituição do si, mais nos integramos plenamente ao contexto das transformações sociais. E não podemos negar a importância dos ambientes de virtualidade como contextos socioculturais interligados em um sistema de comunicação em rede, e não um lugar, chamado internet. Os círculos de convivência acontecem em espaços como as salas de bate-papo, nas praças de encontros disponibilizadas pelas empresas de serviços de relacionamentos e nas estações de jogos.

A existência infantil está em transe. As crianças já não suportam a pressão de um mundo marcado pela exaustão da capacidade de desejar. O principal vilão desse drama contemporâneo está implícito na sedução, na persuasão e nos assédios da publicidade sem rédeas que chega às fronteiras dos maus-tratos simbólicos. Virou caso de seguridade social. O transtorno envolve pais e escolas. Abala laços comunitários. Alastra-se a quantidade de crianças com estresse, úlcera, hiperatividade e dificuldade de convivência. A sofisticação do *marketing* do consumismo infantil chegou ao ponto de cooptar crianças para serem vendedoras de produtos e serviços de linha infantil. Crianças passaram a ser promotoras de vendas em suas próprias casas, quando exibem nas plataformas de relacionamento seu deslumbre ao abrir e comentar pacotes de produtos que recebem dos fabricantes (*unpacking*). Essa ocupação do ciberespaço em um tipo de *home office* aparentemente inocente acaba contando com o entusiasmo de familiares que veem nessa atividade de manipulação um modo esperto de ganhar presentes, sem, no entanto, observar o estrago que a ansiedade pelo número de visualizações causa no prazo de validade do desejo.

Essa é uma prática de deformação cultural, com implicações de caráter anticivilizatório. Por não estar sendo estancada a tempo, ganha proporções de desvalor individual e coletivo, com repercussão na vida social e na degradação do meio ambiente. A magnitude desse tema está além das questões de etnia, gênero, classes, religiões ou partidos políticos. É, portanto, de larga amplitude mobilizadora. Ninguém, em condições normais, se coloca contra algo que visa à melhoria das condições de sociabilidade infantil. A mais torpe e mais desajustada das pessoas carrega dentro de si uma vontade de ser feliz. Essa convicção leva-me a acreditar na possibilidade de ampliação da convergência de esforços para a superação das barreiras dos interesses mercadológicos imediatistas, responsáveis pela exploração comercial da credulidade infantil por meio da indução compulsiva do consumo.

A infância é a fase da vida na qual naturalmente vemos o mundo amando e, por conseguinte, nos primeiros anos, não sabemos sequer distinguir um programa de um comercial. A necessidade de respeito a esse estágio da existência é inerente a todos os povos. E muitos países já encontraram formas de tratar desse conflito de ética e publicidade, não permitindo ações de *marketing* dirigidas à criança. Os assédios desse gênero de pedofilia mercantil deixam meninas e meninos muitas vezes sem condições de elaboração do seu autêntico desejo e, mesmo aparentemente saciados com os produtos que recebem pré-mastigados, tornam-se permanentemente insatisfeitos. Essa é a moléstia de viverem expostos à publicidade abusiva, como a um jogo perverso do qual somente um dos lados conhece as regras. No caso da superexposição das crianças aos anúncios de brinquedos que surgem e desaparecem a cada instante nas ofertas dos comerciais, há uma traiçoeira indução ao desapego afetivo. A relação efêmera que as crianças passaram a ter com a maioria dos brinquedos já não estabelece a cumplicidade no campo imaginário necessária ao exercício de construção da afetividade. Isso certamente influi para o crescimento de relações descartáveis e para o estabelecimento de um profundo vazio existencial.

A atração para o deslocamento continuado das pessoas à realidade das telas e seu potencial de estímulo consumista tem na reclusão a espaços fechados, por temor da violência, um paralelo demolidor da infância. A situação é tão crítica que muitas residências, ricas e pobres, valorizam mais a imponência da segurança do que os traços sutis da convivência para a sociabilidade. De tão alteradas em seus gabaritos, parecem desenhadas para ninguém morar. Não deixam muita margem para a revelação dos arabescos da alma. Nem mesmo aquelas engradadas e superprotegidas por modernos equipamentos de inteligência eletrônica podem escapar das metáforas obsedantes do mito da insegurança se quem as habita não procura compreender o valor complementar da coletividade. Toda casa, por mais modesta ou sofisticada que seja, deveria ser vista, pensada e sentida como uma obra de arte em que se vive dentro dela. Puxada pela motivação evocativa dos antiquários, pelos fatores determinantes das tendências contemporâneas ou por simples expressões estéticas de casualidade, o que importa é o que ela significa em termos de bem-estar cotidiano.

A casa tem vida. É orgânica. Por isso se transforma, se ajeita e se adapta para ser do agora e ser eterna. Modifica-se por todo o tempo para satisfazer a quem, cuidando dela, cuida de si e dos que nela vivem. Uma casa é o exoesqueleto sociável de qualquer tipo de família. É a síntese do que pensamos e de como nos vemos no mundo. Quando nossos filhos nasceram tivemos o cuidado de recebê-los em casa e não em um quarto separado. Ou seja, o quarto deles estava integrado ao conjunto do nosso lar, com toques especiais personalizados. Primeiro, com o nascimento do Lucas (1999), o artista plástico e cartunista Válber Benevides pintou diretamente na parede um lindo e divertido painel com personagens que consideramos significativos no universo infantil, entre estes o Saci-Pererê, o Capitão Rapadura, a Mafalda, o Horácio e o Menino Maluquinho. Ao chegar, o Artur (2001) passou a dividir com o irmão o mesmo quarto, mas ambientado pela beleza alegre de painéis bordados pela pintora Nice Firmeza (1921-2013) e pelas telas de duas casinhas coloridas, pintadas pelo músico e artista plástico Edmar Gonçalves, nas quais foram realçados os nomes e as datas de nascimento de cada um dos nossos filhos, como se fosse o tradicional relevo no reboco das fachadas das casas populares.

Acredito no poder de harmonia da casa como força de influência para a melhoria da vida comunitária. É de casa que partimos para o mundo, mas é para ela também que retornamos, logo um lugar de descanso, de se sentir bem, de inventar e reinventar o amor, a felicidade, a vida, a lida, o mundo, o tempo. A saudosa escritora cearense Rachel de Queiroz (1910-2003) dizia que para chegarmos em casa abrimos a porta da rua. E não há nada mais agradável do que sentir que chegamos a um lugar onde podemos estar simultaneamente mais próximos de nós mesmos e da imensidão da paz. A estabilidade na morada, com usufruto de momentos juntos e de exercício do diálogo em um espaço compartilhado, exerce influência direta na nossa preparação para o enfrentamento de um tempo marcado pela instabilidade de conceitos e por requintes de hiper-realidade, enquanto superposição forçada da imagem que é feita do real sobre o próprio real.

A perda de referências orgânicas, simplesmente pela incapacidade de percebê-las, valorizá-las e de narrá-las, pode ser evitada quando integralizamos uma habitação com os nossos filhos e dela saímos pelas vias públicas e infovias universais para participar de ambientes onde as manifestações culturais se expressem em sua plenitude, produzindo uma conjunção de fatores que podem nos levar a um melhor discernimento entre a noção de subjetividade e a noção de identidade do múltiplo, abraçando o que somos, não como um conceito postiço de identidade, mas como um sentimento legítimo e compartilhado de pertencimento. A importância de tomar a cultura como ponto original para o nosso desenvolvimento está no fato de serem os elementos culturais que dão a escala de essência comum, através do amor, do trabalho, da culinária, dos ritos, das lendas, dos mitos e das manifestações artísticas e seus vínculos regionais, nacionais, continentais e cósmicos, por meio de experiências coletivas geradoras das características que nos distinguem, que dão as referências que o povo de cada lugar necessita ter de si mesmo para o diálogo local e global.

O discurso demolidor do processo de financeirização e de outros enriquecimentos atraentemente ilegítimos que passaram a dominar o mundo vem tentando despolitizar o conceito de identidade sob o argumento psicanalítico de que cada pessoa é única e, sendo assim, tudo o que existe não passa de identificações de atos individuais e coletivos, como fatores resultantes da dinâmica de integração do indivíduo no grupo e de mobilização de suas pulsões, afetos e escolhas de consumo. É certo que a clarificação de identidades contribui para a organização das relações sociais, mas não se basta, porquanto as referências humanas não se limitam aos códigos microssociais. As condições de vida coletiva são modeladas pelas ligações existentes entre os aspectos característicos da índole local e por valores transversais comuns à dualidade corpo e espírito. Isso faz com que o entendimento das forças pulsionais da cultura de um lugar necessite inclusive da observação das circunstâncias decorrentes das fontes de formação e informação dos fenômenos contemporâneos.

O aprendizado possibilitado pela ampliação da nossa interação mundial advinda do sistema nervoso das mídias digitais tem alterado as características da noção de comunidade, tornando-a mais heterogênea e, consequentemente, mais passível de transtornos de irrealidade em seus traços culturais mais profundos. Essa maneira de compreender, de pensar e de sentir a questão do diálogo planetário reforça em mim a crença de que, antes de tudo, a ideia de pertencimento se retroalimenta na humanidade pela força do seu sentido estético. A urgente e necessária reorganização da vida social contemporânea requer valorização estética. Nenhum lugar existe para nós sem que façamos parte dele e sem que ele faça parte de nós. Somos de todos os lugares e de todos os tempos cuja poesia nos atraia pelo magneto da sua força natural e cultural. No jogo entre semelhança e estranhamento, praticado pela multiplicidade de visões culturais que constroem a própria visão do mundo, a concepção de lugar parece-me mais associada à de local de configuração de posições lógicas, enquanto que a de espaço sugere a existência de entroncamentos abertos a variáveis direções. Assim, a impressão subjetiva de uma origem comum se expressa no sentimento de religação das pessoas com os lugares e os espaços onde elas se realizam.

O senso de pertencimento acontece mais amplamente quando a coexistência entre ponto de partida e de chegada se dá no "entre" e é superada pela dinâmica das subjetividades geradoras da distinção e do sentimento comum, no universo de objetivações, hábitos e conhecimentos. No conjunto das questões da dinâmica social, a estética precisa ser considerada por seu alcance às estações mais intrínsecas de uma sociedade e de suas pretensões, embora dispersas nos nodos de uma multidão de sujeitos que abastecem o coletivo e ao mesmo tempo se apropriam particularmente dos valores e significados que produzem para nortear seus comportamentos. Quando a sedução do pertencimento se dá por meio de uma plataforma estética, a perturbação de irrealidade, provocada pelas induções de homogenia, próprias da ideologia do consumismo e da geopolítica totalitária, cede lugar e espaço ao livre-arbítrio dos sentidos. Sentir-se de um lugar é uma experiência interior de sucessivas interações, e não uma maneira de habitar esse ou aquele local fixo, limitado ao perímetro de nossas ações.

Uma educação tocada pela estética natural e cultural pode nos dar o contentamento de aproximar do que somos o que é dos outros e de reorganizarmos distâncias, conforme a poética dos lugares, dos espaços e das gentes. Os lugares e os espaços aos quais pertencemos são os que nos pertencem por nossa capacidade de apreciá-los e de nos sentirmos afluentes das suas memórias. Quem sente essa condição pode mudar sem se exilar. O segredo da estética do pertencimento está na mobilidade do sentido de pertencer.

168 CÓDIGO ABERTO

O espaço de pertencimento não é um lugar acabado. Ele é âncora, cais, zona de manobra onde somos formados e formamos nossos mundos, descolados do ambiente imediato. A estética do pertencimento está longe do pragmatismo da sobrevivência. Quando aprendemos a cultivá-la, abrem-se janelas, porteiras e *links* cibernéticos de grande satisfação em nossas vidas. Passamos a ir além dos tradicionais cinco sentidos, pois alcançamos a segurança de fazermos parte de uma cultura composta de fontes de prazer e de realizações inesgotáveis, na qual, por dura, conflituosa que seja, a vida se manifesta bela e provocante, na satisfação do existir.

A evolução da invenção de si, da vida criativa e da expressão artística no processo de conciliação dos mundos sociais físicos e virtuais depende do nível de consciência que a humanidade alcançar como sentido de destino. O que existe de beleza e encantamento nas pessoas é muito mais profundo, amplo e intenso do que normalmente percebemos porque essa diversidade e grandeza não são predominantes. A humanidade começa em cada um, onde está a fonte transformadora do ser humano e do ser pessoa. Uso sempre a metáfora da criação de anticorpos culturais como algo essencial à formação da integridade. Assim como vacinamos as crianças que amamos contra sarampo, hepatite, poliomielite, tétano, coqueluche e tantas outras doenças que atacam a infância, precisamos vaciná-las de cultura, estimulando o sistema imunológico das sensibilidades por meio da criação de oportunidades para enxergar o belo que está diante de nós e nem sempre nos damos conta. Uma das grandes contribuições que podemos oferecer às crianças é permitir-lhes que desenvolvam um repertório cultural consistente e diversificado, com o qual possam ter discernimento e satisfação de viver em uma relação dialógica entre os avanços tecnológicos e as pulsões existenciais.

CHICO CÉSAR

Compositor e cantor, autor de grandes sucessos da música brasileira, entre os quais Mama África, À Primeira Vista, Respeitem meus Cabelos, Brancos *e* Estado de Poesia.

De que modo ser natural de Independência influencia sua busca por independência cultural?

Antes de falar do traço de cultura com o qual pretendo responder à questão posta por você, Chico, vou relatar um pouco do fato histórico que deu origem ao nome da cidade de Independência, sertão do Ceará, a 300 quilômetros de Fortaleza, onde nasci. Até o final do século XIX essa região pertencia a Oeiras, a primeira capital do Piauí, que era um dos grandes centros de pecuária bovina do Nordeste. Com as movimentações pela emancipação do Brasil, nas primeiras décadas daquele século, a Coroa Portuguesa, pressentindo que não teria como evitar a separação, procurou estruturar um ponto de resistência em terras piauienses, com a intenção de ficar pelo menos com as províncias do Norte. Em suas notas históricas, o Monsenhor Chaves conta que o governo português tomou duas medidas nesse sentido: "A primeira delas foi enviar-nos um carregamento de armas e munição exagerado para as necessidades normais da Província. Este material desembarcou em São Luís [Maranhão] a 4 de outubro de 1820. A segunda providência foi Lisboa despachar, às pressas, para o Piauí, como Governador das Armas, um cabo de guerra experimentado e ferozmente fiel aos interesses de Portugal – o Major João José da Cunha Fidié, veterano das guerras peninsulares contra as tropas de Napoleão Bonaparte" (CHAVES, 1998, p. 267). O historiador piauiense relata que Fidié chegou a Oeiras em 18 de agosto de 1821, concentrando ali toda a estrutura militar da qual precisava para assegurar o domínio lusitano.

A precaução com o estabelecimento dessa divisa no Piauí foi tomada enquanto o rei Dom João VI tentava contornar o ímpeto do seu filho D. Pedro I de ficar do lado dos grandes proprietários de terra, comerciantes e outros membros das elites instaladas no Brasil para a exploração colonial. Não houve jeito, e em 7 de setembro de 1822, o príncipe regente do território brasileiro instalou o regime monárquico no país, tornando-se o imperador. Com esse acontecimento, o Major Fidié intensificou sua ocupação total do Piauí, como barreira fronteiriça do que seriam dois brasis. Os piauienses que eram favoráveis à autonomia brasileira arregimentaram voluntários e boa parte do contingente de luta foi formada por vaqueiros e roceiros do Vale do Poti e dos Inhamuns, a região onde nasci. Gente que descendia das tribos massacradas pelo bandeirante paulista Domingos Jorge Velho (1641-1705) e que tinha grande rejeição à colonização portuguesa. "Bando de homens do campo, mal armados, sem disciplina e mal provisionados, moveram-se de todos os pontos, comandados por oficiais que não tinham noções do serviço militar" (BRÍGIDO, 2001, p. 47). O primeiro combate dado às tropas portuguesas ocorreu em 13 de março de 1823 na chamada Batalha de Jenipapo, no rio que passa em Campo Maior (PI). Armados de espingardas de caça, facas, facões, machados, foices, chibancas e pedaços de paus, foram massacrados às centenas por um exército equipado com canhões, carabinas, pistolas, espadas e baionetas. Mesmo tendo que bater em retirada, eles não desistiram, porque, como escreveu o Monsenhor Chaves, aquela gente estava ali pela "coragem, bravura e um ideal vivido e sentido de liberdade" (CHAVES, 1998, p. 637). Embora tendo vencido, Fidié perdeu vários soldados e achou por bem atravessar o rio Parnaíba e se aquartelar no Morro das Tabocas, em Caxias (MA), sob a proteção de uma ampla retaguarda militar.

O povo da vila de Pelo Sinal, parte piauiense que posteriormente passaria a pertencer ao Ceará, continuava passando pelo boqueirão do rio Poti, a fim de contribuir com a derrota dos portugueses. Deslocando-se a pé por dentro da caatinga, comendo o que coletavam e caçavam pelo caminho, essas pessoas cruzaram o Piauí, um percurso de 325 quilômetros, atravessaram o rio Parnaíba e andaram mais 75 quilômetros até chegar a Caxias. O exército da Coroa havia melhorado a fortificação de pedra, mas ainda tinha muita palha em sua estrutura, o que facilitou que vaqueiros e roceiros contra a dependência de Portugal tocassem fogo nas instalações. Liderados por João da Costa Alecrim (data desconhecida-1847), depois de várias escaramuças, o quartel do Morro das Tabocas foi dominado. Rendido, Fidié foi enviado para a prisão no

Forte da Ilha Serigipe (Villegagnon), no Rio de Janeiro. Em homenagem ao líder popular dessa gesta, o lugar da conquista passou a se chamar Morro do Alecrim. Parcela dos combatentes se estabeleceu no entorno desse morro – a partir do qual, cinco anos depois, estourou a Balaiada (1838-1841), revolta popular contra o monopólio econômico e político dos fazendeiros da região e tudo o que isso significava de produção de miséria e violência – e os demais retornaram para casa. Orgulhosos de terem integrado de forma decisiva as forças nordestinas, sobretudo as cearenses, evitando que o Brasil eventualmente perdesse a Região Norte para Portugal, os que voltaram à vila de Pelo Sinal passaram a denominá-la de Independência, mudança que ocorreu formalmente em 24 de julho de 1857. Em 22 de outubro de 1880 foi feita uma alteração na linha divisória entre Ceará e Piauí, conforme explica o memorialista independenciano Joaquim Augusto Bezerra (1922-2018): "Acertados os interesses entre as duas províncias, o acordo deu-se por concluído com a troca de dois ricos municípios do Piauí, Independência e Príncipe Imperial [Crateús], pela faixa litorânea compreendida desde a Barra das Canárias até a Serra da Ibiapaba (barra do rio Timonha)" (BEZERRA, 2010, p. 12). Mais do que uma opção de micro-história, a ênfase heroica dada ao papel dos meus conterrâneos nesse evento de grande importância nacional reflete uma busca por independência cultural.

Trilhas dos acontecimentos

De Independência eu não trouxe comigo só a admiração pelo destemor das pessoas, pelo diálogo mítico que muitas mantêm com a natureza, pela capacidade que todos demonstram ter de permanentemente reinventar a vida e pela noção comum de deslocamento associada, não a distâncias, mas à ampliação de território pelo qual se movimentam; trouxe um gérmen artístico que, em mim, se manifesta mais acentuadamente por meio da música. No sertão de dentro, onde nasci, a vida tem trilha sonora. Era comum cantar no campo para cadenciar o trabalho e desconstruir as horas. Depois da labuta, as pessoas, sendo vaqueiras, agricultoras ou comerciantes, tocavam viola, tiravam versos e contavam histórias. Falo com verbo de tempo passado porque esse hábito de cantar a complexidade da vida simples, o sentimento sentido, a audição que escuta, os cheiros que cheiram e os sabores de saberes culturais e naturais foi praticamente destruído pelo trabalho industrial, onde predomina a potência sonora das máquinas.

Minha mãe conta que, quando era menina, o pai dela e toda a família costumava sentar à calçada no fim do dia para tocar violão. Meu pai dizia que na fazenda onde ele viveu a juventude havia um reduto quilombola que era conhecido pela animação de batuques, sambas e forrobodós de rabecas. Nos dias de feira eu ia ajudar o meu avô na bodega e cuidava do fornecimento de cantadores, violeiros e cordelistas que se apresentavam na praça do mercado. Atendia também as crianças que apareciam querendo bombom de rapadura, de mel de abelha, pipper, chiclete e barrinhas de coxa de noiva, e as mulheres que compravam mantimentos no litro. Adorava embrulhar grãos sobre o balcão, com uma técnica especial de fechamento, na qual o papel reciclado prendia nele mesmo. Mas uma das tarefas que eu mais gostava era a de servir aos bêbados. Depois de umas doses de zinebra, cachaça e cinzano, eles cantavam músicas existentes e improvisadas. Aquilo juntava-se com a sonoridade da praça e jorrava musicalidade deleitável para mim como uma fonte inesgotável das circunstâncias a transcender o cotidiano.

Essa convivência me levou a gostar também de inventar música, como brincadeira de viver, gesto de entrega ao prazer das tramas que vibram em nosso senso poético-musical intuitivo, como se mexem as folhas e os galhos das árvores ao sabor dos ventos. Brincávamos de musicar literatura de cordel tanto quanto de falar na língua do pê. Um dos livretos que o meu amigo Félix e eu mais gostávamos de cantar era *A Chegada do Lampião no Inferno*, do autor pernambucano José Pacheco: "Um cabra de Lampião / por nome Pilão Deitado / que morreu numa trincheira / em certo tempo passado / agora pelo sertão / anda correndo visão / fazendo malassombrado" (PACHECO, 2010, p. 1). Era muito divertida essa vida cantada em cantos vindos de muitos mundos nas fantásticas viagens da cultura. O eco que me chegava ressoava no tempo desde as feiras do Oriente pré-islâmico às comunidades beduínas, em conectivos cruzados com trilhas de ciganos e sonoridades das gentes nativas e nômades que tinham o costume de fazer música de cabeça.

Na cultura em que me formei, a música faz parte da experiência, é autônoma, não depende de intermediários para acontecer. Isso está explícito no que produzo de literatura para infância e cidadania orgânica, campos de sentido determinantes do meu trabalho. Nesse percurso, tenho tido a alegria de contar com gente querida, capaz de agregar consistência aos sentimentos e emoções dessa narrativa. Parte significativa dos meus livros tem trilha musical integrada. E cada qual tem o seu intérprete pertinente: *Flor de Maravilha* (Olga Ribeiro, com participação de Edmar Gonçalves), *Toinzinho e Socorro / Missa Sanfonada* (Aparecida Silvino), *Benedito Bacurau* (Antônio Nóbrega), *A Festa do Saci* (Giana Viscardi, Lucas Paiva, Marcelo Pretto, Orlângelo Leal e Suzana Salles), *A Casa do Meu Melhor Amigo* (Lucas Espíndola e Rodolfo Rodrigues, com participação de André Abujamra, Edvaldo Santana, Ná Ozzetti e Sérgio Espíndola), *Se Você Fosse um Saci* (Valerie Mesquita), *Invocado* (Banda Dona Zefinha, com participação de Fanta Konatê), *Bulbrax* (ILYA, com participação de Chico César e Daniel Groove) e *Código Aberto* (Anna Torres, Eric Gomes, Euterpe, Lenna Bahule, Suzana Salles, Tom Drummond, Vange Milliet e Zeca Baleiro). Há ainda as vozes que não estão em livros, mas foram gravadas em canções de ressignificação do dia a dia: André Vidal, Bárbara Sena, Cecília Colares, Evaldo Gouveia, Lívia França, Marcos Lessa, Marta Aurélia, Orquestra Filarmônica do Ceará (Maestro Gladson Carvalho), Rica Caveman, Ricardo Black e Socorro Paiva. E, claro, todos os músicos, arranjadores e regentes, especialmente André Magalhães, Erwin Schrader, Eugênio Matos, Gustavo Portela, Liduino Pitombeira, Luiz Waack, Paulo Lepetit, Tarcísio José de Lima e Tarcísio Sardinha, que chegaram em auxílio luxuoso para literalmente tocar as coisas vividas que nos unem.

Ao organizar as ilustrações musicais que fazem parte desses livros, a fim de disponibilizá-las em plataformas de *streaming*, dei-me conta de que todos os momentos do meu viver e das minhas reflexões foram musicados. Peço licença para mencionar o nome de tantas parceiras e parceiros que ao longo dos anos estiveram comigo construindo esse enredo por meio de composições: Abidoral Jamacaru, Adauto Oliveira, Alberto Lima, André Magalhães, Andréa Pinheiro, Ângela Linhares, Anna Torres, Aparecida Silvino, Ariosvaldo Souza, Artur Paiva, Assis Silvino, Bernardo Neto, Bia Bedran, Boeing, Calé Alencar, Carlos Hardy, Carol Damasceno, Christiano Pinho, Daniel Medina, Davi Duarte, Dilson Pinheiro, Edmar Gonçalves, Edvaldo Santana, Eugênio Leandro, Eugênio Matos, Falcão, Fanta Konatê, Geo Benjamin, Gustavo Portela, Hérlon Robson,

ILYA, João Monteiro, Jord Guedes, Jorge Pieiro, Josias Sobrinho, Kátia Freitas, Lucas Paiva, Manuel González, Marcos Fonseca, Mona Gadêlha, Orlângelo Leal, Papete, Rebeca Matta, Rogério Soares, Rukah, Sivirino de Caju, Tarcísio José de Lima, Tarcísio Matos, Tarcísio Sardinha, Tato Fischer, Valerie Mesquita, Vicky Verônica e Wilton Matos.

A música como invenção prazerosa é um tipo de componente ambiental, meio ar, meio cheiro, meio claro, meio escuro, meio quente, meio frio. Lembro-me de que, com a mesma reinação que musicávamos romances de cordel, aprendíamos os fonemas de músicas estrangeiras para cantar. Uma das nossas preferidas era "How Could I Know" (Philips, 1973), do álbum *Krig-há Bandolo!* do cantor baiano Raul Seixas (1945-1989). Como eu poderia saber? Não sei. Só sei que mesmo não entendendo nada da letra, sentíamos com muita intensidade a mensagem que nos instigava a começar do início, na reorganização do jogo da passagem da infância para a adolescência. Ainda em 1973, o impacto do álbum do grupo Secos & Molhados, com as cabeças de caras pintadas servidas em bandeja, chegava tão perto de nós quanto o *Relics* (1971), da banda inglesa Pink Floyd, que compramos em João Pessoa (PB), quando fomos ver a pesca da baleia em Cabedelo numa excursão do Ginásio Sant'Anna de Independência. Tudo isso virava banda *cover*, teatro circulante e ingrediente para viagens e aventuras de futebol. Aliás, o nosso time também tinha um hino feito pelo meu amigo Pandé e por mim. O que nos permitia essa movimentação estética sem fronteiras era um atavismo tropeiro que reconhecia paradas, mas não trajetos, em uma mistura de poesia da diferença com sons expressivos do mundo. O não ter determinadas coisas nos aproximava e nos educava ao respeito mútuo. Levávamos nossos álbuns de vinil para ouvir em uma das raras casas da cidade que tinham toca-discos, em resenhas nas quais lidávamos naturalmente com diversas preferências musicais.

Em Independência recebi traços de cantos nativos e nômades. Dos aboios às cantigas de campo, a cognição musical está presente em minha vida como componente de um histórico de sincronias. A rigor, todos somos música. Alguns aprendem teoria musical ou a tocar instrumentos, mas não há necessariamente uma separação natural entre os que fazem música, os que cantam, os que tocam e os que ouvem, dançam, cantarolam e sentem sua presença no corpo e na mente. O ato de cantar é mais natural do que falar. Para falar nós precisamos necessariamente usar um código reconhecido de comunicação, quer saibamos escrevê-lo ou não. Entretanto, para cantar basta deixar os sentimentos fluírem, agudos como o agudo dos pássaros e graves como o tom grave dos mamíferos. Em linhas gerais, inventar a canção foi mais simples do que inventar a fala. Contudo, fixar uma ou outra por meio de sinais adequados à sua transmissão talvez tenha grau semelhante de dificuldade e prazer.

Na busca incessante de entender como pensamentos, sentimentos, esperanças, desejos e manifestações estéticas se originam, muitos estudiosos atribuem à música um poder especial de desencadeá-los. O músico e neurocientista canadense Daniel J. Levitin afirma que "a música pode ser a atividade que preparou nossos antepassados pré-humanos para a comunicação por meio da fala e para a flexibilidade eminentemente representativa e cognitiva necessária para que nos tornássemos humanos" (LEVITIN, 2010,

p. 294). Isso me faz dar atenção especial ao que querem dizer os meus arquétipos sonoros, considerando a sensação de que o modo intrínseco como a música se manifesta no que sou e no que faço é determinante no meu esforço por independência cultural. O filósofo esloveno Slavoj Žižek diz que "o verdadeiro acontecimento seria transformar o próprio princípio da mudança" (ŽIŽEK, 2017, p. 165). Por isso, por ver o que se move a partir do que motiva o deslocamento, sinto que existem conteúdos que encontram eco em minha compreensão independentemente dos reflexos dos meus próprios enunciados de sentimentos e emoções. No fenômeno perceptivo musical é muito importante que haja nodos de gratificação como inspiradores de estado de ânimo, fazendo com que o nosso cérebro desenvolva as suas próprias teorias e regras sobre ficção e não ficção.

CLÓVIS ERLY RODRIGUES

Bispo emérito e arquivista provincial da Igreja Episcopal Anglicana do Brasil.

Como pode ser um tempo de tanta e instantânea comunicação e as pessoas cada vez mais distantes?

O paradoxo sobre o qual você provoca a minha reflexão, Clóvis, é um dos mais complexos do século XXI, mas não há de ser nada no longo prazo, considerando que todo estado de evolução tem seu tempo de caos. O mundo social digital e em redes é uma maravilha da inventividade humana, que ainda segue afetada negativamente pelo deslumbre exagerado da novidade e pelo controle egoísta dos sistemas econômicos e políticos descomprometidos com o bem-estar e com a emancipação social. É fabulosa a noção de que cada pessoa seja uma mídia, tomando como fato o parâmetro de o ambiente das redes sociais se caracterizar pela alimentação de conteúdos gerados pelos próprios usuários, dando a sensação de que se pode postar o que quiser, sem medir as consequências. A ideia de espaço livre para manifestar alegrias e temores, reencaminhar e compartilhar panfletos eletrônicos e navegar em um oceano de multiverdades modelou novos hábitos de uma interação social ajustada às peculiaridades da cibercultura. Houve um tempo em que se pensava que a internet nem tinha dono. Depois descobriu-se que tudo pode ser controlado por governos e corporações. Mas daí a mania de expor a privacidade já tinha entrado na rotina de meio mundo.

A grande mudança que ocorreu com a chegada da era digital está no conceito de comunidade. A realidade foi amplamente expandida, levando em sua dilatação vertiginosa todas as contradições do comportamento humano. A sabedoria popular diz que toda enchente tem água barrenta, pedaço de pau, cobras, lagartos e bicho morto. Com o tráfego da torrente de informações, no mundo das infovias, não é diferente. Em meio às vantagens da interconexão, da instantaneidade, das disponibilidades do conhecimento, da agilidade de buscas, das múltiplas linguagens, do *streaming* e do pluralismo dos perfis dos movimentos sociais, manifestaram-se também inconveniências antes reservadas às almas pequenas. Enquanto os limites físicos predominavam nas relações, muitos traços negativos do obscurantismo humano eram de certo modo contidos. No entanto, ao escancarar condutas pirandellianas a granel, a genial evolução tecnológica da comunicação em redes permitiu a ressignificação e a fusão da fofoca com o boato em um só campo de sentido. Cito Luigi Pirandello (1867-1936), especificamente na lembrança da sua peça *Assim é, se lhe parece* (1917), na qual o dramaturgo italiano, exercitando as possibilidades de entendimento de um mesmo fato, questiona o conceito de verdade, a partir do costume torpe com que muitas pessoas vivem de bisbilhotar a vida dos outros. O que hoje se chama de *fake news* (notícias falsas) é um misto de boato eletrônico com fofoca digital, que tem como ponto de interseção a retirada do fato ou do acontecimento do contexto, para difusão com propósito não revelado.

Em seus estudos sobre o conceito de fofoca, o psicólogo paulista José Ângelo Gaiarsa (1920-2010) coloca o ouvir-dizer no âmbito da "peste emocional" reichiana, no qual se pode contrair tudo aquilo que as pessoas inibidas, ressentidas e invejosas fazem contra as que realizam coisas. "A fofoca é o movimento contra o acontecimento vivo" (GAIARSA, 1978, p. 12). Com seu poder de ridicularizar, ela é um dos motivos para que muitas pessoas se sintam intimidadas na área pública virtual, o que as leva a muitas vezes assumirem posturas favoráveis a assuntos em que não acreditam, a fim de serem aceitas nos grupos ou de simplesmente poder participar da língua comum do preconceito e das resistências massificadas. "Quem fala o que todos falam sente-se muito forte – com a força dos outros" (Ibidem, p. 34). A máxima dessa moral é: "Assumo os papéis que meu pequeno mundo determina e nego tudo aquilo que em mim se opõe a esses papéis" (Ibidem, p. 35). É com esse discurso interno, afinado com o desejo de não correr riscos, que as individualidades são anuladas. "Todos com a mesma roupa, o mesmo jeito (...) Ninguém se move na sua medida (...) Tem gente olhando / em todo lugar / Mesmo quando estou sozinho" (GAIARSA, 1978, pp. 39-45).

Gaiarsa não diferencia resistência de preconceito. "São um só fenômeno visto de dois ângulos diferentes. O preconceito, como a resistência, marca limites da ação – social e individual. Limites da ação objetiva, no caso do preconceito, e da ação subjetiva, no caso da resistência" (GAIARSA, 1978, p. 9). O grave nessa observação é que esse fenômeno impede a experiência, por isso Gaiarsa optou pelo conceito de atitude, que, segundo ele, contempla o preconceito e as resistências, resultando no jeito de ser da pessoa, de dizer o que sente e pensa efetivamente. A propagação desmedida da fofoca associada ao boato vai reduzindo cada vez mais a nossa capacidade de experimentar o fato, ampliando assustadoramente a tendência comum de nos voltarmos ao julgamento de valor subjetivo. Um dos elementos de constrição no ambiente das redes sociais é o patrulhamento exagerado do "politicamente correto", que de acordo com o filósofo paulista Renato Janine Ribeiro favorece a hipersuscetibilidade. Ele lembra que "O PC nasce de uma preocupação dos movimentos sociais norte-americanos com o preconceito embutido nas palavras e nas narrativas" (RIBEIRO, 2010, p. 16). É incrível como decalcamos a agenda social brasileira dos modelos estadunidenses de soluções para as desigualdades. Seja como for, esse tipo de lugar de fala foi contribuindo com a tensão segregacionista que resultou na sensação de tudo perturbar a todos.

O que poderia ser um espaço de movimentação livre de pontos de vista virou uma zona de colisões de verdades apressadas, com deliberada intenção de eliminação do incômodo divergente, o que compromete o diálogo, o espírito democrático e a coexistência. Vigiar e acusar o outro é mais fácil do que respeitar, ainda que mais danoso. "A realidade é um decreto da maioria, e a dureza da realidade é a dureza da intolerância" (GAIARSA, 1978, p. 35). No espectro da intransigência está um dos motivos do desgaste das relações entre as pessoas e do "distanciamento" promovido pela "aproximação" da comunicação digital em rede. O grande temor de quem gostaria de expressar publicamente o que acredita passou a ser o de linchamento virtual provocado por difamações escatológicas. Neste aspecto, para Gaiarsa, a fofoca é trágica porque é o principal instigador da autocensura.

No início da década de 1990, quando Jean-Noël Kapferer, especialista francês em identidade de marcas, publicou seu ensaio sobre o boato, ainda não existiam as redes sociais digitais nem os aplicativos de relacionamentos, que são meios altamente favoráveis à propagação de boatos, enquanto fenômeno social que aumenta os fatos e acontecimentos, sem preocupação com a certeza do que ocorreu. Mesmo assim, por tratar de um atributo da conduta humana, sua obra está cada vez mais atual e mais necessária, tendo-se em conta que a cibercultura foi afetada por informações que chegam através do ouvir-dizer, do disse me disse, do fuxico, do mexerico, do murmúrio e de outros ruídos sociais afins. O boato normalmente chega por meio de alguém que não é testemunha direta do que está sendo narrado, mas que geralmente procura convencer a audiência com argumentos infundados. São notícias que podem ser imaginadas quando não há respostas à curiosidade das pessoas, ou como forma de deturpar algo e promover manipulação. Podem ser espontâneos ou provocados. As pessoas querem se situar no que está acontecendo e alguns temas são facilmente boatáveis: lista de produtos cancerígenos e ameaça de confisco da poupança são exemplos de assuntos que geram surtos de reencaminhamentos. A negatividade do boato reforça a coesão dos que se sentem ameaçados.

Para Gaiarsa, a fofoca é uma "rede pública secreta", que se esconde à medida que aparece, por isso quase ninguém se assume como fofoqueiro. Os boateiros estão nessa mesma situação. Os grupos de aplicativos estão cheios de gente assim, e o medo de ser alvo de fofoca ou boato começa a ser camuflado como bobagem cômica, enquanto segue ferindo os atingidos em particular. "Quando se sabe de uma fofoca grande, pode-se ter certeza de que foi construída à custa da frustração de muitas pessoas, cada uma delas acrescentando ao relato original seu medinho individual" (GAIARSA, 1978, p. 28). Assim como a fofoca, o boato é uma espécie de interpretação marcada pela ambiguidade e pelo impacto persuasivo, que, divulgado como verídico, pretende dar significado a fatos inexplicados, mal explicados ou inventados. Por isso as pessoas acham que é informação verdadeira e passam adiante. "A dinâmica do boato, por conseguinte, é independente do problema da sua autenticidade" (KAPFERER, 1993, p. 15).

É preciso ter cuidado para não confundir com fofoca ou boato toda conversa-fiada das redes sociais e dos aplicativos de troca de mensagens, grande parte dela cheia de conteúdo interessante, intercomunicação bem-humorada e sentido agregador. Portanto, para distinguir bem essas duas condutas fortemente nocivas ao ambiente virtual, acrescento mais algumas das particularidades que as unem. A fofoca, como uma informação ou comentário tendencioso sobre um terceiro ausente, tem no discurso do fofoqueiro a seguinte decomposição, segundo Gaiarsa: "transmissão alterada de notícia" e "interpretação tendenciosa dos motivos" (GAIARSA, 1978, p. 29). No caso da fofoca com elemento visual, o psicólogo paulista considera também o acompanhamento expressivo: "com frequência, o olhar desdenhoso, o muxoxo de desprezo, o gesto de pouco caso (...) são toda a fofoca" (Ibidem, p. 30). O boato é um alerta, uma informação urgente. "Ele tem tantas implicações que não se tem tempo de verificá-lo antes de transmiti-lo aos outros" (KAPFERER, 1993, p. 55). É uma mensagem que exige resposta rápida, imediata, capaz de mobilizar atenções para a fixação de mitos na realidade. "Para a maior parte das pessoas, falar é a mais alta expressão de si – pois que o resto do que fazem é costume e rotina, algo sem graça e sem interesse" (GAIARSA, 1978, p. 17). A velocidade do boato deve-se à cumplicidade de quem repassa com o que a mensagem sugere. "A rapidez do boato se explica pela pressa que têm as pessoas de falar em torno de si" (KAPFERER, 1993, p. 55).

Na política, o ativismo digital tende a assumir o papel de porta-voz das frustrações coletivas e, nas muitas vezes em que isso acontece impensadamente, torna-se vulnerável à produção de ódio pela mutualidade dos ataques rasteiros de fofocas e boatos. "A fofoca aumenta a desconfiança" (GAIARSA, 1978, p. 85) e "Os boatos incomodam porque são um tipo de informação que o poder não pode controlar" (KAPFERER, 1993, p. 9), tornando-se mais incômodo ainda quando pode se revelar verdadeiro. A fofoca e o boato são formas traiçoeiras de forçar adversários a falar sobre o que não querem. "O mal da fofoca é que ela protege aos poderosos – mesmo quando se permite ao povo que fale mal deles" (GAIARSA, 1978, p. 83). "O aparecimento do boato está ligado às circunstâncias do momento" (KAPFERER, 1993, p. 69). Pode ser, inclusive, um vídeo antigo cuja mensagem se encaixe às circunstâncias. Só precisa encontrar eco para conseguir adesão, e isso requer uma certa dose de realismo. Inventar boas fofocas e bons boatos envolvendo grupos, partidos e líderes políticos, sobretudo em períodos eleitorais, virou um negócio rentável, como tem dado bom dinheiro com relação a personalidades, celebridades, corporações e marcas, dependendo da audiência e dos retornos que a ação alcançar.

O palco social em rede, com seu público incomensurável, projeta a voz dos outros em nós e também gera distanciamento: alguém que se exibe com a intenção de causar inveja revela-se um invejoso dos que são invejados. Esses indivíduos podem ser encontrados nas duas espécies fundamentais de fofoqueiros definidas por Ângelo Gaiarsa: os "orgulhosos", um tipo sádico, que se preocupa com os outros só para desprezá-los; e os "ostensivamente invejosos", aqueles que não conseguem esconder a perplexidade quando fofocam. Vale realçar que tudo isso já existia antes da internet; a diferença no mundo social virtual é o seu caráter exponencial, com agrupamento de afinidades recomendadas pela operação de algoritmos, ação concentradora de preconceitos e resistências que fomenta um inferno social dissipador do valor das diferenças. A dificuldade de reconhecer a fofoca e o boato está no grau de envolvimento do usuário com os temas abordados. Na estrutura formal de comunicação, ambas essas condutas se distinguem pela fonte (duvidosa e fabricada), pelo conteúdo (capcioso e fugaz), pelo processo de difusão (compulsão e imediatismo) e pelo tratamento do tema (sórdido e eloquente). Daí sua força de dominar o fluxo do boca a boca digital, não obstante seu curto ciclo de vida por se referir a fatos do momento.

Observando-se a potencialização desse arranjo entre a fofoca e o boato no principal campo de comunicação da atualidade, dá para pensar que é nesse ponto de dissenso do diálogo que se encontra a causa de as pessoas estarem cada vez mais distantes, apesar de continuamente interligadas. Na vida de qualquer comunidade, física ou virtual, o bem-estar e o estabelecimento do equilíbrio social passam pelo respeito mútuo. Esse é um aprendizado que vem desde a vida nômade, da fixação humana em áreas agricultáveis e de criação de animais domésticos, da construção da cidade, dos processos de conurbação até o espaço público da virtualidade. A revolução ensejada pelo surgimento da internet é fenomenal, mas não é tão distante assim das grandes mudanças ocorridas no mundo com a chegada das rotas marítimas, das redes ferroviárias, das malhas de transportes aéreos e das redes de rádio e televisão. E para a complexidade de cada uma dessas situações a sociedade encontrou formas de se organizar. As redes digitais são logradouros públicos e privados, ambientes de negócios e de convivência coletiva e espaços de circulação em fase de consolidação. A história da humanidade é assim mesmo, cheia de transformações excepcionais. Para quem viveu e está vivendo cada um desses momentos, é natural imaginar que o mundo vai acabar.

No conto infantil "Quando os pensamentos congelavam no ar", o escritor italiano Alberto Moravia (1907-1990) recorre à narrativa hiperbólica e graciosa para falar de um tempo, há um milhão de anos, quando a temperatura no polo chegava a cair para um bilhão de graus abaixo de zero. O frio era tanto que congelava até os pensamentos. Tudo que se pensava aparecia sobre a cabeça em letras de gelo dentro de uma nuvem de vapor. O grande esforço dos seres vivos era evitar que uns lessem os pensamentos dos outros e, assim, todos pararam de pensar. Como em todo lugar tem sempre os afoitos, movedores de paradigmas, Moravia confiou essa tarefa a uma enguia que, circulando pelos oceanos, encontrou a faixa tropical da terra e percebeu que lá os pensamentos não congelavam por conta do calor. Empolgada com a descoberta, convida a amiga morsa a experimentar o prazer de pensar na invisibilidade: "Você pode pensar tudo o que quiser e ninguém fica sabendo" (MORAVIA, 2003, p. 36). E nadaram por séculos até sentirem a temperatura passar de um bilhão de graus acima de zero.

A morsa demorou a começar a pensar. Sua cabeça estava paralisada depois de milhões de anos sem exercitar o pensamento. Os viventes do seu mundo tinham capacidade de reflexionar, mas preferiam não correr riscos de revelar aos outros o que pensavam deles, sobretudo quando fossem más impressões. Ficou, portanto, encantada com a oportunidade de pensar por conta própria, de filosofar, e de fazer isso sem controle externo. Retornou para o polo após presenciar a amiga enguia ser pescada. Tinha sido atraída pelo canto gentil de alguém que queria devorá-la, como de fato a devorou. Entendeu que a liberdade de pensar pressupõe inclusive a de pensar uma coisa e dizer outra, a mentira e a falsidade. Estava confusa, queria parar de pensar novamente e não conseguia. Os amigos viam a sinceridade escrita na nuvem de seus pensamentos e foram se afastando dela. E isso fazia com que ela não pensasse o pior sobre eles. "Tais pensamentos prestamente se exprimiam em nuvenzinhas cheias de injúrias e invectivas congeladas, e assim a distância entre a morsa e a gente do polo crescia, tornava-se insuperável. Logo a morsa acabou sozinha sobre sua placa de gelo, solitária para sempre" (MORAVIA, 2003, p. 40). Depois de adquirir o hábito da solidão, conclui Moravia, a morsa não se deu mais com ninguém, e seguiu pensando com nostalgia sobre o tempo em que não pensava.

A morsa, que vivia na pré-história, foi resgatada por mim para passar alguns momentos na pós-história, o próximo passo do tempo em que a virtualidade tornou tudo imediato e passageiro, com internautas lendo incontrolável e facilmente supostos pensamentos uns dos outros, em uma onda de inconveniências hedonistas que têm distanciado as pessoas, mesmo estas permanecendo continuamente conectadas. Recorro à genialidade dessa parábola porque ela traduz bem a confusão e a ambiguidade presentes no tráfego atual de mensagens eletrônicas, que de tão tenso e intenso interconecta não pensamentos, predominando o vazio do ativismo pleonástico no coreto da grande praça pública das redes sociais. E como nos logradouros urbanos, as circunstâncias levam à incongruência de excessos e solidão a infovias sem saída; mas não convém ver esse *bug* como uma simples decorrência das imposições estruturais e sistêmicas. Parte significativa do que está se passando com a morsa a que muitos de nós vêm se transformando resulta, como já frisei, do caos comum a todo processo evolutivo. Devires ainda bem distantes de pontos de maturação revolverão conhecimentos e saberes, razão, instinto e intuição em pensamentos congelados e derretidos de variadas temperaturas morais, éticas e estéticas. As leis das transformações estão em pleno vigor e, para quem está em tempo de vida, deve ser uma honra assumir a corresponsabilidade na definição dos marcos de referência do que se está sendo e do que se quer ser, enquanto indivíduo, fragmento único da natureza e da cultura, para conciliar as diferenças jogadas no caldeirão preparador de massa homogênea, onde emoções, sentimentos e dignidade cidadã se confundem com afirmações de uma nuvem fria onde se lê apenas "Bã", a exemplo da morsa do fantástico conto de Alberto Moravia, acontecido no tempo antes do tempo, quando tudo ainda estava por fazer e a História por inventar.

Com as mídias digitais e a comunicação em rede, estamos passando pelo aprendizado de uma multiplicação de possibilidades de trocas de mensagens, e essa mudança de escala assemelha-se em muito ao que ocorreu com as repentinas aglomerações nas cidades europeias, na primeira metade do século XX, quando Ortega y Gasset (1883-1955) fez valer o seu conceito de homem-massa para caracterizar o indivíduo anônimo, que, independentemente de classes sociais, imprimiu o caráter multitudinário aos centros urbanos. "A multidão, de repente, tornou-se visível, e instalou--se nos lugares preferentes da sociedade. Antes, se existia, passava inadvertida, ocupava o fundo do cenário social" (ORTEGA Y GASSET, 2013, p. 42). Para o jornalista e filósofo espanhol, essa definição abrangia aquelas pessoas que não valorizavam a si mesmas em suas singularidades, sentindo-se à vontade para buscar nos outros a ideia que queriam ter de si mesmas. "Não se trata de que o homem-massa seja tolo. Pelo contrário, o atual é mais esperto, tem mais capacidade intelectiva que o de nenhuma outra época" (Ibidem, p. 82), mas "por sentir-se vulgar, proclama o direito à vulgaridade" (Ibidem, p. 126).

Ortega y Gasset via as pessoas que ocuparam as cidades com a mesma ansiedade com que passamos a transitar e a nos aglomerar nas redes sociais, trocando mensagens em grupos de relacionamentos sob efeito da massificação. "Um tipo de homem feito de pressa, montado tão somente numas quantas e pobres abstrações e que, por isso mesmo, é idêntico em qualquer parte (...) sempre em disponibilidade para fingir ser qualquer coisa" (ORTEGA Y GASSET, 2013, p. 22). Para o filósofo espanhol, trata-se, contudo, de um tipo de indivíduo com muita afetação. "Um e outro traço compõem a conhecida psicologia da criança mimada" (Ibidem, p. 74). Ironia à parte, ele descreveu esse indivíduo como alguém que gosta de opinar, mas que é pouco afeito ao diálogo: "Instintivamente repudia a obrigação de acatar essa instância suprema que se acha fora dele" (Ibidem, p. 84). "O homem-massa é o homem cuja vida carece de projeto e caminha ao acaso. Por isso não constrói nada, ainda que suas possibilidades, seus poderes, sejam enormes (...) é pura potência do maior bem e do maior mal" (ORTEGA Y GASSET, 2013, pp. 67 e 70). Ele acreditava que o avanço para o espaço de visibilidade incitou o "homem-massa" a exercer o predomínio, condição que viria a abalar a espontaneidade social. "A sociedade terá de viver para o Estado; o homem, para a máquina do Governo" (Ibidem, p. 115). E, para piorar, o destino do "neo-homem-massa", como o de todos os outros indivíduos, conectados virtualmente e isolados fisicamente, está no domínio das corporações da velha e da nova economia.

DIATAHY BEZERRA DE MENEZES

Professor Emérito da Universidade Federal do Ceará (UFC), Professor Titular do Doutorado e Mestrado em Sociologia (UFC) e Professor Titular do Departamento de Ciências Sociais (UECE).

As recentes edições do *Anuário do Ceará* trazem seu retrato no frontispício do município de Independência.

Diga-me: como você se vê nisso, considerando a simbiose existente entre o significado interno do termo e o seu papel criativo? Um dos meus velhos mestres na Sorbonne (Jean Piaget) dizia com ênfase: "Toda vez que vejo instalar-se uma ortodoxia, espero urgentemente os heterodoxos, pois deles virá alguma luz!". O que isso tem a ver com você e seu empenho?

Vejo esse destaque, Diatahy, como uma demonstração de cabeça aberta dos editores do *Anuário*. Fico muito contente com isso porque é um sinal de que o conceito de personalidade, quando intrinsecamente relacionado à relevância de influência social, não necessariamente massiva, extrapola as listas de mais ricos, de mais poderosos, de mais vendidos, de celebridades midiáticas e de ocupantes de espaços de autoridade institucional. O que normalmente está circunscrito à lógica da fama e dos poderes estabelecidos ainda não apagou de vez as figuras do "amador" e do "artesão" intelectual, definições curiosamente propostas por um paquistanês, o escritor Edward Wadie Said (1935-2003), e por um estadunidense, o cientista político Charles Wright Mills (1916-1962), e nas quais me sinto contemplado.

Pelas lentes de Said, o amadorismo intelectual move-se pela dedicação e pela afeição, por ideias e valores, sendo capaz de circular pelo âmago de qualquer atividade ou corrente de pensamento, sem a preocupação de agradar a sua audiência, mas com o intuito de desafiá-la. Não é a recompensa em forma de ganhos pecuniários, nem o reconhecimento por parte das autoridades, e sim o amor e o interesse por horizontes mais amplos que leva o amador a buscar relações para além de linhas e barreiras. A paixão de pensar, tanto como maneira de experimentar o mundo quanto por vontade de participar da sua permanente construção, assume assim um papel público voltado à derrubada de estereótipos, à crítica às convenções sociais descompassadas dos anseios da sociedade e às categorizações sociais redutoras do pensamento.

Distingo bem o que se chama "trabalho intelectual" (no qual me situo) de "trabalho de intelectual" (os que são formalmente autorizados). Ambos, porém, se aproximam quando realizados com sinceridade de propósito e espírito de indignação, condição muitas vezes abafada por uma rede de dirigentes sociais bem-comportados que afastam as possibilidades de realização de interferências objetivas. "Não pertencer deliberadamente a essas autoridades significa, em muitos sentidos, não ser capaz de efetuar mudanças diretas e, infelizmente, ser às vezes relegado ao papel de uma testemunha que confirma um horror que, de outra maneira, não seria registrado" (SAID, 2005, p. 16). A consciência de que as posturas independentes reduzem os espaços, os amigos apegados a altos cargos e as honras oficiais é, para o pensador paquistanês, uma condição mais digna do que a tolerância gregária para com o estado das coisas.

Em que pese a ressalva de Said, ao afirmar que "o principal dever do intelectual é a busca de uma relativa independência" (Ibidem, p. 15), discordo quando ele diz que todo intelectual tem de ser de esquerda. Não acho essa uma boa ideia por entender que sem seus pensadores a direita tende a ficar muito mais conservadora e mais violenta por força da ignorância geradora da concentração, da miséria e da opressão. A esquerda também se torna mais bestial quando renega referências críticas da parte dos que defendem a redução das desigualdades, a justiça social e o estado democrático de direito. Somente com intelectuais representativos dos diversos matizes políticos escaparemos do avanço dos extremismos. As respostas à crise de significados predominantes na hipermodernidade lipovetskyana precisam aflorar do diálogo, do campo das ideias, dos pontos de vista, do exercício do contraditório, e não das agressões pessoais e da negação intolerante entre grupos de interesses conflitantes.

Alinho-me ao pensamento do escritor paquistanês com relação ao combate a preconceitos no tratamento dos problemas sociais, mas "longe de encorajar um sentimento de inocência original ressentida em países que tenham sofrido com as devastações do colonialismo" (SAID, 2005, p. 11). Adoto o mesmo princípio de não valorizar posturas queixosas, vitimizações e apelos à resistência ao refletir sobre as questões das minorias e dos derrotados, colocando-me sempre favorável às soluções que procuram evitar a segregação e que priorizam a formação de energia crítica como superação das adversidades. Está bem difícil escapar dessas tendências, haja vista o crescimento da assimetria entre a reduzida existência de intelectuais independentes, com vocação e atitudes voltadas para a potencialização do bem comum – que desejam dizer coisas por si e pelo que acreditam, na perspectiva harmônica do todo –, e a proliferação de vozes – sejam especialistas, comunicadores, publicitários, estatísticos, acadêmicos, pesquisadores, blogueiros, vlogueiros, *youtubers* ou *whatsappistas* –, cada vez mais associadas aos interesses isolados de grupos, corporações, instituições e igrejas, com suas enxurradas de memes, frases de efeito, teses muitas vezes falaciosas e notícias nem sempre verdadeiras, configurando um sistema hedonista de representações praticamente destituído de ideais, causas e visões coletivas.

A preocupação de Said era com o fim do indivíduo que pensa de forma autônoma diante do aumento dos grupos de pressão e de controle. Para ele, o que faz desaparecer a voz independente é o foco no profissionalismo. "Por profissionalismo eu entendo pensar no trabalho intelectual como alguma coisa que você faz para ganhar a vida, entre nove da manhã e cinco da tarde, com um olho no relógio e outro no que é considerado um comportamento apropriado, profissional – não entornar o caldo, não sair dos paradigmas ou limites aceitos, tornando-se, assim, comercializável e, acima de tudo, apresentável e, portanto, não controverso" (Ibidem, p. 78). A domesticação da liberdade de pensar é acentuada ainda, segundo Said, com o formalismo técnico, a especialização, que exige a linguagem correta e a citação das autoridades certas. Some-se a isso a tendência do profissionalismo para o poder e a força da agenda comercial e política dos financiadores de estudos e pesquisas, com as quais ele tinha reservas por interferir na mentalidade e nas prioridades do intelectual, ameaçando a credibilidade das suas produções. Ele sugere também que a subserviência do mundo intelectual ao politicamente correto impede o debate aberto de temas de grande relevância como o racismo, o sexismo e tudo o que existe ou que surge acrescido do sufixo "ismo".

O mundo está ficando muito fechado. As conquistas da agenda social, via de regra, produziram mais fragmentações e dispersões do que agregações e convergências em favor da grande pauta comum da humanidade, que é a redução das desigualdades. E para fazer alertas nesse cipoal de razões sensíveis, a sociedade necessita do intelectual "amador" de Edward Said, alguém cujo desempenho público não possa ser previsto nem forçado a enquadramentos, seja por meio de *slogans*, lealdade partidária ou dogmas de toda sorte. Ser "amador" é, sem dúvida, um estilo adequado ao confronto das ortodoxias. No entanto, a forma de praticar o pensamento heterodoxo que me parece mais apropriada é o artesanato intelectual de Charles Wright Mills, considerando que o artesão é alguém que não dissocia a vida do trabalho. Do mesmo modo que Said, Mills observou que pensar de maneira livre e ampla é uma fonte de problemas. "Muitos intelectuais pararam de julgar, retiraram suas exigências, engoliram sua presunção, caíram de volta nas rotinas políticas e morais de seus ambientes profissionais e residenciais" (MILLS, 2009, p. 89). Mais recentemente, um bom número se recolheu ao anonimato com medo das reações gratuitamente odientas a quase tudo o que se publica.

A sociedade homogeneizante, inclusive sob a retórica das diferenças, expropria as chances da experiência própria, de tanto expor as pessoas aos estereótipos de significados espalhados pelo aparato cultural da arte, da ciência e do saber. "Significados sobre os quais nunca pensamos explicitamente, determinam nossos julgamentos sobre quão bem ou quão mal estamos vivendo" (MILLS, 2009, p. 67). Diante da baixa visibilidade do que se consome de mensagens a todo instante, o cientista político estadunidense recomenda que se mantenham os olhos abertos para enxergar as variedades da individualidade e os modos de mudança histórica. "Não permita que questões públicas tal como oficialmente formuladas, ou dificuldades tal como privadamente sentidas, determinem os problemas que você tomará para estudar" (Ibidem, p. 58). Ao recomendar o artesanato intelectual, Mills observa que a forma como o artesão ganha seu sustento determina e impregna todo o seu modo de vida, sem rupturas entre trabalho e diversão, e com aderência integral com a cultura.

Mais do que pela habilidade, Mills era apaixonado pela inteligência projetiva do artesão, que é capaz de ter uma imagem do produto acabado enquanto o cria e, mesmo não fazendo a peça inteira, vê a parte que está trabalhando delineada no que seria o todo, em uma sofisticada compreensão do sentido do seu esforço. Esse estado de satisfação e de consciência tranquila, evoluído juntamente com a percepção da obra acabada, serviu de parâmetro para a definição do conceito de Imaginação Sociológica, que "consiste em parte considerável na capacidade de passar de uma perspectiva para outra e, nesse processo, consolidar uma visão adequada de uma sociedade total e de seus componentes" (MILLS, 2009, p. 41). Combinar ideias que normalmente não são vistas como combináveis deriva, consequentemente, do espírito lúdico do artesão.

A recomendação de Charles W. Mills é de que o artesão intelectual não estude meramente um pequeno ambiente após o outro, mas procure entender as estruturas sociais em que os ambientes estão organizados. Em muitas circunstâncias, argumenta, conseguimos estimular a imaginação reunindo itens antes isolados e encontrando conexões insuspeitáveis, desde que nos distanciemos das especializações excessivas, que, como também alerta Edward W. Said, podem nos tornar incapacitados para aprender novos modos e nos liberar para o exercício da compreensão comparativa. Identifico-me com as atitudes e os comportamentos que negam isso. Como procuro estar sempre atento às possibilidades e limites do meu posicionamento autoral, e como tenho o hábito de refletir sobre o que faço, arrisco dizer que tanto o estilo "amador" quanto a forma despretensiosa do "artesão" estão refletidos em mim, na minha vida e no que produzo.

DIM BRINQUEDIM

Antônio Jáder Pereira dos Santos, o DIM, é um artista plástico brincante que faz da arte uma lúdica conjugação verbal: "Brinquedim, brinquetu, brincamos nós". Ele mora com a família em um sítio cheio de esculturas, pinturas, brinquedos e uma trilha de Saci, localizado no município de Pindoretama (CE), onde mantém o Museu Brinquedim, lugar de encanto, alegria e brincadeira.

Como a infância vivida no interior influenciou na sua formação moral e intelectual?

A infância é a mesma em qualquer canto do mundo, Dim, mas reflete o lugar em que a vivenciamos pelo diálogo entre a introjeção sociocultural e a projeção do ser criança. Dessa dinâmica, observo em mim o sentido de ninho, presente na família de origem rural, e a prática vincular cogeracional, própria da educação comunitária interiorana, como lastros para um tipo de comportamento em que a palavra vale mais do que os fatos, e os atos são mais importantes do que a palavra. Procuro me reconhecer na força desse aprendizado, para com ela balizar o meu papel no usufruto e nos cuidados com a vida urbana, seus jardins, sua paisagem, seus bairros e seus habitantes de todas as idades e condições sociais, depositários de diferentes repertórios de troca.

A experiência de criança do sertão me ajudou a ver o movimento entranhado dos diversos segmentos sociais em torno do que mexe com a vida do lugar. Foi graças a essa autêntica formação local que desde cedo pude perceber as diferenças de sotaques, o valor da diversidade de culturas e a relação com a natureza, na medida das minhas próprias sensações. O fim e o princípio da vida em sociedade modelados pelo modo de brincar, de pensar, de falar, de misturar arte e literatura com o cotidiano, em uma topografia mental percorrida pela compreensão de que viver é efetivamente agir e tomar consciência da própria existência através da sensibilidade, do pensamento, da ação e da busca pelo que vale a pena. Donald Winnicott (1896-1971) valia-se da palavra cultura para tratar do "fundo comum da humanidade, para o qual indivíduos e grupos podem contribuir, e do qual todos nós podemos fruir, se tivermos um lugar para guardar o que encontramos" (WINNICOTT, 1975, pp. 137-138).

É como se fosse um lugar dentro de outro lugar do estado humano. A essência desse lugar, segundo o psicanalista inglês, localiza-se entre o indivíduo e o meio ambiente em um espaço potencial descoberto inicialmente pela brincadeira, podendo se expandir criativamente por todas as idades. Meninas e meninos estão sempre bem acompanhados de imaginação ao frequentarem essa zona intermediária. "A criança está sozinha apenas na presença de alguém" (WINNICOTT, 1975, p. 134). Sem um olhar externo a descrever onde a criança se encontra e o que faz, o mundo infantil transcende as dimensões da realidade objetiva. Onde posso dizer que eu me encontrava quando soltava barquinho de papel na correnteza das coxias em dias de chuva? Se, de acordo com Winnicott, somos conduzidos na infância à experiência cultural, naquela brincadeira eu tanto me abstraía para ser um grande navegante quanto me ajoelhava nos paralelepípedos apenas como um menino e seu brinquedo. Ou seja: eu estava simultaneamente nas ruas da cidade e em alguma travessia imaginária por lugares que só andei como viajante de um processo cultural que vem muito antes de mim.

O que me distingue, então, como alguém nascido no interior; alguém que passou a infância e parte da adolescência em relação direta com os mecanismos do espírito comunitário e com a natureza? O educador Paulo Freire (1921-1997) tinha uma forma de falar sobre ser pernambucano e brasileiro, mas não exclusivamente isso, na qual me encaixo como filho de um contexto que tem o município de Independência como centro de catálise e centrifugação de sentimentos, saberes e fazeres. Referindo-se ao lugar de onde ele tirou a maneira de ser, a fala, os gestos, o gosto pela comida e o jeito de dizer sim e de dizer não, ele chegou à conclusão de que foi cuidando dessas marcas que pôde ver sentido em suas andanças pelo mundo. "Aonde quer que eu vá (...) onde quer que eu esteja (...) eu trago comigo as marcas da minha cultura e da minha história, que me fazem ser eu mesmo" (FREIRE, 2008, p. 38). Dessa maneira, posso dizer que o fato de me sentir com referências profundas de um lugar, e de como nesse lugar a minha infância se inscreveu na arte de viver, me estimulou ao comprometimento com um destino comum.

Ser cidadão do mundo é ser de um lugar; é ter sotaque; é não reduzir a existência a contatos fortuitos. Assim como Paulo Freire, acredito que é honrando o ponto de partida da infância que nos sentimos bem aonde formos e que aprendemos a nos abrir para a relação com outras culturas, sem julgamentos. "Você não se universaliza a não ser a partir do local" (Ibidem). Ou seja: é a nossa localidade que nos legitima no mundo. Sou especialmente agradecido a Deus, a meus pais, a meus amigos de infância e a todas as pessoas com as quais me relacionei na geografia imediata em que me movi quando criança, pois foi a educação que recebi nessa convivência que me deu a liberdade de sair de casa sem medo de me perder e com a segurança de ter para onde e para quem voltar; um lugar de onde vi todas as fases da lua, contei estrelas (mesmo sabendo que poderia nascer verruga) e me perguntei para onde iam os meteoros que rasgavam o céu; um lugar com tanta "fruição altamente apurada do viver, da beleza, ou da capacidade inventiva abstrata humana" (WINNICOTT, 1975, p. 147) que me ensinou a enfrentar adversidades, sabendo que tenho o meu interior – recanto vivencial e psíquico – para me abrigar. O resultado moral e intelectual desse encontro permanente que faço comigo mesmo no mundo em que se constitui o fundamento da minha experiência cultural – onde estão presentes valores como lealdade, franqueza, introspecção e a palavra empenhada – é o que de melhor procuro oferecer em minha vida familiar, comunitária e profissional.

Na vida orgânica do interior, muitas coisas educativas acontecem e se prolongam em nós anos afora. Certa vez, ainda garoto, fui visto carregando um sofá na cabeça no meio da rua, e a notícia chegou rápido aos ouvidos da minha mãe. Ela quis saber se eu estava deixando de ir à escola para trabalhar. Respondi que estava ajudando o Narcélio da dona Diana a cobrir móveis; e fui logo mostrando que havia aprendido a fazer a costura e a cortar o tecido. Ela não sabia se me repreendia ou se me elogiava. Combinamos que eu poderia continuar exercendo aquela atividade (que durou muito pouco tempo), desde que não fosse na hora da aula. Assim foi feito, e assim, combinando obrigações sociais com realizações do espírito livre, vivo até hoje. Em outra circunstância, já rapazinho, eu estava com um grupo de amigos atrás do muro do Rutilo Esporte Clube, nos preparando para beber cachaça escondido, quando o Joaquim do Sr. Antonino passou, tomou a garrafa e foi entregar a meu pai. Quando retornei para casa, ele estava sentado no alpendre com a garrafa em cima da mesa, esperando por mim. Ao ver aquela cena fiquei em choque, sem saber o que ele iria fazer. Percebendo meu estado aflitivo, ele simplesmente levantou da cadeira, pegou a garrafa, guardou no armário, deu as costas para mim e saiu sem dizer nada. Não sei se por efeito desse gesto perturbador, mas o certo é que eu nunca gostei de bebidas alcoólicas.

Os impactos culturais e naturais que abalam a infância desenvolvida em um interior como o nordestino muitas vezes põem à prova os princípios humanos e a razão divina. Vi de perto brigas e mortes violentas em plena rua; e estive envolvido em cenas burlescas como a do Anizão, que um dia chegou com o cavalo na mercearia do pai do meu amigo Félix e, com a faca na mão, bradou às alturas: "Me dá aí um litro de merda!". Estávamos só os dois conversando no balcão. A rua totalmente desértica. Ficamos sem saber o que fazer. Ele passou a mão no bigode, levantou a aba do chapéu com a ponta da faca e repetiu: "Me dá aí um litro de merda!". Apavorados, tivemos a ideia de pegar aleatoriamente um litro de Cortezano na prateleira e entregamos a ele. O Anizão banhou o cavalo com o vermute, e começou a lamber a mistura de suor e álcool no corpo do animal no meio do sol. Derramou a sobra no calçamento, jogou no chão o valor equivalente ao preço da bebida e partiu a pé, puxando o cavalo pelos arreios. Aliviados, fomos até a calçada observá-lo indo embora. O céu estava cheio de urubus planando suavemente no ar quente, sem bater as asas. Por alguns instantes esquecemos o que havia se passado e ficamos olhando aquela coreografia encantadora. Rubem Alves dizia que "a beleza dos urubus não está neles. Está no seu voo, que desenha círculos no céu" (ALVES, 2005, p. 104). Retomamos nossa conversa, sentados sobre o balcão, como se episódios como aquele não passassem de intervalos literários do nosso realismo de cordel.

Tudo isso faz parte da tessitura de couro e algodão com a qual minha personalidade foi modelada. Entretanto, o que mais me mantém próximo da minha infância no interior é a ideia de liberdade praticada nas brincadeiras. Tanto que considero o banho de rio em águas correntes, barrentas e rebeldes que tomei com os meus filhos no feriado de 1º de maio de 2009 (Dia do Trabalho) como um dos melhores presentes que dei a eles. Estávamos indo para Independência no fim da estação chuvosa quando, a certa altura da BR 020, no trecho entre Boa Viagem e Santa Cruz do Banabuiú (Cruzeta), avistamos da ponte que cruza o rio Carrapateiras uma tentadora praia de areia branca. Tratamos de encontrar um jeito de chegar até lá. O mato estava crescido e só conseguimos acesso a partir de uma entrada, localizada a uns quinhentos metros depois da ponte, que dava em duas casas. Um garoto da idade dos meus – entre 8 e 10 anos – nos acompanhou pelas veredas escorregadias e por dentro do próprio rio, na agradável sensação de se deixar levar pela correnteza, enquanto surpresas de altos e baixos reforçavam o caráter misterioso da aventura. As margens estavam cobertas de cordas de salsa, cuidadosamente penteadas pelos momentos de cheia. Essa brincadeira teve de tudo: saltos de cima de pedra, deslizamento em barranco de areia, mergulho para catar seixos rolados, percussão em pedrinhas coloridas, nado contra a corrente e muita conversa sem eira nem beira. Em um certo momento, o Lucas, que tinha 10 anos, comentou: "Pai, agora sei por que os gatos, que comem peixe, também gostam de comer passarinho". E olhando para o céu completou: "Quando estão voando com as asas paradas, os pássaros parecem peixes nadando". No que eu retruquei: "É que o céu é o oceano dos pássaros, meu filho". O coração do Artur, então com 8 anos, e que às vezes relutava em ir para o sertão brincar do que ele chamava de "brincadeiras do passado", naquele dia dava pulos de contentamento. Estávamos ali, com alegria, poesia e destemor, experimentando a objetividade da imaginação.

Na correnteza do rio não há repetições, não há mesmice; seu espírito é o da liberdade ao ar livre, à água livre e ao ser livre.

Na correnteza do rio a regra da brincadeira é o encantamento, o divinizar da vida, a celebração da inocência, a descoberta espontânea do lugar de manifestação da cultura da infância.

Na correnteza do rio a água não tem tempo para nos espelhar; ela não para, e, se não há reflexo, não há narciso. Em dias de cheia, a água do rio é turva; sua pureza está no frescor, na envolvência e no afago.

Na correnteza do rio não se brinca esperando reconhecimento; apenas se brinca, apenas nos sentimos bem por estarmos em contato com nós mesmos, porque sentimos a água acariciando o nosso corpo e refrescando a nossa alma.

Na correnteza do rio estamos dentro da paisagem; o sublime irrompe do nada porque somos o nada; somos a maravilha de saciar a sede de acontecer, sem dar satisfações, sem pagar ingresso, sem condicionamentos e expectativas.

Na correnteza do rio a ingenuidade se confunde com a beleza caótica das águas em movimento; a cada momento, uma ação, a cada farfalhar, uma atitude espontânea do ato de experimentar.

Na correnteza do rio o mundo que nos circunda começa com as águas que se vão e segue na brincadeira de que somos únicos, mas não sozinhos; vestidos por ela em um manto por onde flui a cauda evanescente do tempo.

Na correnteza do rio somos o que somos, do jeito que somos, do tamanho que somos, da cor que somos, nem mais nem menos; somos o desfrute das permissões de nos recriarmos a todo instante.

Na correnteza do rio tudo é imprevisível e simples. A água toldada não nos deixa ver se o que pode estar se mexendo sinuosamente é uma cobra ou um cipó; e o súbito temor, o alerta, não passa de estímulo ao nosso senso de força para o exercício dos dons naturais.

Na correnteza do rio a areia frouxa desloca-se no pega-pega das pedras rolantes e abraça as pedras fixas do leito, enquanto as crianças se divertem como grãos de areia.

Na correnteza do rio o brincar é verdadeiramente uma brincadeira. Dominar a correnteza para não se deixar tragar pelas águas correntes é jogo de integração e não de dominação.

É incrível como tudo cabe nessa fantasia da correnteza por onde flui a minha formação moral e intelectual; desde a zona intermediária entre o mundo interior e o mundo exterior, de Winnicott, até o espaço de enraizamento que nos leva a descortinar o mundo, de Paulo Freire. Na cartografia das minhas lembranças essa imagem da diversão do sentir, e não do exercício concreto do pensamento, me diz sempre que o real, o consistente, está originalmente na seriedade do brincar. A imaginação na sua expressão sutil, longe de intencionalidades e julgamentos racionais, transforma em ficção o que parece receoso e dá materialidade ao que parece ilusão, contribuindo assim para o equilíbrio do nosso olhar sobre nós mesmos, em estratégias de vida que são táticas da mente, da alma e do coração.

DORA ANDRADE

Bailarina e coreógrafa, idealizadora e fundadora da Edisca (Escola de Dança e Integração Social para Crianças e Adolescentes), entidade que desenvolve em Fortaleza (CE) programas de formação cidadã por meio de pedagogia transformadora com centralidade na arte.

Como você está lidando com o passar dos anos?

Encaro o passar dos anos, Dora, como quem vai mudando de fase em uma grande aventura de experienciações cuja regra básica é encher as horas de tempo, sem deixar que o tempo fique cheio de horas. Como nos jogos de tabuleiro ou nos *games* eletrônicos, o percurso do viver, durante a ativação e a desativação dos nossos sentidos, é marcado por desafios com níveis distintos de dificuldades e de recompensas, conforme se avança. A diferença está no objetivo: nos jogos criados pela inteligência humana, a meta é vencer o adversário, ao passo que, no jogo do viver, a finalidade é chegar ao final dos anos com a consciência tranquila de que fez o que pôde por um mundo melhor. A vida é uma narrativa com contextos, personagens e tramas sociais poéticas, espirituais, dramáticas ou cômicas, de acordo com as circunstâncias e os valores culturais de cada sociedade. Há pessoas, grupos e povos que privilegiam os interesses individuais e outros que se voltam mais para o bem-estar coletivo. Essas inclinações definem o grau de solidariedade ou indiferença, cooperação ou rivalidade nas relações, e são fundamentais para o discernimento do que significa êxito ou derrota, sucesso ou fracasso.

Quando nascemos, além do acervo de códigos da genética e da alma que temos à nossa disposição para viver, a natureza nos protege do choque com o mundo externo ao ativar lentamente os nossos sentidos e demais receptores de sensações. Com o passar dos anos os motivos dos nossos impulsos vão sendo alterados pela dinâmica vital que envolve instinto, intuição, saber, conhecimento e expectativa social. Na idade avançada, diferentemente da amenização natural dos impactos que sofremos quando deixamos a vida intrauterina, o que nos protege da angústia da finitude é o nível de consciência que alcançaremos sobre o curso da desativação natural dos nossos sentidos até fazermos a viagem de volta. Em uma alegoria botânica, essa consciência seria a atitude da fruta que, madura, se solta do galho em direção ao solo, espalhando sementes como forma de assegurar a continuidade da planta nos ciclos da natureza.

Essa consciência dá sinais de que está pronta quando a pessoa nada mais tem a provar, nem se sente cobrada pelo que não é essencial. A proporção do contentamento em qualquer idade nunca deixa de ser a medida do prazer, e, segundo o filósofo austríaco André Gorz, "O prazer não é algo que se tome ou que se dê. Ele é um jeito de dar-se e de pedir ao outro a doação de si" (GORZ, 2008, p. 9). Nos tempos atuais, quando, na interpretação do psicanalista Valton Miranda Leitão, o imediatismo irrefletido categorizou o desencanto como magia, é cruel a coação sobre quem vive muito, para que, entre outros fetiches, assuma posturas de uma juventude que não tem mais, sufocando o pulsar próprio da sua condição. "O indivíduo e a sociedade fetichizados só podem olhar, mas nunca verdadeiramente ver, pois o mundo necessita a participação do coração, ou seja, do amor. A ausência do amor, que vai sendo substituído pela competição invejosa, torna o mundo indizível. O processo de dizer e nomear o mundo por meio do mecanismo da imaginação individual e grupal foi grosseiramente rompido" (LEITÃO, 2009, p. 113). Para o pensador cearense, sob ataque fetichista, o imaginário não reage às pressões autênticas do desejo e da fantasia, seja no plano do psiquismo individual, seja no plano coletivo sociocultural.

Perder o medo do sentido de inutilidade social é outro ponto de atenção associado ao passar dos anos. O teórico social indiano Ashis Nandy chama a atenção para o fato de que todas as fases etárias sejam percebidas como valiosas por si. "Nenhum estágio precisa derivar sua legitimidade de outro estágio da vida" (NANDY, 2015 p. 109). A despeito da intimidação do velho princípio da produtividade industrial, o século XXI será reinventado pela força dos serviços no esteio do aumento da longevidade. Estão aflorando novas maneiras de domesticação do tempo e de reinvenção do espaço. No século XIX, os museus e as ferrovias foram institucionalizados como importantes conquistas sobre o espaço e o tempo. "No museu viajava-se através do tempo para ver o desenvolvimento das fases da história e da cultura (...) No trem, experimentava-se uma viagem que conectava o próximo e o distante" (NANDY, 2015, p. 127). Hoje, paralaxeando essas imagens do pensador indiano, percebo os buscadores de internet como símbolos da conquista do tempo e as redes sociais digitais como materialização dos espaços virtuais de aproximação. Estamos, portanto, diante de outras situações e de outras inspirações, que abrem infinitas possibilidades de aspirações e participações na dinâmica social, independentemente de idade.

As novas tecnologias são muito especiais para o envelhecimento saudável porque, de certo modo, facilitam que as pessoas mais idosas saiam do isolamento de contatos mais amplos. O físico italiano Carlo Rovelli lembra que "A água de um rio flui lentamente às margens e veloz no centro, mas é sempre fluxo" (ROVELLI, 2018, p. 24). E quem se movimenta mais envelhece menos, uma vez que o tempo passa mais devagar para tudo que se move. Enquanto estou na correnteza mais agitada da vida profissional tenho organizado simultaneamente os meus trabalhos autorais em um portal de internet para facilitar a minha comunicação nas redes sociais virtuais, já na perspectiva de poder navegar com tranquilidade quando deixar o leito do rio. Procuro fazer isso sem saudosismos, apenas me dando o direito de me encontrar com a minha própria idade, sem necessariamente ficar confinado no passado. Sempre gostei de fazer girar conceitos, dinamizar aprendizados e compartilhar o que me emociona. É um meio de teimar em ser quem sou, e de me integrar.

Na experiência de exteriorização das lembranças, para quem cruzou várias gerações, as etapas conquistadas têm calibragens que variam significativamente entre seus níveis de aceitação e de rejeição da realidade vivida. Neste aspecto, autores como Rubem Alves (1933-2014) e José Saramago (1922-2010) trilharam caminhos distintos para ir ao mesmo lugar. Tenho a inclinação para gostar das recordações de quem lê a vida amando. Isso me leva a dar mais preferência ao pensador mineiro do que ao escritor português, embora literariamente admire os dois. Enquanto Saramago se pergunta se certas recordações são realmente suas, Rubem Alves assume como suas não só as histórias que viveu, mas também muitas daquelas que apenas ouviu, contadas por outras pessoas. Essa abordagem me agrada porque diz que as nossas histórias são as que ficam em nós, as que nos ofertam rememorações. Ambos são de origem humilde e nasceram em lugares distantes dos centros urbanos. Rubem Alves, em Boa Esperança, interior do estado de Minas Gerais; Saramago, em Azinhaga, na província do Ribatejo. Os dois migraram com suas famílias em busca de novos horizontes. Um, foi morar no Rio de Janeiro, o outro, em Lisboa. A diferença de Saramago e Rubem Alves é que as recordações amargas da dureza da vida na infância fizeram do escritor português um cético diante do encantamento. Mesmo diante da dor, Rubem Alves enxergava o ato de criação como acontece com a ostra quando, não podendo se livrar do grão de areia que invade a sua concha, se livra da dor revestindo o grão e produzindo a pérola. "O seu corpo sabia que, para se livrar da dor que o grão de areia lhe provocava, em virtude de suas asperezas, arestas e pontas, bastava envolvê-lo com uma substância lisa, brilhante e redonda" (ALVES, 2008, p. 9). Adianta, porém, que no caso humano não precisa ser necessariamente uma dor doída, pois muitas vezes a dor aparece como uma coceira, uma gastura na mente, que tem o nome de curiosidade. Por força da dor, tanto Saramago quanto Rubem Alves passaram a produzir pérolas. Um, movido por angústias revividas, e o outro, por ludicidade renitente.

Quando Saramago fala da sua terra natal, refere-se a uma aldeia pobre e rústica, de casas baixas, rodeada pelo cinzento prateado dos olivais, oscilando entre os excessos do verão e do inverno. Essa paisagem, mesmo sombria, está dentro dele e ele se lamenta de não mais tê-la, pois as oliveiras foram substituídas por campos de milho transgênico. "Não estou a queixar-me, não estou a chorar a perda de algo que nem sequer me pertencia, estou só a tentar explicar que esta paisagem não é minha, que não foi neste sítio que nasci, que não me criei aqui" (SARAMAGO, 2006, p. 12). A sensação de que tendo nascido onde nasceu pode ter sido a consequência de um equívoco do acaso maltratava Saramago, e ele produzia pérolas para se livrar da dor. Referindo-se ao rio Almonda, que passa ao lado de seu povoado natal e se encontra com o Tejo a um quilômetro depois, ele reforça sua desdita: "A terra é plana, lisa como a palma da mão, sem acidentes orográficos [montanhosos] dignos de tal nome, um ou outro dique que por ali se tivesse levantado mais servia para guiar a corrente aonde causasse menos dano do que para conter o ímpeto poderoso das cheias" (Ibidem, p. 10). Para Saramago, a paisagem é um estado da alma: "A criança que eu fui não viu a paisagem tal como o adulto em que se tornou seria tentado a imaginá-la desde a sua altura de homem. A criança, durante o tempo que o foi, estava simplesmente na paisagem, fazia parte dela, não a interrogava" (Ibidem, p. 13).

Em situação semelhante, Rubem Alves fala de Boa Esperança, com olhos de contemplação, ao observar sua cidade natal deitada entre o verde dos campos e o azul do rio Grande, que a represa de Furnas transformou em mar. Não podendo se livrar da hidrelétrica que alterou o cenário da sua infância, ele resolveu o problema levando para casa uma pedra de lembrança, uma pedra comum, mas que certamente estava por ali há milhões de anos. Ao levar a pedra para casa, levou consigo um tiquinho daqueles milhões de anos e o vale que ela guarda dentro de si. "Quando olho para ela me lembro da serra e do vale" (ALVES, 2005, p. 30). Mesmo fazendo referência à criança escondida dentro de si, como um certo ser que foi e que deixou encalhado algures no tempo, Saramago tem vivas lembranças pelos olhos adultos que herdou do menino triste. Tomando por base a metáfora da ostra de Rubem Alves, eu diria que o pequeno Zezinho escapou porque sofria a perseguição de monstros imaginários. No âmbito da cultura da infância os dois autores certamente enfrentaram pesadelos comuns, mas Rubem Alves aprendeu a recuperar a respiração com o poder reconstrutor da memória feliz. O que os distingue na sintaxe da lembrança é o ângulo com que passaram a observar o lado invisível da vida.

A estética da lembrança em Saramago estaria mais para a de Lamartine Babo (1904-1963), se tomarmos como referência a história da música "Serra da Boa Esperança". Pouca gente sabe que esse clássico da canção brasileira foi feito para uma mulher que existia apenas em fictícias cartas amorosas, destinadas ao compositor carioca, como iniciativa de alguém que teve a intenção apenas de fazer graça. Traído pelos próprios sonhos, o poeta viajou ao interior mineiro para se encontrar com uma grande decepção. "Foi então que ele viu a Serra da Boa Esperança ao longe e a sua paixão se agarrou a ela (...) Foi a tristeza de amor do Lamartine que transformou aquela cidadezinha desconhecida numa canção" (ALVES, 2005, pp. 29-30). Histórias como essa, em que o incômodo da dor produz arte, são mesmo muito atraentes. Citando Nietzsche (1844-1900), como gostava de citar, Rubem Alves reverbera uma pergunta do filósofo germânico: "Por que os gregos, sendo dominados pela tragédia, não sucumbiram ao pessimismo?". E Nietzsche responde: "Eles não se entregaram ao pessimismo porque foram capazes de transformar a tragédia em beleza" (ALVES, 2008, p. 9). Talvez por isso Rubem Alves tenha sido otimista e adorado tanto quando os pássaros chegavam até a área ajardinada do oitavo andar do seu apartamento em Campinas. Ele não se conformava que os homens fossem os seres que perderam a confiança dos pássaros. Por isso se dispunha a ouvir até os passarinhos que não cantam, como os beija-flores.

Recorro a essas referências literárias para acrescentar a importância da subjetividade na construção das narrativas de vida. O que em cada momento temos diante de nós são paisagens de variados lugares e passagens para algum tempo agradavelmente desconhecido. A curiosidade e a vontade de sentir a grandeza do viver são os motores que nos conduzem pela travessia das imagens e dos anos, a nos atrair para além das circunstâncias, e a engrandecer nossa vivência interior. A liberdade dos sentimentos, em sua simplicidade e iluminação, é o que, no passar dos anos, ratifica a nossa história individual e coletiva em um mundo que avança nas ideologias de segregação, como expressão política que ronda a cultura da vaidade, transformando egoísmo em virtude e vínculos sociais em códigos de barras. Mas esse é o objetivo do jogo criado pelas contradições da inteligência humana no tabuleiro e nas telas do mundo contemporâneo. Chegar ao final dos anos com a consciência tranquila de que fez o que pôde fazer por um mundo melhor é a finalidade do jogo do viver.

DULCE SEABRA

Escritora portuguesa, especialista em edição, preparação e revisão de textos de literatura infantil e juvenil.

Tem alguém que já se foi e que você teve a oportunidade de conviver amorosamente com ela, sendo ela já idosa? Se sim, o que você traz dela ainda hoje em sua própria vida?

Sim, Dulce, tive essa amorosa, intensa e gratificante convivência durante 35 anos com um casal de amigos artistas plásticos, que fez a viagem de volta, com intervalo de um ano entre a partida dos dois. A despedida dos queridos Nice (1921-2013) e Estrigas (1919-2014) foi tão luminosa e encantadora quanto suas vidas. Muito do que sou, sonho, penso e ajo eu devo a essa amizade realçada por longas conversas despretensiosas, trocas sem filtros de pontos de vista, experiências estéticas, fruições gastronômicas e aconchego de calor táctil.

Muitas, tantas mesmo, foram as vezes que, ao longo dos anos, fui ao sítio onde eles moravam no Bairro do Mondubim, em Fortaleza. Cumpri esse ciclo de vida feliz repetindo o trajeto que fiz pela primeira vez com a minha tia Deroci em 1979, ano em que ela me apresentou ao casal, que estava comemorando dez anos de oficialização da própria casa como museu. A chegada ao Minimuseu Firmeza sempre foi mágica para mim, com estrada carroçável ladeando trilhos da via férrea e uma recepção de mangueiras centenárias a emoldurar a casa ornamentada por orquídeas, roseiras, jasmineiros, manacás e resedás, de um jardim de flores cheirosas e de variadas cores. Na parede do alpendre, a refrescante pintura de um rio visto de cima.

O pé de carambola parecia não parar de botar. Estava permanentemente carregado e pronto para virar saborosos doces de estrelinhas que a Nice adorava fazer. Com ele, entravam em coro as pitangueiras, seriguelas, cajueiros, goiabeiras, coqueiros e sapotizeiros. Um ipê-roxo, ao lado do surrado cata-vento, e o baobá, mais ao fundo do terreno, completavam os guardiões botânicos das boas e intermináveis conversas que se desenrolavam em espaço sombreado e de areia batida, sempre com cadeiras e redes armadas, convidando ao exercício do ócio reparador. Pássaros, borboletas e beija-flores eram testemunhos da tranquilidade natural presente no lar aberto de Estrigas e Nice Firmeza.

No silêncio da morada, pinturas e esculturas estavam sempre dispostas a contar aos visitantes parte significativa da história das artes plásticas no Ceará. Da mostra de reproduções de arte rupestre até a exposição de obras mais recentes, o acervo do Minimuseu Firmeza construiu a narrativa de um tempo de luz e imaginação criadora nordestina, manifestada em obras de artistas como Chico da Silva, Aldemir Martins, Barrica, Barbosa Leite, Vicente Leite, Mário Baratta, Zenon Barreto, Walter Pinto, Descartes Gadêlha, Luben, Aderson Medeiros, Mário Cravo, Mestre Noza, Vitalino, Nêgo e Valber Benevides. Como pesquisador e historiador, Estrigas reuniu ainda um conjunto apreciável de cartazes de exposições de artes plásticas, além de livros e catálogos raros. Tudo isso fez com que aquele lugar passasse a atrair centenas de estudantes, artistas, aficionados em arte e muitos turistas interessados nos nossos mais relevantes conteúdos culturais.

Quem frequentou esse recanto de coexistência espontânea sabe do quanto que era prazeroso estar em um lugar onde se podia falar e ser ouvido sem estar sendo medido, cobrado e, principalmente, sem qualquer necessidade de disfarce, em um ambiente de saberes e conhecimentos não hierarquizados. Tenho a agradecida satisfação de ter usufruído de conversas entranháveis com Barrica, Hércia, Zenon Barreto, Maria Helena, José Fernandes, Zerinha, dona Anita, Arnaldo, Pachelli, Garcia, Coca, Alberto Soeiro, Norberta Viana, Carlos Macêdo, Geraldo Jesuíno, Gorete Quintela, Gilmar de Carvalho, Francisco Sousa, Machado, Neila, Américo e Inês Vasconcelos nessa espécie de sociedade anônima de vivência estética e existencial.

Estrigas e Nice atuaram diretamente em cada momento evolutivo da história das artes plásticas cearenses. Carregavam em si uma respeitável importância simbólica de liberdade, que fazia do espaço ecológico-artístico do Minimuseu Firmeza um lugar de refúgio aos artistas plásticos que se recusavam a pintar conforme a onda novidadeira dos curadores dos salões de arte. No Mondubim eles não precisavam pintar quadros para tentar agradar às tendências do mercado; pintavam sentimentos, emoções e rebeldia. As cores de suas telas podiam, assim, ganhar outros tons e revelar outros dons do caráter subjetivo e esquivo da beleza.

A fúria urbana tentou enxotar Estrigas e Nice do sítio-museu, com ameaças de obras viárias, imobiliárias e sensação de insegurança, mas com sabedoria eles revidavam a esses assédios plantando flores e reunindo amigos para longas e desinteressadas conversas. A disposição permanente para a inventividade e o jeito espirituoso de conduzir a vida passaram a ser os escudos cotidianos da força da serenidade dele e da inquietude dela, que dosava o segredo da vitalidade dos dois. Os hieróglifos dos seus rostos apresentavam para mim vestígios do ato de viver e da arte de gozar a vida, diferentemente do "doente imaginário" de Molière (1622-1673), que tudo fazia para a qualquer pretexto ter um médico a paparicá-lo. Estrigas e Nice exercitaram suas conquistas – muitas vezes árduas, como é comum acontecer com os que optam por uma vida livre das pressões sociais –, imprimindo traços e cores à realidade, ao tomarem a idade como atributo da competência do poder revigorante do ser pessoa.

Da minha vivência com Estrigas, em ritmo de quietude instigada, posso dizer que, tão precioso quanto o seu legado de renomado pintor, com importância também nos campos da pesquisa de arte e da produção de livros, foi a florestação ética da amizade sincera que ele e a Nice procuraram semear nesse espaço de bate-papos sem dogmas e sem fim, embalados pela dança de grafismos de claro e escuro das sombras das árvores ao som da lúdica e estridente passagem do trem. Chamei de anticlube lírico do Mondubim essa roda de afinidades múltiplas do sítio-museu, que em sua prosa solta nos permitia uma aproximação da noção de realidade essencial, pouco importando a extravagância ou a sobriedade das ideias. Ali cabiam todas as interrogações. Filosofar fazia parte do lazer. Contar histórias também. A relação com os momentos de silêncio gerava associações transversais. A sensibilidade do casal, o temperamento e a expressão pictórica de cada um eram confirmados em telas prontas para dialogar ao sabor da diferença. Ele, suave, no jogo de tonalidades harmônicas para não se reabsorverem; ela, berrante, no carrossel de cores da arte *naïf*.

Por volta de 1989, pouco antes de casar com a Andréa, ela passou a frequentar também assiduamente a casa-museu de Estrigas e Nice. Nossos filhos, o Lucas nascido em 1999 e o Artur em 2001, conviveram intimamente com Estrigas e Nice durante toda a infância. Eles adoravam brincar no jardim natural e cultural daquele território de arte e liberdade, no qual o princípio do amor ao ato da criação artística, com interdependência ativa, estava na medida da existência, tanto para o ritmo da agitação generosa dela quanto para a quietude instigada dele. Cultivadores de amizades fraternas, e como sujeitos estéticos, Nice e Estrigas sempre demonstraram saber onde estava o *eu* e o *isso* no processo da vida cotidiana como projeção da espiritualidade e da beleza.

Os sinais de que se aproximava o momento do retorno na estrada da experiência humana do casal começaram a dar alertas no pulmão dela e no coração dele. Ambos tinham passado das nove décadas, quando uma pneumonia aguda provocou a internação de Nice no hospital de Messejana. Não era da sua natureza ficar doente em hospital, não tinha paciência para isso, e partiu. Na noite do falecimento da sua amada (13/04/2013), Estrigas ainda não tinha dormido quando chegamos à casa-museu do Mondubim para dar a dura notícia. Sentados no banco do alpendre, o Dr. Osvaldo, a escritora Ângela Gutierrez e eu ouvimos por alguns instantes a sabedoria do seu silêncio e, em seguida, uma curta e pensativa afirmação: "Agora vamos ver como nos adaptar à nova situação". Naquele momento, senti a força do dom da sua lucidez ante a sagração da vida.

O corpo da Nice foi velado na funerária Alvorada, de Parangaba, e depois sepultado no Cemitério São João Batista. Na hora de preparar o caixão, a Andréa propôs que vestíssemos nela uma das blusas que ela bordava como se pintasse com linha. Escolhemos a que ela tinha feito em homenagem ao pintor holandês Vincent van Gogh (1853-1890) porque ela costumava dizer que era a de que mais gostava. Nice foi, então, para o túmulo vestida de lindos e reluzentes girassóis. No sétimo dia sem a presença física da sua amada, o Estrigas entrou pela noite arrumando a sala onde havia alguns trabalhos que representam as diversas fases artísticas da Nice. No dia seguinte pela manhã, quando a Andréa e eu fomos visitá-lo, ele abriu a cortina de búzios que dá acesso à sala e disse: "Enquanto vocês foram à missa eu estava preparando o altar da Nice". No centro da parede, rodeada de quadros, uma foto bem grande dela e, logo abaixo, uma das lindas blusas que ela bordou.

Estrigas começou, então, a desenhar a transição entre a partida dela e a dele. Tinha o costume de deixar a criatividade se manifestar por si mesma quando colocava na tela o que o sensibilizava. Com relação à preparação para a sua partida, ele não fez diferente: saiu aplicando cores de distribuição dos bens, até então do seu usufruto, onde mais lhe parecia justo. Com o intuito de assegurar a permanência do Minimuseu Firmeza, escolheu a sobrinha-neta, Rachel Gadelha, que é produtora e gestora cultural. Durante essa travessia entre a margem da partida da Nice e a margem que ele queria chegar para também partir, Estrigas descobriu que estava com um câncer. Optou com sabedoria por conviver com a doença sem precisar se submeter às incômodas quimioterapias ou correr o risco de morrer entre as paredes frias dos hospitais. Ele tinha uma casa rodeada de jardim e uma família rodeada de amigos. Escolheu, então, ser cuidado por sua enteada Lourdinha, pela neta Patrícia e pelo marido dela, Maurílio, que, por sua vez, contou ainda com sua irmã Leo.

Quando fez um ano da morte da Nice, ele chamou a mim, a Andréa e a Lourdinha e, sentado no sofá da sala, nos informou da sua decisão de se despedir com tranquilidade. Disse que só queria comodidade nessa reta final. Definiu a data de 19/09/2014, dia em que faria 95 anos, como a outra margem do rio do seu tempo. Até lá, concluiria a sua despedida. Sempre disposto a encarar de frente a estética da vida em tudo o que ela oferece de transcendência na condução do tempo, Estrigas pintou vinte aquarelas para sua exposição de despedida e mais algumas para presentear amigos, um gesto típico do seu relacionamento amoroso. Concluiu em 2014 um livro que havia iniciado em 2011, com reflexões existenciais, recordações da infância na rua, no mar e no sítio do Mondubim onde passava as férias escolares, e no qual procurou tratar dos sinais que o teriam levado a ser artista. Intitulou seu último livro de *Hoje e o Tempo Passado – Um Encontro com as Lembranças* (Expressão, 2014), obra que confiou a mim a feitura do prefácio e ao professor Geraldo Jesuíno, o projeto gráfico.

Fiz a leitura dos originais de uma só tirada e escrevi a apresentação no mesmo ritmo porque queria que ele tivesse tempo de ouvir a minha opinião. Aquele choque entre o gesto de partida e, ao mesmo tempo, de eternização de vínculos chamou a minha atenção para o que a obra tem de virtuosa formalização do encerramento de um ciclo de vida. Coloquei o título "Escritos de despedida" e pedi à Lourdinha que lesse para ele antes de enviar para publicação. E ele aprovou. Assim como ele concluiu o livro dizendo "Estamos partindo para outros compromissos, atendendo a outros chamados. Adeus" (ESTRIGAS, 2014, p. 123), eu encerrei o prefácio referendando o seu brilhante final: "Estrigas assume sua partida para outros chamados e compromissos que certamente considera tão misteriosamente atraentes como a arte. Adeus, mestre!!!" (Ibidem, p. 6).

Muitas revelações me tocaram nesse livro, mas nada como a convicção do Estrigas de que, assim como "o lugar da arte é a própria obra de arte", o lugar da vida é a própria vida. Feita com o que a memória foi liberando para ele na sua reta de chegada final, a obra foi escrita sem preocupações com a velocidade dos dias e sem virtudes absolutas das recordações. Um livro de reflexões sobre estética, no qual ele faz associações entre panoramas das manifestações artísticas e alusões a momentos da arte, a partir das visões dispostas nos livros que lia a cada mês. Dividido em três capítulos, embora o terceiro integre o segundo, como contribuição externa às lembranças, esse precioso livro é mais perturbador pela atitude declarada de adeus que carrega do que por seu próprio conteúdo autobiográfico.

No pouco tempo que ainda lhe faltava viver, procurou organizar as bases de como o Minimuseu Firmeza, construído por ele e pela Nice ao longo de tantas décadas, passaria a funcionar "dentro de novos tempos"; definiu o lugar de suas cinzas ao pé do baobá; produziu as lindas aquarelas que tinha se proposto a pintar para uma derradeira exposição em vida e concluiu o livro, obra que resumiu em uma frase solitária e poética: "Eu, no silêncio do Mondubim, dentro de mim". O impressionante é que nada disso sugere peso de luto. As lembranças registradas nessa conversa solta com o passado expressam bem o que ele chama de "atração misteriosa" que o uniu à arte e estendem às últimas consequências o arbítrio na condução do seu estilo livre de ser e viver.

Como ele planejou, no dia 19 de setembro de 2014 foi feito o lançamento do livro com suas reflexões sobre que influências teriam contribuído para atiçar a tendência artística que o "fez ser pintor e a escrever sobre arte" (ESTRIGAS, 2014, p. 47) e a vernissage da mostra 95 Anos Estrigas, com vinte aquarelas, no Sesc-Senac da praia de Iracema. Ele não pôde ir, pois já se encontrava bem debilitado, mas tinha o semblante de quem estava contente com a realização. Passados treze dias do evento, faleceu. Era o final do dia dois de outubro de 2014. Andréa e eu recebemos um telefonema da Lourdinha, avisando que ele acabara de falecer. Chegamos minutos depois à casa dela, na Vila Manoel Sátiro, onde ele tinha recebido afetuosos cuidados nos últimos dias. Ajudamos a fazer a higiene do corpo e a vestir nele uma roupa nova que ele havia ganhado de presente de aniversário. A atmosfera azulada e terna das paredes do quarto, com as linhas da janela dispostas em riscos acima dos traços da cama, nos deu a sensação de estar dentro de uma de suas telas.

FLÁVIO PAIVA

Arte e vida surgiam e desapareciam para o Estrigas pelo elemento da sensibilidade humana em busca de cosmovisão, mesmo com as amarras dos contextos e com as inquietações da vida artística ante os segredos da arte. Talvez por isso ele não tenha feito qualquer esforço para deter a ação decisiva da natureza em sua desativação biológica. Como um astrônomo conhecedor do ciclo da vida das estrelas e do que acontece com elas quando acaba o hidrogênio, Estrigas tratou lucidamente de aproveitar a beleza da luz. Recusou-se a ir ao médico e todos os procedimentos foram feitos em domicílio. Deixou deliberadamente de se alimentar e definhou. Diferentemente da Nice, ele foi cremado. Ambos, porém, fizeram a viagem de volta em belos finais de tarde.

EDSON NATALE

Músico, jornalista e gestor cultural. Autor dos álbuns Lavoro e Calvo, com Sobrepeso. *Organiza, em parceria com Cris Olivieri, o* Guia brasileiro de produção cultural.

Se você voltasse hoje para sua terra natal, no sertão de Independência, com Milton Santos e Paulo Freire, qual a pergunta que faria a cada um deles e por quê?

Teria muito o que perguntar a eles em uma viagem dessas, Natale. Você me instiga a uma condição de criticidade que mexe em meridianos sensíveis da minha indignação, ao tempo em que me dá a satisfação de falar de algumas crenças que movem o meu espírito sempre propenso ao otimismo. Optei por um tipo de crônica na qual o traço ficcional posto pelo seu desafio sirva de suporte ao tratamento de situações objetivas, presentes em frustrações e contentamentos que me acompanham pela vida.

No dia em que imaginei que iria a Independência acompanhado pelo educador pernambucano Paulo Freire (1921-1997) e pelo geógrafo baiano Milton Santos (1926-2001), acordei cedo. O sol de Fortaleza, onde moro com a minha família, ainda estava ensaiando seus primeiros raios sobre a cidade, a partir do mar leste que banha a praia do Futuro. Deixei o dia clarear e segui com eles pela avenida Beira-Mar até a enseada do Mucuripe, onde pescadores rolavam suas jangadas em troncos sobre a areia, como nas telas de Raimundo Cela (1890-1954) e nas fotografias de Chico Albuquerque (1917-2000).

Seguimos no sentido oeste da cidade pela antinomia de liberdade e ditadura, que liga as avenidas da Abolição e a Presidente Castelo Branco. Passamos pelo Bairro do Pirambu, um dos históricos locais de Fortaleza, que foi campo de concentração de flagelados da seca, quando a proximidade da cidade com o mar tinha mais valor higiênico do que turístico. Tomamos a BR-020 e, ao passarmos em Caridade, paramos para ver de perto a cabeça da estátua de Santo Antônio abandonada em uma rua, de onde é possível avistar o corpo solitário no alto da colina.

Em Canindé, terra de intensas romarias franciscanas, observamos a movimentação do comércio da fé, mas vimos também a expressão concreta da gratidão inabalável dos devotos, manifestada na plasticidade da arte popular dos ex-votos, entre fitas coloridas, mensagens de louvor e imagens de vidas espoliadas que se sustentam na força intangível da religiosidade. Ao longo do trajeto, pedintes fingem tapar buracos da estrada, repetindo o humilhante gesto da mão estendida.

No entroncamento de Santa Cruz do Banabuiú, entramos à direita, na BR-226, e, quando o hodômetro marcou 300 quilômetros de Fortaleza, chegamos a Independência. O cenário dessa viagem revela toda sorte de contradições. Muitos herdeiros dos coronéis do sertão deixaram para trás suas fazendas em quadro de abandono vigiado, por não verem mais nelas significado de poder e de exploração econômica. Isso depois de desmatada parte significativa da caatinga.

Na fantasia de tentar compreender o que tem se passado no semiárido, comentei com Paulo Freire e Milton Santos da minha sensação de que, enquanto o latifúndio não mais se constitui em uma inabalável plataforma de poder político e econômico na região, a natureza parece recuperar parte de sua vitalidade. Pelo menos pude mostrar a eles bandos de corrupiões, canções e cabeças-vermelhas voando sobre o asfalto durante o nosso deslocamento, coisa que já não se via há um bom tempo.

O descaso com as atividades rurais nessas bandas dos Inhamuns muda de perversidade à medida que a devastação do que resta da caatinga continua em curso, no corte de madeira para a produção de carvão e na produção de lenha para abastecer os fornos de olarias, cerâmicas, padarias e pizzarias locais e sudestinas. A mata, cada vez mais esquálida, treme sobre os caminhões carregados de gravetos que deixam as fronteiras do Ceará, em um adeus melancólico comparável ao dos retirantes na antológica música "A Triste Partida", de Patativa do Assaré (1909-2002).

Durante o percurso, deparamos com deslocamentos monumentais de gigantescas pás de torres eólicas destinadas aos parques de energia limpa que estão sendo montados no interior por onde os ventos são bons. No sentido contrário, comboios de carretas transportam imensos blocos de granito, que saem das jazidas diretamente para exportação, sem qualquer beneficiamento local. Rochas de muitos milhões de anos atrás, afloradas nas eras neoprotozoicas e paleozoicas. São explorados também na região minérios de ferro por multinacionais asiáticas que exportam essa riqueza dos serrotes da região diretamente para siderúrgicas da China, via Porto do Pecém. Esses são símbolos de uma economia descolada do contexto, de um vaivém de riquezas que passa ao largo e por cima das comunidades sertanejas, deixando apenas como reflexo interferências ambientais em grandes crateras disformes e assustadoras.

Por outro lado, a socioeconomia mais intrinsecamente voltada às vocações naturais e culturais da região nunca consegue vingar frente aos pareceres de gabinetes e aos interesses políticos ainda orientados pelo hábito dos currais eleitorais e pela noção de que a permanência no poder é sempre mais fácil em um mundo de pobreza. Raros no Nordeste são projetos como o que, no sertão de Cabaceiras, na Paraíba, conseguiu inspirar um turismo que vende contemplação em noites de céu estrelado e de lua cheia para escandinavos.

Enquanto o consumo de carne de carneiro em muitos empórios brasileiros é abastecido por países do outro lado do planeta, como a Nova Zelândia, não se consegue organizar no sertão uma produção de ovinos e caprinos com corte padrão que atenda às exigências desse mercado; mesmo existindo no Nordeste um diferencial comparativo de saudabilidade que o clima quente e seco propicia para a qualidade dos derivados dessa criação.

Um dos exemplos mais emblemáticos da incompreensão da importância de um programa integrado de desenvolvimento, no qual as questões sociais, regionais e ambientais antecedam o imediatismo econômico, é o do biodiesel à base de mamona, que, entre outras alegações neoliberais, não teve êxito porque nos anos 2000, quando foi implantado, não conseguiu ser competitivo com o preço da soja cultivada por multinacionais no interior do Piauí.

No Ceará, temos especialmente um forte motivo para ter orgulho da indústria desse combustível de fonte renovável, por se tratar de uma tecnologia originalmente cearense. O professor Expedito Parente (1940-2011), químico da Universidade Federal do Ceará (UFC), é o autor da primeira patente mundial do biodiesel. Mas sequer festejamos essa vitória da nossa ciência no campo dos óleos vegetais. E por não sabermos nem nos dar valor, deixamos de aproveitar oportunidades imperdíveis como a demanda do mercado mundial de combustíveis renováveis, biodegradáveis, não poluentes e destituídos de substâncias cancerígenas.

A compreensão de que o benefício econômico pode também resultar de uma solução social e ambiental está muito distante do interesse das elites brasileiras, embora a pressão internacional por novas matrizes energéticas, entre estas o biocombustível, esteja presente no discurso desenvolvimentista. Fortalecer a cultura de sequeiro, a produtividade no semiárido e criar condições de mercado para lavouras familiares, assentamentos rurais, cooperativas, células de agricultura comunitária e pequenas empresas, infelizmente não são alternativas consideradas.

O problema do Nordeste é político, e não econômico. Quando os ingleses perderam os seus principais fornecedores de algodão, por conta da guerra da secessão estadunidense (1861 a 1865), o Nordeste brasileiro foi identificado como espaço de exploração de produtos da cotonicultura. E deu certo. Até o início do século XX tivemos uma das melhores performances econômicas da região, com o consórcio algodão e pecuária bovina. Situação semelhante poderia ser efetuada com um consórcio mamona e feijão, na viabilização do óleo verde e toda a potência da cadeia socioeconômica da ricinocultura.

Há um século, o lendário empreendedor cearense Delmiro Gouveia (1863-1917) lutou para desenvolver o Nordeste, combinando agricultura com tecnologia, e as forças políticas e econômicas predominantes não permitiram os avanços desse ousado propósito. Na sua teimosia, acabou sendo assassinado em pleno sertão alagoano pela ira multinacional do mercado têxtil. Este tipo de tragédia mostra a nossa dificuldade de escapar do paradoxo entre a inventividade fazedora e a mentalidade servil ao qual se prende o subdesenvolvimento.

Nesse diálogo imaginário, perguntei a Paulo Freire e a Milton Santos se eles aceitavam conhecer uma experiência educativa bem simples, mas que no meu entendimento soma-se aos esforços de alternativas de redução do sentimento de impotência vivido pela juventude do sertão diante desse estado de desolação a que são submetidos. Sentimento esse que tem levado muitos jovens ao suicídio e a aplicar sua energia criativa em atividades ilegais e de contravenção.

Contei a eles que um dia fui procurado por estudantes de Independência que estavam se mobilizando para criar uma entidade de educação e cultura, com o sugestivo nome de História Viva. Tinham saído para cursar Pedagogia, História e Direito em outros municípios, e quando retornaram perceberam que onde moravam havia um total descaso com a memória e os valores da geografia humana. Queriam que eu cedesse o meu nome para um concurso literário anual, que existe desde 2009 como Prêmio Literário Flávio Paiva, destinado a alunos das escolas públicas e privadas da sede e dos distritos.

A cada ano um tema passou a ser lançado como desafio: "Independência, minha inspiração", "A mais bela história que já ouvi", "A educação e o meu lugar no mundo", "Cuidar da água, cuidar da vida" e "O afeto no convívio com o idoso" são algumas das provocações que tiveram centenas de respostas entusiasmadas dos participantes. Tão importante quanto o que eles escrevem é a mobilização para pensar fora da agenda imposta pelas mídias de massa, em uma relação que se intensifica com educadores e familiares, aproximando o olhar e a escuta sobre o que são e o que podem fazer no cotidiano.

Ao completar dez anos ininterruptos de realização desse prêmio, os estudantes fundadores, já atuando como mediadores educacionais, sociais e culturais, atraíram para a História Viva novos integrantes de todas as idades pelo prazer do compromisso e da atuação orgânica que esse tipo de atividade possibilita. No evento comemorativo de uma década, eles convidaram alguns dos premiados nas edições anteriores para compartilhar o que significou para eles ter participado dessa iniciativa.

Ao declarar o prazer de ter o seu pensamento considerado por muitas pessoas que leram o que escreveu, Cecília Pimentel, aluna da Universidade Federal da Paraíba, disse que essa foi uma experiência única que mudou sua vida e sua visão de futuro, sentimento que vê como corrente entre todas e todos que pararam para refletir e escrever sobre as questões propostas: "A cada tema, a cada ano, a gente vê o brilho no olhar de quem participa e a felicidade de saber que teve a oportunidade de escrever e de alguém ler suas palavras".

Ouvir e dar atenção ao que os jovens têm a dizer é uma forma de demonstrar respeito pelo que pensam. Mais que isso, é uma maneira dialética de estar lado a lado na construção do mundo. O depoimento de Paulo Ítalo, aluno da Universidade Federal do Piauí, sintetiza com naturalidade essa complexa dimensão do educar: "Depois que eu ganhei esse prêmio eu me achei mais capaz". Ali estava a chave desse portal aberto pela História Viva, do qual me orgulho de fazer parte. Aprendi com essa experiência que educar é dar ao outro a oportunidade de poder se sentir capaz.

Retornando dessa viagem fictícia a Independência, que fiz em companhia desses dois grandes pensadores brasileiros, fiquei com a sensação de que eles viram com bons olhos o esforço de cidadania orgânica da História Viva. No roteiro que seguimos desde Fortaleza, senti a preocupação do professor Milton Santos com a fragilidade e a potência da geografia metropolitana da capital cearense, e com o caráter social sufocante do interior, ante a força transformadora da sua juventude. O professor Paulo Freire deu a impressão de que reconheceu esse empenho para que os jovens leiam o mundo entendendo onde estão e, com isso, possam romper com o modelo mental que se nutre do atraso e da ignorância.

Esse problema em si é uma pergunta para a qual mesmo as respostas mais lúcidas de Paulo Freire e Milton Santos ainda seguem espantosamente largadas à indiferença. O que não quer dizer que estejam derrotadas.

ELIANA CARDOSO

Economista e escritora, autora de Fábulas Econômicas, Mosaico da Economia, Bonecas Russas, Nuvem Negra *e* Sopro na Aragem.

Contamos histórias porque queremos nos lembrar de algo ou porque queremos esquecer o que nos atormenta?

Contamos histórias para movimentar a vida, Eliana. Todo o desenvolvimento da humanidade está suportado por histórias. Esse é o nosso segredo de adaptação e de evolução para além da espécie. A primeira grande invenção da inteligência humana foi a cooperação, e isso se deu no início do processo civilizatório, quando, para sobreviver e assegurar descendência, nossos ancestrais foram compelidos a criar laços entre si. Vínculos que foram construídos por meio de sinais narrativos que produziam convergências para a ação conjunta de pessoas e grupos. Foi também com gestos e urros que aprendemos a nos reunir para relatar êxitos, frustrações e compartilhar expectativas. Todos os povos de todos os tempos e localidades, quer fundados na oralidade ou na escrita, contaram e contam histórias. O certo é que, vindas de antes da fala, as histórias estão na base da linguagem, da organização do pensamento e da produção de sentido comum de destino.

Quando contamos histórias saímos do isolamento e estabelecemos relações com pessoas e lugares, em um semear de existências. O tempo narrado não é o dos trajetos, mas o da aproximação pela viagem da palavra, afirmando presença e satisfazendo necessidades de permanência. Há quem conte histórias para compilar o que fez na vida e para dar sentido ao vivido, como o poeta chileno Pablo Neruda (1904-1973), em *Confesso que vivi*, e há quem, como o escritor colombiano Gabriel García Márquez (1927-2014), em *Viver para contar*, relate os sentimentos mais profundos de sua experiência de ficcionalização do real, a fim de reafirmar que o bom mesmo da vida é contar as próprias histórias. Por outro lado, a tensão do viver e o tormento do discurso interno, presentes em obras como a do contista e poeta estadunidense Edgar Allan Poe (1809-1849) e a do escritor tcheco Franz Kafka (1883-1924), refletem uma acurada estetização dos processos de perturbações mentais associados à produção literária. Nesse encontro de razões, cabem todos os outros porquês, pois é nele que fazemos girar os sentidos de ser e damos movimento ao mundo.

Na introdução do meu livro *Como Braços de Equilibristas* (Edições UFC, 2001), comento que "escrevo para poder continuar acreditando nas palavras, para tomar consciência de alguma coisa, para aprisionar o tempo, elastecer o presente, transbordar conteúdos, imaginar fantasmas, desconcertar medos, inventar mundos, revelar utopias, juntar e espalhar impressões, como uma imperfeita alegoria de instalação semântica da natureza, do espírito e da mente" (PAIVA, 2001, p. 28). Essa definição, dita tempos atrás, e ainda em voga para mim, revela a teimosia de uma vida insistente, que preservo na tentativa primeira de procurar me compreender. Sinto-me, portanto, sintonizado com o cientista social estadunidense Charles Wright Mills (1916-1962) quando ele diz que escrever é "definir e dramatizar as características essenciais do nosso tempo" (MILLS, 2009, p. 93). Em outras palavras, contar é uma forma de realização intelectual daquilo que experimentamos viver como pessoa.

A necessidade de contar histórias ganhou proporções exponenciais com a ampliação dos acessos à internet. A banda larga e a cultura digital fazem as vezes dos ambientes em que se acendiam fogueiras em torno das quais as comunidades foram construídas; com a fenomenal diferença ocorrida no tom, na textura e no alcance da voz, decorrente da mudança na condição da interlocução presencial para a virtual em rede. Nunca se contou tanto quanto agora, e o mundo nunca foi tão movimentado. O ciberespaço está cheio de garrafas com mensagens eletrônicas lançadas, a todo instante, de suas ilhas nodais, numa demonstração explícita de que, mais do que a qualquer tempo, as pessoas querem ser encontradas e, para isso, estão dispostas a se revelarem. Umas escancaram diretamente a privacidade, enquanto outras preferem mostrar a intimidade por meio de avatares, seja em dialetos neotribais ou na língua comum das improvisações transculturais intensificada pela força homogeneizante das novas tecnologias.

Por mais contraditório que pareça, felizmente o mundo está propenso a se literalizar. Na conversa que teve com o roteirista

Jean-Claude Carrière, intermediada pelo também francês e jornalista Jean-Philippe de Tonnac, o semiólogo italiano Umberto Eco (1932-2016) foi ao ponto da questão ao dizer que "com a internet, voltamos à era alfabética (...) O computador nos reintroduziu na galáxia de Gutemberg, e doravante todo mundo vê-se obrigado a ler" (CARRIÈRE e ECO, 2010, p. 16). Essa constatação de Eco soa para mim como prenúncio de um estágio de conformação no qual os discursos poéticos, filosóficos, científicos, políticos, ou simplesmente catárticos que circulam pela comunidade linguística cibernética, formam um grande laboratório de saberes, conhecimentos e devaneios. Nesse momento, falará mais alto o pensamento que se faz livro, porque a obra literária eleva o relato à natureza da permanência. Não é à toa que o pensador italiano considera o livro "como a colher, o martelo, a roda ou a tesoura. Uma vez inventados, não podem ser aprimorados" (Ibidem, p. 17). O que, para ele, comprova essa perfeição do livro, na ordem do imaginário, é que há cinco mil anos essa invenção humana vem transpassando todas as revoluções tecnológicas.

A superação das insuficiências próprias do advento de um novo sistema de reflexos, como é o caso da cultura digital em rede, ainda passará, no entanto, por um complexo conjunto de entendimentos e ajustes sociais. Por enquanto, o aumento da pressa em se comunicar deriva de um suposto encolhimento do tempo, e, perplexas, muitas pessoas tentam aprisionar as horas o quanto podem. Em uma crise de sentimento de inutilidade, como a atual, é razoável que as pessoas queiram antecipar as gratificações possíveis por cada dia que escapam dos múltiplos ataques simbólicos a que estão expostas. Mas esse falatório nervoso tenderá a passar à medida que o novo paradigma de relacionamentos entrar em fase de estabilização e a sociedade voltar a sentir falta do livro, assim como vem acontecendo com os alimentos orgânicos e com a medicina natural. Depois do frenesi de ter dito tudo o que queria e o que não queria, a cidadã e o cidadão do século XXI descobrirão que vale a pena pelo menos tentar compreender ou duvidar do que publicam e reencaminham nas redes sociais. E passarão a contar novas histórias, porque contar em livro é, antes de tudo, converter sentimentos em textos que traduzam de forma muda, estática, sem ilustração, sem cheiro e sem volume, a emoção motivadora que só a imaginação e o conhecimento do outro e do meio transformam em som, movimento, imagem, aroma e solidez.

A vontade de lembrar, o desejo de esquecer e a purgação dos sentimentos que nos afligem são impulsos voltados simultaneamente para o vivido e para o que se pretende viver. Quando não está naturalmente incorporado ao tempo constante do indivíduo, o passado pode querer assombrar, metendo medo no futuro, sobretudo em períodos de abalo de crença no que se pensa que é o progresso. Senti esse tipo de pressão na época em que eu era estudante universitário. Apreensivo por gostar de escrever, quando isso parecia algo improdutivo, escrevi um conto-desabafo intitulado "A Sina e o Poeta", publicado no *Jornal de Cultura* (1982), da Universidade Federal do Ceará (UFC), no qual falo de uma pessoa que, ao abrir os olhos no escuro e sentir-se só, sai desgovernada noite adentro em busca de desforrar-se dos que, supunha, eram culpados por sua desdita. Encontrou um poeta contemplando o ma e o acusou. Com esse texto, provavelmente eu mesmo me acusava de estar seguindo um caminho sobre o qual não sabia onde iria dar.

Contamos histórias também pela simples arte de pensamentear. Todo pensamento é perambulante, não há novidade nisso.

Chega e vai, a gente querendo ou não. Mas eu conheci um escritor paranaense que aprendeu a capturar esses estalos súbitos da mente: Eno Theodoro Wanke (1929-2001). Como inventivo fabulador que era, ele gostava de contar que na escuridão os espelhos não funcionam, que as verdades inventadas são, em geral, mais coerentes, que depois da existência dos relógios as pessoas deixaram de ter tempo, enfim, que somente um livro lido nos pertence realmente. Por muitos anos, Wanke saiu anotando e publicando frases surrealistas, afirmações perplexas, rascunhos bem-humorados do olhar e máximas repentinas que ele chamava de Clecs. Nunca quis definir muito bem o que era isso porque acreditava que esse tipo de pensamento buliçoso, ao ganhar significado, poderia perder o seu poder de não ser nada.

As expressões chegam muitas vezes como bebês no bico de cegonhas encantadas, para nos dizer que, de certa maneira, não é real o que dá vida à escrita. O texto acaba puxando novas ideias, falando como um interlocutor de sabedoria indescritível. Emociona-me notar o encaixe de uma palavra certa, que não sei como chegou para ajudar a me exprimir. Tenho uma dificuldade tremenda de redigir. Mas pressinto que contar contribui para não deixar o meu cérebro morrer tão facilmente. É também um meio do qual me valho para dividir pensamentos inquietos, para defender ideias e celebrar a vida. Leio devagar, com a mesma dificuldade com que escrevo. Por isso procuro ler apenas os livros que realmente me seduzem. Na condição de filho dos mistérios e conflitos do Brasil real, gosto mais do processo de viver do que de esperar por qualquer final. Não existe final, o estimulante da existência está no rompimento contínuo com a inércia, na afeição pela vida em curso.

Mesmo com os padrões de estímulo ao falso *self*, estabelecidos pelas mídias de massa, que associam a existência a hábitos exageradamente conectados e à aceitação passiva de sermos mapeados e codificados, o exercício intenso da escrita acaba por promover relações curiosas e afetivas com o pensamento. Além de ensejar oportunidades de reflexões autônomas, a divertida experiência do contraditório abre janelas para olhares desencaixados da simbologia discursiva dominante e suas dubiedades, reativando o gosto por contar histórias como necessidade autoral. Assim como "a reflexão é o mais apaixonante empreendimento de que o ser humano é capaz" (MILLS, 2009, p. 55), contar histórias possibilita o vínculo com o saber pela construção de lugares a partir dos quais nos posicionamos no aprendizado das analogias, do raciocínio comparado, da problematização do que parece óbvio, enfim, na observação não conclusiva do mundo, tendo como ponto de interrogação a interioridade de cada um. Não fossem as histórias que contamos, a humanidade teria parado no tempo, ou, eventualmente, desaparecido.

ERMENGARDA SANTANA

Ermengarda Santana é assistente social e militante política desde os 12 anos.

Há tempos, desde o golpe contra a Dilma e a eleição do Trump, uma pergunta não me sai da cabeça: *Quo vadis?* – expressão latina que levando para o plural significa "Para onde vamos?". E essa é a minha pergunta para você: Para onde caminhamos como humanidade? Quando você nasceu, Eudoro e eu cursávamos o segundo ano na Universidade. Éramos militantes da JUC[*] e lutávamos para "transformar o mundo"! Hoje, lendo uma entrevista do Michel Maffesoli, me deparo com uma afirmação dele de que os ideários de maio de 68 não dão mais conta de mudar o mundo e fala de "utopias intersticiais" como sintomas

---

[*]JUC – Juventude Universitária Católica.

da pós-modernidade. O "transformar o mundo" da minha geração reduziu-se a transformações em "nichos dentro das tribos pós-modernas". E aí volto à mesma pergunta: *Quo vadis?*

Esse tema mexe em um ponto muito sensível da minha existência, Ermengarda. Quando você sincroniza a sua militância e a do Eudoro, no tempo de universidade, à data do meu nascimento, há 60 anos, me vem um sentimento triplamente comovedor, que encontra ponto de confluência em uns versos do poeta alemão Bertolt Brecht (1898-1956), muito comuns no meu período de estudante universitário, na voz da cantora argentina Mercedes Sosa (1935-2009), em sua participação no álbum *Sentinela* (1980), do compositor e cantor mineiro Milton Nascimento. Em tradução livre, a poesia diz assim: "Existem pessoas que lutam um dia e são boas; outras que lutam um ano e são melhores; há aquelas que lutam por muitos anos, e são muito boas; porém, existem as que lutam por toda a vida: essas são as imprescindíveis". Alegra-me vê-los empenhados por toda a vida e com seriedade em tarefas políticas transformadoras, inclusive como mãe e pai orgulhosos do governador Camilo Santana (2015-2018, reeleito por nós cearenses com expressivos 79,94% dos votos). A rara existência de papéis-modelo nos diversos campos sociais, como o que vocês desempenham, é um dos motivos para a apatia cidadã e, por conseguinte, para a convulsão de significados que abala o mundo.

Os desarranjos na governança planetária, resultantes dos desatinos beligerantes liderados por Donald Trump, eleito em 2016 presidente dos Estados Unidos, e o cenário de servilismo político internacional instalado no Brasil após o vacilo das lideranças de esquerda – que, imiscuídas no repulsivo sistema político que prometeram combater, facilitaram o golpe jurídico-parlamentar que afastou a presidenta Dilma Rousseff em 2016 e, com tão elevado índice de rejeição, forneceram condições para a eleição do inepto Jair Bolsonaro, com mandato de presidente brasileiro iniciado em 2019 –, levam a um futuro de aprofundamento distópico, que somente será revertido com a recriação da esperança, condição que passa pelo desmonte da máquina simbólica de gerar ódio e segregação.

Na situação de multipolaridade que vinha sendo desenhada na geopolítica mundial com a criação de organismos intercontinentais como os BRICS (Brasil, Rússia, Índia, China e África do Sul) e regionais, a exemplo da Unasul (União das Nações Sul-Americanas), voltados para a integração social, cultural, política e econômica não hegemônicas, havia um diferencial dialógico com potencial de contraponto ao acelerado estágio de esgotamento do modelo civilizatório conduzido pelo G7 (Alemanha, Canadá, Estados Unidos, França, Itália, Japão e Reino Unido). A dificuldade da velha mentalidade imperial de lidar com essas transformações a fez recorrer à também velha fórmula de dominação pelo estatuto da guerra e da bipolaridade que, até o fim do século passado, dividia o mundo pela tensão entre os Estados Unidos e a ex-União Soviética, e que, nas primeiras décadas deste século XXI, insiste em voltar, com estadunidenses de um lado e chineses do outro.

Por licença analógica, eu diria que essa estratégia da negação pelo fomento de extremidades opostas é o mesmo fenômeno esquizoide manifestado na antipolítica brasileira que insiste em dividir o país na luta de facções partidárias pelo poder. Passamos por algo semelhante ao que o psicanalista britânico Ronald David Laing (1927-1989) tratava como perturbação externa da autoilusão perante a traumática decisão de esperar da política uma coisa e votar em outra. No curso da mais recente eleição para Presidente da República, essa cisão existencial partiu grosseiramente elos do Eu e Você em consequência da visão restritiva e anticonciliadora da pregação do Nós e Eles em variadas condições sociais, condenando o povo brasileiro a confusões mentais pressionadas pelo esforço das pessoas e dos grupos sociais de se encontrarem e, ao fazerem isso, não perceberem os riscos das atitudes tomadas contra si mesmos e contra os demais.

Quando os ouvidos passam a servir apenas para falar, a noção de que se pode estar certo, mas também enganado, some e com ela desaparece o diálogo. "No contexto da sanidade mútua existe, porém, uma ampla margem de conflito, erro, interpretação errônea..." (LAING, 1973, p. 36) favorável ao reconhecimento recíproco como base para o equilíbrio em contextos de divergência. Com a democracia perturbada, o Brasil entra em um período de grandes interrogações, e, se "no nosso território interior somente nós podemos deixar pegadas" (Ibidem, p. 38), o que menos devemos fazer é apostar no rastro do dilema das polarizações. O que perdemos, repito, foi a esperança. Perder eleição, perder o poder, nada disso é tão grave quanto ficar sem chão, sem crença. Na escassez de referências confiáveis, as pessoas evitam a política pelo simples fato de não saberem em quem confiar. E tendem a tomar atitudes que alimentam o que rejeitam. Por isso, a convulsão moral da atualidade pede, antes de tudo, uma revisão de senso comum.

Vejo como necessária, possível e urgente a construção de uma pauta de interesses convergentes das diversas tribos a que se refe o sociólogo francês Michel Maffesoli; uma agenda cultural composta de poucas questões inegociáveis capaz de atender a aspirações e desejos humanos, independentemente de etnia, território ou classe social. Falo da atuação na cena pública e da voz no sistema político que podem ser conquistadas pelo que conceituo de Cidadania Orgânica, ou seja, pela atitude das pessoas que já não aceitam os limites das categorizações de classe, poder, escolaridade e primazia histórica, e que entendem os problemas das partes como decorrência da dinâmica do todo. As desigualdades sociais precisam de novos parâmetros para serem combatidas. O filósofo austríaco André Gorz (1923-2007) já dizia que "As formas e os objetivos clássicos da luta de classes não são capazes de mudar a sociedade" (GORZ, 2008, p. 58).

A definição de uma narrativa substancial desenvolvida através de conectivos cruzados em campos autônomos põe ao alcance da sociedade priorizações que podem fugir dos sofismas maniqueístas. Para o filósofo esloveno Slavoj Žižek essa textura simbólica deve formar o "conjunto de regras que estabelece a linha divisória entre o que é publicamente aceitável e o que não é" (ŽIŽEK, 2017, p. 158). Toda comunidade é formada por interesses diferentes e divergentes, daí a importância da política como meio de gestão de conflitos, teoricamente em favor da sensatez e do bem comum. Se não é isso o que está em voga, cabe às cidadãs e aos cidadãos valerem-se do poder revolucionário do sujeito para modelar um novo significante-mestre que, no entendimento de Žižek, daria o tom acontecimental que não precisa eliminar as diferenças de expectativas, projetos e sonhos dos grupos sociais, mas concentrando-se em uma base comum de visões e valores, permitindo "que cada um deles reconheça seu próprio conteúdo no significado compartilhado" (ŽIŽEK, 2017, p. 128). O pensador esloveno refere-se a um ponto focal que possa contar com o compromisso das pessoas em suas mais diversas situações e atividades.

A alteração da percepção da necessidade de mudança em favor do bem comum não pode ser entregue à racionalidade política dos especialistas, sobretudo daqueles que pensam financiados com recursos das ideologias dominantes. No esforço para neutralizar memórias abomináveis, está comprovado que o politicamente correto, em seus excessos, presta um grande desserviço à ação cidadã, ao proibir, em vez de reinterpretar, a história, as artes e a literatura. "O verdadeiro acontecimento seria transformar o próprio princípio da mudança" (ŽIŽEK, 2017, p. 165), pois movimentos como os que procuram reduzir a percepção do passado, tentando anular retrospectivamente algum acontecimento, faz apenas "parecer que ele não aconteceu" (Ibidem, p. 149). Os sentimentos de revolta por si só não comportam a conquista plena de posições transformadoras das minorias. As políticas segregacionistas para controle de nichos de interesses são tão prejudiciais aos ideais coletivos de igualdade de direitos e de mobilidade social quanto as pregações dos mercadores da fé, que instigam as pessoas a tirarem de si a responsabilidade pelo viver.

A grande transformação para que o mundo volte a ter esperança está na cultura, no campo simbólico. O antropólogo francês François Laplantine mostra que isso não é fácil, a partir da compreensão de que as aspirações profundas estão ávidas por absoluto em suas buscas pelo preenchimento de insuficiências e de fuga da insignificância. Assim, argumenta, "elas irrompem a cada vez que as sociedades vivem horas difíceis no estrondo de seus valores destruídos, de um mundo que perdeu seu sentido, de instituições que se esvaziam e de um futuro no qual não se crê mais (LAPLANTINE, 1993, p. 130). Sobre a questão da imaginação coletiva, ele considera três tipos de comportamentos que almejam a salvação e a renegociação social: a espera messiânica, "quando uma sociedade se sente ameaçada em seus fundamentos de sobrevivência e senso de justiça e busca algum iluminado que possa transformar seu desespero em esperança"; a possessão, "um tipo de teatralização da existência com reação a intensas frustrações, manifestado na exaltação e descontrole coletivo"; e a utopia, que é "a paixão ideária". Esses três comportamentos são expressões de revolta coletiva e de projeção do sagrado sobre o futuro, em uma longa cantilena de contrapontos: "O utopista e o contra-utopista, o crente e o que não crê, o possuído e seu exorcista" (Ibidem, p. 129).

A experiência humana está ameaçada de extinção caso sigamos tendo como parâmetros de dignidade o desejo de nos tornarmos peças bem lubrificadas das gigantescas máquinas do consumismo. "Nós nos tornamos os serviçais dessa megamáquina. A produção não está mais ao nosso serviço, nós é que estamos a serviço da produção" (GORZ, 2008, p. 59). E o mais assustador é que, enquanto o socialismo está perplexo e sem bandeira, a direita já tem um novo e bem estruturado enredo para assegurar o controle dos privilégios responsáveis pelas desigualdades. "O último triunfo ideológico do capitalismo: cada trabalhador se torna seu próprio capitalista, o 'empresário de si mesmo' (...) A ascensão de homem endividado (...) É o paradoxo da realização direta que se transforma no seu oposto. O capitalismo global de hoje leva a relação devedor/credor ao seu extremo (...) A dívida é tratada diretamente como meio de controle e dominação" (ŽIŽEK, 2017, pp. 167-168).

Ao contrário dos indivíduos e daquelas corporações que pouco se importam com a exaustão dos recursos naturais renováveis e com o empobrecimento das relações sociais, as pessoas e os grupos sociais que desejam uma vida melhor e agem para vivê-la precisam de escapar da desesperança, a fim de conseguir alternativas a essa megatendência que vem dominando a rota discursiva mundial. No caso do Brasil, um dos mais graves problemas da atualidade é a alteração na interioridade dos atos de parte significativa do poder civil, que passou da visão crítica com base nos valores sociais do certo e do errado para a submissão do senso comum ao bem e ao mal, de acordo com o uso político das religiões. A nossa fragilidade, nesse aspecto, está na ausência de estímulos à consciência cultural como necessidade individual e coletiva. Culturalizar o cotidiano é o grande desafio de qualquer sociedade que não quer abrir mão de ter um porquê, um sentido de destino, e que esteja disposta a repensar seus motivos. Carl Rogers (1902-1987) dizia que "A evidência de que nossos problemas mais graves não se devem aos fracassos de nossa sociedade e sim aos seus sucessos é muito constrangedor" (ROGERS, 1983, p. 116). Esse alerta feito pelo psicólogo estadunidense indica que a fonte da crise transformacional que vivemos está no nosso sistema de crenças.

Estamos vertiginosamente perdendo civilidade. Tudo aquilo que não é compatível com o diálogo das culturas e com a sustentabilidade está inadequado ao que se pode esperar dos tempos que virão após os exageros da modernidade. A cultura é um roteador de vozes e de agendas que façam sentido aos saberes e conhecimentos reais e válidos do ser pessoa. Só ela oferece condições de rompimento com anacronismos da falta de significado próprio presente na objetividade das imposições de modelagem do "ser endividado". A conexão de significantes é bem mais efetiva quando existem trocas culturais para além das canalizações de desejos pré-fabricados.

A instabilidade pode ser vista como um precioso recurso para articulações, mudanças, renovações e abertura a novos sentidos. Mas tudo isso requer a construção de referências que possam ser revertidas em esperança. Do contrário, o exagero por tempo prolongado transforma-se em um cárcere hermético, com luzes permanentemente acesas, no qual muitos capitulam, outros perdem o domínio da tolerância e a maioria fica sem noção da realidade.

Há, no entanto, um pré-requisito para a revitalização da esperança, que é a descoberta de sociedades que encontraram saídas para o estabelecimento do bem comum. Existem muitos lugares no mundo que conseguiram avançar social e economicamente esquivando-se dos imperativos ideológicos dominantes no mundo; culturas que criaram mecanismos políticos, sociais e econômicos para deter a sanha do egoísmo e as artimanhas da ineficiência; frentes de pensamento e de experiências sociais que podem inspirar alternativas aos desgastados sistemas do capitalismo liberal e do socialismo revolucionário. Essas informações não chegam fácil, mas precisam chegar, mesmo que seja em combinações de paixões pessoais articuladas por sentimentos de comunidade. Para isso, em países como o Brasil, é preciso aceitar o fato de que foi um misto de ansiedade, prepotência e sem-vergonhice que extraviou a identidade da esquerda, baixando a imunidade moral do país e favorecendo uma sórdida proliferação de reacionarismos. Batemos no fundo do poço e, para que a luz do mundo não se restrinja à claridade da sua pequena boca distante, é necessário recuperar a expectativa das pessoas de que a redução das desigualdades sociais é possível. Não há que esmorecer. Para onde vamos? Vamos subir gradualmente a escada da perseverança; atitude que em tantas circunstâncias adversas foi fundamental para que a humanidade escapasse da autodestruição. E o nome do primeiro degrau dessa escada é esperança.

FALCÃO

Compositor, cantor, humorista e apresentador de televisão. Autor de sucessos de fuleiragem-music e de música bregoriana brasileira, que integram os repertórios de álbuns como Bonito, Lindo e Joiado, O Dinheiro não é tudo, mas é 100% *e* A Besteira é a Base da Sabedoria.

No dia seguinte, ao completar os 60 anos, você vai correndo tirar o cartão de idoso?

Sim, Falcão, na primeira hora. Há um provérbio árabe que desaconselha a tentativa de se montar um camelo que ainda não chegou ou um que já tenha partido. O segredo do viver está no durante, e, como é agora que tenho esse direito, é agora que me credencio a exercê-lo. Aceito o Cartão do Idoso com a naturalidade de quem não se deixa tragar pela ilusão da permanência. Tudo começa, se desenvolve e termina para começar de novo. Somos processo, e nada melhor do que usufruir socialmente do tempo da nossa experiência, com passagens irrepetíveis pela infância, escola, convívio familiar, lazer, descanso, trabalho, viagens e compromissos sociais. Recusar o benefício que sublima tantos eventos nessas seis décadas seria o mesmo que passar uma borracha nas atitudes inquietas que me fizeram chegar até aqui. Estar com ele à minha disposição simboliza a chegada ao portal de uma nova fase evolutiva. Isso não enquadra o meu espírito a conceitos e preconceitos etários, nem me faz cair na negação do que sou por força das armadilhas da vaidade.

O Cartão do Idoso é uma identidade de acesso, e não de posse, uma espécie de hierarquização de longevidade que concede a quem chega aos 60 anos um mínimo de atenção especial nas interações do cotidiano. Mais do que atendimento preferencial em filas e garantia de lugar em vagas especiais nos estacionamentos, essa deferência legítima e legal tem papel pedagógico em uma sociedade pouco atenta ao valor das pessoas que colecionam mais acontecimentos na vida e, por isso mesmo, tendem a não ter a mesma disposição para certas situações cansativas. Há, no entanto, várias situações em que, particularmente, preferirei declinar do tratamento preferencial a que tenho direito. As filas de autógrafos em lançamentos de livros, por exemplo, é uma dessas situações. Sempre gostei de prestigiar autores seguindo a corrente de interessados em direção a quem escreveu a obra que quero ler. Faz bem a conversa com o livro na mão, a leitura das orelhas, o folhear inicial das páginas, o calor do papel, a textura da capa, enfim, participar do ritual desse tipo de momento literário.

A imagem que fazemos de nós mesmos quando conquistamos o direito ao Cartão do Idoso deve ser a de alguém que sente orgulho de fazer o que pode para tornar o mundo mais humanizado e melhor, e de iniciar um novo ciclo de contribuição social, cultural e política. O psicólogo estadunidense Carl Rogers (1902-1987) definiu algumas razões para seguir buscando o desconhecido e apostando no novo; e fez isso até morrer, na juventude dos seus 85 anos: ter um grupo de amigos que se encorajam mutuamente a fazer coisas novas e a enfrentar desafios; manter afinidade com o estilo de vida que os jovens tentam implantar; e seguir aprendendo com o fracasso ou o sucesso de cada experiência (ROGERS, 1983, pp. 21-22). Considero esses fatores de grande relevância para o bem-estar na idade avançada, mas, particularmente, espero seguir contando com o brilho dos olhos, as perguntas e os comentários espontâneos das crianças que leem e escutam os trabalhos que escrevo e componho para elas. Isso me dá uma satisfação reenergizadora de quem chega ao sonho. Quando estou com elas me sinto afortunado como se encontrasse o pote de ouro que se esconde no fim do arco-íris.

Vou precisar do conforto das políticas de apoio a pessoas que avançam no tempo para tentar chegar aos 77 anos e alcançar a honra de virar Saci. Tenho defendido a ideia de que quem, no período entre os 7 e os 77 anos, consegue escapar das pressões do consumismo, do politicamente correto e da indiferença diante das desigualdades sociais, adquire o direito de circular de redemoinho pelo mundo. Ou seja: ser mais respeitado pela verdade narrativa do que pela objetividade dos cuidados que aprisionam. Não dá para esperar o avanço da desativação dos sentidos no ciclo da vida para começar a usufruir dos benefícios necessários a um processo de envelhecimento o mais decente possível. A longevidade ganha expressão em todo o mundo. No Brasil, cerca de trinta milhões de pessoas estão passando da marca dos 60 anos, e isso requer mais e mais atenção especial em termos culturais, econômicos e políticos.

Não sou favorável a uma sociedade com muitas leis; ter muitas leis significa fraqueza cultural. A preferência dada aos mais velhos é um traço de educação, mas o hedonismo reinante tem abafado a gentileza. Neste caso, o ideal é que o Cartão do Idoso passe a fomentar uma cultura de respeito, que comece nas filas e possa alcançar a melhoria das calçadas. Lembro-me de um dia ter fotografado uma frase da arquiteta ítalo-brasileira Lina Bo Bardi (1914-1992), em uma exposição no Sesc-Pompeia, em São Paulo, que resume bem o sentimento de respeito a que me refiro: "Arquitetura para mim é ver um velhinho, ou uma criança, com um prato cheio de comida atravessando elegantemente o espaço do nosso restaurante à procura de um lugar para se sentar, numa mesa coletiva". Ainda tomando o tema da arquitetura como ilustração, tenho visto projetos de centros residenciais, especializados em demandas da terceira idade, que se apresentam como inovadores, mas que são grandes equívocos adaptados da velha ideia de asilo enquanto lugar de confinamento etário. Defendo a ideia da habitação integrada. Os condomínios verdadeiramente pensados para idosos deveriam ter residências adaptadas a pessoas de idade avançada, porém sem perder o vínculo com as demais residências, de modo que, ao sair de casa para tomar banho de sol, o idoso ou a idosa possa dar bom-dia às crianças e aos pais que estão saindo para a escola e para o trabalho.

O rompimento com as fronteiras culturais, possibilitando a abertura de passagens livres a todas as idades, começa com a dissuasão do preconceito de que o Cartão do Idoso é um passaporte para a contagem regressiva dos dias de vida, como se pessoas de todas as idades não estivessem ameaçadas de morrer a qualquer momento. É certo que, pela lógica, quem já viveu mais está com o prazo mais curto, mas viver não obedece a uma coerência de linearidade. Todo animal sente medo diante de uma ameaça de morte, mas, passada a ameaça, o medo também se vai. No ser humano, não, a consciência de que ninguém escapa da morte cria um medroso distanciamento, que empurra o momento fatal para a velhice e suas debilidades. Isso é um absurdo criado pela inteligência, pois nos faz recear a realidade. Pior, mexe com os nossos brios e faz com que muitas pessoas que avançam na idade refutem seus direitos para não serem estigmatizadas como idosas. E isso só vai mudar quando não for vergonhoso ser íntegro, digno e agradecido pelos anos vividos.

FANTA KONATÊ

Cantora, compositora e dançarina da Guiné Conacri. Idealizadora e diretora do Canal África Viva, instituição voltada para a pesquisa e intercâmbios na promoção do desenvolvimento humano, por meio da arte e de heranças da diáspora africana no Brasil.

Por que você gosta da África?

Muitos motivos me levam a ter uma atração especial pelo continente africano, Fanta. Talvez o mais envolvente deles seja o pulsar incansável de um lugar que deu origem à humanidade e que, mesmo tantas vezes e de tantas formas invadido, dividido e espoliado, não para de oferecer significados ao mundo, por meio da sua arte, da sua cultura e de histórias grandiosas que se estendem desde a experiência dos territórios em movimento dos povos nômades ao desenvolvimento de civilizações emblemáticas, como a egípcia, a malinesa e a zulu.

A África não revelada por trás das generalizações e dos estereótipos é a mesma que responde por expressivos elementos presentes na matriz da riqueza mestiça brasileira. Isso nos desafia a transitar por muitas versões se quisermos construir uma memória africana mais consistente do que a que temos hoje. Compreender a diversidade abundante dos muitos contextos e tempos que constituem a multietnicidade desse continente é fundamental para o nosso engrandecimento enquanto seus herdeiros genéticos e culturais. A África tem uma importância fraternal para nossas vidas, com tudo o que isso pode representar em termos de respeito, admiração e espírito cooperativo.

Com todas as sequelas e contradições resultantes de mais de três séculos de economia lastreada no trabalho escravo, o Brasil é um exuberante recanto de fluxo da negritude. O que as diásporas dos povos produziram de diferenças em locais geográficos distintos foi inusitadamente remixado no caldeirão da brasilidade. A mistura, por seu vigor híbrido, melhora a humanidade e, desde que livre de preconceitos muitas vezes difíceis de superar, inclusive daqueles conformados pelas discriminações positivas, intensifica e aprofunda as relações sociais.

Ainda temos muito o que aprender a usufruir do patrimônio intangível africano. O caráter sagrado da fala, suas forças ocultas, sua origem divina, sua vibração, recurso dramático e extensão pelos outros sentidos é um desses campos a serem aprofundados. A relação entre o verbo, a música, a dança e os movimentos humanos integram em várias culturas africanas um misto de testemunhos, relatos de acontecimentos, provérbios, contos e poesia presentes nas vivências de rodas, em torno dos ensinamentos do fogo e das

FLÁVIO PAIVA **257**

mensagens dos tambores. Para isso, precisamos escutar a fala, assim como sentir a dança, na perspectiva da Pretagogia, o referencial pedagógico proposto pela educadora cubana Sandra Petit, professora da Universidade Federal do Ceará (UFC), para o estudo da história e das culturas africanas, afro-brasileiras e afrodiaspóricas.

A dimensão metafísica, moral e sociopoética da tradição oral encontra, no estudo de Sandra Petit, correspondência emblemática na circularidade do gingado da dança como ferramenta de acesso cosmovisional. Sob a proteção espiritual e maternal de Oxum, ela refere-se aos passos e ritmos afroancestrais como pontos de ligações indispensáveis à existência. "Tornamo-nos Sankofa, um pássaro que se movimenta para a frente, ao passo que mantém sua cabeça voltada para trás, num elo inquebrantável com a nossa história e a nossa linhagem, biológica e/ou simbólica, a um só tempo comunitária e cósmica" (PETIT, 2015, p. 72). Talvez o que torne mais atraente e emocionante a linguagem do corpo africana seja o fato de que sua ligação com o divino nasça no convívio social público.

A África está localizada no centro do planeta Terra, considerando que é o único continente que une as marcações cartográficas feitas pelo Meridiano de Greenwich, pela linha do Equador e pelos trópicos de Câncer e Capricórnio. Entre essas coordenadas, milhares de línguas e dialetos guardam sentimentos tradicionais da oralidade e das vozes dos tambores, ao tempo em que se apresenta como um dos lugares do mundo onde as pessoas mais recorrem às redes sociais virtuais e a aplicativos de trocas de mensagens para se comunicar.

Depois de séculos de colonização europeia (desde o séc. XVI), que destruiu reinos e Estados no continente; da competição por insumos no neocolonialismo industrial (séc. XIX), que montou sua estrutura de exploração permanente de matérias-primas, repartindo o mapa da África sem qualquer respeito às suas características étnicas; e da descolonização forçada pelas duas grandes guerras ocidentais (séc. XX), que levou os países envolvidos no conflito a reduzir os altos custos de domínio militar nos territórios ocupados; os países africanos, mesmo debilitados, continuam despertando interesse internacional. Isso ocorre de tal maneira que a nova economia do capitalismo digital está desenvolvendo ali seu novo laboratório de alta lucratividade.

A McKinsey & Company, empresa de consultoria estadunidense, desenvolveu um estudo sobre práticas africanas de corporações transnacionais espalhadas pela África, que eles classificam como "prosperidade compartilhada". São bancos móveis que, por meio de aplicativos em telefones celulares, dão acesso à poupança, ao crédito imobiliário e demais produtos e serviços bancários; verticalização industrial nos setores de alimentos, plásticos, cimento, fertilizantes e petróleo, com distribuição própria para venda direta em veículos, motos e triciclos; financiamento a pequenos agricultores consorciados para a produção primária; montagem de malhas de transportes, energia, água, hospitais e educação tecnológica. "Considerando a crescente volatilidade do mundo – em política, mercados, comércio e até no clima –, seria bom que empresas inovadoras em qualquer lugar apresentassem essas abordagens" (LEKE e YEBOAH-AMANKWAN, 2018, p. 81). O continente está sendo testado no consumo em grande escala e baixo valor agregado. A tese dos especialistas é que se essas iniciativas forem bem-sucedidas e sustentáveis em terras africanas, serão competitivas em qualquer outro lugar do mundo.

A ancestralidade dinâmica, que passa pelo futuro e inquieta o presente, revela-se nesse uso intensivo de celulares, possibilitando a criação de um mercado interno forte, e, ao mexer com os hábitos locais, altera a perspectiva cultural do todo. Mas, enquanto as empresas privadas avançam na nova economia, os chineses vêm desde a década de 1990 com pesados investimentos em expansão geopolítica, criando Zonas Econômicas Especiais e financiando a macroinfraestrutura de integração de transportes, sobretudo para escoamento de petróleo e mineração. Há um claro choque de abordagens e de modelos de desenvolvimento sendo construídos no território africano, que reflete as estratégias pós-coloniais, de um lado, sob influência dos Estados Unidos, e, de outro, com o peso da política externa da China.

Grandes momentos de transformação, como esse vivido pela África, normalmente dão espaço para hipóteses afoitas sobre o desenrolar dos acontecimentos. Um continente formado por povos tão destacados pelas formas abstratas com que representam a vida certamente alcançará um dia a sublimação da sua potência inventiva, tão intensa e bela quanto as artes plásticas, a tecelagem, a dança e a música que historicamente produz. Existe uma sabedoria atávica africana que não sucumbiu à destruição das relações sociais e à exploração dos recursos naturais do continente, nem se deixou contaminar pelo fomento às guerras intertribais e ao patrocínio de massacres por parte dos países colonizadores. Em que pese o desgaste das instituições e a vulnerabilidade dos governos africanos diante da pressão antinômica instalada pelo neoliberalismo e pelo socialismo de mercado, o século XXI tende a ser o melhor de toda a sua narrativa de dominação.

Pode parecer irônico, mas o tempo dirá se a África, que havia sido abandonada por não ter poder de consumo, será uma salvadora do sistema capitalista ou o ponto de inflexão mundial com o triunfo do neossocialismo chinês. Quem sabe se da imprevisibilidade dessa situação não surgirão bases para novas doutrinas políticas e econômicas. Um continente que se aproxima de um bilhão de habitantes, dos quais um quarto passa fome, não será o mesmo se aquecido com um mínimo de renda para as pessoas da base da pirâmide social. Convém destacar que esse problema da fome não é uma particularidade de países africanos; o estudo da McKinsey, anteriormente mencionado, mostra que a fome assola também muitos lares de baixa renda em geografias ricas, incluindo mais de 40 milhões de pessoas somente nos Estados Unidos.

As parcerias empresas-países têm-se ampliado, porém, o maior aliado comercial do continente africano neste início de século XXI é a China. Com suas parcerias país-países, os chineses seguem expandindo investimentos na recuperação e montagem de infraestrutura de ferrovias, estradas, pontes, aeroportos, casas, hospitais, escolas, fábricas, sistemas de fornecimento de água e formação técnica agrícola e industrial. Assim como as corporações transnacionais, transfere tecnologia e experiência de gestão, vende produtos e presta serviços. Diferentemente dos negócios europeus e norte-americanos, os chineses exportam gente para a África e importam produtos africanos, conquistando confiança, enquanto recebem petróleo e diamantes, entre outras vantajosas contrapartidas.

A África sofre com muitas guerras civis. A despeito de razões geopolíticas e econômicas, países como os EUA e a França sabem por experiências próprias que "guerra santa" e "guerra contra o terrorismo" geram sempre bons negócios, não só para a indústria bélica, mas para todos os fabricantes de produtos que são destruídos nos ataques e que precisam ser comprados novamente por famílias e organizações públicas e privadas. A última vez que os dois países disputaram publicamente a coordenação de tropas na África foi em 2008, quando da insurreição ocorrida no Chade, país do centro-norte africano, onde há grandes reservas petrolíferas e um lago gigantesco de preciosa água doce.

Três filmes me parecem mostrar bem os diferentes contornos sociais, culturais e políticos dos dramas africanos em todo o continente: *Hotel Ruanda*, do diretor irlandês Terry George, *Timbuktu*, do diretor mauritano Abderrahmane Sissako, e *Invictus*, do diretor estadunidense Clint Eastwood. A historiografia europeia sempre culpou os "sanguinários" grupos nativos da África pelo caos nas terras africanas, enquanto condecorava os seus mercenários, missionários e militares, responsáveis pela promoção de guerras intertribais e conspirações entre os clãs das mesmas tribos. As ocupações bélicas e comerciais europeias produziram desequilíbrios e afetaram drasticamente a vida tradicional africana.

No conflito entre amor, alheamento, proteção e abandono, em situação de matança desmedida, *Hotel Ruanda* resume o drama maior da África central. O genocídio dos facões, praticado por grupos extremistas apoiados pelos franceses, data de 1994, mas observando bem remontam há oito décadas, quando os alemães, derrotados na Primeira Guerra Mundial (1914-1918), perdem para os belgas o controle sobre a "terra das mil colinas". Ao ocupar o território ruandês, a Bélgica procurou tirar vantagem do peso aflitivo da instabilidade, a partir da classificação das diferenças étnicas da população. O filme revela que a segregação patrocinada pelos belgas tomou como base dessemelhanças como o tamanho dos narizes de tutsi e hutu.

O simulacro antropológico belga teve como objetivo provar e estabelecer a hipotética superioridade da minoria tutsi, a fim de produzir uma elite que comandasse o país sob os seus interesses. Nessa empreitada da discórdia, a Bélgica instigou o ressentimento dos hutu – em torno de 80% da população formada predominantemente por agricultores – contra os tutsi, que já ocupavam posições de poder e eram mais voltados para a pecuária. A arma mais eficaz dessa tragédia foi a incitação racista comandada pela Rádio des Milles Collines para os assassinatos coletivos. Até então, tutsi e hutu falavam praticamente a mesma língua, tinham relações religiosas, laços familiares e, principalmente, contavam as mesmas histórias. E contar as mesmas histórias é um ponto de alto valor nos grandes eixos de afinidade da cultura oral africana, como o respeito religioso pela mãe e o sentido comunitário. A narração de algo do passado significa uma atualização da experiência, uma maneira de reviver o que aconteceu.

Em *Timbuktu*, mesmo com o discurso alinhado ao da grande mídia internacional que, diante da guerra entre adeptos do Deus-mercado e seguidores de Alá, procura mostrar de forma descontextualizada aspectos da agressividade de extremistas muçulmanos, essa alienação do roteiro não tira, no entanto, a qualidade cinematográfica da obra, caracterizada por sensíveis coreografias de resistência, poética visual e som de *blues* do deserto. O drama vivido ao norte da África revela incoerências da coalizão de grupos fundamentalistas que, conforme interpretações próprias das leis islâmicas, passaram a aplicar condutas morais (*sharia*) no Azawad, território do norte malinês então controlado por um governo militar instalado no país por golpe apoiado pelos Estados Unidos.

A narrativa é pontuada por cenas de reações dignificantes: a mulher que se recusa a cobrir o rosto por estar em casa e não considerar bem-vindo quem não respeita sua intimidade; o tuaregue que antes de ser executado recusa-se a olhar para Meca, para dirigir o olhar rumo à tenda onde estão mulher e filha; a família que não cede a filha a um pretendente desconhecido; o religioso que avisa à milícia que mesquita não é lugar de armas; e a moça que canta enquanto apanha como castigo por ter sido descoberta cantando em casa à noite com amigas e amigos.

Na reflexão sobre *Timbuktu*, é importante pensar que por trás da violência dos rebeldes jihadistas há um perturbador fantasma colonial, descrito assim no livro *Tuareg*: "Os franceses dominaram os oásis e os poços (...) e os Filhos do Vento tiveram que se render ao seu maior inimigo: a sede (...) Amanheceu um dia em que nenhum camelo, nenhum homem, nenhuma mulher, nenhuma criança pôde beber no Saara sem a permissão da França" (VAZQUEZ-FIGUEROA, 2013, p. 16). De um agente do governo francês, o tuaregue ouve o argumento de que os povos nômades precisam virar trabalhadores úteis, já que vivem em um mundo que tem petróleo e fosfato, entre outras riquezas. Os beduínos não teriam mais razão de existir, "assim como os índios da Amazônia e os peles-vermelhas norte-americanos" (Ibidem, p. 133). É realmente complicado para um defensor do Deus-mercado entender que não se deve matar mais de uma gazela por caçada, simplesmente porque "nada devolve a vida de uma gazela morta inutilmente" (Ibidem, p. 11). O espectador de *Timbuktu* é testemunha de uma rotina de coações e afirmações de liberdade em um determinado lugar; já o leitor de *Tuareg* tem a sensação de que o deserto não tem fronteiras, pois, para o protagonista, ser livre é poder vagar pelas terras vazias, com a certeza de que ninguém pode evitar que o vento leve a areia de um lado para outro.

O foco de *Invictus* é a ousadia de Nelson Mandela (1918-2013) de ter utilizado o rúgbi, um esporte até então associado aos brancos, como instrumento para a conciliação étnica na África do Sul, país de maioria negra. A grandeza de Mandela, que foi presidente sul-africano de 1994 a 1999, foi a de desenvolver a compreensão de que era indispensável superar o ódio ao inimigo para contar com ele na construção do país, que é a maior economia do continente africano, demonstrando ampla competência para enxergar a complexidade, e uma sofisticada habilidade de se mexer dentro dela, sem se deixar abater pela tensão entre seus ideais e a modelação, aparentemente contraditória, que teve de promover diante das circunstâncias. Assim, inspirou o país a vencer a Copa do Mundo de Rúgbi (1995), mas conquistou mesmo foi a consolidação do fim do *Apartheid*, regime de segregação que durou de 1949 a 1994.

Ao assumir o poder executivo de seu país, Mandela teve que lidar com os excessos de muitos de seus companheiros de luta: o ódio quase incontrolável aos brancos. Para frear esses hábitos teve que ser resoluto ante o pensamento pequeno e vingativo, próprio das sociedades de curto prazo. Neste aspecto, o líder sul-africano conseguiu ser enfático e mostrar que com ressentimentos não se constrói uma nação. No filme *Invictus* ele diz que seu país "precisa de grandeza". E age diretamente na dissipação de qualquer movimento direcionado ao retorno do separatismo oficial.

Por ser catalisador, mediador, articulador social e político, jogou na área de convergência das polaridades, desafiando verdades prontas e potencializando as mudanças existentes nas coisas comuns. Com seu raciocínio de inversão, Mandela transformou receios em atitudes aglutinadoras, porque aprendeu a olhar o mundo como quem vê beleza, integridade e solidariedade. Não precisou se esconder atrás de teorias ou dogmas, porque não receou o patrulhamento do senso estabelecido nem se deixou imobilizar pelos estigmas. Em um trecho do filme *Invictus*, quando um dos seus auxiliares recomenda que ele abandone a ideia de apostar na seleção de rúgbi, alegando que na opinião dos especialistas o time não teria a menor condição de ganhar a Copa, Mandela vira para ele e diz algo como: "pela previsão dos especialistas nós dois ainda estaríamos presos".

A grande mudança que Nelson Mandela promoveu na África do Sul deve-se em boa parte à visão intuitiva e à forma abstrata com que ele tratou o pragmatismo da gestão política e as relações internacionais, desnorteando os arranjos estabelecidos. Ele usou os dois lados do cérebro para observar, questionar, experimentar o inesperado e articular contrários. Aprendeu a ler o mundo conversando com pessoas de todo tipo, nas mais variadas condições sociais, econômicas, políticas e culturais, não deixando que ninguém fosse invisível ao seu redor. Utilizou-se do carisma que lhe era peculiar para falar com cultura (linguagem da vida) e coração (linguagem dos sentimentos), e estava sempre perto de quem o escutava (linguagem do afeto).

Diante da brutalidade alavancada pelo poder político e econômico em terras africanas, seja no centro, no norte ou no sul, como vista nesses filmes, muitas vezes os artistas desse continente de arte tão rica se unem para incitar seus conterrâneos a escutarem a voz do coração. Diálogos de timbragem e de rítmica, entre tambores ancestrais e instrumentos mais recentes da música mundial pulsam em emoções e sentimentos de caráter comunitário e fraternal, exultando uma prática social marcada pela presença ativa da música em todas as festividades, como um meio de comunicação que estimula o contato entre as pessoas e, destas, com suas consciências. A voz, a dança, a sonoridade, a agitação e as cores do cantar revelam-se facilmente impregnadas ao desejo de paz e união. Gosto de sentir essa impressionante força vital pan-africana, que me inspira a pensar no humano, sua tragédia e sua beleza.

FÁTIMA SEVERIANO

Psicóloga, professora Titular da Pós-Graduação em Psicologia da Universidade Federal do Ceará e autora do livro Narcisismo e Publicidade: uma análise dos ideais de consumo na contemporaneidade.

Considerando que a experiência cultural é sempre algo vivo, que nos transpassa e nos acontece, como você vislumbra o futuro da experiência cultural, haja vista que a maioria de nossas crianças, desde tenra idade, não mais brinca e cada vez elas estão mais submersas no mundo digital, assistindo à vida?

O futuro das crianças atuais já está seriamente comprometido, Fátima. Essa questão que você levanta me impulsiona a pensar em saídas para uma infância que vive duas realidades insuficientes em si e incompatíveis no seu conjunto: de um lado, a realidade virtual das que têm acesso a produtos digitais de consumo, orientadas pelos encantos das infovias no ciberespaço, e, do outro, os seres reais, a imensa maioria no planeta, com forte poder tático de sobrevivência, educada pela adversidade das ruas.

A infância midiatizada e confinada nos espaços virtuais do brincar tende a produzir crianças com sensação de inutilidade, quando saem das telas e encaram a realidade objetiva. A clausura eletrônica distorce a ideia de limites físicos, confunde referências de sociabilidade e provoca desprezo por tudo o que nela é identificado como parte do arriscado ambiente exterior. E a causa desse problema não é a existência do brinquedo eletrônico, mas a intenção geradora do seu conteúdo e a sua predominância.

Crianças de qualquer lugar do mundo, seja físico ou virtual, não escolhem território para o exercício da imaginação. Precisam dela para desenvolver a compreensão do que se passa ao redor e para testar modos de intervenção na vida e no viver. Quando ficam limitadas ao campo de brincadeiras da virtualidade, o encaixe de dimensões torna-se angustiante, enfadonho e marcado por dissonâncias cognitivas, resultando em seres mais calculistas, mais frios e com dificuldade de respeito ao bem comum.

Os adultos mais jovens, que foram exaustivamente moldados no cadinho da internet, têm manifestado cultural e politicamente os efeitos dessa distrofia a que foram expostos em seus tempos de meninas e meninos. A interpretação mais comum dessa situação de acúmulo de estímulos e carência de ludicidade é que a infância estaria desaparecendo. Em que pesem os movimentos de concentração populacional urbana e de intensificação virtual da comunicação, a cultura da infância ainda é uma preciosa reserva de humanidade.

As experiências caóticas estão presentes nas grandes transformações. Evoluir tem seus espantos e dramas. Ao se perceberem deslocados de suas referências tradicionais, muitos adultos pensam que perderam suas crianças na estação da hipermodernidade lipovetskyana, quando de fato são as crianças destituídas de afeto que estão abandonando os adultos e procurando tomar outros rumos em meio ao cipoal hedonista vigente.

Com o crescimento do comércio da fé religiosa, somado às disputas dos espaços escolares por nichos da agenda social e ao domínio da educação por corporações vocacionadas apenas pelos lucros, os apelos para o uso do nome de Deus em vão, para o imediatismo nas compensações de iniquidades históricas e para as visões de sucesso atreladas à fama, à celebridade e à conquista de seguidores nas redes sociais, empurraram a infância para um matagal semiótico onde se sobressai o empobrecimento cultural.

A pobreza e a miséria cultural não têm classe, faixa etária, nem desigualdade regional. É um estado de espírito, uma mentalidade que permeia as sociedades nas quais a economia define a política, que por sua vez determina a educação, e esta tenta enquadrar a cultura. Acometido por essa inversão de instâncias do desenvolvimento, o adulto apega-se aos conflitos de conceitos e de imagens decorrentes do vazio de sentidos para justificar a violência simbólica praticada contra a infância.

O esteta gaúcho Flávio R. Kothe acerta o alvo da questão ao atribuir tais distúrbios à inação do belo. "As ideias estão acima dos conceitos, elas são o aceno do infinito enquanto estes e as imagens são fundamentalmente finitos. Este salto se dá pela imaginação" (KOTHE, 2011, p. 27). Salvo em casos de bloqueios psicossociais, causados por exageros de confinamentos em condomínios, *shopping centers* e nas telas de computadores, *tablets* e *smartphones*, as crianças não deixam de circular por esse infinito nas suas buscas existenciais.

Sem a devida consideração de que a maior proteção que se pode dar à infância é deixar que a meninada usufrua do livre brincar e de oportunidades culturais, setores da sociedade insistem em proposições de políticas públicas apoiadas na criação de uma variedade interpretativa do que seja infância. Tanto que o termo aparece vez por outra no plural. O motivo mais geral para o uso da palavra "infâncias" está associado às diferentes condições das crianças nos contextos sociais e territoriais onde crescem.

O incômodo com a debandada das crianças ante a sedução do consumismo, os apelos da oferta abundante de atraentes jogos eletrônicos de agressividade explícita e a crueldade da borracha passada sobre a perspectiva de uma infância integral despertou a reação de grupos da sociedade civil, que apelam para o Direito como forma de deter a pressão dos assédios de *marketing* das empresas que exploram a vulnerabilidade do discernimento infantil em situações análogas à da pedofilia.

A tendência é sempre pela racionalidade. Um exemplo claro disso é a literatura dita infantil, com suas narrativas preponderantemente voltadas para intencionalidades didáticas, o que sufoca a imaginação. Essa pressão instrutiva não está presente nos enredos digitais e suas possibilidades interativas, que mesmo programadas, parecem infinitas para a criança. E entre essas duas ofertas, óbvio que ela prefere o produto eletrônico. O acesso à literatura que pode interessar às crianças dá trabalho, necessita inicialmente de mediação do adulto, e nem sempre essa atenção está disponível.

Uma maneira de contribuir para que as crianças possam emergir das profundezas dos mares da eletrônica é, em vez de proibir o mergulho, oferecer a elas obras também digitais que as levem a ter vontade de nadar em busca de ar na superfície e a ter a experiência da respiração fora das telas. É a infância que precisa querer tocar, saborear e sentir o cheiro da realidade sólida e tridimensional. Caminhar com as próprias pernas é como descobrir significados na leitura. Em ambos os casos, o desafio pedagógico está na sugestão de um lugar para se ir andando, com os pés no chão e a curiosidade descortinando horizontes.

A pesquisadora catarinense Mônica Fantin ressalta que "as transformações tecnológicas e estéticas ao longo dos tempos não apenas subvertem a produção cultural, artística e política de cada época como provocam profundas mutações na percepção, nas formas de apropriação individual e coletiva e, consequentemente, nas experiências formativas dos sujeitos" (FANTIN, 2012, p. 61). Ao mesmo tempo, essas alterações criam diferentes possibilidades de leitura do mundo pelos canais digitais, e isso pede avanços cada vez mais firmes na pedagogia das mídias, seja de forma direta ou em perspectiva transdisciplinar.

Com a intensificação desses aspectos modificadores de hábitos e comportamentos, Fantin vê no estímulo à autoformação crítico-reflexiva e na preparação de professores para uso do conhecimento como insumo movedor de pensamento, da cocriação e da sedução, dimensões produtoras de equilíbrio entre os mundos sociais físico e virtual, tendo em vista a "finalidade da educação no sentido de enriquecer a vida de crianças e jovens com repertórios e recursos cognitivos, sociais, éticos, estéticos e culturais em consonância com os desafios de uma sociedade em constante transformação, profundamente marcada pela tecnologia" (Ibidem, p. 57). Essas questões estão redefinindo o lugar da escola, dos centros de formação e das universidades como espaços comprometidos com a intencionalidade educativa.

O poder de atração das telas envolve a neurociência, a biologia e a psicologia comportamental para prender o usuário à sua própria rede de acontecimentos. Deixar, portanto, o conforto relativo do isolamento virtual passa pela instigação fantasiosa da necessidade de brincar na rua, no quintal, no pátio, na praça, no parque e onde for, desde que a criança não sinta medo da natureza, nem dos seus pares de carne, osso e danação do cérebro. Passa ainda pelo comedimento na valorização dos que já nasceram na linguagem da eletrônica, de modo que fiquem livres para desfrutar de um presente cogeracional, normalmente desperdiçado pelo distanciamento das pessoas que estão por fora da realidade das telas.

Em seu estudo sobre os efeitos das mídias nas crianças, o pesquisador inglês David Buckingham realça o ponto de vista de vários autores que veem na cultura eletrônica de massa atributos fundamentalmente diferentes dos meios convencionais. "Avalia-se que elas [as novas mídias] engendram novas formas de consciência entre os jovens, que os levam além da limitada imaginação de seus pais" (BUCKINGHAM, 2007, p. 67). Essa constatação deve ser observada no que traz de entendimento para o diálogo de diferentes. A capacidade de imaginar sempre sofreu influência da tecnologia, mas nunca dependeu essencialmente dela. Foi assim quando a oralidade se viu diante da palavra impressa, e sucessivamente com o advento da transmissão radiofônica, do cinema, da televisão e da comunicação digital em rede.

A afinidade com as tecnologias do momento não prescinde dos aprendizados das descobertas infantis, das motivações éticas e dos parâmetros estéticos praticados ao longo da evolução como indispensáveis à existência. A expansão da vida em rede é uma realidade sem volta. O pós-futuro será uma era de conciliações em que só haverá o presente e suas conexões temporárias instantâneas.

Para sobreviver a esse devir, a experiência cultural, mais do que forçar o afastamento compulsório das crianças das janelas digitais, precisa lançar mão das próprias telas para prudentemente animá-las a se interessarem pelas coisas e pessoas que habitam o mundo físico, visto que os melhores caminhos são os que nascem das trilhas mais utilizadas espontaneamente para a sedimentação cultural. É nesse campo fértil da cultura que brotam as sementes do que somos e do que queremos ser.

FÉLIX VIANA

Félix Viana é compositor e cantor romântico-brega e praticante de esculhambation-music, *que atua com os heterônimos Patativa do Passaré e Kaio Romance.*

Quando se chega aos 60, é bom mesmo dar uma pausa e olhar para trás buscando o resgate do que melhor se produziu para dosar, com mais essência, o combustível necessário para a condução do futuro. Imagino o que ainda poderá vir de esplêndido da sua capacidade inventiva, sempre desafiando e questionando o modelo tradicional de se fazer jornalismo, literatura e música. Recordo de seu primeiro trabalho, *A Face Viva da Ilusão*, onde já se prenunciava a grande perspectiva literária que você iria seguir. Com 20 e poucos anos, aquele jovem, *made in* **Independência, já demonstrava ali ser condutor de uma visão complexa e questionadora. Gostaria de saber o que poderemos ainda esperar de sua obra, considerando que devem existir trabalhos em fase de produção e outros projetos por você planejados, que, seguramente, trarão brilho e impulso à sua vitoriosa trajetória artística.**

Nunca sabemos ao certo o que esperar daquilo que fazemos espontaneamente, Félix. Minha produção se dá por consequência da satisfação que tenho de compartilhar o que sinto, aprendo e reflito, e que, imagino, possa ter alguma utilidade para outras pessoas, como a de outros autores têm para mim. Espero seguir nessa pegada pelo tempo que for possível. Aliás, é o mesmo andarilhar que, quando éramos garotos, você e eu, nos levou a brincar de musicar juntos versos de cordel, a tirar fonemas de letras de músicas estrangeiras para cantar e a descobrir a poesia no *pop* por meio da nossa teatral banda *cover* do grupo Secos & Molhados, em pleno sertão. Quanto a projetos que tenho vontade de realizar, posso dizer que são muitos os que me motivam nessa perspectiva transbordante. Acontece que nunca sei do momento em que chega a vez de um ou de outro.

Em 1982 dois movimentos agitaram simultaneamente a minha alma. Naquele ano, um dos meus melhores amigos, o poeta Farias Frazão (1950-1982) fez a viagem de volta, e iniciei a minha jornada literária, lançando o meu primeiro livro, *A Face Viva da*

Ilusão. Desde então, fiquei com uma vontade muito grande de escrever como, no período de 1979 a 1982, nos articulamos e agimos para a realização dos nossos sonhos de desenvolver um sistema de produção e de mobilização literária, tendo o Frazão como protagonista. A história de um coletivo formado pelo desejo comum de mais de vinte jovens que se reuniam constantemente para olhar o mundo com outros olhos, trocar pontos de vista e tentar reescrever sentidos da vida e do viver, por meio da dinamização de uma Cooperativa de Escritores e Poetas (CEP). Além da minha participação intensa nessa ação de cooperativismo cultural, ainda fui escolhido pelo Frazão, em seu leito de morte, como depositário do diário no qual ele, como líder do nosso movimento, anotou impressões sobre tudo o que se passava. Guardei esse material bem guardado e decidi abri-lo apenas quando eu me sentir maduro e tranquilo o suficiente para tratar literariamente o seu conteúdo. De outro modo, prefiro levá-lo comigo para entregar ao meu amigo no lugar onde os espíritos se encontram.

O Frazão tinha um entendimento privilegiado de tudo porque as reuniões aconteciam na casa em que ele morava com a prima Rosa e a tia Taúta, na rua 24 de Maio, quase esquina com a rua Antônio Pompeu, em Fortaleza. Eu passava por lá todos os dias e costumava sair com ele, empurrando a cadeira de rodas para a fisioterapia, cinema, eventos ou simplesmente para passear. Em casa, ele ficava praticamente deitado em uma cama no quarto ao lado da sala. Sofria de sirigomielia, uma doença na medula espinhal que provoca paralisia progressiva com atrofia muscular e que o matou lentamente entre os 16 e os 32 anos. A maior angústia dele com relação a esse frágil estado de saúde era diariamente aguardar o momento de se olhar no espelho para ver qual músculo poderia ter entrado em disfunção. Paralisou primeiro um braço, depois uma perna e, quando faleceu, ele já não conseguia mais escrever. Mesmo assim, nunca perdeu o humor, a ironia fina e a poética como princípio do viver.

Em 1979, Farias Frazão lançou o livro *O Barulho do Silêncio*, em cuja epígrafe revelava que "nada é tão estranho quanto o barulho que ouvimos do nosso próprio silêncio". Logo no prólogo dessa obra de poemas narrativos, ele comete suicídio e, morto, vai notando no escuro que pensa em tudo menos em si. E começa assim: "Um homem tentou ouvir o barulho do silêncio..." (FRAZÃO, 1979, p. 9). E conclui que "O começo, o meio e o fim / Tese, síntese e antítese / Passado, presente e futuro, / Tudo vai desaparecendo" (Ibidem, p. 17). O segundo livro da trilogia sobre o estado de quem passa a maior parte do tempo calado saiu em 1982 com o título *Meu Grito é o Silêncio*. Espirituoso, escreveu: "Ficar triste é muito triste. Não devemos nunca ficar tristes, mesmo que isso nos custe a liberdade de sermos alegres" (FRAZÃO, 1982, p. 15). Para o seu heterônimo Daniel Kemper, escreveu o poema "Triste e Só", no qual fala da sua condição de poeta: "Sem a linguagem do mundo / dialogando cotidianamente com a minha alma / provocando loucos conflitos" (Ibidem, p. 20).

Queria saber finalmente quando o fim chegaria "na curvatura da esquina" (FRAZÃO, 1982, p. 28), e desabafou: "Estou morrendo e ninguém faz nada? / Meu andar está trôpego, cansado de navegar mutilado (...) Calado, passivo, melancolicamente sumindo / Como a luz do dia desaparece no horizonte (...) Estou morrendo e ninguém faz nada? / A humanidade está morrendo e ninguém faz nada? / A natureza está morrendo e ninguém faz nada? Por quê?"

(Ibidem, pp. 16-17). O terceiro livro, que deveria receber o título de *Só Silêncio*, não chegou a tempo de alcançá-lo vivo. O Frazão publicou ainda em revistas e jornais, mas a sua grande obra foi a coletivização poética catalisada em torno da sua figura carismática e anarquista; um movimento que integrou autores independentes, a promover espetáculos de poesia e música, e que chegou a preparar um ponto estratégico de convergências em uma banca de revistas, mantida em parceria com a Associação dos Deficientes Motores (ADM) e localizada na praça Clóvis Beviláqua, pelo lado da rua Meton de Alencar, em frente à Faculdade de Direito da UFC. O pulsar dos nossos corações na construção desse lugar da poesia em nós e na cidade é que seria, ou será, a angulação desse livro que desde 1982 está marcado para ser escrito.

É assim, alguns trabalhos demoram, demoram, e um dia podem sair. Com o meu primeiro livro não foi diferente. Ah, quanto eu sonhei em publicar um livro! E de tanto fazer folhetos em arte-xerox, algo me preparou para que no mês de junho de 1982 eu lançasse *A Face Viva da Ilusão*, dentro da programação de um seminário sobre Monteiro Lobato, realizado pelo produtor Paulo Peroba, no hoje demolido Hotel Esplanada, que ficava na avenida Beira-Mar, em Fortaleza. O livro estava pronto dois anos antes daquele dia, com prosa e versos escritos entre os meus 17 e 20 anos. O título provisório era "Por que nasce o poeta", tirado de um poema no qual defendo a necessidade das pessoas de gritarem "pela insaturação das ideias / pela desconturbação do mundo". Quando os originais foram para a gráfica da Imprensa Oficial do Ceará (IOCE), senti o quanto as coisas que parecem impossíveis podem se tornar reais, e essa percepção da concretude do sonho me levou a mudar o título. Estava ali a minha cara, a cara da minha inquietação de jovem adulto, minhas crenças, reflexões e prática imaginária. Uma cara feita também de muitas outras, pois desde menino que aprendi a me encantar com sabedorias e pessoas que conseguem ser grandes na simplicidade do si.

Assim, fiz amizade com pessoas admiráveis, como o escritor Moreira Campos (1914-1994) e o poeta Francisco Carvalho (1927-2013), a ponto de ter coragem de mostrar a eles meus escritos e, mais ainda, de pedir que os criticassem. Moreira Campos viu sentido: "O autor possui a inspiração poética, um bom domínio da língua, revelado aqui e ali na palavra necessária ou na frase expressiva"; e Francisco Carvalho ponderou: "O poeta que agora engendra os primeiros passos precisará de humildade para entender que a ordem ou a desordem do mundo não será alterada pela magia de algumas engenhosas metáforas". O artista plástico Estrigas (1919-2014), com carvão, ilustrou o ambiente de prosa, e a pintora Nice Firmeza (1921-2013), com pincel, fez o desenho do campo de versos. Para as páginas iniciais, eu mesmo rabisquei um pontilhado de nanquim em papel manteiga, com transparência aplicada sobre uma superfície rajada, em uma espécie de *yin-yang* de rostos refletidos em paisagem interior.

Pelas citações espalhadas ao longo do corpo do livro, dá para imaginar meu leque de inspirações naquele momento. Do poeta mineiro Carlos Drummond de Andrade (1902-1987): "Eu preparo uma canção / Que faça acordar os homens / E adormecer as crianças"; do psiquiatra paulista José Ângelo Gaiarsa (1920-2010): "O acontecer é muito mais amplo do que o retrato falado que dele fazemos"; do compositor e cantor cubano Pablo Milanés: "*Lo que brilla con luz propia nadie lo puede apagar / Su brillo puede alcanzar la oscuridad de otras costas*". Em uma das orelhas, o desabafo do poeta pernambucano Manuel Bandeira (1886-1968): "Estou farto do lirismo comedido / Do lirismo bem-comportado"; na outra orelha, uma lição do escritor alemão Hermann Hesse (1877-1962): "Não lhe posso dar / O que existe em você mesmo // Não posso atribuir-lhe outro mundo de imagens / Além daquele que há / Em sua própria alma // Nada lhe posso dar / A não ser a oportunidade / O impulso, a chave // Eu o ajudarei a tornar / Visível o seu próprio mundo".

No conto que escrevi, e que Moreira Campos achou melhor chamar de crônica poética, falo da relação de um pé de cajueiro com formigas. Já os poemas, que Francisco Carvalho considerou os acordes inacabados do que poderia vir a ser uma sinfonia, seguem uma variedade temática que se estende desde a infância até questões político-sociais, existenciais e amorosas, passando por natureza, liberdade e futurismo. Ao falar da vida e do viver, escrevi versos como "Cresça com a morte e nunca morra" e "O horizonte é o lugar em que estamos". Curioso é que nas primeiras páginas escrevi uma carta para o cartunista Henfil (1944-1988), falando do tanto que tinha ralado para chegar até ali, mas também da satisfação de ter chegado a hora de publicar um livro. Mais curioso ainda é que ele me respondeu assim: "Já estranhei a capa com o teu retrato de criança, com o qual me identifiquei, me vi. Aí, vou abrir o livro e deparo com a tua carta. Olha, tem uns carinhos que amolecem os ossos. Virei geleia de mocotó. Mas já recuperei e novamente estranhei: terão meu pai e minha mãe viajado por Fortaleza? Que irmão é este que eu não sabia existir?".

Na última capa, em forma de soneto, peço que o leitor seja magnânimo com o meu trabalho: "Ele precisa ser educado como uma criança / Que vai à escola pela primeira vez / Carregando nos olhos a esperança / Do aprender – eis tudo o que quer, talvez". Assim, a cada novo livro que passei a publicar – e já foram vinte e cinco de lá para cá – procuro estar atento a essa observação de que as obras autorais, assim como as pessoas, precisam carregar nos olhos a esperança do aprender. Sigo aprendendo, aberto à vastidão e às contradições das emoções e dos sentimentos do mundo, ora crítico, ora crédulo e, antes de tudo, amando a vida, ouvindo sua trilha sonora em meu ouvido interior, escrevendo e compondo porque me sinto bem fazendo isso e, como já disse, porque acho que, quando a gente abre o nosso código, alguma coisa há de servir a outras pessoas. Minha expectativa é de que seguirei essa cadência até o réquiem, sabendo que, como diz o adágio popular, da vida levarei apenas a vida que terei levado. Isso é tudo.

FLORIANA BERTINI

Médica cardiologista ítalo-brasileira e criadora do projeto As Flores no Caminho, iniciativa que visa a educação do olhar e da sensibilidade por meio de uma filosofia visual e poética inspirada em belezas que rondam o cotidiano.

O que faz o seu coração bater, hoje?

Meu coração está aflito, Floriana; batendo ora feliz, por termos conseguido condições tecnológicas para mobilizações sociais transformadoras, ora batendo triste, pelo distanciamento que tomamos da participação cidadã qualificada, devido à insuficiência de papéis-modelo inspiradores e edificantes. A nova geografia humana, de espacialidade concomitantemente física e virtual, desenvolve-se na encruzilhada dos efeitos dos hábitos insustentáveis com sua antítese, que é a percepção da necessidade de invenção de estilos de vida mais ajustados à alteridade, nos quais se inclui a consciência da preservação planetária. O que ainda me conforta nesse cenário de ambiguidades é a crença que tenho na teimosia da evolução humana, que por tantas trevas já passou e conseguiu encontrar a luz. Acredito que mais dia, menos dia um jeito amoroso e rebelde há de se estabelecer como parâmetro de participação social com integridade cultural, ambiental, espiritual e política. Conceituei de Cidadania Orgânica as reações e atitudes das pessoas que não se limitam às categorizações de classe, poder, escolaridade e de primazia histórica, para levar a efeito o seu sentimento, valor e senso de possibilidade diante da vida e do viver. A formulação dessa definição passou pelo que tenho observado na disposição de muita gente, inclusive na minha, de acreditar que as transformações são momentos ideais para aprendermos a nos encontrar com o próximo e conosco mesmos. O entendimento de que não estamos sozinhos nas contradições do nosso tempo soma-se ao aproveitamento das dúvidas como oportunidades de redefinições de rumos, levando-nos a um agir integralmente, com integridade e integrados por crenças, experiências, saberes e conhecimentos.

A Cidadania Orgânica expressa-se nas pessoas que dialogam com o mundo e interagem com os acontecimentos globais, mas sentem-se bem com pequenas conquistas de prazer ético e estético, como a alegria de ter plantado uma árvore, a satisfação de publicar na internet a foto de uma flor ou saber que vingou sua dica de um bom espetáculo. O sentido de riqueza para essas pessoas é um estado de contentamento, algo que não se confunde com aquisição de bens e acúmulo de dinheiro. Sente que ser uma pessoa de valor é mais importante do que ser rico, famoso, popular e depender de qualquer performance de sucesso acadêmico, artístico, caritativo ou profissional. Os cidadãos orgânicos e as cidadãs orgânicas não querem apenas satisfazer necessidades, por isso não se subordinam à economia como o paradigma da organização social. A perturbação da ambição material cede nesses indivíduos lugar ao paciente aprimoramento do ser, na perspectiva de não esperar pela tragédia ecoplanetária para se reumanizarem.

Quem pratica cidadania orgânica não se movimenta por medo do fim, porque sabe que não existe fim. Já no século XVIII, embora motivado para provar que a química não era alquimia, o cientista francês Antoine de Lavoisier (1743-1794) "filosofou" ao declarar a famosa frase de que "na natureza nada se cria, nada se perde, tudo se transforma". Assim, a cidadania orgânica é movimentada por crença na subjetividade, que dá plenitude e diviniza a vida. No lugar de dogmas, cultiva a liberdade de ser flexível e experiencia de modo próprio e convicção íntima as sabedorias de distintos pensamentos e visões. O vigor da sua universalidade está na associação mútua que faz entre o seu futuro e o futuro do planeta; e o valor da cidadania está na sua gratidão à vida, à natureza e a todos os que vieram antes e construíram o que são. Impulsionadas pela indignação, pela esperança e por se sentirem parte do todo, essas pessoas são do lugar onde suas vidas acontecem, mas também são do mundo. Não precisam se restringir, como o Intelectual Orgânico do pensador italiano António Gramsci (1891-1937), a territórios, partidos, classes, categorias, gêneros, etnias, enfim, defender ideologias de grupos específicos para atuar na vida social, cultural e política. Atuam em um plano político em que a política vigente, marcada pela degeneração dos princípios republicanos e pela profissionalização de candidatos, normalmente não consegue mais transitar: o interesse social. Sabem que, do mesmo modo que na monarquia a família real é que simboliza o sentido de permanência, na república esse papel cabe à sociedade civil organizada.

O cidadão orgânico e a cidadã orgânica não negam as instituições democráticas; procuram fortalecê-las, mas sabem que, como o avanço na melhoria institucional não depende só de votar, procuram combater os vícios e exaltar as virtudes sociais, com base em informações, sentimentos, pensamentos e ações, tomando partido pelo todo. Na Cidadania Orgânica as pessoas falam com as demais e dão ouvidos à natureza, por meio do seu jeito de ser; vivem seu tempo e interferem na vida social, cultural e política, sem precisar sacrificar laços familiares, amizades e dias de infância. A narrativa que dará suporte à ordem mundial pós-hipermodernidade vem sendo exercitada por uma sutil memória coletiva reprimida, que está nos contingentes mantidos fora das abordagens tradicionais do desenvolvimento; uma memória que vem do "tempo em que os bichos falavam", ou seja, do tempo em que cultura e natureza ainda não haviam sido segregadas pela racionalidade moderna, e que tem em sua essência a solidariedade, o espírito da negação ao egoísmo social e uma resiliente competência de processo. Com o cotidiano cada vez mais exposto, o improvável cedeu espaço ao possível, ampliando o impulso crítico e fazendo com que a vivência cidadã orgânica passasse a ser uma opção de estratégia política.

Venho construindo essa percepção de Cidadania Orgânica nas últimas quatro décadas, a partir de vivências intensas em distintos campos da vida social. Peço licença para fazer aqui um resumo dessas experiências a título de ilustração desse aprendizado: De 1979 a 1982 atuei em cooperativismo cultural, como um dos coordenadores da Cooperativa de Escritores e Poetas. A CEP atuou na integração de autores brasileiros independentes e na promoção de espetáculos de literatura e música. Entre 1983 e 1985, assumi a responsabilidade de trabalhar a equalização e a mediação da comunicação entre quase oitenta estabelecimentos de ensino da Campanha Nacional de Escolas da Comunidade (CNEC), em dezenas de municípios cearenses; uma prática educacional-cidadã focada na mobilização, sustentabilidade, redução das desigualdades, configuração associativa e funcionamento em rede. A CNEC enfatizava a escola como parte intrínseca da comunidade e a conduzia com a participação direta de conselhos da sociedade. No período de 1982 a 1985, em parceria com o cantor e humorista Falcão, estive à frente de um coletivo de comunicação e música voltado para a cultura alternativa, com o fazer colaborativo de estudantes, poetas, escritores e pensadores nacionais e internacionais. Nos anos de 1987 e 1988, participei como conselheiro e editor do jornal do Movimento Pró-Mudanças (MpM), ação de cidadania que tinha como objetivo o fortalecimento da sociedade civil como categoria política. De 1988 a 1994 atuei como um dos fundadores e coordenador de comunicação e cultura do Instituto Equatorial de Cultura Contemporânea, organização da sociedade civil voltada para a transparência, análise e o debate público em favor da democratização da informação. Por nove anos, de 1991 a 2000, integrei a equipe do Pacto de Cooperação do Ceará, na condição de formulador, gestor de mobilização social e coordenador de comunicação dessa ação de convergência de interesses entre o estado, o mercado e a sociedade civil, incluindo a minha atuação no grupo de Cultura e Identidade do Planejamento Estratégico de Fortaleza (Planefor). No intervalo de 1995 a 2004, criei e coordenei, em parceria com o jornalista Moacir Maia, o Fórum pelo Fortalecimento da Música Plural Brasileira, que promoveu o diálogo e a aproximação entre artistas de diferentes campos estéticos para conquistas do setor. Entre 1996 e 2016, na condição de conselheiro e de sócio, colaborei com o Centro de Estudos do Trabalho e de Assessoria ao Trabalhador (CETRA), entidade que lida com agroecologia, socioeconomia solidária e convivência com o semiárido. Em 2006 iniciei minha contribuição ao Projeto Criança e Consumo, do Instituto Alana, ação de cidadania que combate o assédio consumista à infância, do qual sou conselheiro. Desde 2007 participo da Sociedade de Observadores de Saci (Sosaci), movimento de fortalecimento desse que é o mais popular dos mitos brasileiros. E de 2009, também aos dias atuais, colaboro com a História Viva, organização de professores e estudantes do município de Independência, onde eu nasci, que cuida da preservação da memória local, por meio do incentivo à leitura e da promoção da interação social, cultural e educacional.

A minha expectativa de que a Cidadania Orgânica possa vir a prevalecer nas novas formas de mobilização social está, de certa forma, ancorada na possibilidade de que as muitas e tantas ações cidadãs existentes no Brasil em algum momento entrem em sincronia, formando um tecido político coletivo capaz de vestir a nossa democracia de iniciativas voltadas ao bem comum, ao estado de Direito e à justiça social. Isso deixa o meu coração aflito porque a mentalidade predominante ainda me parece mais deslumbrada com o poder dos instrumentos digitais e em rede do que atraída por opções alternativas ao desgaste das relações sociais e ao esgotamento dos recursos naturais renováveis do planeta. O certo é que a práxis política não é mais privativa dos partidos, embora as siglas partidárias desideologizadas ainda mantenham a prerrogativa de apresentar candidatos a cargos eletivos e, com isso, o controle da democracia representativa em sua forma conservadora. As novas gramáticas sociais requerem novos modos de conceber e exercitar a cidadania, em novos ambientes de gestão dos interesses coletivos. O momento atual é delicado no Brasil e no mundo; porém, havendo disposição para cooperar com a redução das desigualdades e vontade de conciliar pontos civilizatórios comuns, certamente evitaremos a barbárie. Enquanto isso, haja coração.

GERALDO JESUÍNO

Artista plástico, designer gráfico, professor, ex-presidente da Imprensa Universitária e criador da Oficina de Quadrinhos e Cartuns da Universidade Federal do Ceará (UFC).

Quais lentes, meu caro F.d'I*, o nosso país precisa usar para enxergar a sua cultura?

Por incrível que pareça, Jesuíno, em mais de cinco séculos de colonização, ainda não conseguimos formar uma massa crítica acadêmica, econômica, social e política que pense o mundo a partir do Brasil. O modelo mental predominante é o que vê o país como um lugar a ser oferecido à exploração e, às vezes, até ao sa-

---

*F.d'I é a forma abreviada de Flávio d'Independência, assinatura utilizada por Flávio Paiva em seus primeiros trabalhos literários, musicais e de Histórias em Quadrinhos.

que por parte de velhos e novos colonizadores. Diante de qualquer dificuldade interna, é comum a movimentação das elites e da classe média para deixar o país, em uma controversa busca de voltar ao que seriam as suas origens em terras europeias e estadunidenses. Enquanto isso, os espaços das autoridades locais vão sendo ocupados e dominados por grupos de interesses – uns legítimos, outros escusos –, que se perpetuam no poder, tendo como lastro a segregação das pautas das minorias esclarecidas e a desinformação programada de uma população orientada pela narrativa da inferioridade. A cristalização dessa mentalidade forjada na ideia de subordinação aos interesses externos forma uma barreira de ambição que dificulta a nossa autovalorização como país de grande importância no planeta em termos culturais, sociais, políticos e ambientais. Impede-nos de admirar e de usufruir mais da nossa inventiva cultura mestiça, da nossa vida social inspirada na emotividade, do processo democrático empírico que temos construído e do nosso potencial decisivo nas questões de segurança alimentar, dos recursos hídricos e das energias limpas e renováveis.

O Brasil foi a única colônia do mundo que se tornou sede do governo colonizador. O ano de 1808 é um marco da nossa história porque a partir da chegada da corte lusitana iniciamos, bem ou mal, a unificação da então colônia, antes um emaranhado de invasões. Se do ponto de vista do passado temos muito o que saber das versões não oficiais, com relação ao que somos e quisermos ser, temos mais ainda a refletir quando o assunto transita pelas circunstâncias que nos impingiram alguns complexos de colonizados que freiam o nosso desenvolvimento. Somos uma obra de síntese da humanidade; um lugar de gente desejante de prática da heterogeneidade e de espontaneidade existencial. Em que pesem todas as contradições e desigualdades, temos um país maior e mais importante do que a concepção que dele fazemos. E custou muito caro sermos o que somos: uma sociedade miscigenada, sincrética, com um território em dimensões de mercado comum, falando a mesma língua e uma nação sem inimigos. Pagamos por essa condição o preço das vidas nativas exterminadas, das gentes africanas massacradas, de todo o sangue derramado nas guerras de conquista colonial, inclusive entre colonizadores holandeses, franceses e portugueses.

Entre as nossas possibilidades e impasses, o que mais nos impede de aperfeiçoar a qualidade dessa herança resultante da aventura do embate entre vitoriosos e derrotados é a narrativa da inferioridade que teimamos em reproduzir num infindável cotidiano de enfraquecimento da nossa força transformadora. Tivéssemos uma intelectualidade e um conjunto de gestores culturais mais ousados, entre os quais preponderasse a determinação de descobrir o Brasil que está por trás dos mitos do subdesenvolvimento, já teríamos revertido essa situação e nos colocado mais afirmativamente no debate de redesenho do sentido de destino planetário. A narrativa da inferioridade começa seu encadeamento na percepção equivocada de que os nativos originários das terras brasileiras viviam sem lei e sem rei. O escravismo reforçou o conceito de que o Brasil não era um lugar para o colonizador e seus descendentes viverem, apenas para explorar. A série de improvisos históricos a que fomos submetidos nos séculos seguintes produziu uma interpretação também errônea de que se tivessem sido os holandeses ou os franceses os vencedores da guerra colonial não estaríamos no estágio atrasado a que fomos relegados. Essas asseverações rotas decorrem da nossa desinformação sobre as atrocidades que franceses e holandeses praticaram, e continuam praticando, nos territórios que dominaram e sobre os quais ainda mantêm forte influência.

FLÁVIO PAIVA

Infelizmente parte significativa do povo brasileiro continua ludibriada com a velha lenga-lenga de que fomos inicialmente constituídos por todo tipo de gente que não prestava, especialmente prisioneiros de que Portugal se livrava, enviando-os ao lugar que para eles não passava de um mundo sem dono que haviam descoberto. Afirmações irrefletidas como essa caíram na vala do senso comum e parecem não deixar a menor suspeita de que entre os chamados degredados estavam muitas pessoas cujo crime era o de se opor à política do imperador. É bom lembrar ainda que entre as que foram trazidas no negócio da escravidão, muitas eram líderes de reinados, guias espirituais e mestres da música, da dança e de outras artes. Somando-se a isso o fato de sermos uma sociedade que foi pensada para servir o Estado, e não o contrário, amplia-se o peso da ardileza que induz a uma falsa noção de que o caldeamento biológico e sociocultural nos tira a chance de fundar uma civilização. Movido por essa questão, o escritor paulista Mário de Andrade (1893-1945) fez, em 1928, uma caricatura literária da gestação nacional, com o lançamento de *Macunaíma, o Herói sem nenhum Caráter*. O que poderia ter sido um acontecimento propulsor do entendimento da brasilidade virou, por força da narrativa da inferioridade, um símbolo de uma gente descaracterizada, que não tem como dar certo. A leitura da expressão "sem nenhum caráter" passou a ser feita erroneamente por muitos como mau-caratismo, cinismo e ausência de princípios.

A obra de Andrade mostra, no entanto, que há mais de um século o que aparecia folclorizado de interesseiro, preguiçoso e sem coragem para uma vida coletiva, como uma oposição aos valores sociais e culturais positivistas daquele momento, era uma nação que começava a se formar e não estava sendo compreendida, simplesmente por não ter uma consciência tradicional e um sentido civilizatório inspirado em parâmetros conservadores. Outro mito perturbador da compreensão brasileira foi popularizado no início da década de quarenta do século passado, a partir de uma constatação feita por Stefan Zweig (1881-1942) que chamou a atenção do mundo para o nosso potencial diante dos desafios planetários que adviriam. Ao declarar que "o Brasil é o país do futuro", o escritor austríaco nos ofereceu, naquele momento, uma oportunidade de querer saber das nossas virtudes diferenciadoras, mas fomos mais uma vez tomados pela desfaçatez da narrativa da inferioridade e passamos a assimilar esse enunciado como uma simples frase de efeito, enquanto recebíamos nas décadas seguintes uma enxurrada de brasilianistas nos convencendo de que não é bem assim.

Essa mitologia da busca de fundamento no futuro é tratada pelo antropólogo e ensaísta baiano Antonio Risério como algo instigante, haja vista que o país aconteceu, mas tem certeza de que vai acontecer muito mais. Para ele, a tese de que os povos e culturas carregam consigo o sentimento de ter experimentado uma idade de ouro, real ou mítica, em seu passado, não se aplica ao Brasil. "O país parece sempre mais profundamente voltado para uma realização futura do que para um cultivo nostálgico de que perdeu ou teria perdido" (RISÉRIO, 2012, p. 263). Talvez os atributos que mencionei anteriormente, de sermos uma sociedade miscigenada, sincrética, com um território em dimensões de mercado comum, falando a mesma língua e uma nação sem inimigos, possam sustentar o argumento de que já nos formamos potencialmente, mas não dá para respaldar a esporádica e quase sempre tímida influência do país na geopolítica mundial. "Por não ter desempenhado ainda, na história, o grande papel ou a grande missão que prometeu a si mesmo, o Brasil não é um país marcado por nenhuma funda nostalgia (...) Somos um país e um povo portadores de uma mensagem de alcance planetário. E, entre os signos desta mensagem, está, sem dúvida, o *know-how* da convivência" (Ibidem, p. 264).

Por falta de ousadia e de autorrespeito, chegamos a acatar docilmente a nossa classificação semântica no bloco do Terceiro Mundo, para onde foram amontoadas todas as nações que não tinham influência em qualquer dos dois blocos da Guerra Fria (1945-1991), liderada de um lado pelos Estados Unidos e do outro pela ex-União Soviética. A narrativa da inferioridade aceitou essa espécie de prisão domiciliar simbólica, e o sonho da nação passou a ser o de um dia chegar aos padrões de desenvolvimento dos autoproclamados países do Primeiro Mundo, que chegaram ao século XXI em crise, tanto por esgotamento nas relações humanas quanto pela destruição dos recursos naturais do Planeta. Por um lapso de autopercepção esse sentimento de ser inferior pareceu superado quando o Brasil participou do processo de liderança que, em 1999, criou o G-20, ampliando o número de países na gestão da economia global, e, em 2006, da fundação dos BRICS, para, juntamente com Rússia, Índia, China e África do Sul (que entrou em 2011), promover a cooperação na construção de um mundo multipolar. Com o desmoronamento do conturbado projeto político de esquerda (2003-2016) que, entre os seus feitos positivos, ampliou as relações comerciais brasileiras com todos os continentes, o país retrocedeu para a dependência ideológica e comercial dos Estados Unidos, numa conjuntura em que a China assumiu grandes proporções como ator global. Dá para dizer que mais uma vez o modelo mental de colonizado está vencedor no Brasil, e que o resto é subproduto dessa abominável insuficiência de lideranças comprometidas com o país.

Entre os pensadores atuais do Brasil, considero o jornalista, pesquisador e escritor paulistano Jorge Caldeira como uma das lentes indispensáveis na superação dessa miopia. A partir de uma entrevista concedida por ele a Roberto D'Ávila (2007), passei a ficar atento ao seu olhar sobre o que nos distingue como brasileiros. O que mais me chama a atenção na interpretação do país feita por Caldeira é a maneira lúcida e ponderada com que ele procura organizar a essência da brasilidade em suas potencialidades e entraves. Para ele, a miscigenação é o grande ativo do Brasil na era global, embora internamente isso não seja percebido nem tratado em sua dimensão estratégica. A superação do déficit educacional brasileiro, que poderia levar a essa percepção, é parte de uma política de deliberada ignorância, que tem como marco a quebra pelo governo colonial português de todas as impressoras de livros instaladas no Brasil antes de 1808, quando a corte se instalou no país.

No plano da educação, mas tratando dos nossos conteúdos históricos e culturais, Jorge Caldeira enfatiza o quanto damos pouca importância aos valores nativos na formação do Brasil. Para ele, as discussões étnicas ganhariam outra dimensão se partissem da compreensão de que a organização mesclada da nossa vida em sociedade é um valor de origem tupi, embora os portugueses, quando chegaram ao Brasil, já fossem mestiços. Caldeira invoca o mito indígena do casamento com estrangeiro como maneira de assimilar novos conhecimentos, novas experiências, tramar novas identidades e fortalecer as condições do viver, como um legado dos povos nativos que ainda hoje se reflete na sociedade brasileira:

ter alguém de cultura diferente na família brasileira é um valor. Acrescenta a esse conceito de acolhimento o fato de a genealogia tupi-guarani ser desenhada com os nomes dos homens, mas com a linha de estrutura feminina. Era o homem que se mudava para a casa da mulher quando havia casamento.

A adaptabilidade cultural também é uma herança autóctone salientada pelo pesquisador. Ao recorrer a traços culturais do Brasil, ele põe na linha de frente dos nossos valores a operação do cotidiano baseada em relações pessoais. Neste aspecto, o valor da cultura popular é muito grande porque ela transmite as essências da nossa alma mestiça em sua grandeza humana. Tem muita coisa que ocorre no Brasil que não está nos registros, nem na educação formal. Existe um país inspirado na oralidade, e a nossa cultura escrita desconhece os mecanismos que fazem o brasileiro funcionar, pensar e agir. Como ilustração desse raciocínio, ele toma como referência o livro *Grande Sertão – Veredas*, de Guimarães Rosa (1908-1967), publicado em 1956, como a primeira obra literária brasileira que conseguiu reproduzir o jeito de pensar das pessoas do Brasil profundo. Nesse país desconhecido, a mais pobre das pessoas se vira como empreendedora porque não tem medo de correr riscos, nem de mudar com os outros. Esse comportamento, segundo Caldeira, era visto como desvio de norma, como erro, no Brasil Colônia. O certo era o modelo da vida europeia medieval, onde as pessoas nasciam e morriam fazendo a mesma coisa.

Os grandes entraves ao desenvolvimento brasileiro residem ainda em uma ambiguidade de valores situada entre o caráter de sociedade aberta, fruto da cultura da miscigenação, e a insistência por uma sociedade fechada, defendida pelas elites privilegiadas desde o tempo da nobreza. Essa ambivalência, na opinião de Caldeira, cria uma série de transtornos sociais, derivados de uma mentalidade que não vê sentido em alguém que está fora das linhagens tradicionais conquistar algum poder, e que não dá valor às coisas que dão certo. Essa resistência ao desenvolvimento brasileiro vem do que foi o grande escravismo e do que ele gerou como sistema de poder. Quando a escravidão era pesada no Brasil, por volta do século XVII, ela reforçou o lado menos igualitário da nossa sociedade, impondo freios à cultura empreendedora do brasileiro. Grande parte do atraso persistente no Brasil ainda é reflexo dessa cultura do "eu sou superior a você". Caldeira lembra que a história econômica brasileira dos séculos XVI a XVIII é de enorme crescimento, chegando a ser maior do que a economia de Portugal. Em 1800, elucida, a economia brasileira era maior do que a dos Estados Unidos, e um século depois, em 1900, já era 12 vezes menor, proporção que de certa forma continua até hoje. Com isso, ele quer atestar que o grande desastre econômico brasileiro é o século XIX, quando o Brasil parou tentando fazer uma política econômica que fosse capaz de perpetuar a escravidão.

A vitória da política que decidiu por postergar a escravidão resultou na predominância de uma mentalidade atrasada. Caldeira esclarece que, na contramão da nossa cultura de povo aberto, seguimos com uma elite empenhada em criar uma sociedade fechada, conduzida por políticas feitas para concentrar renda e manter a riqueza dos descendentes da nobreza. E sintetiza muito bem essa questão ao dizer que a elite brasileira é uma elite de natureza colonial típica. Por isso é incapaz de enxergar o próprio país e de se identificar com ele. Tem pouca confiança nela mesma e na sociedade brasileira. Isso enfraquece sua capacidade de formular e de assumir o seu papel. Caldeira, que é autor do livro *Mauá: Empresário do Império*, conclui que o problema do Brasil no século XIX não era ausência de capitais, era de prisão de todos os capitais à economia do tráfico de escravos. E alerta para o fato de que o Brasil vem passando, nas últimas décadas, por algo parecido com o início do século XIX. Faz muito sentido, pois os esforços das elites brasileiras, para não perderem os privilégios adquiridos pela concentração, parecem hoje tão desesperados quanto o que ocorreu na luta pelo prolongamento da escravidão. Escapar dessa condição é o desafio.

GILMAR DE CARVALHO

Pesquisador da relação da comunicação com a cultura. Autor de diversas obras que tratam de manifestações da tradição popular, entre as quais o livro-cd Rabecas do Ceará.

O que você diria se recebesse para um estágio, aí onde trabalha, um rapaz contestador e irreverente chamado Flávio Paiva, do *Um Jornal Sem Regras*?[*] **Que conselhos daria a ele? Ele seria aceito para o estágio?**

---

[*]O *Um Jornal Sem Regras* foi uma bem-humorada publicação de ideias, editada periodicamente (entre 1982 e 1985) por Flávio Paiva e pelo *brega-star* Falcão, quando eram respectivamente estudantes de Comunicação Social e de Arquitetura, na Universidade Federal do Ceará (UFC). Funcionava em configuração de coletivo de comunicação e música, contando com o fazer e o prazer colaborativo de estudantes, poetas, escritores, artistas, pesquisadores e pensadores nacionais e internacionais.

A resposta é sim, Gilmar, ele seria aceito. As organizações estão carentes de pessoas que se colocam, que dizem o que pensam e que são comprometidas com o que acreditam. Baseado nesse princípio eu teria somente um conselho a dar: procure trabalhar em lugares que você julgue com valores próximos aos seus, e não tenha medo de se posicionar quando achar pertinente fazê-lo. Funcionários questionadores são fundamentais para a estabilidade emocional dos que fazem uma organização. A singularidade das pessoas deve ser valorizada e celebrada, dado que a pluralidade de jeitos de ser e de pensar o mundo é que dá consistência à cultura organizacional.

As organizações que estão se preparando para o que sobrar dos escombros sociais da hipermodernidade estão centradas nas pessoas em uma visão holística, em que o sentir, o pensar e o falar do indivíduo dialoguem com o sentir, o pensar e o falar do senso de coletivo das instituições. O ambiente de congruências reduz a ansiedade, o comportamento depressivo, o medo de ser e de atuar, e promove a interação, enquanto comportamento interdependente. Na opinião da pesquisadora Christina Pedrazza Sêga, da Universidade de Brasília (UnB), "A interação é um processo que se realiza por meio de três níveis: a) nível do indivíduo – quando se refere a uma pessoa; b) nível da sociedade – quando ocorre a integração dos indivíduos; c) nível da cultura – quando os valores simbólicos das diferentes formas de linguagem são estruturados no campo do conhecimento e da prática, construindo e reconstruindo significações" (SÊGA, 2011, p. 78).

As pessoas, tendo uma vida da qual possam se perceber e cada qual à sua maneira, estando cientes das razões que sustentam o que constroem com o trabalho, tornam-se corresponsáveis pelo que fazem por se sentirem parte de um processo mais amplo de função social. Para isso, a presença e o olhar do outro são essenciais; todavia, quando esse testemunho impõe comportamentos desviantes, criam-se confusões de personalidade pela vivência da angústia como fonte de recalques. "A função do recalcamento seria de poupar o sujeito do sofrimento de sentir sem, entretanto, poder agir" (PAÍN, 1999, p. 70), de acordo com a psicanalista argentina Sara Paín, no seu estudo sobre a necessidade da ignorância. O principal comportamento desviante é o que força a concordância quando existem incompreensões da intencionalidade, transformando o que seriam trocas construtivas em escalonagem de passos negativos, pelo receio de abandono e desqualificação, afetando o modo como as pessoas se aproximam e usufruem da realidade do lugar em que trabalham.

Alguém que discorda e apresenta razões para o seu posicionamento está contribuindo para o aprimoramento da organização. Quem recebe um olhar diferente sobre o que pensa e faz deveria se sentir agradecido pela oportunidade de comparar pontos de vista e, assim, poder tomar as melhores decisões. O princípio da cooperação depende do espírito de franqueza. Dizer o que pensa é uma forma de respeito ao interlocutor em um sistema de trocas, observando-se a estratégia da organização e sua cultura, mas também os interesses diversos e as práticas sociocomunicacionais presentes no dia a dia, o que requer a compreensão e o respeito às individualidades.

Há executivos que não aceitam ideias de subordinados, temerosos de perder a autoridade ou o cargo. Isso, no entanto, é uma demonstração de insegurança. Sem funcionários comprometidos com a sinceridade do olhar, em linha com os valores e as crenças do conjunto, as organizações sofrem a fragilidade dos simulacros. A falta de opiniões contrárias provoca outro tipo de comportamento danoso que é a complacência, à medida que se faz vista grossa àqueles que seguem incondicionalmente a cartilha do chefe. O verbo agradar deveria ser conjugado nas organizações na primeira pessoa do plural, "nós agradamos", ou seja, quem precisa agradar é a organização, que tem seus públicos de interesses a servir. Seja uma empresa, uma entidade filantrópica, religiosa ou uma instituição política, uma organização é um equipamento social que precisa representar valor para o meio do qual faz parte.

Leia-se agradar no sentido de cumprir as promessas que faz, compromisso para o qual é indispensável a vontade interna. Muitas das cartas anônimas que circulam nas organizações não passam de manifestações da compressão sofrida por funcionários diante de chefes intolerantes, autoritários, e que tratam as pessoas como recursos descartáveis, caso não sejam passivas. Ora, o emprego deveria ser visto como uma conquista mútua, prazeroso para quem trabalha e bom para o êxito da organização. Mas isso só é plenamente possível se o empregado for alguém que tem uma história, uma biografia, cuja experiência de vida, saberes e conhecimentos possam ser agregados naturalmente ao andar da carruagem laboral e desfrutar de suas conquistas de fronteiras econômicas e sociais.

Por trás das máscaras performáticas de funcionários que regularmente levam trabalho para casa até nos finais de semana, existe uma fragilidade da estrutura de gente. Esse tipo de exposição me parece mais preocupante quando envolve jovens que almejam ser bem-sucedidos e canalizam todas as suas energias na busca de se encaixarem nos padrões que, supõem, sejam os esperados para chegar a um futuro de sucesso profissional, deixando de preencher outros requisitos sociais e culturais indispensáveis para uma carreira realmente substancial e exitosa. Sem a orientação que deveriam receber nos centros de formação e educação, ou dos gestores da área de pessoas, se submetem a esse tipo de deformação por falta de consciência do que de fato está se passando ao redor. "Sem que tenham *awareness*, vivem aprisionados à sociedade de consumo, que os leva à ilusão de que ter coisas, possuir bens significa realizar-se como indivíduo" (FRAZÃO, 2017, p. 18), explica a psicóloga gestáltica paulista Lilian Meyer Frazão.

Quando alguém chega para trabalhar em uma organização, tende a hesitar assumir quem é pelo simples receio com a impressão que os outros, especialmente os superiores, podem ter dele. Se não recebem um direcionamento adequado, passam a agir permanentemente com gestos calculados, em sacrifício da autenticidade, o que lhes retira a força da entrega, pela negação de si. Pessoas destituídas delas mesmas produzem relações ambíguas, enfrentam rotinas desconfortáveis pela anulação das singularidades e, afastadas da possibilidade de serem inteiras, assumem apaticamente as escolhas da hierarquia das dominâncias. "No mundo contemporâneo, vivemos a era do parecer, parecer bonito, parecer inteligente, parecer rico, parecer poderoso, parecer sarado e, às vezes, até parecer feliz" (Ibidem, p. 19). As consequências desse descompasso evitável é a existência de profissionais técnica e taticamente ajustados, mas desajustados psicossocialmente.

O escritor e psicoterapeuta belga François Emmanuel adverte para o quão é importante a atenção aos fatos que influenciam as emoções de quem trabalha. Em uma ficção com base em documentos reais, ele conta da passagem de um psicólogo da filial francesa de uma empresa alemã que tenta implantar um novo conceito de relações humanas no momento em que é feita uma reestruturação e o quadro funcional é eufemisticamente manipulado durante o "extermínio" dos que incomodam a direção, desconstruindo saberes e perdendo conhecimento, em nome da performance da redução de custos. "Era meu papel (...) fazer desses funcionários soldados, cavaleiros da empresa, subalternos competitivos" (EMMANUEL, 2010, p. 10). As implicações morais a que é submetido um profissional que procura compreender sem julgar as pessoas expostas a essa metáfora do nazismo da tecnicidade fria têm como foco a encomenda de uma investigação cujo objetivo é desestabilizar o outro em uma disputa de poder entre executivos, num ambiente cheio de subterfúgios e cartas anônimas. O protagonista entra em crise de consciência diante da hipocrisia e fica perturbado com a desumanização.

Nas organizações empresariais, há um fato recente que corrobora para a dificuldade de equilíbrio na relação da corporação com os funcionários. É que foi criado um sistema mercenário paralelo que aumentou a mais-valia. A velha expressão criada pelo pensador judeu-alemão Karl Marx (1818-1883) para se referir à significativa parte do valor da força de trabalho que não é remunerada ganhou uma nova conotação que chamo de Bolha de Mais-Valia. Ou seja, a discrepância entre o salário recebido por um trabalhador e o valor real do trabalho produzido por ele, presente na mercadoria ou no serviço oferecido ao consumidor, passou a ser disputada diretamente com o patrão por executivos saqueadores que querem obter o máximo desse excedente, mesmo sacrificando muitas vezes a qualidade do produto, a imagem das marcas e a depreciação do patrimônio da companhia. Para isso foi criada uma espécie de complô entre esse tipo de executivo e seus recrutadores (*headhunters*).

Criou-se o mito de que os currículos mais valorizados são aqueles que demonstram a alta troca de empresas por parte dos candidatos. O argumento é o da diversidade de experiência e o da rede de relacionamentos (*network*) como fatores competitivos para a dinâmica dos negócios. O que está por trás dessa rotatividade é a remuneração dos recrutadores, que ganham porcentagens do salário anual inicial do talento contratado por suas recomendações, e os ganhos exorbitantes dos executivos que aprenderam a abocanhar parte relevante da mais-valia. Quanto maior o acúmulo da riqueza produzida, mais eles disputam com os acionistas os ganhos sobre as expensas da mão de obra. Os enxugamentos da folha de pagamento acabam sendo a primeira opção nas reduções de custos, reforçando o principal fundamento crítico à exploração capitalista dos trabalhadores, que é a não conversão do trabalho realizado em valores monetários reais equivalentes.

Essa disputa que eleva os ganhos sobre o trabalhador e seu tempo de trabalho, criando a Bolha de Mais-Valia, é insustentável, haja vista que a Alienação identificada por Marx como o distanciamento que os trabalhadores têm de si mesmos e do seu trabalho, ante a assimetria negocial em que se encontram com relação ao empregador, muda de perfil na nova economia e na nova sociedade do mundo digital e virtual. As novas tecnologias e a comunicação em rede abriram janelas para oportunidades de trabalho e empreendimentos autônomos, que vão tornando o emprego formal desinteressante. Sem contar com o mercado de ilícitos e suas atraentes remunerações distorcidas, de alto risco, mas também altamente sedutoras. Alguns mecanismos até foram implementados, como a participação dos trabalhadores nos resultados, mas, mesmo assim, a conta não fecha e, mais dia, menos dia, a bolha vai estourar.

As organizações que quiserem sobreviver aos efeitos do estouro da Bolha de Mais-Valia precisam ter uma cultura interna forte e bem resolvida. E isso começa com o respeito às subjetividades e com o diálogo aberto em todas as suas instâncias. As áreas de pessoas deveriam, logo no momento da contratação, encorajar o funcionário a ser ele mesmo na interação com o todo. A intencionalidade explícita é chave para o ato de cooperação, para a atitude colaborativa e para o engajamento. A identificação com o sentido de existir de qualquer organização nasce no que o indivíduo tem em comum com o contexto do seu trabalho e na razão de ser mais plena do seu esforço. Alguém só pode compartilhar bem alguma coisa considerando-se parte dela. Sem subjetividade não há o que unir, e sem estar junto não existe objetividade no alcance das metas almejadas, pactuadas e planejadas.

A tradicional ordem social das hierarquias, estruturada em superiores, pares e subordinados, precisa ganhar horizontalidade no campo dos saberes, do conhecimento e dos ganhos. Os gestores necessitam entender que todas as pessoas são bem mais do que as funções que ocupam, por isso, independentemente do setor em que trabalham, podem ser relevantes no que têm a dizer fora das tarefas que desempenham. A reflexividade sobre a organização fica empobrecida quando hegemônica, já que as pessoas são diferentes. E é essa variedade de olhares que, quando dispostas a enxergar o sucesso do todo, fortalece a corporação. Com as novas tecnologias

306 CÓDIGO ABERTO

e as redes sociais virtuais, as instituições tendem a ganhar massa crítica de endocomunicação, desde que boas hipóteses e regras claras sejam estruturadas para a interação por meio do diálogo. "A interação com os outros se realiza à medida que os indivíduos partilham entre si o senso comum e o reconhecimento mútuo que estão no seu arsenal sociocultural" (SÊGA, 2011, p. 37), esclarece a pesquisadora sobre as condições de vínculo.

A organização que vê seus funcionários apenas como elementos da cultura de massa, sem brios e anseios peculiares, não consegue ter cultura própria, portanto, não tem voz espontânea no mercado, na sociedade, nem no mundo político. Somente contando com funcionários capazes de se perceberem com amor-próprio e tendo algum valor respeitável, uma organização se estabelece com segurança no mundo da competitividade e da sua realização. Mesmo as grandes corporações multinacionais, cujos sistemas e padrões operacionais têm origem em uma autoridade central, não necessitando aparentemente saber o que as pessoas pensam, terão dificuldades com seus autômatos, diante do crescimento das possibilidades de vazamento emocional para o que resta de anseio de humanidade no fenômeno da identificação e do pertencimento.

É comum ouvir nas organizações a expressão Família simbolizando o entrelaçamento das pessoas que as constituem, mas nem sempre as relações no ambiente de trabalho guardam o caráter de intimidade e abertura assemelhadas à familiar. Onde isso acontece, aumenta o desconforto dos funcionários pela dissonância cognitiva que toma conta das pessoas, fazendo com que a desconfiança nas mensagens e seus desencontros com a prática perturbem o ambiente de trabalho. O sentimento grupal de qualquer equipamento social não deve ser descolado também da conjuntura das comunidades onde atuam. É fundamental a convergência da cultura da organização com a cultura local, regional e suas conexões mais amplas. Projetar a imagem institucional para a sociedade como um lugar de convivência respeitosa é um ativo intangível de grande relevância.

Todos os assuntos podem ser tratados no âmbito das organizações, desde que se estabeleçam as regras para isso. As percepções não precisam ser iguais, o mais importante é a clareza das posições. É mais razoável uma relação em que todos sabem o que os outros pensam, e que pensam diferente, do que a falsa sensação de hegemonia, com seus sentimentos isolados. "As práticas sociais são formas de comunicação e o seu conceito está ligado às ações ou práticas exercidas pelos homens, visando objetivos e interesses comuns" (SÊGA, 2011, p. 69). "É no outro que o indivíduo encontra suas referências, sua medida, a razão da sua existência, porque é o desejo do outro que seu próprio desejo delineia" (PAÍN, 1999, p. 32). Essas afirmações reforçam a importância do exercício do contraditório nas empresas, mesmo sendo a democracia nesse espaço diferente da democracia na vida civil pública. Em uma corporação, a democracia está no reconhecimento mútuo, e não no poder de decisão de comando. O funcionário adquire significado por meio da fala e, assim, contribui com os destinos do lugar onde passa parte considerável de seus dias.

A ausência de manifestações espontâneas no cotidiano das organizações pode ser notada em situações de medo social facilmente visível. Perguntar, por exemplo, tirar uma dúvida, parece algo tão simples, não obstante pode adquirir a condição de drama se associado ao fantasma da ignorância. "A ignorância não constitui nem uma falta de saber, nem uma ausência de conhecimento, mas a única forma de nomear os enigmas através de uma representação fértil em contradições. Longe de opor-se ao conhecimento, a ignorância está na sua origem, faz parte da sua gênese" (PAÍN, 1999, p. 12). Para a psicanalista argentina, "A ignorância constitui, na história, a matéria primeira do conhecimento, de tal modo que cada geração avança trabalhando a ignorância que ela recebe em herança, ao mesmo tempo que o saber" (Ibidem, p. 28). Esse entendimento de que a ignorância é uma qualidade do pensamento me leva a crer que a pessoa que pergunta deveria ser vista como interessada, como curiosa, e não como inculta. A organização corre risco quando as pessoas não fazem indagações. Infelizmente, a propensão do funcionário acuado é o silêncio, o engolir a dúvida calado, não se expondo a uma eventual vulnerabilidade de privação de conhecimento.

A liberdade de expressão nas organizações não difere da liberdade de expressão em qualquer outra esfera social se o que a caracteriza é sermos o que somos e manifestar o que sentimos, em linha, óbvio, com o código de conduta de cada local de trabalho. O xamã mexicano Don Miguel Ruiz, em seu estudo sobre a filosofia dos toltecas, organizou em quatro compromissos os segredos da convivência social concebidos pelos sábios dessa cultura pré--colombiana: 1) SEJA IMPECÁVEL COM SUA PALAVRA – "A palavra é o poder que você tem de criar. A palavra não é apenas um som ou um símbolo escrito. A palavra é força; é o poder que você possui de expressar-se e comunicar-se, de pensar, e, portanto, de criar eventos em sua vida" (RUIZ, 2002, p. 31); 2) NÃO LEVE NADA PARA O LADO PESSOAL – "O que quer que aconteça com você, não tome como pessoal (...) Se você levar para o lado pessoal (...) talvez concorde com o que está sendo dito (...) cometendo a presunção de achar que tudo é sobre nós" (Ibidem, p. 45); 3) NÃO TIRE CONCLUSÕES – "O problema com as conclusões é que acreditamos que elas são verdadeiras" (Ibidem, p. 55); e 4) SEMPRE DÊ O MELHOR DE SI – "Tudo está vivo e mudando o tempo todo; portanto, fazer o melhor algumas vezes pode produzir alta qualidade e outras vezes não vai ser tão bom" (Ibidem, p. 63). Este quarto compromisso é a ação dos outros três e um reforço ao meu conselho de que devemos procurar trabalhar em lugares que julgamos com valores próximos aos nossos, e que não tenhamos medo de nos posicionar quando acharmos pertinente fazê-lo. Isso é pré-requisito para dar o melhor de si, onde quer que seja.

ISABEL LUSTOSA

Historiadora, ensaísta, pesquisadora da Fundação Casa de Rui Barbosa e autora, entre outros, do livro Insultos Impressos: a guerra dos jornalistas na Independência.

Fui aluna de pintura por curto período de João Maria Siqueira. Fiquei muito impressionada com um artigo que você escreveu sobre ele em 2007. Você poderia me falar um pouco mais do que foi esse encontro para você e qual o lugar de Siqueira na história cultural do Ceará?

Sua pergunta, Isabel, me leva antes de tudo a um dos agradáveis encontros de domingo que aconteciam na casa-museu do Estrigas e da Nice, no Mondubim. O assunto que abriu a conversa solta naquela manhã foi a falta de memória artística no Ceará. O Siqueira foi citado e fiquei bem curioso ao descobrir que o diretor do filme *A Rede de Dormir* desempenhara um papel importante não apenas para o cinema, mas, principalmente, para as artes plásticas do Ceará. A minha ignorância me socorreu imediatamente. Quem seria o autor daquela obra tão poética, tão linda e com narrativa com plasticidade tão bem resolvida sobre um dos grandes símbolos da nossa cultura? Tinha visto uma projeção desse documentário no final da década de 1970, na Casa Amarela da UFC, ainda na condição de estudante secundarista, na então Escola Técnica Federal do Ceará (hoje IFCE). Havia em mim um interesse em conhecer mais o autor daquela obra-prima, o artista que organizou na tela todo o ciclo humano embalado pela rede, desde o nascimento até a morte. A cena do enterro, para quem é do interior e viu as pessoas sendo levadas ao cemitério em suas redes de dormir, é puro lirismo.

Fiquei com vontade de entrevistá-lo, de compartilhar com a cidade o que estaria se passando pela cabeça de um criador em situação de ostracismo. Era início do ano de 1986, e eu trabalhava como repórter no Segundo Caderno (hoje Vida & Arte) do jornal *O POVO*. Levei a pauta para o Miguel Macêdo, que era o editor, e ele me liberou para sair em busca do paradeiro do Siqueira. Pela conjetura do Estrigas, Siqueira moraria no Bairro do Monte Castelo. Com essa pista, iniciei uma busca persistente para localizá-lo. Por muitas semanas fui até a praça da igreja daquele bairro para, dali, sair a pé, indagando rua por rua, de casa em casa, se as pessoas conheciam João Maria Siqueira, o pintor, o cineasta. Se via alguém com idade mais avançada, não receava em perguntar. Até que um dia abordei em uma calçada um senhor ligeiramente calvo, com óculos de grau, camisa quadriculada e um bigode esbranquiçado, combinando com o cabelo, e ele me disse que conhecia o Siqueira, sim. Dispôs-se a me mostrar onde o artista morava. Era ele que, espirituosa e gentilmente, me convidava a ir a sua residência.

Não lembro bem, mas me parece que ele morava em uma casa com alpendre. O certo é que, quando ele abriu a porta, a luz entrou primeiro e foi logo me mostrando uma tela grande que ele acabara de pintar: *Os Comedores de Feijão*. O título me remeteu imediatamente à tela *Os Comedores de Batata*, de Vincent Van Gogh (1853-1890), mas, afora o gesto das pessoas retratadas comendo o que elas mesmas plantaram, o restante não apresentava qualquer semelhança entre as telas. A obra da fase pré-expressionista do pintor holandês tem cenário noturno, à luz de candeeiro e em uma minúscula sala, enquanto o trabalho figurativista do artista cearense delineia um contexto diurno, em ambiente aberto, à luz do sol. Entretanto, se os momentos das duas pinturas realçavam suas diferentes proporções técnicas e estéticas, o interior meio escuro da morada de João Siqueira, e ele mostrando sua produção, inspirada no cotidiano de lavadeiras, peixeiros e operários, me transportava para o caráter realista das figuras de Van Gogh comendo e oferecendo comida umas às outras.

Perguntei se a temática das pessoas simples e das expressões populares, como eu tinha visto no filme *A Rede de Dormir* e estava observando naquela tela, eram predominantes em suas obras. Ele respondeu que toda arte necessita do humano, e que o humano é encontrado com mais abundância nas pessoas simples. E para ilustrar a admiração especial que deferia a essas pessoas, contou-me que, quando pintava uma "mulher de botequim", procurava extrair a pureza escondida por trás da prostituição; um resto de brandura que imaginava resistir "naquela mocinha que um dia ajudou o pai no sertão", e que, como a personagem do samba-choro "Mariposa" (Nelson Gonçalves / Adelino Moreira), pode ser ofuscada pelo destino, antes que a luz da cidade se apague. Assim, ao retratar cenas de cabaré, ele procurava não ver mulheres depravadas. "Eu não pinto essa mulher". E por várias vezes repetiu que queria em seus quadros a força do humano.

Siqueira transmitia a simplicidade e a grandeza humana que eu imaginava ter alguém capaz de fazer um filme como *A Rede de Dormir*. A matéria foi publicada em um domingo, com o título "João Siqueira e as nuanças volúveis da arte" (Segundo Caderno, p. 4-5, *O POVO*, 12/12/1986). No dia seguinte ele me ligou todo contente. Queria me dar de presente a tela *Os Comedores de Feijão*, na qual estava dando os retoques finais. Disse a ele que uma entrevista com alma, como a que ele gentilmente me havia concedido, é o maior presente que um repórter pode receber, e que isso ele já tinha me dado. Dias depois chega para mim, na redação do jornal, um envelope com o *storyboard* do documentário *O Colecionador de Crepúsculos*, em papel timbrado do pintor Antônio Bandeira (1922-1967), com roteiro manuscrito e pequenos desenhos do próprio Bandeira e, na última página, um oferecimento do Siqueira para mim.

Ele havia me revelado a tristeza que o abatia por conta do sumiço do filme *O Colecionador de Crepúsculos*, no qual gravara imagens do Bandeira "na oficina da Fundição Santa Isabel, que pertencia a seu pai [Sabino Bandeira], desenhando os operários carregando os cadinhos; na praia, jogando pedras com os meninos, e em barcos". Entendi que, ao me passar aquele documento tão raro, João Siqueira estava na verdade me pedindo socorro, me dando sutilmente a missão de ajudá-lo a localizar o filme. Aceitei a incumbência, embora minhas diversas tentativas tenham sido frustradas. Resolvi, então, passar o documento para a guarda do Estrigas, afinal, tinha sido no anticlube lírico do Mondubim que eu havia conseguido a dica que me levara a encontrar o próprio Siqueira. Esse roteiro ilustrado foi reproduzido por Estrigas no seu livro *Bandeira – a permanência do pintor* (Imprensa Universitária, 2001).

Sem perder a esperança, mas tendo há um bom tempo suspendido os esforços para encontrar *O Colecionador de Crepúsculos*, fui alegremente surpreendido em julho de 2007 por dois telefonemas: um do cineasta Wolney, filho do Eusélio Oliveira (1933-1991), e outro do fotógrafo Francisco Bandeira, sobrinho do Antônio Bandeira, para me dizerem que o documentário fora encontrado e que estava em boas condições. Pensei imediatamente no Siqueira (1917-1997), e em como gostaria de ter dado essa boa notícia para ele. Mas fiz isso em oração à sua memória. O filme, de 15 minutos, gravado em 16 mm, mesmo tempo e formato do documentário *A Rede de Dormir*, estava felizmente preservado no acervo da Casa Amarela, e teve suas imagens recuperadas pela cineasta cubano-brasileira Margarita Hernández. Essa descoberta arrebatadora me levou a escrever imediatamente um artigo intitulado "O colecionador de crepúsculos" (*Diário do Nordeste*, C3, p. 3, 19/07/2007). Com esse achado, a cultura cearense recuperou um precioso patrimônio do seu cinema e das nossas artes plásticas. Em uma só obra temos o João Maria Siqueira como pintor-cineasta e o pintor Antônio Bandeira como protagonista. O filme dá permanência a esse momento tão expressivo da história da pintura moderna brasileira, ao registrar, com honesta cumplicidade, aspectos da genialidade de Bandeira, inspirados na força da luz e das cores do Ceará, em plena centrifugação inventiva, com as imagens abstratas e quentes do ferro e do bronze derretidos nos cadinhos da infância do artista. Bandeira e Siqueira foram bons amigos e companheiros.

Siqueira fez outros trabalhos importantes, mas inconclusos, no meio cinematográfico, como o documentário da visita do pensador e da pensadora franceses Jean-Paul Sartre (1905-1980) e Simone de Beauvoir (1908-1986) à Universidade Federal do Ceará, e o filme *O Delito de Matar*, focado em questões cíveis, juntamente com o pintor carioca-cearense Mário Baratta (1915-1983), que era professor da Faculdade de Direito, da UFC, e outros integrantes do Guci (Grupo Universitário de Cinema). Sua atuação nessa área foi intensa, mas ele confessou para mim que não gostava nem um pouco de ser chamado de cineasta. "Além disso, não tenho uma obra com um volume que possa me credenciar para o nome de cineasta", reforçava. Considerava-se um artista plástico que entrou para o cinema após a desilusão com a pintura. E foram duas as grandes frustrações dele com as artes plásticas, algo tão sério que ele passou quatro décadas sem pintar.

O primeiro desapontamento de João Siqueira com a pintura foi a sua dificuldade de fazer trabalhos coloridos quando começou, por volta da década de 1940. Sentia-se inseguro e só pintava "coisas cinzentas", ao mesmo tempo que não conseguia entender o conceito de pintura sem cor. Esse era um conflito que o angustiava muito. "Os meus quadros eram tristes". Como não conseguia superar essa limitação, desistiu de pintar, e foi para o cinema, e teve trabalhos extraviados e desaparecidos. Concluiu *A Rede de Dormir*, mas precisou vender a máquina de filmar, um gravador profissional e até o aparelho de televisão para quitar as dívidas. Resolveu enfrentar o medo da cor e retornar para a pintura. Fez isso com tanta determinação que nunca esqueceu dos detalhes desse marco em sua vida: "Voltei no dia 23 de março de 1979. Eu tinha 61 anos, dez meses e cinco dias". Não se sentia cobrado, nem tinha qualquer expectativa de ser reconhecido, e atribuía a esse despojamento a sua abertura para o colorido.

Foi, então, que veio a segunda frustração de Siqueira com as artes plásticas. Ele já estaria se reafirmando em sua fase de telas com cores, quando foi insistentemente convidado a participar do Salão de Artes Plásticas do Banco do Nordeste. Falava, ainda, com certo embargo de voz, que só aceitou para não ser grosseiro. "No dia da abertura, reuni pessoas da minha família, fui até lá, para sofrer a única e maior decepção que sofri na minha vida. Os meus trabalhos tinham sido recusados. Não foram expostos." Ele estava tão afastado do meio e por tanto tempo que não concebia a ideia de um padrão de artes visuais que não fosse a pintura tradicional. Naquele ano de 1984, venceu o Salão do BNB o artista plástico Sérgio Pinheiro, com o trabalho *Segmento Periférico Verde*, um sanduíche de várias caixas coladas, formando um relevo sobre fundo de Duratex. Foi demais para ele, que descreveu a obra vencedora como sendo "simplesmente uma caixa de papelão, dessas que os Correios usam para o envio de encomenda. O artista abriu a caixa, colou em cima de um pedaço de madeira, pintou, e foi classificado para o primeiro prêmio. Eu não sei fazer isso!". No fundo, no fundo, a sua chateação não era com a arte, mas por ter se sentido enganado em sua credulidade.

João Maria Siqueira era um homem bom; um sonhador que se metia a fazer coisas, e fez muito pela arte e pela cultura cearense. Não foi à toa que passou de 1960 a 1965 filmando *A Rede de Dormir*. Dirigiu o CCBA (Centro de Cultura de Belas Artes), fundado em 30/06/1941, entidade que depois virou a SCAP (Sociedade Cearense de Artes Plásticas), onde ele, na condição de presidente, em parte do ano de 1949 e em 1950, criou o Curso Livre de Desenho, programa que teve como primeira aluna inscrita a Nice Firmeza. E pelas atividades dessa instituição passaram grandes nomes das artes plásticas do Ceará, como Aldemir Martins, Antônio Bandeira e Sérvulo Esmeraldo, só para citar alguns. Siqueira foi ainda diretor da Casa de Cultura Palácio da Luz, de 1975 a 1978, e colaborou com a dinâmica da área de cultura da Prefeitura de Fortaleza. É, portanto, um nome que merece respeito, reconhecimento, admiração e lugar de destaque na galeria dos notáveis da arte no Ceará.

JACKSON ARAÚJO

Jornalista, fotógrafo, consultor de moda e analista de tendências, com inquietude voltada para a construção colaborativa, o sentimento de pertencimento e atitudes de cunho socioambiental.

O que você faria se tivesse todo o tempo do mundo? E o que você faria se descobrisse que morreria amanhã e não tivesse mais todo o tempo que tinha? Qual o tempo que o tempo tem?

Pensei em uma mesma ação prática para trabalhar as duas hipóteses com as quais você me presenteia, Jackson. Tendo todo o tempo do mundo, enquanto forma de usar os anos que me faltam viver, sem saber até quando, ou diante de um aviso de finitude determinada, resolvi fazer logo uma relação de músicas que foram significativas para mim até o momento, como mensagem de que elas podem representar a minha presença entre familiares, amigas e amigos quando eu fizer a viagem de volta. Não incluí nesse compilado nenhuma canção que compus sozinho ou em parceria porque todas elas já refletem o que sou com muita clareza e seria redundante. Ao preparar essa *playlist* revelo abertamente parte considerável desse repertório e aproveito para tornar público o meu agradecimento a todos os autores e seus intérpretes que, com suas criações e cantos, fizeram a trilha sonora da minha vida.

O método utilizado para essa busca foi muito simples. Deitei em uma rede e, me balançando, deixei que as lembranças fossem trazendo pelos meus ouvidos mentais as imagens das canções que elas guardam em mim. Sentindo o som no silêncio do quarto, anotei cada composição que chegava, como fenômeno da minha aceitação. Melodias e versos foram se alternando na evocação de temas, situações, ambientes e pessoas, dando sentido ao vínculo e constituindo a base para a triagem. Este método permitiu que, entre centenas, talvez até milhares de canções que já ouvi, e que de algum modo me influenciaram, eu estivesse frente a frente com o nome das que espontaneamente passaram pelo filtro daquela rememoração. Daí foi só exercitar o prazer intelectual de fazer a seleção, conferir as informações de maternidade e paternidade de cada uma, evitar a repetição de autores e colocar em ordem alfabética.

Chegaram canções que, ao longo dos anos e de maneira especial, ilustram meus dias, inspiram meu coração e conversam com meus pensamentos. Fiz, assim, um recorte, uma degustação do que permanece e do que segue flutuando por prazer espontâneo no mergulho sutil das minhas recorrências e confluências emotivas e de sentimentos, na relação com os outros e comigo mesmo.

Obras que estão integradas às minhas relações sociais, culturais, políticas, espirituais e amorosas, sob inspirações de lendas, impulsos existenciais, metáforas da realidade, passagens pelo campo da infância e outras aventuras do viver e suas tensões e distensões, densidade e superficialidade, dureza e suavidade da condição humana. A fim de dar um sentido de crônica à *playlist*, optei por músicas com letras, na expectativa de, unindo a força do som e a potência da palavra, realçar os motivos que me levaram a incorporar tais composições ao estilo do meu viver.

O repertório selecionado não tem o caráter de lista de melhores, maiores ou mais importantes; seu grande valor está na cadência, no ritmo e nas sensibilidades que se agregam à minha experiência estética e ao meu compromisso com a existência. São escolhas pessoais, meus clássicos; aquelas canções que soam sempre frescas em mim, com brilho, cheiro e sabor, respeitando a subjetividade dessa linguagem artística que mais se aproxima de Deus. Música é oração. O compositor estadunidense Aaron Copland (1900-1990) dizia que o excepcional da música é que ela "está ao mesmo tempo fora, longe de nós, e dentro, parte de nós" (COPLAND, 2003, p. 23). É, portanto, energia que convida ao passeio imaginativo das referências auditivas com o instante, no agitar das horas pelas estações do tempo, das reminiscências, da memória e da nossa história. O que une essas canções é o sentido divino que se traduz em espantos e encantos da aventura de viver em tons maiores e menores, tempos sustenidos e bemóis.

Depois de preparada a *playlist*, percebi o significado adicional que a tonalidade de cada música passou a ter no conjunto, e a do conjunto sobre cada uma em suas imagens sonoras. As criações musicais me enchem de ânimo porque sussurram, gritam, acalantam e, quando necessário, não me deixam dormir, possibilitando que, de prontidão, eu consiga ver o que se passa nas noites ou contemple o nascer de novos dias. A essência do que tenho aprendido em seis décadas de vida está bem resumida no resultado dessa viagem que fiz, me balançando na rede, para encontrar sessenta obras (relacionadas a seguir) que pudessem representar toda a gama de músicas que mais me emocionaram, que me fizeram chorar, cantar, pensar e amar, abrindo novas percepções sobre o que sou, quando venho de dentro de mim nos braços das canções.

A Poda da Rosa (Edvaldo Santana)

Amanhã eu vou (Beduíno)

Amor de Índio (Beto Guedes / Ronaldo Bastos)

Ave de Prata (Zé Ramalho)

Baby (Itamar Assumpção)

Balada do Louco (Arnaldo Baptista / Rita Lee)

Bandoleiro (Luli / Lucina)

Batuques e Bantos (Calé Alencar)

Blowin'in the Wind (Bob Dylan)

Boi-Cidade (Daniel Medina)

Caçador de Mim (Sérgio Magrão / Luiz Carlos Sá)

Canción para un Niño en la Calle (Angel Ritro)

Casinha Pequenina (canção popular brasileira)

Chove Chuva (Jorge Benjor)

Cor de Sonho (Mona Gadêlha)

Egos & Ids (Laura Finocchiaro / Naiá / Leca Machado)

Eleonor Rigby (John Lennon / Paul McCartney)

Engenho de Flores (Josias Sobrinho)

Estrada de Canindé (Luiz Gonzaga / Zé Dantas)

Fado Tropical (Chico Buarque / Ruy Guerra)

Fica Mal com Deus (Geraldo Vandré)

Fulôzinha (Markus Ribas / Reinaldo Amaral)

Gracias a la Vida (Violeta Parra)

I'm your Angel (Yoko Ono)

Já é Hora (Antônio Adolfo)

Je Pense à Toi (Amadou Bagayoko / Mariam Doumbia)

Jenny dos Piratas (Bertolt Brecht / Kurt Weill)

Journey to the Center of the Earth (Rick Wakeman)

Julia Dreams (Roger Waters)

Kini Kini (Fanta Konatê)

Lá de Dentro (Abidoral Jamacaru)

Los Caminos (Pablo Milanés)

Los Hermanos (Atahualpa Yupanqui)

Luchin (Victor Jara)

Madrugada Camponesa (Thiago de Mello / Halter Maia)

Mal Necessário (Mauro Kwitko)

Marcianita (Marcone / Alderete)

My Sweet Lord (George Harrison)

Na Quadrada das Águas Perdidas (Elomar)

O Doce e o Amargo (João Ricardo / Paulinho Mendonça)

O Mundo é um Moinho (Cartola)

Pakeleô (Lenna Bahule / Zé Leônidas)

Parangolé Pamplona (Adriana Calcanhotto)

Pedrinho (Dori Caymmi / Paulo César Pinheiro)

Peter Gast (Caetano Veloso)

Sem a letra A (Tom Zé / Elifas Andreato)

Sete Cantigas para Voar (Vital Farias)

Sociedade Alternativa (Raul Seixas / Paulo Coelho)

Sodade (Luis Morais / Armandio Cabral)

Sonífera Ilha (Branco Mello / Marcelo Fromer / Toni Bellotto / Carlos Barmack Joaquim Júnior / Ciro Pessoa)

Sun is Shining (Bob Marley)

Tantas Coisas (Rebeca Matta)

The Sounds of Silence (Paul Simon)

Tudo Índio (Eliakin Rufino)

Um Qualquer (Kátia Freitas)

Unicórnio (Silvio Rodriguez)

Utopia (Chico César)

Vamos Dançar Xote (Anastácia / Oscar Barbosa)

Você Sabe muito bem o Que me Resta (Daniel Groove)

Yamore (Salif Keita)

A vinculação que faço da operação da vida a uma trilha de canções plurais e diversas tem sido importante para o aumento da minha sensibilidade e para o alargamento da percepção que tenho na aprendizagem de amar e participar da dinâmica social. A ambiência sonora que está presente no meu viver contribui para que eu não me perca da realidade, não me afaste do apreço pelo ser humano nem deixe de cuidar das necessidades da alma. Por contraditório que possa parecer, não tenho qualquer dedicação notável com relação a ouvir música ou a compor. Tudo flui com naturalidade, facilitando em meu cotidiano o exercício da estética da liberdade dos sons e das palavras, suas combinações, intensidades e beleza. A presença constante desses valores-signos no que faço areja minha forma de ser e de estar no mundo. E, para isso, o tempo tem o tempo que precisar.

JOÃO DE PAULA MONTEIRO

Formado em medicina pela Medizinische Fakultat der Universitat zu Koln (Alemanha), com especialização em psicoterapia e psicologia organizacional. É membro do Conselho de Administração da J.Macêdo CAP, holding corporativa do Grupo J.Macêdo.

Para mim há um nexo forte entre a dedicação especial que sempre tiveste aos teus pais e a especialíssima que tens aos teus filhos. Qual a tua percepção sobre a importância desta dinâmica afetiva na tua vida?

Sinto uma sensação de estabilidade existencial, João de Paula. É como se a vida fosse uma canoa e eu tivesse a satisfação de movimentar remos com os meus pais, que vieram antes, e com os meus filhos, que chegaram depois. A importância dessa dinâmica afetiva na minha vida está na oportunidade de crescer com eles, de usufruir do modo como pensam e do que se ocupam. Cada qual vivendo o seu tempo, mas em sincronia com o tempo dos outros, por meio de acontecimentos comuns, sabendo um do outro no convívio possível, observando-se as diferenças e suas mútuas influências. Aprender simultaneamente com avós e netos, ascendência e descendência, é para mim a mais perfeita lição de que a vida é processo. A canção "Velhos e Jovens" (Péricles Cavalcanti / Arnaldo Antunes), gravada por Adriana Calcanhotto no álbum *Senhas* (1992), sintetiza bem essa condição: "Antes de mim vieram os velhos / Os jovens vieram depois de mim / E estamos todos aqui / No meio do caminho dessa vida / Vinda antes de nós (...) Quem chegou e quem faz tempo que veio / Ninguém no início ou no fim".

As práticas de presenças desses dois modos distintos de ser, seus gestos e ritmos próprios, longe da noção de que os pais significam o passado, o que já foi, e que os filhos estão voltados para o futuro, ao que será, são engrandecedoras, sobretudo por termos conseguido um certo distanciamento das classificações etárias definidas para as condutas de infância, adolescência, jovem-adulto, meia-idade e velhice. "Se as gerações são continuamente construídas, desconstruídas e reconstruídas, a relação entre elas também está sempre refeita. Nossas relações, por sua vez, determinam novos comportamentos das gerações, em um movimento dialético e de retroalimentação permanente" (FERRIGNO, 2010, p. 43). Essa afirmação do psicólogo social paulista José Carlos Ferrigno traz para mim um conforto da parte de quem estuda o assunto, livrando-me de ficar somente na intuição de que valeu a pena essa busca por um estilo de relação geracional mais orgânico e o mais integrado possível.

A liga com pais e filhos, temperada nas lembranças cruzadas de afetos das coisas simples, resultou em momentos especiais, descolados da competição provocada pela ideologia geracional, disseminadora das abomináveis expressões "no meu tempo era melhor" ou "o seu tempo passou". Guardo muitas boas lembranças dessas trocas: meu pai mostrando um pluviômetro ao Lucas, o Artur lendo um texto de jornal para o avô, minha mãe segurando um galho de laranjeira para o Artur pegar laranja, e o Lucas ajudando a avó a dar milho às galinhas. Recordo que, depois dessas interações paralelas, íamos todos tomar banho na bica do Vovô e se balançar na cadeira da Vovó. Atos espontâneos como esses – e foram tantos –, que conferiram a cada um deles os elementos que os tornam únicos, revelando sua humanidade ao interlocutor, me fizeram amá-los mais do que amar o simples fato de ser filho ou pai.

Meus pais e meus filhos assumiram papéis complementares em minha vida, como elos geracionais interligados. Uma redundância destituída de autossuficiência, que se manifesta no gosto que os avós têm de repetir histórias e na vontade dos netos de ouvir de novo o contar. "A criança oferece a força e a fragilidade da inocência ou, se não isso, ao menos a espontaneidade não domesticada (...) E o velho, a experiência transformada em sabedoria e burilada na memória" (OLIVEIRA, 2011, p. 26). Paulo de Salles Oliveira, também psicólogo social paulista, ressalta, no entanto, a extensão do campo de memória que existe entre a fantasia e o lembrar: "A memória-lembrança e a memória-fantasia podem articular-se e ajudar o entendimento da interferência mútua entre os sujeitos" (OLIVEIRA, 2011, p. 336). E foi nesse esforço de aproximação pela conjunção de afetos que acabei compondo canções de ninar, cantigas de lembrar e cântico de roda para todos eles. Teve acalanto assim: "Nuvem branca lá do céu / Com o vento a brincar / Chega a noite, parte o dia / Em que vais te transformar? / Pode ser em coelhinho / Tartaruga e gambá / Peixe-boi, um porco-espinho / Rastro de maracajá // Boa noite, nuvem amiga / Nuvem branca de algodão / Se lá fora é puro escuro / Não verei transformação // Boa noite, nuvem amiga / Nuvem branca de algodão / Vou dormir pensando em ti / Amanhã tem diversão" (Boa noite, nuvem).

Entre as cantigas de lembrar, uma fala da dureza de sonhar no sertão: "Eu sou Bento / Aquele que se apaga lentamente / Entre as cores do entardecer (...) O que não compreende / O modo de vida dos homens / Mas que acredita em seu dia (...) O que talvez entendesse (...) Se soubesse avaliar / A poluição das praias arenosas / A destruição dos garranchos da caatinga / E de todos os insetos / Que zumbem (...) Eu sou Bento / Aquele que não sabe julgar / O anseio de quem quer / Comprar um raio de sol / O Céu ou a beleza do mar (...) Isso talvez aconteça / Por ser Bento / Aquele / Filho do Brasil de dentro / E que nada compreende" (Bento apenas Bento, parceria com Ariosvaldo Souza). Em espiritualidade sanfonada, o som cadenciado de todos juntos: "Toma e pega / eis a minha mão/ quero te saudar / Nessa ciranda feita de paz / nessa ciranda que a gente faz // Todos juntinhos vamos / celebrando a paz / nesse cirandar / Essa ciranda / nossa ciranda / paz do divino amor" (Ciranda da Paz, parceria com Tarcísio Sardinha).

Meus pais viviam em harmonia com a natureza e meus filhos usufruíram desse equilíbrio, mesmo sendo urbanos. O inverso também ocorreu. E, nas suas incompletudes, todos seguiram o curso do viver. "Na vida em construção, os homens são os artífices, existe lentidão, há descontinuidade, os ritmos são diversos, o inesperado acontece e sempre uma luta digna está à espera de nossa adesão voluntária e verdadeira" (OLIVEIRA, 2011, p. 51). O pesquisador é taxativo ao afirmar ainda que ninguém se humaniza sozinho, pois a humanização requer o testemunho de que somos seres permanentemente inacabados. Estar em movimento por passagens e paisagens diferentes produz vestígios dinâmicos, em duplo estímulo na partilha de laços e abraços.

Na condição de elo do meio, estou a toda hora em estado de contentamento pelos jeitos e feitos dos meus pais e dos meus filhos, em nossa corrente de histórias, de modos de pensar e de agir, fortalecendo peculiaridades e acatando diferenças, "pois é por meio delas que se renovam as possibilidades de modificação recíproca" (OLIVEIRA, 2011, p. 335). Estamos todos localizados em uma faixa secular. Meus pais nasceram nas primeiras décadas do século XX, em uma sociedade agrária, onde o comum era a simultaneidade de diversas gerações; eu cheguei bem no meio do século, em cidade do interior onde a influência da educação comunitária ainda era decisiva; e meus filhos vieram ao mundo na passagem para o século XXI, quando educar saiu do controle da família e da escola, para ter grande influência das mídias digitais e em rede. Quando meus pais se deram conta do mundo, o rádio estava chegando ao Brasil; quando foi a minha vez, o país estava recebendo a televisão; e meus filhos vieram ao mundo uma década depois da chegada da internet. Temos, portanto, em nós, uma riqueza imensurável de histórias vividas e partilhas renovadas.

Eles e eu tivemos a mesma idade quando fomos criança, mas cada qual falou a linguagem do brincar em ambientes e condições sociais diferentes. Este é um ponto em comum que percebi como essencial para a relação afetuosa de onde emerge a consciência intergeracional. A força desses vínculos na cultura da infância foi fundamental à nossa predisposição de acolhimento. Fui me reconhecendo ao reconhecê-los como pessoas que contribuem para realizações significativas do que somos. Sempre me baixei para falar com os meus filhos com os olhos à mesma altura. Dos meus pais, acostumei-me a chegar perto para falar. Evitamos o tempo verbal futuro referente ao que ser quando crescer, por achar que o mais relevante é que ao crescer os filhos tenham personalidade para não abandonarem o que são. Nem meus pais nem eu procuramos influenciar escolhas profissionais. A orientação parental está no que se faz e é observado pelos filhos. Ajudei meus pais na vida doméstica e no campo, assim como peço ajuda dos meus filhos quando escrevo e componho. Participar dos afazeres é uma maneira de interação saudável.

A importância desses vínculos afetivos presentes na nossa realidade habitual está em não deixar faltar chão toda vez que precisarmos ou quisermos desembarcar da canoa, juntos ou separadamente. O importante é ter sempre um lugar para voltar. Somos uma espécie relacional, que se reconhece nos elos estabelecidos. E o principal deles é o lugar que reconhecemos como nossa origem. Para isso, a percepção de que existe família é um bem social de grande valor. Quando meu pai Toinzinho (1921-2015) fez a viagem de volta, a minha mãe Socorro passou a morar em Fortaleza, perto da filha e dos dois filhos, mas a casa de fazenda, que ela construiu e morou com o meu pai, não foi desativada. Aliás, tudo ficou funcionando como se eles estivessem lá. Vez por outra ela retorna e cuida de tudo como se continuasse morando lá. Ou seja, minha mãe mudou de endereço, mas não foi desenraizada. O movimento dos bichos, o manejo ambiental está sendo feito, e a sensação que se tem é de que a qualquer momento o meu pai vai passar por ali, como ele costumava passar.

Mensagem semelhante de pertencimento e de lugar para voltar foi passada aos nossos filhos com a fixação, por alguns anos, de dois poemas nas portas do nosso apartamento, aplicados com recursos museográficos; dois poemas extremamente profundos e ao mesmo tempo extraordinariamente leves; poemas que sintetizam as antenas da nossa alma e as raízes da nossa cultura. Esses atributos foram identificados em "Ítaca", na versão do poeta greco-e-gípcio Konstantínos Kaváfis (1863-1933), e em "Terra Bárbara", do poeta quixadá-fortalezense Jáder de Carvalho (1901-1985). Ambos falam da aventura de sermos de um lugar e de termos um espírito nômade. Ambos são travessia e território em movimento porque contam do que existe de eterno em nosso tempo de passagem. Ambos dão sentido de grandeza à existência e à espiritualidade, porque nos colocam em contato direto com as nossas dimensões reais e imaginárias. Com eles, a plenitude da vida se manifesta como uma proeza individual e coletiva, marcada pelo que há de instigante no viver. O exercício de escolha de um poema-síntese do que somos é maravilhoso. É um mergulho de autossondagem cultural, independentemente de querer ou não colocar na porta de casa o poema apanhado nas profundezas de si mesmo. Mais desafiador e empolgante ainda é compartilhar o achado com quem se mora, com quem se vive, para que a poesia seja fixada na porta com o máximo de cumplicidade. Para que os poemas coubessem nos espaços das portas da nossa casa e ficassem agradáveis de ler, fiz uma pequena adaptação na estrutura dos textos, de modo a tornar mais visível o que neles identificamos como nossa tradução.

Ítaca foi aplicado na nossa porta porque engrandece a vida, ao desejar que ela seja longa, e por nos conclamar a priorizar o que nela realmente vale a pena, pela elevação da alma na construção da experiência de ser e viver. "Quando partires de regresso a Ítaca, / deves orar por uma viagem longa, / plena de aventuras e de experiências. / Ciclopes, Lestrogônios, e outros monstros, / um Posêidon irado – não os temas, / jamais encontrarás tais coisas no caminho, / se o teu pensar for puro, / e se um sentir sublime teu corpo toca. / Terás sempre Ítaca no teu espírito, que lá chegar é o teu destino último. / Mas não te apresses na viagem. / É melhor que ela dure anos, / que sejas velho já ao ancorar na ilha, / rico do que foi teu pelo caminho, / e sem esperar que Ítaca te dê riquezas. / Ítaca deu-te essa viagem esplêndida. / Sem Ítaca, não terias partido".

Terra Bárbara eleva a vida ao seu patamar mais íntegro, ao desafiar o senso comum dos códigos morais dominantes no sertão, com padrões antropológicos que primam pela experiência libertadora da ética e suas balizas culturais: "Na minha terra, / As estradas são tortuosas e tristes / como o destino do seu povo errante. / Viajor, se ardes em sede, / se acaso a noite te alcançou, / bate sem susto no primeiro pouso: / – terás água fresca para a tua sede, / – rede cheirosa e branca para o teu sono. / Na minha terra, / o cangaceiro é leal e valente: / jura que vai matar e mata. / Jura que morre por alguém e morre. / Eu sou o índice do meu povo: / se o homem é bom – eu o respeito. / Se gosta de mim – morro por ele. / Se, porque é forte, entendesse de humilhar-me / – ai, sertão! / eu viveria o teu drama selvagem, / ou te acordaria ao tropel do meu cavalo errante, / como antes te acordava ao choro da viola".

Ítaca representa o navegar e Terra Bárbara a terra firme. São poemas que antecipam sentimentos calorosos e espontâneos de permanentes boas-vindas, que podem se transformar em pensamentos, emoções e comportamentos, rebobinando sempre a consciência que temos uns dos outros, ora abstraindo memórias esquecidas, ora esboçando novos espaços de sua efetiva compreensão. Mas eles não foram pensados para as portas por boniteza, eles estão ali para dizer que naquelas portas de entrar e de sair está a passagem para um lugar de regresso quando necessário; mas que não é um lugar comum e sim um lugar que resume o mundo; um lugar onde estará sempre armada uma rede cheirosa e branca; um lugar que transforma o vaivém da luta cotidiana em uma viagem deslumbrante.

JORGE HENRIQUE CARTAXO

Jornalista.

A amizade tem sido um dos temas clássicos da reflexão filosófica de todos os tempos. Aristóteles, Epicuro, Marco Antônio, Montaigne, Platão, Etienne de La Boétie, Deleuze, entre outros pensadores, ao seu modo e em seu tempo, refletiram sobre o sagrado tema da amizade e seu papel virtuoso na existência, na ética, na política e na felicidade. Agora, no início da sua maturidade, como "phillia" se apresenta a você? Como esse sentimento, essa percepção e o seu exercício, se aquieta e existe no coração desse jagunço[*]

[*]Em muitas conversas apenas por conversar, Jorge Cartaxo e Flávio Paiva chegaram à conclusão de que dentro de todo cearense pulsa a alma de um jagunço inconformado, que pode despertar em qualquer situação de cisma.

da delicadeza, que, entre outros atributos, palmilha os dias e as horas sobre notas musicais?

Para mim, a amizade é a expressão máxima da boa fortuna, Jorge. Boa fortuna, não no sentido de acúmulo de bens materiais, mas de descoberta do bom destino, como no conto celta "Jack e seus camaradas", colhido pelo pesquisador e historiador australiano Joseph Jacobs (1854-1916). Lembrei-me dessa história no momento em que li a sua pergunta. Ela fala de alguém que sente a necessidade de deixar o lugar onde mora, forçado por um longo período de estiagem, e sai pelo mundo em busca de sua ventura. Pelo caminho vai encontrando amigos em situação difícil: um burro afundado na lama de um pântano, um cão perseguido por bagunceiros, um gato faminto e um galo atacado por raposas; e todos superam as adversidades em que se encontram, motivados para seguirem com o mesmo propósito de encontrar a fortuna. Em certo momento do andarilhar pelo bosque, eles deparam com ladrões que comemoram um assalto. Espantam os bandidos com relinchos, latidos, miados, cocoricós e gritos, e devolvem o ouro e a prata roubados ao dono. Ao serem questionados sobre o que pretendem com aquela atitude, respondem ao interlocutor: "Nós queremos o que com certeza você não tem para nos dar – civilidade" (JACOBS, 2001, p. 136). São recompensados pelo gesto, mas a grande fortuna conquistada é a amizade e o respeito entre amigos tão diferentes.

Não é à toa que a música composta em parceria com o meu filho Artur, como trilha sonora para o *Código Aberto*, entrelaça sonoridades medievais arquetípicas com o tema épico da amizade, em uma espécie de mantra celta contemplativo desse estado de afeto tão importante à jornada da vida: "Nossos amigos estão no que somos / Podem sumir e num instante chegar / São os amigos que vêm de onde fomos / Vivendo a vida em qualquer lugar // Passa que passa e eu vou passar / Passa que passa e eu vou passar // Por onde for levarei sua amizade / Mesmo se não puder mais lhe encontrar // Amiga, amigo que o mundo me deu". É um sentimento nômade, cheio de vibrações do inconsciente em busca de um soar arejado, refrescante, vindo de milênios, dos tempos pré-romanos, que repercutem em nós com a força dos druidas, dos duendes e da lealdade dos guerreiros da Távola Redonda, símbolo da mesa de iguais, sem cabeceira, onde a amizade é arrebatamento, admiração, ansiedade, alívio, confusão, calma, empatia, satisfação, surpresa e aventura.

Em um breve panorama histórico da amizade, a pesquisadora paulista Christina Pedrazza Sêga afirma que "nas sociedades pré-modernas, a amizade era vista como uma extensão da comunidade local e do parentesco" (SÊGA, 2011, p. 96), tendo como motivação principal a construção de alianças para defesa e ataque de inimigos. Dois atributos eram fundamentais para essa aproximação: a sinceridade e a honra. O que, segundo seu estudo, teria contribuído para o fortalecimento da amizade foi a benevolência na atenção ao outro, sem o envolvimento de interesses paralelos. Das razões definidoras da amizade, levantadas por Sêga, reproduzo algumas, a título de ilustração: laços de resistência, interesses políticos e comerciais, a simples convivência, gestos de cordialidade, estima, confidências, conselhos, reconhecimento e afinidades eletivas. As relações entre amigos estão comumente edificadas com os valores da franqueza, do respeito, da confiança e da reciprocidade entre iguais.

Por ser um tipo de afeição capaz de gerar até ciúmes, a amizade é muitas vezes comparada ao amor. No entanto, vejo minhas amigas e meus amigos com olhos de fraternidade plena, sem os conflitos emocionais, sentimentais e de interesses comuns aos irmãos, cônjuges e filhos, embora o espírito da amizade possa permear essas relações. "Muitos autores que escreveram sobre a amizade nos séculos XVIII e XIX concordam que muitas amizades da juventude desapareciam com o casamento e com a vida profissional" (SÊGA, 2011, p. 103). Entretanto, a amizade independe de proximidade física. Na autobiografia que escreveu como menino fula, o historiador e pesquisador malinês Amadou Hampâté Bâ (1901-1991) revela a força da amizade na tradição oral africana. Antes de casar-se com a sua mãe Kadidja Diallo, o Hampâté pai passou por uma situação que exemplifica bem a questão. Em primeiras núpcias, ele casou com uma prima, Baya. Por não conseguirem ter filhos, a mulher vivia amargurada e praguejando. Um dia, com o marido ausente, e diante dos amigos dele, Baya referiu-se ao Hampâté pai com palavras ofensivas. Balewel, que era muito amigo do ofendido, ordenou a ela que saísse de casa, pois ele a estava divorciando. "Quando Hampâté, que ignorava por completo o incidente, voltou para casa, encontrou a mulher no alpendre" (...) "O que está acontecendo?" (...) "O que está acontecendo é que aquele deusinho, seu amigo Balewel Diko, se divorciou de mim em seu nome e por sua conta" (...) "Se aquele deusinho, meu amigo Balewel Diko, se divorciou de você em meu nome, você está mesmo divorciada" (BÂ, 2003, p. 49).

Este relato de Amadou Hampâté Bâ mostra ainda os efeitos de cumplicidade que, independentemente das circunstâncias, podem resultar quando um amigo de verdade "toma as dores" de outro. É uma projeção que pode enveredar pelo risco e até pelo erro, mas não pela passividade. O diálogo entre amigos tem certas vicissitudes que só o acesso à intimidade de cada um é capaz de revelar. Neste aspecto, a "phillia" traduz-se em paciência, generosidade, cooperação, sentimento, perdão, solidariedade e flexibilidade. Tem uma admirável força de invocação. Com designações muitas vezes adequadas às mais variadas circunstâncias e interesses, conseguiu transitar através do tempo sem perder a sua atribuição mais essencial. Tem, portanto, peso, perenidade e expressividade. É uma palavra aberta à compreensão comum, pronta para acolher quem quiser se entregar ao que ela significa em si e em nossas lembranças e expectativas. Cenas de amizade aparecem com frequência na literatura, no cinema, na música, no lugar de trabalho, nos movimentos populares, na maçonaria, nas sociedades de serviço, no sindicalismo e em expedições de lazer.

Em alguns casos a amizade é exposta ao desgaste por ser confundida nas atitudes de coleguismos em grupos, tribos, claques e clubes de sobrevivência. Mas, mesmo por trás dessas superfícies relacionais, o seu sentido verdadeiro sempre escapa porque a descoberta da necessidade de ter amigos é uma virtude individual e instintiva do ser humano, mas principalmente uma boa fortuna. Desconheço alguém que em sã consciência tenha ficado incomodado por ser chamado de amigo. Nascida da dinâmica das relações, por onde quer que essa palavra passe, ela sempre soa como positiva, agregadora e plena de sentido de semelhança. Amizade é um termo que cabe em todos os lugares por onde passa o sentido compartilhado de destino. Um amigo não depende da meteorologia social para ser bom ou ruim. Na alegria e na dor a prática do seu significado pode estar presente com toda a sua desenvoltura.

Simples, esplendorosa e polissilábica, essa palavra tem em si a mensagem da crença no outro e no sucesso das individualidades, como condição para a busca dos interesses favoráveis ao equilíbrio do todo. Aos verdadeiros amigos, de pouco valem os desígnios da sorte, da distância física e as particularidades da operação da vida. Ser amigo está respaldado nos sentidos mais profundos do viver.

É praticamente habitual a valorização da amizade em momentos de vulnerabilidade e dependência. Porém, se observarmos esse comportamento com a devida acuracidade, podemos perceber que é muito fácil ter pena; o difícil é admirar. Ambas são posturas benevolentes, embora isso não pareça tão claro assim. O grande teste da amizade está na hora da vitória. Amiga que é amiga, amigo que é amigo, vibra com as conquistas do outro, em evocação da força solidária da alegria. A compaixão está separada das situações humilhantes apenas pela tênue membrana da mutualidade de empenhos entre as pessoas, misturando via de regra um estranho ar de superioridade com sensação de devedor. Experimentar o sentimento de apreciação pelo que o outro é e pelo que faz é um dos mais sublimes exemplos de autêntica amizade. A inveja é um traço de falsa amizade, que impede a assimilação da liga invisível que intensifica o prazer de caminhar junto, lado a lado, cultivando o gérmen do valor dos pequenos feitos, do detalhe que excede o bem-estar e que guarda em seu âmago a magia da conversação largada, ora com direção, ora sem objetivo algum. Papo de amiga e de amigo não tem barreira ideológica, religiosa ou desportiva nem obrigação de se dizer algo extraordinário; tem palavras calorosas e imaginação impulsionadora de sonhos, realizações e estabilização um do outro. Em suma, a amizade é uma boa fortuna.

JOSÉ EDUARDO ROMÃO

Bacharel em Direito (UFMG), mestre e doutor em Direito Público (UnB). É servidor público de carreira do Instituto de Pesquisa Econômica Aplicada (Ipea).

Gostaria de ouvi-lo sobre a infância que você mesmo vivenciou – numa espécie de pesquisa-ação incessante – ao longo desses 60 anos: Trata-se de um tempo biológico que inevitavelmente passa? Trata-se de um tempo social que depende da classe e do contexto? Trata-se de um sentimento que se mantém e se renova ainda na maturidade com filhos, netos, cheiros, lugares e sons?

As questões que você levanta, Romão, são instigantes em suas peculiaridades conceituais complementares. Por tudo que vivi, li e pude observar como filho e como pai, eu diria que a infância é um sentimento. Aceitação, liberdade imaginativa e bem-estar de convivência estão entre os parâmetros essenciais definidores desse jeito próprio de ser e de se relacionar com o mundo, no qual a expectativa de futuro não tem vez. Isso mesmo. Rubem Alves dizia que "Esperança é coisa de gente grande, que vive no tempo o passado, o presente, o futuro (...) Criança não tem esperança. Não precisa. Se alegra com o presente" (ALVES, 2005, p. 101). Como a vida pede para ser preenchida de vida e não de morte, é fundamental compartilharmos com meninas e meninos a integralidade do lúdico, que une o viver desde a infância até a velhice. Para isso, acredito no desenvolvimento de vínculos afetivos capazes de romper o círculo vicioso da funcionalidade e de quebrar o imobilismo estratificante por meio do diálogo da razão com a intuição, da cultura com a natureza e da objetividade com a imaginação. Vivemos uma guerra de sentidos e uma crise de significados, na qual a cultura tem o papel de mediar o eterno e o temporal.

Oito décadas formaram a distância entre a idade do meu pai e o nascimento dos meus filhos. Quando estes chegaram ao mundo eu estava no meio dessa matemática, simultaneamente com quatro décadas atrás e com quatro décadas à frente. Percebi que um ano para o meu pai era pouco mais de um por cento de sua vida; para mim, algo além de dois por cento; para o meu filho mais velho, um terço; e para o mais novo, cem por cento. Essa diferença que um simples ano fez no nosso tempo de existência constituiu um curioso conjunto de expectativas animadoras de incrível convivência. Tenho uma lembrança que pode ilustrar a simplicidade dessa movimentação transetária na nossa vida comum. Tudo começou quando contei a meus filhos que na minha infância eu usava espada de haste de palha de carnaúba em brincadeiras no meio dos matos. E fui dizendo que fazíamos as próprias armas e inventávamos combates inspirados nas revistas em quadrinhos e em filmes seriados de capa e espada, que usávamos máscaras confeccionadas com tiras de câmara de ar de pneu de bicicleta e que as nossas espadas eram flexíveis e tinham tampa de lata de leite adaptadas como proteção de mão. Eles quiseram ver como era isso e aproveitamos um feriadão da Semana Santa para essa aventura.

Viajamos para Independência e combinamos com o meu pai para ele ir conosco retirar as palhas em uns pés de carnaúba existentes na fazenda Manchete. Escolhemos algumas delas em tamanhos e formatos diferentes. Meu pai ensinou aos netos como retirar os espinhos dispostos ao longo da haste que liga cada palma ao talo, a mais de dez metros de altura nas copas gráfico--cosmogônicas dessas palmeiras. Mostrei a eles que, com aquele material, fazíamos também cavalinhos para as nossas brincadeiras de mocinhos e bandidos, e, com as varetas retiradas ao longo da haste, montávamos armação para fazer arraia (pipa), com as quais muitos meninos faziam gaiola para aprisionar aves, situação que sempre me incomodou, tanto que por muitas vezes eu abri portas dessas clausuras para libertar passarinhos. Contei todas essas coisas a eles sem a preocupação de querer resgatar nada, apenas facilitar uma experiência e atiçar a curiosidade deles com relação às inúmeras possibilidades de uso de uma simples haste de palha de carnaúba. Sempre que as circunstâncias foram favoráveis, procurei lançar mão de atividades lúdicas com os meus filhos, como essa em que fizemos espadas de carnaúba, um brinquedo que pode ser partilhado entre adultos e crianças, netos e avós.

A experiência da criação foi mágica. O grande benefício dessa relação com o objeto em estado de ilusão é o próprio processo de construir, combinar, comparar e produzir efeitos de convivência, equilíbrio aos impulsos agressivos e liberdade de assumir um papel que tem significação própria no ato de brincar. Cada um dos meus filhos fez dois modelos de espada. O Lucas optou por uma cimitarra, com lâmina curva, e por um bastão de artes marciais; o Artur fez uma katana, a arma branca dos samurais e dos ninjas, também com lâmina ligeiramente curva, e por uma espada de duas mãos, do tipo usado em tempos medievais no enfrentamento dos cavaleiros de armaduras. A aplicação da liga de borracha em cada uma deu o detalhe definidor dessas características. O bastão, por exemplo, tem pontos de suporte nas extremidades e no meio, à medida que a espada de duas mãos foi enrolada de preto em quase metade da sua extensão de um metro. Para diferenciar a sua katana da cimitarra do irmão, o Artur acabou colocando também as tampas de lata de leite na proteção da mão. A tarde chegava ao fim e o sol começava a pintar tudo de luz amarelada. O muncunzá salgado, feito com milho, feijão e caldo grosso de nata, já começava a cheirar na panela. Indo para a mesa, a coalhada com rapadura ralada, batata-doce com leite e outras iguarias do sertão. Tudo parecia calmo até ouvirmos uns gritos e uns sons de pulo no terreiro da frente da casa. Corremos todos para o alpendre e estava lá o meu filho Artur, então com 10 anos, lutando de espadas com o meu pai de 90 anos. Plact! Tec! Ai! Ui! Ai! Ambos só de calção e cheios de marcas avermelhadas pelo corpo, criadas pelas lapadas de espadas que um dava no outro, em uma cena comovente e inesquecível, marcada pelo respeito poético de igualdade na fantasia.

A presença é indispensável para o entendimento da infância como um sentimento. Pode até ser incômoda a situação de deixar de acumular haveres e de aproveitar oportunidades profissionais para priorizar a relação intransferível de pais e filhos. Mas não há dúvida de que a maior riqueza que se pode transferir a alguém é a segurança de ser amado. E isso carece de calor exclusivo, de cheiro, afago, brincadeira, diálogo e atitude firme para o sim e para o não. No processo de formação dos filhos os pais podem delegar o que for possível à escola, às babás, aos amigos, parentes e aderentes; menos abdicar do papel de pais em um mundo cada vez mais cheio de armadilhas consumistas e moralistas. Muitas pessoas sofrem porque a vida não lhes tem dado condições de convivência mais estreita com os filhos. Nessas situações, a infância, por ser um sentimento, está investida da sabedoria da distinção pragmática dos afetos: se a ausência tem motivação real de sobrevivência, de compromisso inescapável ou de atraso involuntário, e não de superficialidade, enganação ou ganância, os filhos tendem a intuitivamente compreender o que se passa e nem por isso se sentem em estado de desamor. A natureza dos problemas sinceros cuida muito bem de fazer aproximações satisfatórias com o tempo disponível ou inventado.

A sequência do contato entre pais e filhos tem razões bastante particulares. Na etapa e no ritmo que for, será sempre um agradável e surpreendente enigma. Quando o Artur tinha um ano, e sua comunicação ainda era essencialmente não verbal, ele estava também na fase de levar à boca tudo o que pegava. Ficava sempre aquela história do que pode e do que não pode. Certa vez eu estava deitado lendo quando notei que ele me rodeava insistentemente. Parei para retribuir a atenção que ele me dava, e foi engraçado.

O moleque olhava para mim, levantando as sobrancelhas e arregalando os olhos, como quem, com um toque de humor, quisesse perguntar e dizer ao mesmo tempo: "Você não está vendo, não? Eu estou com um parafuso de borracha na boca, e não pode!". Na verdade, ele só estava querendo que eu fosse brincar com ele também. E fui. Com o Lucas, que já estava começando a ler, aconteceu um questionamento que ainda hoje também gosto de contar, tanto por sua natureza engraçada quanto pelo que releva da mente infantil e seu pensamento por analogia. Paramos atrás de um carro que tinha no vidro traseiro um adesivo com a seguinte inscrição: "Deus é Fiel". E ele me perguntou se Deus era torcedor do Corinthians.

Por um período da minha primeira infância, moramos em um lugar chamado Poço Comprido, a cerca de 30 quilômetros de Independência, fronteira de município com Tauá. Era uma casinha de taipa bem limpinha, com um chão de barro batido e um paiol elevado, onde meus pais guardavam o excedente da safra de milho e feijão em garrafas de vidro de um litro com a boca lacrada com cera de abelha. Em época chuvosa eu gostava de correr pelo mata-pasto para pegar borboletas, como se fosse um gigante no meio daqueles arbustos de flores amarelas que tinham a altura do meu peito. Lembro-me de que nessa brincadeira eu olhava para trás e a minha mãe, sentada no tronco de árvore que fazia as vezes de banco no alpendre, também me olhava, apreciando a brincadeira. Não me sentia vigiado. Entendia seu gesto como uma atenção boa, amorosa. Depois ela saía, ia cuidar dos afazeres, e eu também não voltava mais a conferir se ela ainda permanecia no alpendre. Naquele pé de serra vivi momentos especiais de segurança afetiva. Um dia, quando, só de calção e alpercatas, eu acompanhava meu pai tangendo o gado para beber nos cochos do cercado do cacimbão, ao me virar para trás, a fim de conferir o contentamento dele apreciando o meu aboio, me encandeei com o pôr do sol e vi um vulto ao meu lado como se fosse ele bem perto de mim. Saltei para abraçá-lo e fiquei suspenso sobre um pé de xiquexique. Foi um deus nos acuda. Depois de retirado da touceira de espinhos, meu corpo todo foi desinfetado com um banho de álcool. Voltei para casa nos braços do meu pai em um choro agradecido pela migração do ardor para o conforto.

Tenho muitas histórias como essas em que, como filho e como pai, percebo a fantasia e a sensação de proteção definindo o ser criança. Essas circunstâncias de fortalecimento de laços afetivos estão ligadas à capacidade de aprender a distinguir e a selecionar impressões para a formulação da existência. Por isso, tratar o tema da infância apenas por suas especificidades biológicas e condições sociais me parece insuficiente diante da grandeza das manifestações da cultura infantil, sua inspiração brincante e seu modo de olhar o mundo amando. O espírito do tempo clama por paz, qualidade de vida e direitos da criança, mas entra em contradição quando cai no abismo da tolerância à racionalização do imaginário, à pedofilia, à exploração do trabalho infantil, à fome, à situação de rua, à guerra das drogas, ao assédio consumista, à terceirização dos afetos, à orfandade cultural e tantas outras agressões físicas e simbólicas sofridas pelo mundo infantil. Com todas as mudanças de tratamento ocorridas com a infância, desde a noção medieval do adulto miniaturizado até o miniconsumidor do neoliberalismo, o que permanece inalterado na natureza infantil é que ela é um sentimento, cuja atenção depende do estágio de evolução ou involução social.

JOSÉ ERNESTO BOLOGNA

Psicólogo, escritor e dramaturgo. Fundador e diretor da Ethos Desenvolvimento Humano e Organizacional. Consultor e conferencista nacional e internacional em Psicologia do Desenvolvimento aplicada à Administração e à Educação. Autor, entre outros, do livro O Deputado ou o Cinismo.

É possível saber o que uma mulher deseja?

Bologna, sua provocação me faz evocar imagens de uma exterioridade metafórica presente no comportamento feminino, que vejo como uma realidade psíquica especial, evoluída em decorrência de marcantes e continuadas circunstâncias de primitivas coerções. O fundamento central dessa percepção está no entendimento de que a humanidade se desenvolveu tendo na dominação o seu sentido de liberdade, conceito este que colocou toda a estrutura das relações em favor da força. Romper com esse modelo tem sido uma das tarefas mais árduas e desafiadoras para quem acredita na valorização das essências positivas do humano. Esse tem sido um processo lento, mas vitorioso, se considerarmos desde a saída da naturalidade do incesto, época em que não era fácil alguém aceitar que a filha ou o filho servisse aos prazeres de outra pessoa, até os dias atuais, quando vai se tornando cada vez mais comum a autonomia no âmbito das relações amorosas. Nessa jornada, a mulher foi impulsionada a encontrar saídas que não dependessem do vigor físico para influir na mudança desse destino de submissão e, sabiamente, transformou o desejo em uma linguagem que atendesse à sua consciência desejante, associando suas motivações pessoais a diversas camadas de interesses coletivos familiares e comunitários.

O tema do desejo na mulher está presente na arte, na literatura, nas lendas, mitos e símbolos através dos tempos. Talvez um dos registros mais significativos desse desejo esteja em um poema que sintetiza o mito da deusa Inana da Suméria, citado pela psicoterapeuta dinamarquesa Jette Bonaventure em seus estudos de filologia. Preservados em tábuas de argila, esses versos guardam uma visão ancestral do desejo que vai além da sexualidade e do encontro amoroso. Eles expandem o feminino a uma intuição voltada ao bem comum. "Quando uma mulher se sente intimamente feminina, ela pode participar de um processo civilizatório (...) É um dom para distribuir para o bem da humanidade (...) O sexo não é considerado como um ato particular, um prazer individual, mas como um ato que traz bens para a vida comunitária! E não necessariamente no sentido da procriação" (BONAVENTURE, 2000, p. 34). Embora praticamente refletindo o modo como o pensamento popular projeta a mulher, muitos contos dos diversos continentes, analisados por Bonaventure, remetem às raízes mais profundas de condutas que levam mais aos cuidados com a relação do que com a verdade absoluta. A preocupação da mulher é com o viver, com o aqui e o agora, muito mais do que com a "justiça e a verdade", como valores abstratos (Ibidem, p. 43). Essa função civilizadora pode estar na razão de alguns estereótipos que associam a mulher à fabulação desenfreada e ao jeito volúvel, movimentando hipóteses duvidosas sobre o seu desejo.

O que historicamente pode parecer ambiguidade seria, de fato, um sofisticado idioma de busca de satisfação vinculada a um esforço sutil e firme de conservação. Quer resignando-se para preencher faltas necessárias às crenças do seu coração, quer regendo-se pelo mito freudiano da libido, o certo é que a complexidade da emotividade feminina se inclina ao senso harmonioso, sempre afeito à compreensão do outro. Mais do que um sentimento, a linguagem do desejo na mulher constitui-se de um sistema de símbolos determinantes da sua forma de ser no mundo, inclusive dos segredos de sua razão. Jette Bonaventure encontrou essa representação da mulher nas narrativas de noite, de luar, de brumas, enfim, de atmosferas misteriosas, ressalvando que, independentemente do cenário e do enredo, seja nas fábulas ou na realidade objetiva, o surgimento de uma figura feminina muda o clima e o desenrolar da situação. Isso porque, nela, a linguagem do desejo flui sedenta por paz, em variantes de garra, ludicidade e solidariedade.

Mais do que parte da função de equilíbrio, que os filósofos taoístas conceituaram de yin-yang, a feminilidade do ser humano tem em si uma potência futurista em sua manifestação dos fenômenos da vida. O recurso da força ainda orienta as decisões interpessoais e as estratégias geopolíticas mundiais, porém, não dá mais para desconsiderar a presença crescente da mulher nas diversas instâncias de decisões sociais. Ou seja, aquela razão de ser original, que norteou nossos ancestrais a enxergarem na virilidade alternativa possível para escapar da seleção natural e para serem vitoriosos nas circunstâncias históricas definidas pela lógica da guerra, perdeu seu sentido de sobrevivência, mas segue presa às disputas de poder. A lança primitiva, a espada medieval, o canhão da Idade Moderna e os mísseis "inteligentes" da hipermodernidade são representações tecnológicas de supremacia.

Acontece que a sofisticação do poder destrutivo das armas vem agravando e acelerando a possibilidade do fim da experiência humana em um planeta já bastante maltratado pelo consumismo. O desejo, como linguagem, tem seus sotaques de vaidade, às vezes direcionados política e economicamente para dar impressão de essencialidade ao supérfluo; ainda assim, a inversão da futilidade, para a atração do que é perene, só requer sinais de encanto próximos da imaginação desejosa para mudar os rumos do mundo. Recorrer aos atributos femininos na construção de novos padrões evolutivos é um bom caminho para iluminar o presente, negando a aposta renitente dos apocalípticos de que o fim está próximo. Além do prenúncio distópico do controle social derivado da concentração de riqueza e do consumo exagerado, a escritora francesa Elisabeth Badinter alerta para o risco do acirramento das disputas de gênero, sem um profundo respeito às diferenças. "O feminismo tomou um rumo que nos leva à regressão. Em vez de se concentrar na igualdade entre homens e mulheres, enveredou por um caminho muito influenciado pelos EUA. Esse rumo aponta a mulher não como igual ao homem, mas como sua vítima" (BADINTER, 2005, p. 55). A filósofa Simone Marinho resume os esforços de reflexão da mulher, diante das mais diversas circunstâncias, como manifestações destituídas de um senso de movimento feminino ou feminista, consciente e explícito. Numa entrevista concedida a Carolina Desoti, para a revista *Filosofia*, ela diz que o ponto comum entre a "amante", a "beata" e a "herege" é a consciência pela luta da dignidade humana, independentemente de gênero (MARINHO, 2011, p. 9). No entendimento da professora paraibana o posicionamento da mulher "pós-revolução sexual" não deve ser o de "superar o homem", muito menos se for movida por algum tipo de "rancor histórico". Simone Marinho acha a disputa de gênero algo muito pequeno para quem aprendeu a se colocar, não só como mulher, mas como ser humano, que superou tantas adversidades e ainda tem tantos desafios a enfrentar (Ibidem).

Assunto tão relevante, tão urgente e tão delicado como esse infelizmente tende a ser contaminado por ressentimentos, paixões mal resolvidas e apelos de desagravo. Não se conquista a igualdade aprofundando a desigualdade. A escritora mineira Eliana Cardoso vê o dramaturgo inglês William Shakespeare (1564-1616) como feminista, exatamente por ele ter tratado as mulheres em condição de igualdade com os homens – num mundo que insistentemente os declara desiguais –, sem nunca ter se preocupado em defendê--las, nem dividir a natureza humana em masculina e feminina. "Em sua grande sabedoria, Shakespeare enxerga mulheres – da leiteira à rainha – e homens – do bobo ao sábio, do príncipe ao coveiro – como iguais, isto é, como seres que estão sujeitos às mesmas paixões e tentações, caminhando todos, do nascimento à maturidade, para a morte inevitável" (CARDOSO, 2017, pp. 42-43). No livro *Sopro na Aragem*, ela dedica todo um capítulo às mulheres shakespearianas, mostrando como o que supostamente as diferencia é exatamente o que as faz humanas e, consequentemente, iguais.

Os dons da sagacidade e da presença de espírito, em Rosalinda; a feminilidade de Ofélia, como uma definição paterna; a recusa de Cordélia à bajulação exigida pelo pai, o rei Lear; a aflição de Desdêmona frente à ânsia de vingança de um marido com a autoestima insultada; e a impetuosidade arrebatadora de Cleópatra são traços comuns da alma humana. Mesmo a "megera" Catarina, que, submetida a casamento arranjado, descobre a si mesma no amor pelo marido. Para Eliana Cardoso, na crueldade de Lady Macbeth está a mesma morte moral do marido, representando os indivíduos que matam em si mesmos o que resta de bondade em situação de ambição desmedida, assim como a concepção idealizada de paixão em Viola pode até estar escondida nos anseios dos homens envergonhados, mas é encontrada naqueles valentes, como Dom Quixote, que fez o que fez por amor a Dulcineia, na obra clássica do escritor espanhol Miguel de Cervantes (1547-1616).

Todas essas ilustrações reforçam em mim o entendimento de que o desejo feminino se tornou uma linguagem, resultante da posição social da mulher ao longo da história. Essa linguagem é eminentemente utilizada pela mãe na determinação do que somos. "Todos nós vamos incorporando uma interpretação sobre nossas atitudes ou ações concretas, que podem estar bem afastadas da realidade emocional" (GUTMAN, 2013, p. 27). Cada comparação, caracterização ou projeção de si mesmas que as mães fazem com os filhos vai, segundo a psicóloga argentina, sedimentando o que pode ser visto ou não como natureza feminina ou masculina. Quer dizer, a qualidade da consciência que temos ou podemos ter sobre o desejo feminino passa pela fala da mãe e de todos os cuidadores e educadores. Se nesses discursos a mulher é tratada como igual, a criança entende que, mesmo quando em situação de desigualdade, ela é uma igual. O contrário, óbvio, produz resultado contrário. No final da década de 1990, conversando com a cantora maranhense Anna Torres sobre o feminino, resolvemos fazer uma música intitulada "Degrau por Degrau" (gravação de Cecília Colares, no álbum *Jogo Rápido*, 2002), com letra dizendo assim: "Você passa da conta / e não se dá conta que o mundo mudou / Eu vou à luta degrau por degrau / cantando Olympe de Gouges". Estávamos ali falando do presente, mas a partir de um longínquo processo histórico pouco elucidado. Na segunda metade do século XVIII, Olympe de Gouges (1748-1793) questionou a ausência do olhar feminino na Revolução Francesa (1789), escrevendo uma "Declaração dos direitos da mulher e da cidadã", e foi guilhotinada por isso.

A chave para saber o que uma mulher deseja está no respeito à sua condição humana plena, sem misoginia velada ou reforço dos estereótipos de inferioridade produzidos pelo embate, enquanto instrumento do padrão mental dominante. A jornalista e ensaísta cearense Heloneida Studart (1932-2007) foi uma das feministas pioneiras na defesa da "teoria de que é preciso feminizar o mundo para torná-lo mais distante da barbárie mercantilista e mais próximo do humanismo" (STUDART, 2001, p. 7). Ela instigava a mulher a honrar a sua igualdade. E ela estava certa. O choque compulsivo de personalidades não se limita a uma questão de gênero, na vertigem de uma sociedade de pessoas cada vez mais solitárias e desesperançadas. Os instantes estão suspensos no tempo dos desejos induzidos. A noção de amor no hedonismo vigente não consegue se libertar dos sofrimentos psíquicos relacionados ao individualismo e à competição fraticida, não só entre mulheres e homens, mas entre lésbicas, *gays*, bissexuais, travestis, transexuais e transgêneros que, de modo geral, atuam fechados em suas próprias pautas.

O desejo feminino, como linguagem, transcende a dureza do preconceito, da desigualdade e da destruição desse cotidiano em estado de insolvência. Se a maior concentração do princípio ativo do feminino está na mulher, não há dúvida de que precisamos sublimar esse atributo para o estabelecimento de novos parâmetros de convivência, tendo a título de senha a palavra "paz" como substantivo feminino, o que não lhe tira o poder de luta.

Somos indivíduos predestinados ao amor. E amar implica a existência de encontros e desencontros. Conflitos que podem ser instigadores da cordialidade e da amabilidade resultantes da aplicação plena dos valores humanos. A recriação do amor como uma sensação agradável do corpo, da mente e do espírito, para os tempos atuais é uma tarefa que não pode mais prescindir do plasma da feminilidade. O fenômeno cultural permite pontos de semelhança entre as mais distintas dimensões da nossa realidade. Isso faz com que, para enxergar uma determinada situação, muitas vezes seja inevitável olhar para outra. Os contos populares visitados por Jette Bonaventure consideram o desejo feminino como próprios. "As deusas eram divinas, nem boas nem más, mas viviam de acordo com sua natureza" (BONAVENTURE, 2000, p. 11). Isso faz com que a elas fosse atribuído o dom do amor e da guerra, sem que essa caracterização significasse contradição. Comparar ajuda a flexionar nossas resistências de assimilação. Em uma figura de síntese talvez seja possível desenhar a evolução da mulher em três avanços sociais e culturais: um, que simplesmente a introduziu no universo masculino, disputando as mesmas coisas; outro, que deu a ela a condição de criar uma linguagem a partir do desejo; e um terceiro, o mais complexo e mais difícil de ser conquistado, que é o da inversão do modelo mental dominante, para que a mulher possa assumir o poder sem armas, parindo um mundo de cuidados compartilhados.

A linguagem do desejo da mulher no Brasil tem uma sofisticação que vem paradoxalmente da sua marginalidade. A história brasileira praticamente só mostra traços da mulher como um personagem não declarado. E é exatamente nessa vivência de clandestinidade que acredito se encontrar guardado o segredo da compreensão e do agir intuitivo e racional, acumulados há séculos na mente e no sentimento feminino. Ao ser criada na fazenda, a mulher nativa perdia a liberdade da convivência com a sua tribo, passava por constrangimentos de assédio e estupro, mas na vida doméstica ganhava o acesso ao que pensavam os donos da casa. O homem índio, não, este era submetido a ser escravo-vaqueiro e não conseguia facilmente entender o que se passava na cabeça dos seus algozes. Aluhy, a irmã do lendário Mandu Ladino, guerreiro tapuia do final do século XVII, cuja história foi romanceada pelo psiquiatra e escritor piauiense Anfrísio Neto, ainda era menina quando foi capturada. Mesmo tendo crescido e se tornado mãe entre fazendeiros era vista por eles com rompantes de desconfiança: "Não podia se iludir, se levar por aparência e esquecer que aquela índia, apesar de criada por eles tão dócil e delicada, na verdade, continuava sendo uma bugra e, nesta raça de gente, todos sabiam, não se podia confiar" (BRANCO, 2006, p. 245).

A mulher negra obrigada a trabalhar nas residências dos donos de usinas, dos cafezais e das minas de ouro, também teve a oportunidade de ouvir o que diziam no interior da Casa Grande, condição que lhe deu uma sensível diferença perceptiva com relação ao escravo homem – açoitado nos canaviais e nos campos de café – quanto ao entendimento do que pensavam senhores e sinhazinhas. Além de estar nos lugares das conversas mais íntimas, a escrava saía para as ruas, vendendo frutas e artesanato, como é comum no Brasil colonial das telas de Jean Baptiste Debret (1768-1848). Mesmo a mulher branca, limitada em sua liberdade de deixar fluir o feminino nos aspectos que pudessem entrar em conflito com o masculino, reuniu conhecimentos que raramente teve a oportunidade de pôr em prática. No Brasil, mulheres brancas como a zoóloga paulista Bertha Lutz (1894-1976), que liderou o movimento de conquista do voto feminino na década de 1930, demonstraram claramente o potencial aglutinador e a força política da mulher.

Se puxarmos bem pela memória veremos que a mulher está mais bem preparada do que o homem para assumir o salto da curva da evolução para um novo ciclo da humanidade. No Brasil, é ela quem melhor conhece de perto os pensamentos dominantes. O passado está no presente, não ficou para trás, e a "ciência" do feminino pode ser uma alternativa para um mundo cada vez mais beligerante e violento. Isso será possível caso esse precioso modo de comunicação desenvolvido pela mulher funcione como impulsionador do que o pensador indiano Ashis Nandy chama de imaginação emancipatória. Esse caminho postula o combate no plano psicológico e cultural, e não em estratégias de contraviolência e suas táticas segregadoras e consumistas como hipóteses cidadãs. Nandy fala do constrangimento dos que usufruíram do sentido de liberdade na dominação, quando chegar o dia em que a riqueza e o poder que acumularam com isso for humilhante ante a opinião pública. Da parte da mulher, é muito importante a compreensão de que não foi de todo inútil o seu sofrimento. "O dissenso não reside no conteúdo divergente do pensamento, mas na estrutura divergente do próprio pensar" (NANDY, 2015, p. 11). Daí a relevância do uso criativo do passado na proteção da autoestima, tendo como ponto de partida e perspectiva a consciência de que essa linguagem criada pelo desejo pode levar a sociedade como um todo a escapar da ideia de felicidade como algo que pode ser adquirido.

Entender o desejo da mulher é deixar-se clarear por suas metáforas, como representação de um pensamento estruturado a partir do desempenho em papéis sociais assimétricos nas decisões de poder. Por identificações cruzadas e vivências cíclicas, ela conseguiu dar consistência a um sistema de expressão fora das fronteiras da razão predominante. O exemplo mais visível da aplicação dessa linguagem do desejo feminino na atualidade está em um movimento de respeito mútuo, conhecido como sororidade, por meio do qual as mulheres, sem julgamentos prévios e sem rivalidades entre si, apoiam umas às outras, num grande pacto de fraternidade pela construção de respeito, escuta, voz, compreensão, gentileza, visões e ações que levem a novos modos de relacionamento, produção, consumo e postura de cumplicidade com o meio ambiente, em favor de uma sociedade de bem viver.

JOSÉ XAVIER CORTEZ

Editor, fundador e presidente da Cortez, editora brasileira com catálogo de referência nos campos da Educação, Serviço Social, Ciências da Linguagem, Ciências Sociais, Ciências Ambientais e Psicologia, bem como de Literatura Infantil e Juvenil.

Como você espera envelhecer?

Peço sua permissão, Cortez, para começar a responder essa pergunta de onde parei ao escrever o prefácio da sua biografia *A Saga de um Sonhador* (2010), escrita pela socióloga Teresa Sales e pela jornalista Goimar Dantas: "Como formador de intelectuais e preparador de cidadãos, passou a ocupar lugar de destaque na galeria dos grandes editores brasileiros. Financiou o próprio sonho com trabalho duro e em condições precárias de realismo social, para fazer educação no Brasil. Sem ele e sem os autores que vem editando ao longo dos anos, certamente muitos estudiosos e educadores não seriam os mesmos" (pp. 14-15). Considerando suas mais de oito décadas de vida, com parte significativa desse viver destinada a espalhar obstinadamente luzes para que o pensamento crítico brasileiro se liberte das sombras dos determinismos coloniais, fico motivado a refletir sobre como pretendo envelhecer, atendendo à curiosidade de alguém que sempre se sentiu à vontade para fazer a vida reacontecer, tratando os outros com gentileza, amando a família, dançando miudinho, honrando a origem potiguar, transbordando senso de dever e amor pelo que realiza, e, acima de tudo, alguém que aprendeu a ser grato e por quem muitos, como eu, têm gratidão.

Penso em refinar cada vez mais em mim a gratidão pela vida. Fazer como o neurologista e escritor inglês Oliver Sacks (1933-2015), que se trabalhou profundamente para que o sentimento predominante em seus últimos anos fosse o de gratidão por uma vida bem vivida em suas dificuldades e conquistas e, principalmente, pelo que recebeu da natureza e das pessoas. Sacks revelou que seu pai viveu 94 anos – mesmo tempo vivido pelo meu –, e "costumava dizer que seus oitenta anos tinham sido uma das décadas mais agradáveis de sua vida" (SACKS, 2015, p. 20). Meu pai também experienciou esse esplendor, do qual fui testemunho dedicado. Foi nesse período que ele me chamou para conversar sobre como gostaria que meus irmãos e eu conduzíssemos o que ele e a minha mãe haviam construído; ela ficando com o direito de usufruto vitalício, caso ele fizesse a viagem de volta antes dela, o que aconteceu.

Com o entusiasmo dele, de poder definir a sequência das coisas quando não estivesse mais aqui, resolvemos toda a burocracia necessária para não cairmos nas armadilhas dos inventários e espólios. E ele partiu tranquilo, deixando tudo bem encaminhado, inclusive a doação de parte do seu bem mais valioso para os dois trabalhadores que, com lealdade e paciência, estiveram com ele no trabalho cotidiano da fazenda por todo o tempo em que os sentidos dele começaram a ser desativados. Nas longas conversas que tivemos, normalmente com a presença cúmplice da minha mãe, eu sentia esse momento de sensação de expansão da perspectiva espiritual que ele desenvolveu depois dos 80 anos. Ciente da transitoriedade do viver, meu pai argumentava que o seu tempo estava ficando curto e, por isso, havia tratado da sua passagem com a clareza de tudo o que estava fazendo. Ele declarou para mim que foi nesse período que tomou consciência plena de que o fato de ter aprendido a viver com o necessário o fez desenvolver o "sistema", como ele denominava o equilíbrio dinâmico que organizou para administrar a sustentabilidade da vida e do viver.

O comportamento do meu pai na última década em que viveu apresentou traços dos que chegam ao estado de ter um senso claro da história vivida, coisa que Oliver Sacks atribuía à fase iniciada aos 80 anos, pelo que ela significa como tempo de duração para a observação de si e dos outros, o que capacita a quem passa por essa longa experiência a ver a vida "como que de uma grande altitude, como uma espécie de paisagem, e com uma noção crescente de conexão entre todas as suas partes" (SACKS, 2015, p. 28). O pensador inglês via nos últimos movimentos do "destino genético e neural", que faz todo ser humano ser único, a oportunidade de distinção com naturalidade entre o que é essencial e o que é acessório, de modo que cada pessoa chegue ao seu destino "vivendo sua própria vida e morrendo sua própria morte" (Ibidem, p. 30). Nesse aspecto, na condição de autor, tenderei a zelar por cada palavra que escrevi e por cada melodia que criei, mas quero estar mais e mais feliz por ter podido contar com tantas parceiras e tantos parceiros na materialização de tudo isso.

A vida precisa que a gente passe para que ela siga em frente. Na biologia, assim como na cultura, são necessárias muitas existências para que o viver se processe. Dei-me conta dessa conjunção de fatores certa vez quando fui pegar o carro na garagem do escritório e notei um filhote de pardal morto, ao lado da porta. Tinha caído do ninho feito por seus pais na fresta de um cobogó. Fiquei um bom tempo olhando para aquele frágil bichinho que perdeu a vida antes mesmo de voar. No primeiro momento, imaginei que, para um pássaro, isso deve ser algo impactante. Depois, cheguei à conclusão de que, desfalecido, ainda sem todas as penas, aquele ser não era apenas o que eu via; ele fazia parte das possibilidades que a natureza cria a fim de assegurar o voo dos outros. O que eu estava presenciando naquele instante era a representação de uma ordem do curso natural da vida. Isso mesmo, a natureza é um turbilhão de possibilidades e, para que uns seres vivos deem continuidade às suas espécies em interação com o conjunto de todos os seres vivos, muitos cumprem o papel de ficar pelo caminho, enquanto outros ganham os céus. No âmbito da cultura a dinâmica não é diferente. Escritores, poetas, artistas, editores e produtores precisam dessa equação para que a beleza, a reflexão e a diversão sejam canalizadas aos que por elas se interessam. É dos esforços de muitos que alguns autores são publicados. Isso não quer dizer que sejam os melhores ou os piores, apenas que é preciso muita gente produzindo para que se construa o patrimônio narrativo da humanidade.

O paradigma mais emblemático que conheço desse fato natural e cultural é a parábola bíblica do Livro dos Números, na qual a geração que fugiu da escravidão no Egito atravessou o Deserto do Sinai e o Mar Mediterrâneo para quatro décadas depois chegar à Terra Prometida. Isso é fantástico, pois os que concluíram a travessia não foram os mesmos que saíram, mas sem estes não haveria os que chegaram. O pequeno pardal, o autor anônimo e os que ficaram para trás no episódio do povo hebreu são exemplos de que a vida é processo, que tudo o que há é parte de um grande e permanente movimento. Para existirmos dependemos da fusão de gametas masculino e feminino, no processo de fecundação, para que o zigoto formado com essa fusão dê origem ao embrião e nasça um novo ser. É uma loucura a festa dos espermatozoides para a fertilização do óvulo. Milhares morrem nessa agitação da vida, para que um só chegue ao destino, tornando a gravidez um espetáculo de alegria.

Com a compreensão de que somos partículas dessa fantástica agitação divina, pretendo envelhecer transformando a idade em uma filosofia inspirada na possibilidade da perda. Quando a insuficiência auditiva, a vista precária e as doenças se aproximarem, não gostaria de brigar com elas. O pensador mineiro Rubem Alves (1933-2014) dizia que a experiência da enfermidade nos que conquistam viver muitos anos vem para ficar e tem a bendita função de ressuscitar sentidos adormecidos, deixando tudo mais fluido, evanescente e efêmero. "A contemplar a beleza, a alma faz uma súplica de eternidade. Tudo o que a gente ama a gente deseja que permaneça para sempre. Mas tudo o que a gente ama existe sob a marca do tempo. *Tempus fugit*. Tudo é efêmero" (RUBEM ALVES, 1996, p. 107). Sabendo disso, o ideal é que exploremos o novo ciclo com mais leveza, nos permitindo deixar viver, mesmo encolhendo de tamanho e encurtando o passo.

Espero manter a vontade de escrever e de compor ilustrações musicais para meus escritos. Isso vai depender também das pessoas que estiverem comigo, pois é fundamental alguém por perto que se interesse por nossas obras e que esteja ciente das manias dos autores, cuja relação com a linguagem pode continuar mesmo nos momentos de pausa do trabalho. Pessoas que tenham paciência, mas que também me ajudem a tomar consciência dos meus limites. Desejo muito que ninguém venha a me tratar com diminutivos, que se fazem com as crianças. Na infância, pedir para o adulto contar novamente uma história é criar condições para novas hipóteses de apropriação da realidade por meio da fabulação. Na idade avançada, quando a pessoa idosa conta de novo uma história, deveria ter a atenção dos que ainda não ouviram o tanto que precisam ouvir de histórias, ideias, sonhos e realizações, no que um a um representa para a permanência da memória e seus vínculos com a realidade.

Em sua última manifestação pública, o filósofo francês Jean-Paul Sartre (1905-1980), em entrevista concedida ao filósofo egípcio Benny Lévy (1945-2003), relata como vê a experiência da idade avançada: "Minha velhice não é algo que, em si, me ensine alguma coisa. O que me ensina alguma coisa é a atitude dos outros com relação a mim (...) os outros é que são a minha velhice" (SARTRE, 1980, p. 33). A bem da verdade, por toda a nossa vida estamos sujeitos ao olhar de classificação dos outros. Na velhice, isso se torna mais insuportável, principalmente quando se tratam de apreciações depreciativas. O cronista cearense Milton Dias (1919-1983) guardava uma coleção de reações de pessoas idosas quando se viam desrespeitadas. Tinha a da advertência vingativa da mulher a uma jovem que zombou da sua velhice: "Eu já fui o que tu és; e tu serás como eu sou", e a resposta do homem ao comentário inoportuno de um rapaz: "Se não quiser ficar como eu, morra" (DIAS, 1982, p. 138).

Tenho a expectativa de na velhice aproveitar mais o meu tempo para conversas inúteis. "A conversação é a grande escola do espírito" (MORELLET, 2002, p. 6). Essa afirmação do filósofo francês me instiga a aproveitar mais o humor dadivoso que dificilmente pode ser extraído de outras fontes. Conversa informal, descontraída e sem dogmas, que tanto já me fez bem, mas que, por descuido, deixei de usufruir com a intensidade que a leveza da nossa alma merece. Ademais, esse tipo de interação livre é bom também para o exercício da memória e do estado de alegria. Acho que não vou deixar de gostar de pensar, de refletir sobre as coisas e, provavelmente, dos bate-papos sobre temas complexos. Ao mesmo tempo, me divirto com o silêncio. Até por razões profissionais, aprendi a ouvir. Sei ficar em um lugar com muita gente falando e eu só ouvindo, calado, mas com meus pensamentos dialogando. Uma das minhas satisfações é escutar pessoas de idade avançada. Olho para seus rostos e vejo trajetórias, rugas que são hieróglifos deixados pelo tempo. Tenho tido o privilégio de conviver com muitas pessoas de longa e motivada existência. Pessoas que fazem do ato de viver uma celebração da administração dos feitos cotidianos e que não perdem a mania de tecer o futuro. Longevidade é uma consequência. Nos versos de "Canção para um velho em flor", o poeta ceárense Francisco Carvalho (1927-2013) sintetiza tudo: "No lenho dos teus olhos / enxames de abelhas / armazenaram o pólen / das quatro estações" (CARVALHO, p. 22). Talvez o maior desafio que eu tenha de enfrentar ao envelhecer seja o de me tornar mais sereno, o que para mim será muito difícil, considerando minha indignação crônica com a estupidez das desigualdades sociais. Nunca vi uma pessoa velha serena que seja feia. E eu gostaria de ser um velho bonito, com lirismo e poesia no olhar.

JUDICAEL SUDÁRIO DE PINHO

Juiz do Trabalho, especialista em História das Ideias e mestre em Direito Constitucional.

Ainda é Sertanto[*]?

Sim, Judicael, enquanto o vento Aracati refrescar calçadas no começo da noite, a cruviana levar friagem aos alpendres madrugada adentro, e Abidoral Jamacaru seguir afirmando que a cor mais bonita é bem cedo, podemos dizer que a alma do sertão ainda vigora. Mesmo com metade da sua cobertura vegetal destruída e em avançado processo de desertificação, o corpo da caatinga também

---

[*]A expressão Sertanto, que substitui a sílaba "tão" por "tanto" na palavra Sertão, com a finalidade de realçar a intensidade do significante, foi criada por Flávio Paiva no final da década de 1970 quando o autor passou a morar em Fortaleza, época em que foi aluno do professor Judicael, na Escola Técnica Federal do Ceará (hoje IFCE).

segue potente em sua pureza selvagem ora árida, ora verdejante. Basta olhar as belezas da mata branca e da mata verde, o claro e o escuro do realce da paleta de cores solar sobre as paisagens, e se iluminar com o espetáculo visual dos momentos monocrômicos azulados, esbranquiçados, cinzentos e esverdeados que dão a temperatura da imensidão. Para um desses cenários compus, em parceria com Tato Fischer, a canção "Azul" (1997): "Descanso o olhar na serra distante / Nevoeiro sem vento, *smog* e paixão / Palavra do mundo / Me diz que de perto / O amor não tem cor / O azul é ilusão // Contemplo vales e vales de espera / Riachos sem pontes, sem som, solidão / Beleza do mundo me ajuda a sentir". É uma declaração de amor à vastidão que nos tira e nos dá fôlego para viver.

É, no entanto, por dentro desse mundo brumoso que a vida acontece em sua mais engenhosa fantasia leiga. Em algum lugar que nem sempre vemos, a seriema pega cobra, o bacurau caça inseto em pleno voo, a borboleta cheira flor que só ela e a abelha sabem cheirar, o tatu-bola rola, rola, o mambira mete a língua no formigueiro, o pica-pau bate na porta do esconderijo das larvas, o cancão alerta para a aproximação do desconhecido, o joão-de-barro faz o ninho que inspirou a casa de taipa, o anum tira carrapato de vaca, o gavião devora pinto, e o carcará fura os olhos, arranca a língua e o umbigo de borregos e cabritos. São tantas coisas que parece coisa de faz de conta, mais o solfejo do corrupião, o canto melodioso do sabiá, o duo de casaca-de-couro, o assobio noturno da mãe-da-lua e o *risssp* amedrontador das corujas rasga-mortalha, o azedinho do tamarindo e o doce do sapoti ainda estão por aí. A graça ornamental e medicinal da jitirana, do melão-de-são-caetano e de outras trepadeiras e cipós abraçam alegremente a florada de umburana, jucá (pau-ferro), ipê (pau-de-arco), angico, pereiro, aroeira e mulungu. Na biodiversidade da caatinga, com seu rico patrimônio genético, não falta plasticidade cruzada para quem quiser fazer alegorias de cordel combinando espinhos de cuandu e coroa-de-frade, apagando lagarta de fogo com galinha-d'água, e, dando mais asas à imaginação, soltando lagartos e morcegos nas escavações onde habitam fósseis de pterodátilos e répteis alados.

Isso é um pouco do muito que ainda há. Aquelas nuvens de avoantes dos pombais, o mel de jandaíra, os piados de nambu, a onça vermelha, o gato maracajá, os bandos de marrecas que pousavam nas lagoas vão rareando como rareiam as lagoas. Se quisermos, muitos desses seres que amargam a travessia da extinção podem voltar a povoar a mata do semiárido. Isso está comprovado. O projeto da Associação Caatinga, lançado em 1998 com o intuito de promover a conservação de áreas naturais, a restauração florestal, recuperação de nascentes, disseminação de tecnologias sustentáveis e orientação ambiental, tem como mostrar concretamente na Reserva Serra das Almas, no município de Crateús, o quanto a fauna e a flora querem voltar para casa. O sertão é cheio de truques para o enfrentamento de adversidades: as raízes das árvores são profundas, a casca dos troncos é grossa para não perder seiva, as folhas pequenas e os espinhos evitam a desidratação, e alguns caules tuberosos se disfarçam de raiz para armazenar nutrientes em tempo de estio. As frutas produzem muitas sementes para a planta ter mais chance de reprodução. O faveleiro é tão caprichoso nessa estratégia que estala seu fruto, arremessando sementes ao longe, aumentando a probabilidade de condições para florescer. Quem vê a mata cinzenta sem folhas pode achar que tudo morreu, mas bastam alguns pingos d'água de condão das primeiras chuvas para tudo enverdecer. O cheiro da terra molhada enche de brilho os olhos dos bichos e das pessoas que habitam a caatinga.

O sertão é cheio de expressões naturais e culturais encantadoras. Andando pelo Ceará, não há como ficar indiferente à paisagem lunar formada pelos monólitos do Sertão Central, ao paredão azul da Chapada da Ibiapaba, aos quartzos, turmalinas, águas-marinhas e outras gemas de Berilândia, às sombras frescas das oiticicas e juazeiros, à mata seca que, ao pôr do sol, mais parece um incêndio queimando o mundo, à ilha de mata úmida do Maciço do Baturité, ao tapete fotovoltaico da usina de energia solar dos Inhamuns, e às torres de energia eólica instaladas nas propriedades rurais de Ararendá, Ipaporanga, Ipueiras e Poranga. Na geografia humana, é difícil alhear-se do sapateado do mestre Zé Augusto, em Independência, da banda de pífaros dos Irmãos Anicete, no Crato, da força dos ex-votos de Canindé e da Juazeiro do padre Cícero, do Santo Antônio sem cabeça no alto do serrote de Caridade, do ranger dos punhos de redes nos armadores, do silêncio da carne de sol estendida nas paredes, do sabor do bolo húngaro, do doce de amendoim, tijolinho de mamão, manzapo, tudo da oca, mandioca e outros que tais. Os ingredientes de impactos estéticos no interior estendem-se pelos cachorros que ainda caminham sob a sombra das carroças em movimento, pelos saltos das crianças nas águas dos riachos e pela piracema nos sangradouros dos açudes em tempo de chuva, e se manifestam lindamente nas noites prata, tão bem cantadas por Catulo da Paixão Cearense (1863-1946) na clássica "Luar do Sertão": "Não há, ó gente, ó não / Luar como esse do sertão (...) branquejando folhas secas pelo chão (...) Se a lua nasce por detrás da verde mata / Mais parece um sol de prata prateando a solidão / E a gente pega na viola que ponteia / E a canção é a lua cheia a nos nascer do coração". Tudo isso, e muito mais, são sinais de que as forças da natureza e da cultura ainda não desistiram de nos oferecer fontes de equilíbrio ambiental e social.

Apaixonado por tudo isso, compus "Sertanto" (2004): "Tenho terra e raiz em tua riqueza / Conheci o teu suor sobre meu corpo / Trago em mim teu cheiro presente / Por ser teu sou tu Sertanto // Vejo em meus olhos quando me abro / Clarear a imensidão do amanhã / Cada vez mais acesa em tua força / Bendita luz das nossas alianças // Sertão! Sertanto! // Guardo em ti o testemunho árido / De uma intensa e fervorosa flor / O testamento dos filhos do sol / Por ser teu sou tu Sertanto // Lustro as argolas nas tuas mãos / A sonhar os sonhos do coração / Apaixonado, vivo e sequioso / Por teu sorriso que me cativou. // Sertão! Sertanto!". Essa música integrou o momento da bênção das alianças na Missa Sanfonada que fiz para a comemoração, em Fortaleza, dos 50 anos de casados dos meus pais, celebrada pelo bispo Dom Plínio Luz, de Picos (PI), na Igreja das Irmãs Missionárias, ornamentada naquele dia com sons do sertão.

A valorização de Sertanto requer uma educação dos sentimentos, na qual se pudesse tratar essencialmente da complexa relação dialética entre viver e conviver. Esta é uma parte do processo de preservação e desenvolvimento de biomas como a caatinga, que via de regra não está ao alcance dos pesquisadores desenvolvimentistas, dos especialistas em mudanças climáticas, dos cientistas sociais e dos líderes políticos. Sem contar que os limites da relação entre a vida e as formas de realizá-la estão cada vez mais difíceis de serem estabelecidos. No caso das questões climáticas, pode-se dizer que há uma dicotomia entre a crise comum do aquecimento global e o reconhecimento da diversidade cultural das distintas sociedades e o direito de cada uma ter as suas próprias significações. O processo de assimilação dos problemas ambientais tem tempos culturais variados e soluções que exigem compartilhamento de visões, convenções e ações integradas. Produzir e intensificar conceitos e consensos, respeitando e potencializando características antropológicas, experiências replicáveis e vivências sociais inspiradoras, antes de educação, antes de economia, é um problema de cultura. Todas as sociedades podem contribuir para a sustentabilidade quando são levados em consideração os contrastes peculiares *vis-à-vis* à pluralidade da maneira de viver e às proposições de convivência.

As indignações com a desertificação são muitas. É inconcebível que a caatinga, como bioma exclusivamente brasileiro de grande biodiversidade, continue perdendo anualmente quilômetros e mais quilômetros quadrados de sua mata nativa com queimadas e desmatamento para a produção de lenha e carvão. Como se não bastasse a queima de lenha nas pizzarias, na indústria de gesso e olarias, a maior parte dos gravetos de jurema sequestrados no Ceará são transformados em carvão para abastecer siderúrgicas de Minas Gerais e do Espírito Santo. Prevalece o consórcio atroz entre o bronco e o esperto nessa ação criminosa. Soluções como reflorestamento de fato e produção sistemática de madeira certificada estão longe de serem efetivamente incluídas na gramática dos nossos agentes socioeconômicos públicos e privados. Não temos ainda uma afinação de corresponsabilidades que seja capaz de romper com o tradicionalismo, de dar agilidade, eficácia e concatenar adequadamente a aplicação dos recursos públicos com os resultados de interesses da sociedade. Por conta desse tipo de deformação, os estereótipos continuam ocultando a riqueza desse bioma rejeitado, mesmo antes de ser devidamente conhecido. A ideia de uma natureza perversa e de uma humanidade carente que vigeu até agora dificulta a troca de conhecimentos e saberes e a fuga das manipulações políticas.

Essa questão necessita de abordagens que partam de práticas sustentáveis da relação das pessoas com a natureza, em caráter menos racional e mais associado a valores, virtudes e simbolizações. A racionalidade em demasia provoca desestímulo. O melhor discurso para esses casos é o que possibilita o abraçar do tema e a satisfação de estar comprometido com o seu propósito. O semiárido (classificação climática), a caatinga (tipo de fauna e flora) e o sertão (mapa político) precisam ser vistos com encanto, precisam de uma nova literatura, de histórias em quadrinhos e filmes com os seus personagens, de jogos eletrônicos com suas histórias fantásticas, de ressignificação de seu vasto cancioneiro e de melhor aplicação das suas representações simbólicas na vida urbana para se enxergar e ser valorizado como merece. Na tentativa de contribuir com essa sensibilização, escrevi um livro – *Titico achou um anzol* (Cortez, 2007) – tendo como personagens aves e animais da caatinga. Imaginei que poderia ser uma série, mas, apesar de ser uma das ficções infantis que mais gostei de escrever, a repercussão foi muito aquém do esperado. Uma professora do interior me falou que o problema desse livro é o fato de o protagonista ser um preá (mamífero roedor e herbívoro comum no semiárido); fosse um esquilo (mamífero roedor e herbívoro incomum no semiárido), as crianças teriam se identificado mais. Essa revelação aponta para o tamanho da lacuna cultural e educacional que temos no sentido de reelaboração do cotidiano no sertão, por meio do esforço de compreensão de como se olha, como se busca, como se anda, como se celebra a vida e a morte na caatinga.

A preocupação com a violência ecológica no sertão não é de agora; já estava nos mandamentos do padre Cícero (1844-1934), escritos nas primeiras décadas do século XX com o intuito de regar a consciência do habitante do semiárido sobre o processo de desertificação e dar orientação de como evitá-la e conviver na caatinga: "1. Não derrube o mato, nem mesmo um só pé de pau. / 2. Não toque fogo no roçado nem na caatinga. / 3. Não cace mais e deixe os bichos viverem. / 4. Não crie o boi nem o bode soltos; faça cercados e deixe o pasto descansar para se refazer. / 5. Não plante em serra acima, nem faça roçado em ladeira muito em pé: deixe o mato protegendo a terra para que a água não a arraste e não se perca a sua riqueza. / 6. Faça uma cisterna no oitão de sua casa para guardar água da chuva. / 7. Represe os riachos de cem em cem metros, ainda que seja com pedra solta. / 8. Plante cada dia pelo menos um pé de algaroba, de caju, de sabiá ou outra árvore qualquer, até que o sertão todo seja uma mata só. / 9. Aprenda a tirar proveito das plantas da caatinga, como a maniçoba, a favela e a jurema; elas podem ajudar você a conviver com a seca. / 10. Quem desmata semeia o inferno na Terra", conforme reproduzi no meu livro *Ciço na Guerra dos Rebeldes*, editado pela Cortez (PAIVA, 2014, p. 28). A realidade desafia as crenças, entretanto ainda há tempo para sairmos da passividade, da inércia, chamando a atenção à pobreza do nosso modelo de vida contemporâneo, que precisa ser redirecionado, inclinando-se preferencialmente a um estado de maior inteireza e de um sentir continuado, abrangendo os planos vital, mental e espiritual. Sertanto não é apenas um neologismo; é um espelho purificador do nosso olhar e fonte de negação da opacidade que impede o desenvolvimento da necessária e urgente formação da nossa ecoconsciência planetária.

LUCIANA DUMMAR

Jornalista e empresária, presidente do Grupo de Comunicação O POVO.

O que pode ser mais encantador para uma criança do que um livro?

Tomando a literatura como um campo em que a cultura da infância pode realizar-se em sua plenitude, permitindo o exercício livre da imaginação, eu diria que sim, Luciana, o livro é o brinquedo mais encantador. E aqui, antecipo, não faço alusão nem ao brinquedo-livro, que com sua estrutura material adaptada ao manuseio não tem a linguagem como fonte do exercício imaginativo, nem ao livro modelado para uso didático, que pressupõe a associação direta do valor simbólico a uma finalidade, o que o aproxima do jogo. Sem qualquer demérito a esses ou a outros recursos físicos e virtuais inspirados no livro, refiro-me essencialmente à obra literária que, como suporte de representação da vida e do viver, produz efeitos significativos sobre o desenvolvimento da criança por oferecer um espaço intangível para a brincadeira do significado das palavras na relação com o real; a leitura que dá à criança uma condição ativa de transitar por diversas situações sem consequências imediatas, sem regras ou metas para alcançar. O livro de literatura, assim como o brinquedo, está sempre aberto para que a criança atribua significados ao enredo, de acordo com o seu saber, universo de conhecimento, curiosidade e interesse.

A literatura não condiciona as reações infantis; pelo contrário, ela sugere situações imagináveis para a produção de liberdade criativa e de apropriação sociocultural. Isso, porque o texto literário não tem função precisa; o que oferece a meninas e meninos autonomia total para seguir o que bem entender na narrativa, independentemente da intenção original do autor. Em um artigo intitulado "Acho que vi um gatinho" (Caderno Vida & Arte, p. 6, *O POVO*, 11/10/1999), comento essa questão a partir de uma defesa de Charles Perrault (1628-1703) publicada na apresentação do seu livro de contos, quando, tempos depois, este autor continuava sendo acusado de contribuir para a perpetuação da violência contida no imaginário popular. Utilizando-se de fato real, o editor P.J. Stahl (1814-1886) procura provar que, em condições normais, as crianças só absorvem o que lhes convém. Conta o prefaciador sua aventura de, certa vez, ter ficado com a missão de distrair uma criança por alguns instantes, e, na tentativa de cumprir a tarefa da melhor maneira possível, pegou o livro *Contos de Perrault* e leu para a menininha a trágica história de Chapeuzinho Vermelho. Depois do momento final, quando o lobo devora avó e neta, a garotinha ficou com cara de quem esperava mais. Ao perguntar se ela achara a história divertida, a resposta foi afirmativa, mas o complemento deixou o narrador estupefato: "É muito bonzinho esse lobo!". Quando a mãe da sua sobrinha retornou, ele ficou sem saber como falar desse estranho problema psicológico constatado na menina.

Encheu-se de coragem e relatou tudo, até descobrir que a mãe havia prometido um pedaço de bolo para a criança ficar bem--comportada na sua ausência. Foi então que P.J. Stahl se deu conta de que, durante toda a leitura, sua interlocutora havia mantido uma especial atenção no bolo que a Chapeuzinho Vermelho levava para a vovozinha, e que o "amável" lobo, com fome suficiente para devorar uma senhora idosa e uma criança, teve a generosidade de não comer. Bolo que, na mente fantasiosa da garotinha, bem que poderia ser o mesmo que sua mãe tinha prometido antes de deixá-la sozinha com o tio. Não se tratava, portanto, de qualquer perturbação intelectual ou espiritual, mas simplesmente de uma lógica infantil aplicada a uma circunstância pouco observada pela razão adulta. Para ele, a qualidade da matéria-prima do trabalho de Perrault deveria ser observada na inocência dos bons demônios que edificam o caráter infantil por entre consolos e diversões.

A analogia que faço do livro como uma espécie de brinquedo só me parece ter sentido porque acredito na literatura como espaço de brincar dos pensamentos. Leio em Gilles Brougère que "no brinquedo, o valor simbólico é a função. E isso é tão verdadeiro que está totalmente de acordo com a própria lógica da brincadeira. De fato, o que é uma brincadeira senão a associação entre uma ação e uma ficção?" (BROUGÈRE, 2000, p. 14). Essa definição do educador francês me lembra o telefonema que um dia recebi de uma criança me perguntando "por que o jacaré quis comer o coração da menina", e eu levei um bom tempo para descobrir que ela estava fazendo referência à ilustração musical do conto "O Abraço do Pingo de Gente" (pp. 40-42), do meu livro *Flor de Maravilha*, no trecho em que relato a festa que é tomar banho de chuva nas bocas de jacaré, um tipo de bica feita de zinco, e que era muito comum nas casas do interior: "Pinguinho de chuva / Vem me abraçar / Vem de montão / Boca de jacaré / Rega o meu coração / De sabor picolé". Isso se encaixa na minha proposta de equivalência da literatura com os ambientes de brincadeira, e do papel do livro como despertador de imagens livres que dão sentido à ação.

Se o brinquedo é um fornecedor de representações manipuláveis, como aponta Brougère, é nesse caráter de superposição do valor simbólico à função do objeto que descortino o lugar dos escritos literários. Ao publicar um livro para crianças sinto-me espalhando provisões que guardei da minha existência infantil para diversões a serem ativadas no interior de cada menina e menino, no momento da leitura individual ou compartilhada. Ao tratar da obra literária no mesmo estatuto do brinquedo, tenho em mente a sua presença nas dimensões do divertimento, da apropriação e da lembrança, proporcionadas pelo brinquedo e pela brincadeira. Com o diferencial de que, quem cria o hábito de leitura, segue com a arte de se apropriar do mundo na vida adulta, sempre pronto para traçar e construir novos destinos. E para isso, as metáforas são indispensáveis, como sintetiza a educadora paulista Marina Célia Moraes Dias, em artigo sobre a importância do lúdico na aquisição do conhecimento. "O ser humano é um ser sensível que, diante do mundo, busca significações, o que torna seu pensamento dinâmico por excelência; e é a metáfora, com suas múltiplas possibilidades de combinação, que possibilita a mediação entre realidade e pensamento" (DIAS, 2002, p. 47). Por ser estimulantemente metafórico, o pensamento do adulto que leu quando criança tem mais facilidade de dominar os mediadores simbólicos determinantes do comportamento social.

Quer na infância ou na vida adulta, o livro nos dá a oportunidade de pensar livremente e de refletir nossas atitudes diante da vida. Página após página o leitor sedimenta percepções do que lê, do que deduz, do que imagina e do que se refere às causas distantes e próximas que afetam o seu cotidiano e sua cosmovisão. Ler, mais do que ato prazeroso, é uma forma de aprender a olhar, de perceber o mundo e suas conexões, para agir mais livremente na realidade objetiva. A literatura continua sendo a forma mais eficaz de construção da compreensão do mundo, pelo viés libertário e transformador. As mudanças por que passam as formas de leitura não alteram a importância desse sentido. O livro é indispensável para alcançarmos uma condição mais elevada de liberdade intelectual, moral e afetiva. Presentear com livros é uma atitude sublime que engrandece quem oferece, sem, no entanto, humilhar quem recebe. Pelo contrário, quem dá um livro de presente está declarando respeito e afirmando que acredita no potencial do outro. Afinal, um livro é um emulador. A significação é sempre múltipla nas obras literárias e possibilita a articulação entre o texto e a realidade, entre a ficção e o mundo possível. A leitura é uma espécie de projeção com a qual o leitor entra no universo desenhado pelo autor para se encontrar consigo mesmo e com o que o cerca.

A valorização do livro e da leitura não compete com os meios e as formas velozes dos comentários em tempo real, nem com a busca de visibilidade manifestada na prática cotidiana do compartilhamento de intimidades das redes sociais digitais. Por trás do simulacro da aceleração, da redução das pessoas a pontos de conexão, por onde trafegam dados nervosos e muitas vezes fugazes, há uma vida lenta, real, necessitando de espaço para o exercício do prazer sereno. Neste plano, o estímulo à leitura é mais importante do que podemos supor, não só para o desenvolvimento pessoal, mas para o funcionamento pleno da sociedade. Um dos valores comparativos dos povos no diálogo global é a originalidade social e cultural. E o lugar das pessoas e dos grupos sociais no mundo contemporâneo não deixou de passar pelo livro e pela leitura, ora como ato pessoal, ora como ato coletivo.

A função social da literatura na sociedade da conectividade está longe de ser esgotada, simplesmente porque o livro continua sendo o mais independente dos meios de suporte à leitura. Os novos parâmetros de comunicação digital e em rede levam muitas pessoas a terem a sensação de que as palavras surgem do nada. Nesse cipoal cibernético, há crianças pensando que as vacas dão leite em caixa, na forma como elas veem nas gôndolas dos supermercados. Esse tipo de impressão enviesada revela a vulnerabilidade das referências pessoais e culturais na formação de uma nova infância, a um só tempo mais pulverizada de informações e mais exigente em sua necessidade de aprendizagem intercultural. As ideias pasteurizadas e as deduções apressadas que caracterizam o atual campo de elaboração intelectual pedem a abertura de novos canais de fruição reflexiva e, para isso, poucos recursos podem ser tão oportunos quanto a literatura.

A literatura, e suas linguagens de relacionamento, permite que se entrelacem jeitos de ver e interpretar o mundo, em uma fantástica abertura de janelas ao sublime, à experiência estética, ao preenchimento da incontornável necessidade humana de ler, ser e contar histórias. Digital ou impresso, o que importa neste caso é que o livro tem como plataforma imaginária o uso mais humanizado das palavras. Não há nada mais inquietante para meninas e meninos do que sentir a passagem dos acontecimentos de forma independente dos seus desejos, o que os leva a agir em seu próprio mundo, de modo que nele o destino se realize com a sua interferência. Essa força instigadora faz do livro um proliferador de fecundas possibilidades. Por isso digo que o livro é o brinquedo mais fantástico a que uma criança pode ter acesso. Mais do que um ambiente de exploração do mundo, a obra literária é uma atmosfera na qual ela pode respirar o sentido das palavras, com suas sonoridades, ritmos e significados, a qual permite o lançamento do respiro em variadas direções, pela combinação de elementos conscientes e inconscientes. Tomado por esse oxigênio de significados, Gaston Bachelard (1884-1962) via na efusão e na resplandescência das imagens literárias ramificações multiplicadas pela explosão das palavras, que deixam de ser simples termos para ir além dos pensamentos. Ao referir-se à autonomia dessa expressão recriadora da realidade, o filósofo francês realça que "a imaginação literária não é uma imaginação de segunda posição, vindo depois das imagens visuais registradas pela percepção" (BACHELARD, 2008, p. 6), tendo em vista que a linguagem está no posto de comando da imaginação.

A literatura descreve a realidade em um espaço próprio, nem só real, nem só imaginário, e essa realidade descrita é devolvida em possibilidades a quem lê. Quem enxerga, quem ouve é a mente, e não o olho ou o ouvido. O pensador mineiro Rubem Alves

(1933-2014), em artigo sobre A Escola da Ponte (*Folha de S.Paulo*, C2, 05/04/2011), diz que "a gente pensa que os olhos põem dentro o que está longe, lá fora, quando o que os olhos fazem é por lá longe o que está dentro". E é isso mesmo, a consciência de si e das coisas se forma pela agregação de vislumbres que ajudam o leitor a se preparar para a prática das escolhas pessoais e coletivas. A literatura é uma ótima maneira de destravar as pessoas do certo e do errado, das obrigações aceitas ou rejeitadas, das pressões dos interesses predominantes da vida social. Um leitor é alguém que se dá a chance de aspirar horizontes. Assim, pode romper com o bojo da exclusão sem precisar do ato violento. Por ser a mais sofisticada das expressões humanas, a literatura é um divisor na qualidade política de um povo. No Brasil o livro nunca foi e provavelmente nunca será massificado, mas pode muito bem ser popularizado. No entanto, a redução progressiva de livrarias brasileiras é um sinal de empobrecimento da alma do país. Mas o essencial não desapareceu, ele apenas se perdeu com um grupo de interrogações que colocaram o desaparecimento do livro na ordem do dia.

A literatura tem o potencial de redescrever a vida por dentro do encadeamento do pensamento humano, desde os seus elos mais primitivos aos mais sofisticados. Ler não exige consciência do próprio raciocínio para raciocinar, por isso costumo dizer que na aventura literária sentir é mais importante do que entender. Para encontrar nos livros uma grande descoberta, a criança precisa ter seu nível de leitura respeitado e contar com autores que tenham uma existência, que tenham o que revelar e façam isso com estilos simples, sem infantilismos ou exageros de compreensibilidade. Muitas escolas cumprem esse papel de educar com literatura, de valorizar as histórias de vida e as experiências comunitárias de seus alunos, construindo, por meio do livro, vínculos entre o sentir e o saber, ensejando à criança a oportunidade de ter consciência de si, enquanto indivíduo que é parte de algo sem fronteiras, mas que precisa de atenção na sua diversidade de contextos, sotaques e circunstâncias particulares, que são definidoras da força estética e da propulsão de significados para a satisfação de quem lê. Toda literatura é regional. Algumas obras literárias é que se tornam mundialmente conhecidas pela força expansionista de suas civilizações e estratégias mercadológicas. Não existe leitura de livro, o que existe é a leitura do mundo por meio de livros. E ninguém se encanta mais com os mistérios das descobertas do que uma criança.

LUIS ANGEL HERNÁNDEZ

Cirurgião bucomaxilofacial e craniofacial guatemalteco, radicado em Belize.

Por que você foi à Guatemala?

Sua pergunta, Luis, me remete à memória de uma maravilhosa, dramática e bem-humorada aventura, que misturando necessidade com amizade leva à descoberta de um mundo muito especial perdido no coração desse incrível país centro-americano, que é a Guatemala, com sua exuberância natural e cultural.

Tudo começou em um belo dia de sol na praia de Acapulco, na costa oeste mexicana, no mês de fevereiro de 1989. Andréa e eu tínhamos visto os saltadores do penhasco de La Quebrada, que esperam as ondas grandes para se jogar no mar a uma altura de 30 metros, e descido a ladeira do cerro onde Diego Rivera (1886-1957) fez um belo e multicolorido mural-mosaico com representações da "serpente emplumada" (Quetzalcóatl), símbolo de abundância e espiritualidade, e do "deus da chuva" (Tlaloc).

Depois de apreciar essa obra de arte dedicada a divindades da cultura asteca, seguimos para a praia. Havíamos pedido uma cerveja Corona bem gelada quando a Andréa começou a sentir dor de dente. Estava com o queixo um pouco inchado. Na dúvida de como encontrar um dentista em que pudéssemos confiar, tive uma ideia, com a qual ela, impensadamente, concordou.

Lembrei-me de que tinha um amigo na Guatemala que poderia nos ajudar. Argumentei que ele era cirurgião bucomaxilofacial, que foi o primeiro cirurgião craniofacial do seu país, e que poderíamos contar com ele. Talvez não tivesse sequer um consultório odontológico, mas por amizade certamente ele poderia fazer o trabalho de dentista uma vez na vida. Fomos à rodoviária e compramos as passagens para o primeiro horário disponível.

Não conseguimos assento lado a lado no ônibus que saiu pela manhã para a Cidade do México. Esperar por outro horário de partida não nos parecia razoável, pois o incômodo com o dente continuava. Tentei trocar de lugar e ninguém deu muita atenção à nossa vontade de viajarmos juntos. A Andréa ficou em uma janela nas primeiras filas e eu sentei numa cadeira de corredor à altura do toalete, tendo a meu lado um senhor com um equipamento de som, tocando o grande sucesso do cantor mineiro Nelson Ned (1947-2014): "Mas tudo passa, tudo passará".

O ônibus lotado não tinha ar-condicionado, as janelas não abriam e as poltronas, pouco reclináveis, eram revestidas com plástico. Calor infernal. O único alívio se dava quando a rodomoça passava servindo refrigerante de laranja em temperatura ambiente. Algumas horas depois, o motorista parou e avisou que o ônibus havia quebrado e que precisávamos descer enquanto seria providenciado o conserto.

Próximo ao local onde paramos tinha uma pequena casa e algumas árvores, por onde cada um foi se acomodando. Uma leve brisa nos acariciava, enquanto uma paisagem estonteante se descortinava ao fundo. A Andréa estava com vontade de fazer xixi e me chamou para ir com ela atrás da casa, para que eu ficasse atento a uma eventual chegada de alguém. Fui, mas não me contive em contemplar aquele cenário, que chegava aos meus olhos como se eu estivesse dentro de uma série de desenhos animados do Papa-Léguas (*The Road Runner*), do cartunista estadunidense Chuck Jones (1912-2002). Parecia que, a qualquer momento, o Coiote passaria por ali perseguindo o pássaro Bip-Bip, com sua cabeça e rabo alinhados ao chão e em alta velocidade. E, como eu, outros passageiros se encantaram com o deserto e a plasticidade de suas formações geológicas. Só me dei conta de que todo mundo também tinha visto a Andréa urinar quando ela me olhou com cara de quem estava com vontade de me jogar rochedo abaixo.

Horas depois retomamos a Carretera Federal 95 e chegamos à Cidade do México no final do dia. Foram umas oito horas de viagem em condições de desidratação. O que nos mantinha animados era a possibilidade de chegar logo à Cidade da Guatemala e resolver de vez e com segurança o problema do dente da Andréa que vira e volta doía. Assim, da Central de Autobuses nos dirigimos imediatamente para o aeroporto. Sabíamos que em mais duas horas de voo chegaríamos ao nosso destino. Ledo engano, dado que só tinha passagem aérea para a manhã do dia seguinte.

Resolvemos dormir no aeroporto. Estava muito frio. Encontramos um cantinho fora das áreas de circulação e nos deitamos abraçados para relaxar um pouco. O piso era de granito e o chão gelado reduzia ainda mais a sensação térmica daqueles 4°C. Observamos uma chocolateria no segundo piso e foi lá que passamos toda a noite nos esquentando com essa deliciosa bebida de cacau, originária da América pré-colombiana.

Já dentro do avião, tentei confortar a Andréa, que estava com o rosto bem empapuçado, dizendo do quanto estávamos perto de chegar. Da janela do avião apreciávamos a cratera do majestoso vulcão Popocatépetl, quando ela, demonstrando alívio e agradecimento, procurou valorizar a minha precaução de levar a anotação do endereço de um amigo em um país que não estava sequer no nosso roteiro de viagem. Acontece que eu não tinha o contato dele, sabia apenas sua profissão e seu nome completo: Oscar Luis Angel Hernández Rojas.

Esse talvez tenha sido para mim o momento mais bonito da viagem. Ela estava com 19 e eu com 28 anos. Namorávamos havia menos de um ano e, ao invés de questionar a sanidade da minha sugestão de levá-la a um dentista que nunca foi dentista, e que morava em um lugar que eu não sabia onde ficava, ela olhou para mim com um lindo olhar confiante, e apenas perguntou como eu pretendia encontrar o meu amigo em uma capital com cerca de dois milhões de habitantes.

Desembarcamos na cidade da Guatemala e, ainda no aeroporto, executamos o plano juntos. Ao lado de um aparelho de telefone público, que funcionava com moedas de quetzales, tinha uma lista telefônica, mas o nome do meu amigo não constava entre os assinantes. Começamos, então, a procurar referências de associações, sindicatos, clubes e outras entidades ligadas ao mundo da odontologia. Em uma dessas tentativas, disquei o número errado e a ligação caiu na residência de uma senhora que, com muita simpatia, me passou o contato da Faculdade de Odontologia, localizada ao lado da sua casa.

Tive um bom pressentimento e, ao ligar, perguntei se a moça que atendeu conhecia do Dr. Oscar Luis Angel Hernández Rojas, e a resposta imediata foi: "Como não, se sou sua secretária?". Ele era o vice-diretor da faculdade e estava em reunião. Expliquei que éramos amigos e que havíamos compartilhado a mesma casa quando ele fez uma especialização na área de cirurgia bucomaxilofacial, na Universidade Federal do Ceará. Combinamos que ela guardaria segredo para que a nossa visita fosse surpresa.

Não demorou e chegamos à Faculdade de Odontologia. O Luis ainda estava em reunião. Esperamos em um sofá, meio sonolentos e meio famintos, porém vibrantes e dispostos por termos conseguido encontrá-lo. A Andréa já nem se dava conta da dor e da cara arredondada pelo inchaço no dente. A surpresa foi duplamente agradável: ele jamais esperava por aquela visita, e nós nunca imaginávamos que era o dia do seu aniversário: 22 de fevereiro. Quatro dias antes, havíamos curtido sozinhos a data do nascimento da Andréa tomando banho na baía de Acapulco e contemplando as águas do Oceano Pacífico.

O Luís marcara uma comemoração com uns amigos após o expediente, que se encerrava naquele instante. A animação com a nossa presença e com a oportunidade de uma celebração conjunta do aniversário dele e dela foi tão efusiva que ficamos sem jeito de relatar o problema da Andréa. E, nessa condição paradoxal, saímos para a farra com um grupo de dentistas e cirurgiões guatemaltecos. A conversa entrou pela noite em uma salsoteca e varou a madrugada. Toda vez que o assunto passava pelo motivo de estarmos ali, nós até ensaiávamos explicar, mas eles estavam tão embriagados que chegaram a vomitar no balde de gelo para não sujar o tapete.

A nossa preocupação migrou do problema odontológico para o etílico. Esforçamo-nos para mostrar o que estava acontecendo. Não teve jeito, eles interferiam na nossa fala, davam vivas ao Brasil, metiam as mãos no balde de gelo com vômito, colocavam nos copos e bebiam. Em um determinado momento, o Luis vira para mim e pergunta se ouviu direito que a Andréa estava com dor de dente. Confirmei que sim. Ele levantou e convocou a todos para irem cuidar do dente dela. Não lembro se sentindo dor ou não, o certo é que ela não aceitou, mesmo diante do argumento de que um deles tinha o consultório perto dali.

Fomos para casa e ficou acertado que o tratamento da Andréa seria feito ainda durante aquela manhã, cujo sol já raiava. Dormimos como duas pedras. Fomos acordados perto do meio-dia pelo Luis contando que recebera um telefonema com a informação de que um dos amigos dele havia sido encontrado dormindo sobre o volante do carro, com o motor ligado, mas que felizmente não tinha conseguido engatar nem a primeira marcha. Estava salvo, portanto.

O cuidado com o dente da Andréa foi coisa rápida. A inflamação vinha do nascimento tardio do terceiro molar, que forçara a gengiva em sua busca por espaço na boca. Feito o procedimento de limpeza, em pouco tempo tudo voltou ao normal. Menos nós, que ficamos encantados com a Guatemala e resolvemos passar uns dias por lá. As pessoas são amáveis, o lugar tem muitas cores e o tempo é convidativo, com sol brilhante e temperatura diurna entre 15° e 20°C. A noite tem uma poética nas imagens de vulcões "fumando" pelas cercanias da cidade.

Foram muitos os impactos estéticos que tivemos. Recordo do momento em que deparamos com o Teatro Nacional. Aquele monumento em forma estilizada de jaguar descansando tem uma atração magnética, com suas curvas e elevações integradas à paisagem urbana. O prédio é uma verdadeira escultura com traços próprios da riqueza simbólica guatemalteca. Dá gosto caminhar por ali e depois comer na praça ao lado tortilhas de milho feitas na hora com variados recheios e um sabor de ancestralidade maia.

Na visita que fizemos a Antigua, cidade fundada em 1543, que deixou de ser a capital do país três anos após ser destruída por uma sequência de terremotos em 1773, caminhamos por acolhedoras ruas de pedra, sentindo a energia histórica e antropológica do seu casario colonial, das pequenas lojas e das feirinhas de artesanato indígena. As peças de tecidos coloridos feitos à mão enchiam nossos olhos. E vimos também todas essas belezas e seus movimentos do alto de uma colina, o Cerro de la Cruz. É fascinante a observação de um lugar em que podemos nos perceber quase que simultaneamente fora e dentro do seu centenário esplendor.

Estava fazendo dez anos do início, em 1979, de um projeto arqueológico desenvolvido pelo governo da Guatemala na cidade maia de Tikal, um deslumbrante sítio das civilizações pré-colombianas, que antes mesmo da chegada dos colonizadores, no final do século XV, já tinha sido reintegrado à natureza pela fauna e pela flora de uma floresta tropical pujante e bela. Pirâmides-templos, palácios, residências, centros cerimoniais, subsolos com grandes carrancas, aquedutos de resina e até pátios para jogos de bola de látex, tudo debaixo de raízes nessa densa selva pluvial.

Em um pequeno avião bimotor nos deslocamos para a pista de Flores, situada em uma ilha do Lago Petén-Itzá. A vista aérea de Tikal é mágica, como se edificações monumentais em cinza e branco flutuassem no meio da mata verde ao sabor do movimento das copas das árvores. Em terra, pisando no solo sagrado do berço da civilização Maia, andamos por ruas que são varridas pelas correntes de ventos, nos deitamos em camas de pedra e escalamos pirâmides de 70 metros, agarrados em raízes e troncos por cima de escadarias. Indescritível.

O mais impressionante de tudo é que nada disso teria passado a fazer parte da nossa aventura de viver se não fosse uma dor de dente em circunstância adversa, a confiança de que sempre podemos contar com os amigos onde quer que estejam, e a certeza de que achar o endereço é uma questão de sincronicidade prática.

MÁRCIA ROLON

Bailarina, idealizadora do Instituto Homem Pantaneiro, entidade voltada para a conservação e preservação do bioma Pantanal e sua cultura. Criadora e diretora executiva do Moinho Cultural Sul-Americano, organização que proporciona o acesso de crianças e adolescentes brasileiros e bolivianos a bens culturais e conhecimento tecnológico. Ambos localizados às margens do rio Paraguai, em Corumbá (MS).

Como você percebe e age quando sente que há conectividade Divina com o seu processo criativo?

Sou tomado por um tipo de impulso, Márcia, que anuncia a satisfação do oferecimento de algo de mim que pode tocar a sensibilidade das outras pessoas. Sempre que isso acontece fico emocionado com o sentido revelado pela palavra, pelo som ou pelo silêncio, em suas passagens diretas da substância mental para o estado espiritual. Que isso é a manifestação de uma elaboração das coisas que se efetua de dentro e que está em permanente regência dos processos das formas pela "lei do uno-e-todo", como reflexionou o filósofo e iogue indiano Sri Aurobindo (1872-1950), eu só descobri bem no início da vida adulta, quando conheci o dançarino e coreógrafo alemão-brasileiro Rolf Gelewski (1930-1988), com quem tive a oportunidade de conversar sobre essa sensação de contentamento que eu tenho quando compartilho literária e musicalmente algum saber, conhecimento ou sentimento nascido do empenho na produção de trabalhos que possam ter caráter participativo, mas a cujos resultados não atrelo recompensas.

Quando nasci, em 1959, Rolf era solista e professor do Teatro Metropolitano de Berlim, o que tornava muito remota qualquer hipótese de que um dia ele viesse a contribuir tão significativamente para a minha compreensão do esforço em si como motivo de realização. No ano seguinte, ele passa a viver no Brasil, inicialmente com a tarefa de estruturar a Escola de Dança da Universidade Federal da Bahia (UFBA), da qual foi professor e diretor. Uma trajetória aparentemente distante dos caminhos que eu percorreria até encontrá-lo. Com sua inquietação criadora, Rolf Gelewski fundou, em 1971, a CASA Sri Aurobindo, em Salvador. Na metade daquela década passei a estudar em Fortaleza e a me interessar mais pela força da poesia, da literatura e da arte. Um dia, a minha tia Aurora (1927-2013), que integrava as movimentações da CASA e tinha estreita ligação com ele, nos apresentou. E toda vez que ele visitava o Ceará eu procurava estar por perto, ora em busca de sabedoria, ora tentando compreender os sentimentos e os conceitos da dança contemporânea que ele praticava com tanta expressividade.

Rolf Gelewski contribuiu diretamente com as primeiras edições do *Um Jornal Sem Regras*, revista de cultura alternativa que era editada por mim, então estudante de Comunicação Social (UFC), e pelo cantor e humorista Falcão, à época estudante de arquitetura, também na Universidade Federal do Ceará. Na carta em que enviou sua colaboração para a edição nº 1 do UJSR (out/nov/dez de 1982, p. 4), ele encerrou com a seguinte mensagem: "Constância na força!". Esse era o recado para que segurássemos a coragem caso não percebêssemos avanços no que estávamos fazendo, considerando a ideia de que muitas vezes o que parece estagnado é parte de uma preparação longa e que, só lá adiante, ocorre o salto da coisa que se preparou simultaneamente ao esforço. Na edição nº 8, escrevi um texto com o título "O amor ao esforço", no qual me refiro ao teor de uma fita k-7 com a gravação do Rolf lendo e comentando uma conversa d'A Mãe – como ficou conhecida a musicista francesa Mira Alfassa (1878-1973) – com alunos e discípulos em 1958: "Por incrível que possa parecer, mesmo antes de ter conhecimento do que A MÃE escrevera, este sempre foi o meu lema" (jul/ago/set de 1984, p. 3).

Assumi naquele momento, e ainda assumo, o sentimento de que é preciso que a alegria do esforço e a aspiração de progresso se satisfaçam a si mesmas independentemente de resultado. Aquela fala soou como um dínamo para mim, sobretudo quando nos desperta para o fato de que na vida, em tudo o que sentimos, pensamos e fazemos, o resultado não nos pertence. Havia ali uma grande e nítida ilustração do que me movia, e me move, no processo criativo. Não se trata de qualquer desprezo ao resultado, mas de não criar pensando no resultado, a fim de não fazer negociações que possam afastar a sinceridade do esforço. A conectividade com Deus se dá nesse progredir dentro de si por uma necessidade imperiosa do próprio esforço, que não é nada mais, nada menos do que a dádiva que oferecemos à consciência divina em nós e no universo. A voz pausada e serena de Rolf vai semeando a lucidez de que "o amor ao esforço, a alegria do progresso" é uma maneira de exprimirmos gratidão e de nos oferecermos ao mundo como pessoa.

A inclinação de Mira Alfassa pela valorização da espontaneidade e da alegria no que merece nosso esforço está no entendimento que ela tinha de que em cada um de nós há um potencial inimaginavelmente real e poderoso, e é dessa força autoexistente que deve aflorar a vontade pura do progredir. Exceto quando se realiza algo um tanto maior, o normal é não termos como medir se estamos realmente progredindo ou não. Ela é contundente ao assegurar que a ideia de que possa haver um resultado de nossa propriedade não passa de uma ilusão. O esforço voltado para a obtenção de um determinado resultado interrompe o fluxo, perde força e se encerra à medida que o resultado é alcançado, o que passa a exigir uma dedicação especial para recomeçar. O segredo, segundo ela, é ficar junto ao movimento e à satisfação magnífica e inexplicável que o privilégio do esforço possibilita. E assim, com a fé no divino dentro de cada um, o processo de criação leva à realização do que nunca pensamos antes.

O ato espontâneo, sem a expectativa de controle do resultado, é o que mais se aproxima de mim e do caráter do que produzo. Isso não afasta ponderações que eu possa fazer, tendo em vista o espectro que ronda os caminhos da religiosidade e seu inimaginável número de variedades de cultos e de ensinamentos, fenômeno que revela a grandeza da subjetividade na jornada humana. Santos, pajés, druidas, mestres virtuosos, sacerdotes e mensageiros dos orixás têm cumprido na sucessão dos anos o papel de intermediários de Deus. O mundo mudou, o mundo é mundano. A crise de valores da atualidade, forjada na comercialização do deus-objeto e na veneração da felicidade de consumo, embrutece as pessoas, embora a necessidade de sublimar a vida continue patente no âmago de cada um de nós. Deus acontece na interseção do viver com a operacionalização da vida. É a liga da existência sustentada na crença, na transcendência e no anseio de libertação da alma. É o que nos leva a inventar e reinventar a natureza humana pela satisfação, contentamento e bem-estar associados à força motriz dos sonhos, da indignação e da habilidade de realização individual e coletiva que nos move cotidiano afora. E a luz que clareia os recantos menos visíveis dessa natureza não é nada mais, nada menos, ninguém mais, ninguém menos do que a presença divina.

O "outro mundo" pode ser aqui, sem problemas. A salvação pode ser por aqui, sem problemas. O processo verificável de descobertas, experimentações e elevação espiritual da humanidade, no qual a manifestação volitiva proporciona a iluminação divina, é o segredo da invencibilidade da esperança. O templo, o cerimonial e a reverência estão na compreensão, no desprendimento e no ato de viver de cada um, em cada instante de cada lugar. Religião é cultura. Por isso todas padecem da interferência do poder local em qualquer época e sofrem desgastes de interpretações históricas. A urgência do sagrado nos dias de hoje aparece na falta de sentido religioso e no excesso de coisificação dos mistérios da existência. Matamos o futuro toda vez que mediocrizamos as nossas aspirações. O presentismo e seus encantos efêmeros nos tornam seres insaciáveis, ansiosos e incapazes de distinguir entre o que é ser feliz e estar pontualmente feliz. Traídos por esse engano muitos apostam nos poderes compensatórios, persuasivos e coercitivos do transe das drogas, da atração da violência e da metanoia dos mercadores da fé. A felicidade não é um artigo de consumo, e sim a satisfação plena com a vida em seus altos e baixos.

Deus certamente não ficou velho nem imprestável, mas está internado nos sanatórios e asilos do simulacro da hipermodernidade. Precisamos ressocializá-Lo a fim de garantir o ponto de equilíbrio transcendental ausente no sentido da vida e na luta diária pela sobrevivência. A inveja, o ciúme, a vaidade, o egoísmo, o imediatismo e a ignorância do individualismo e da esperteza formam um conjunto de vazios das nossas fraquezas contemporâneas. O discurso pela paz, quando dissociado da atitude de contemplação do céu interior, é uma violência porque se torna cínico. Viver em paz não se limita a uma condição absoluta da vontade, mas a muitas maneiras de guerrear pela inclusão do outro. Talvez um dos maiores equívocos cometidos pela cultura da religião tenha sido a criação do diabo, como antítese ao convencimento da importância de Deus. O uso do mal, do medo e do pecado para justificar a necessidade do bem, da fé e da ética divina. Não sei o que seria de Deus sem o contraponto do demônio, mas toda vez que deparo com o sofrimento resultante de debilidades políticas, econômicas e sociais, interpretadas como lei de causa e efeito da moral religiosa, sinto um quê redutor da força de superação das pessoas.

Coloco esse olhar no plano das constatações, e não no púlpito de julgamento de ancestralidades. Ocorreu assim, assim estamos. Apesar de tudo, sou um fã ardoroso da raça humana e um admirador do processo evolutivo das civilizações. Penso apenas que nos tempos atuais o amor ao esforço deveria continuar sendo a motivação primeira das buscas divinas. O acesso a Deus deveria partir de nossas dúvidas, curiosidades e necessidades de harmonia entre o viver, a gestão da vida e a deificação estética. Deus é a poesia do eu-profundo. Na condição de indivíduo culturalmente católico percebo a representação de que os seres humanos foram criados à imagem e semelhança de Deus como a resplandecência da vida. Esse conceito nos dá uma responsabilidade que extrapola as quizilas do dia a dia. O Deus dos tempos atuais precisa de altares ecumênicos, de ambiências onde o prazer de senti-Lo seja mais forte do que qualquer argumentação racional da Sua existência. Para isso as religiões deveriam exaltar mais suas nuances filosóficas do que os preceitos dogmáticos. Por que é bom viver e por que vale a pena cuidar dos conflitos naturais da existência? Esta pergunta deveria ser a enzima da transcendência. Estaremos preparados para a alegria do progresso que Deus pode nos oferecer quando, diante de uma bela flor, não mais dissermos que parece de plástico como forma de exultar a sua beleza.

A presença do Deus amoroso pode ser percebida em muitos dos lugares por onde passamos, desde que estejamos atentos às manifestações espontâneas da espiritualidade. Certa vez, em um período de grande estiagem no Ceará, parei na BR-020, no trecho entre Boa Viagem e Santa Cruz do Banabuiú (Cruzeta) para apreciar uma casinha cor-de-rosa que chamou minha atenção pelos tantos jarros com plantas expostos em sua calçada. Incrustada no sopé de um serrote seco, ela reluzia na paisagem da caatinga e enchia os olhos de quem passava por aquela estrada. Em mim, aquele cenário de confronto ao senso de que com o avanço da desertificação os sonhos de clorofila não podem ser reais, produziu várias interrogações: Quem moraria naquela casa? Quanto esforço despenderia para manter tantas plantinhas aguadas ao longo de anos de estiagem? Qual o princípio que tomaria como referência para manter aquele nicho verde em seu lar?

No primeiro instante, me veio à mente um conjunto de respostas voltadas para justificativas de motivações estéticas intuitivas, do gosto pelo frescor da natureza ou até mesmo uma manifestação de esperança à chegada das chuvas. Frente à sequidão, pensei, inclusive, na possibilidade de uma resistência ativa de "*memento mori*", decorrente da consciência de que todos somos mortais. Em si, causas como essas que presumi me pareceram pertinentes e de indiscutível relevância, porém insuficientes para explicar aquela obra de tamanha completude. Das cinco camadas que considero como composto essencial da realidade, identifiquei a espiritual como a mais propícia a servir de base para esse tipo de impulso, por ser a mais primordial do ser pessoa. A inteligência humana tem um certo domínio de todas as outras camadas de realidade: a física, mesmo com seus segredos, pode ser tocada e modificada; a simbólica, representada pela ação inquieta dos signos, vai sendo entendida e traduzida; a imaginária, ainda que dispense mediações, funciona como campo de liberdade plena; e a dos sonhos, com suas combinações caleidoscópicas, atua como desfragmentadora da mente.

Desse modo, reforcei em mim a crença de que a casinha ajardinada do serrote seco era, antes de tudo, um fator preponderantemente de realidade espiritual. Era nela que estaria a gênese das nossas ênfases fabulosas e teológicas. As pessoas que plantaram e que cuidaram de cada um dos jarros que ornavam aquela pequena calçada fizeram um altar a céu aberto e zelaram por ele. Exposta ao olhar de quem passa pela estrada, aquela casa sugeria espírito elevado em sua frontalidade plástica de tinta hidrossolúvel. De longe, do asfalto, ou de perto, chegando-se pelo caminho de terra, era possível sentir o silêncio da eternidade. Na harmonia da paisagem de céu azul e mata cinza, onde se destacava uma algarobeira de sombra rala e raros movimentos de galhos e folhas, o tempo se mexia na cauda e na crista do cancão e seu canto de alerta. A porta sempre fechada e a pequena janela sempre aberta eram sinais de que as pessoas que moravam ali tanto podiam estar em casa como podiam ter saído. Onde quer que se encontrassem no momento em que se passasse por lá, o ambiente de purificação que elas criaram por amor ao esforço e que mantinham sem aspirar gratificação nos diz que Deus está na simplicidade e que a realidade espiritual é feita de mistérios porque está dentro e fora de cada um e de todos nós; perto e longe da nossa mente e dos nossos pensamentos.

MARCOS VIEIRA

Sociólogo, fotógrafo, professor, gestor cultural e ambiental e professor do Instituto Federal de Educação, Ciência e Tecnologia do Ceará (IFCE).

O futebol é visto por muitos como um território de fanáticos e alienados. Qual a significação desse esporte em sua trajetória, em especial como torcedor do Vozão?

Marcos, guardarei a história do ano de 2018 como a mais significativa da minha trajetória de torcedor do Ceará Sporting Club. No início do ano, juntamente com os meus filhos Lucas e Artur, fizemos uma música comemorativa do retorno do Vozão à Série A do Campeonato Brasileiro de Futebol, composição que foi gravada pelo cantor Marcos Lessa, com arranjo e direção de Tarcísio Sardinha e Adelson Viana, unindo o percutir dos tambores de Denilson Lopes à harmonia da sanfona de Adelson, em gravação feita no Vila

Estúdio por um time de apaixonados pelo Mais Querido. Gravação que virou videoclipe com imagens suas e minhas, e arte e edição da cineasta portuguesa Cláudia Rodrigues.

Nos versos da canção, que intitulamos "Batuque Alvinegro", em alusão ao preto e ao branco das camisas do time que faz pulsar os nossos corações, deixamos clara a afirmação da nossa cumplicidade como torcedores: "Eu e você, Ceará / Vamos ganhar", vinculando esse sentimento de conquista ao trecho do hino do clube que diz: "É o Vovô / Ceará vai ganhar". Com essa menção, procuramos dar atemporalidade à vibração da torcida do "campeão da popularidade" e aproximar a paixão de dois grandes intérpretes alvinegros, José Jatahy (1910-1983) e Marcos Lessa. O canto em preto e branco realça, a um só tempo, o duplo movimento de ser a ausência e a soma de todas as cores.

Quando tudo estava preparado para ser disponibilizado nas plataformas de *streaming*, o Ceará encontrava-se em uma situação deplorável no campeonato, estacionado na lanterna da competição, abatido pela tensão da impotência e da pressão psicológica, e com doze partidas consecutivas sem vencer, cerca de um terço de todo o campeonato. A noção de que a tabela se consumia abalava os nervos do time e exauria a esperança da torcida. O clima era dramático e anunciava uma descida vertiginosa para a segunda divisão. Lembramo-nos de uma máxima utilizada pela torcida do Peñarol, aurinegro uruguaio: "A paixão nunca perde", e transformamos o caráter comemorativo do batuque em música motivacional, partindo para o ataque contra o pessimismo instalado pelas circunstâncias.

Com a chegada do técnico Luiz Carlos Cirne de Lorenzi, apelidado de Lisca Doido por sua irreverência e ousadia disruptiva, o time entrou em fase de recuperação. A torcida lançou uma palavra de ordem: "Saiu do hospício, tem que respeitar, Lisca Doido é Ceará". E no meio dessa fervura nós seguimos replicando o Batuque Alvinegro em uma expectativa matemática de reversão. A missão de Lisca era quase impossível, mas com estilo envolvente, unindo carisma, simplicidade, competência técnica, arrojo tático e estratégico, ele conseguiu a entrega coletiva do grupo, com destaque especial para Éverson (goleiro), Luiz Otávio e Tiago Alves (zagueiros), Samuel Xavier (lateral direito), Felipe Jonatan (lateral esquerdo), Richardson e Edinho (volantes), Juninho Quixadá, Ricardinho e Wescley (meias), Arthur Cabral e Leandro Carvalho (atacantes). Inacreditável, mas o Ceará assegurou a permanência na Série A com uma rodada de antecedência. Com esse feito histórico, a nossa música voltou ao seu propósito original comemorativo.

A experiência de ter insistido no compartilhamento da mensagem positiva do Batuque Alvinegro, mesmo quando a perspectiva do Ceará no Brasileirão era desalentadora e negativamente reforçada pelo discurso condicionante de locutores e comentaristas bitolados pela hegemonia dos clubes detentores de grandes orçamentos, reforçou em mim o sentimento de que torcer é antes de tudo um ato de admiração, um gesto de doação ao time preferido. Acreditar, ir para cima com garra e emoção transcende o resultado das partidas, por ser uma dádiva catártica, social e existencial, na qual o torcedor se permite sentir a força do desejo de que algo ou alguém tenha êxito no que se propõe, mesmo quando tudo pode parecer insosso, incolor, invisível, inodoro e inaudível. Em frequência própria, a galera voltou a cantar de peito cheio que é alvinegra, com muito orgulho, com muito amor. Lindo ver o dia e a noite da felicidade preta e branca enchendo de graça a alma de quem vestiu a camisa nas arquibancadas para ajudar jogadores, comissão técnica e dirigentes nessa virada que parecia improvável.

Falo com muita satisfação dessa torcida do Mais Querido que carrega o time nos pensamentos, que não se entrega e que vai além do jogo na adrenalina positiva e sua emoção intensa. Braços, abraços e gritos bonitos de Te amo Vovô, vozes que soam em uníssono, sabor ancestral, tribal, solidário, sorrisos largos e sonhos sinceros. Se, como diz o hino alvinegro, a glória do Ceará é lutar, eis a glória do Vozão em sua notoriedade intraduzível por uma veneração ardente, que se diferencia do calor das paixões amorosas, apenas por não ter ameaça de duração. A beleza de torcer pelo esquadrão de Porangabuçu é que, em sua grandeza, o Ceará preenche o indivíduo de multidão, irradia esperança e espalha alegrias.

A glória no futebol é uma expressão direta da paixão. Por estar associada ao extraordinário, mais do que significar saudade, ela joga a memória para a frente, como um testemunho público produtor de impulsos instigadores do querer mais. Está no sentimento de quem torce como parte de uma experiência em processo marcado pelo imprevisível. No pano de fundo desse estado de arrebatamento eletrizante, temos atributos semióticos e antropológicos que nos mobilizam a torcer. Soma-se a isso o bom momento vivido pelo clube, sua mística e suas histórias quando despertamos nosso interesse pelo futebol. É importante esse tipo de paixão em nossas vidas, uma paixão que não é amorosa, mas que nos envolve com um feixe de impulsos emotivos, oriundos do desejo de que o nosso time se saia bem em suas partidas e campanhas. Essa paixão aflora sempre como parte indispensável da inspiração de quem desperta para o imponderável mundo futebolístico.

As circunstâncias de um jogo, desde o suspense na escalação até o tempo de acréscimo da partida, são permeadas por motivos de aquecimento emocional. O grito expiatório sai dos pulmões produzindo convergências de subjetividades em reações imediatas e vigorosas, quer sejam triunfantes ou lamentosas, na dinâmica das possibilidades. O fascínio pelo futebol torna o torcedor ressonante para que, depois do gozo, ele possa relaxar da vitória ou da desolação. Na regra emotiva do jogo encontra-se o movimento das atrações entusiasmadas, como fonte de alegria e de tristeza, de conquistas e derrotas. Toda pessoa vive cotidianamente nas suas paixões e tem nelas a potência sentimental e emotiva das suas faculdades instintiva, simbólica e imaginativa. Etimologicamente, paixão vem de passividade, o que significa subordinação da razão e da lucidez a algo que nos move sem que saibamos bem explicar o porquê. Esse é um dos motivos saudáveis encontrados no futebol como um lugar para a paixão na complexidade de um mundo que parece perder a força necessária para a admiração.

Neste ponto, a descoberta do ídolo chama o indivíduo a uma inversão do seu estado narcísico, fantasiado como parte de si, diante da noção a que se vincula a empatia pelo craque. É a sublimação do ser alvinegro, enquanto parte de um grupo social de constituição simbólica, que canta junto, canalizado pela mesma vontade grandiosa e intransferível de curtir a glória do Vozão. Apaixonado, o torcedor nunca se convence da derrota. Pode até ficar momentaneamente mudo, chateado, mas jamais apático. Se for o caso, xinga o juiz e o responsabiliza pelo seu sofrimento. É que o espírito de quem torce quer prazer e encontra esse prazer no drible, no blefe, no lance surpreendente, no grito de gol. Triste ou alegre o torcedor sabe que a partida tem um tempo limitado, que a magia é cíclica e que pode restabelecer sua esperança quando o time perde, ou colocar em xeque a própria exaltação quando ganha.

Quando vou ao estádio gosto de observar o comportamento projetivo da torcida. É visível a idealização do torcedor para com os atletas. Quando atendem à expectativa são o máximo, quando a frustram são xingados. Todo jogador vive essa oscilação de afetos. Na relação entre a arquibancada e o campo existe uma intimidade do aplauso com a vaia que é a alma moleque do jogo. As alterações emocionais que misturam deslumbramento com decepção produzem a liga do torcedor com o time. O inexplicável tem muitas versões, e é exatamente essa variedade de olhares e sentires que pluraliza a fabulação no futebol. O torcedor é um ficcionista, um inventor de lógicas pouco racionalizáveis. A bola de quem torce é o condão dos atletas na aplicação de suas habilidades e competências. A espera entre um jogo e outro costuma abrir espaço para um misto de dramaticidade, analogias e ficção. Faz bem, por ser um acontecimento que se repete em sua imprevisibilidade, e escala o torcedor a tirar o marasmo da rotina.

Mesmo quando abandonado pela sorte, mesmo quando a partida é difícil e o resultado parece escapar, o torcedor alvinegro não abre mão do desejo de ganhar, e empurra o time: "Vai pra cima deles, Vovô". Essa sensação de compartilhamento faz bem. A impulsividade, a inquietação, o desespero e o contentamento da alegria alvinegra estão na sensação de amor incondicional que a torcida tem pelo time das grandes campanhas. Os clubes de futebol, como tudo o que tem história, são criados, se desenvolvem, alguns desaparecem, e outros conquistam vida longa e renovada, como o Ceará, que desde 1914 conta com uma torcida solar rejuvenescida no claro e escuro do tempo. O futebol se manifesta com jeito próprio entre encantos e desencantos vindos desde as mais puras fantasias de nossas infâncias.

FLÁVIO PAIVA

Ir ao estádio é sempre uma oportunidade de exercício de elevação. Quando meu filho Lucas tinha uns 4 anos, levei-o ao Presidente Vargas, em Fortaleza, sem ser em dia de jogo. Quando entramos no campo, ele pisou a grama, abriu os braços e disse admirado: "O mar!". Estava querendo me dizer do impacto estético que o emocionava. Algo como escreveu o compositor português Pedro Ayres de Magalhães, na forma em que seu poema é interpretado pela cantora baiana Rebeca Matta: "Não é nenhum poema / o que vos vou dizer / Nem sei se vale a pena / Apenas descrever / O mar...". Na arquibancada, com torcida, o estádio ganha outras escalas e universalidades na emoção mágica provocada pela onda multitudinária. O mar de gente, o mar de vozes, o mar de cores. Frequentar o estádio com familiares e amigos é um ato de coeducação desportiva.

Escolher um time é definir-se como parte de uma torcida, onde as regras ordinárias da racionalidade não se aplicam. Torcer é algo muito subjetivo, que, como já disse, depende de diversos fatores, entre os quais a boa fase vivida pelo time no momento em que se desperta para o esporte, além de suas próprias representações simbólicas. Jogar futebol foi uma das minhas brincadeiras favoritas. Na infância, além de jogar, acompanhava as partidas do Ceará pelo rádio e gostava de colar cartazes do time na parede do quarto. Para mim, o futebol manifesta-se com jeito próprio entre encantos e desencantos vindos desde as mais puras fantasias de nossa meninice. Isso me estimula a valorizar o direito das crianças à experiência de torcer, de ter ídolos e de partilhar sentimentos comuns dentro e fora da arena de esportes.

A liberdade de torcer, assumindo os percalços e encantos que isso significa, é engrandecedora. Incorporei a força da paixão alvinegra na década de 1970, período da minha infância e adolescência no qual tive grande interesse por futebol, sincronizado com a boa fase em que o Vovô de Porangabuçu conquistou seis campeonatos e três vices, e foi o primeiro time cearense a participar do então Campeonato Nacional. Movido por essa compreensão, procurei não forçar a preferência dos meus filhos na escolha de um clube. No mundo do futebol existe um postulado de que é o time que escolhe o torcedor e não o contrário, e resolvi testar esse mito das torcidas. O risco foi grande, considerando a má fase do Vovô no momento em que eles despertaram para o esporte. Na década de 2000, o nosso principal adversário local só não levantou a taça do campeonato estadual em 2002 e 2006, certames vencidos pelo Vozão. Em que pese a situação crítica do alvinegro, cheguei a ir ao estádio com os meninos em jogos do Ceará, mas também em partidas do rival Fortaleza, neste caso, atendendo a demandas provocadas por alguns dos seus colegas de escola. Mesmo com a pressão do grupo de amigos, o coração alvinegro dos dois pulsou mais alto. E passamos a viver juntos a experiência única do abraço de desconhecidos que se reconhecem pela atração do preto e branco nas arquibancadas, das filas espremidas para entrar no estádio, do riso, das vaias, de escutar torcedores que falam sozinhos como se sussurrassem no ouvido dos atletas em campo, das comidas "insaudáveis", como chamava o Artur quando era pequeno, dos palavrões a alto som, do "Uhhh!" em uníssono provocado pela jogada que não se completou, e claro, da explosão do gol.

Uma das características que aprendi a apreciar no futebol é que em torno da bola há um pacto de contraversão por meio do qual nada pode ser afirmado sem levar em consideração o contraditório. Chamar o juiz de ladrão? Pode. Dizer que o técnico é vendido? Pode.

Acusar o atleta de mascarado? Pode. Xingar a mãe do presidente do clube? Pode. São gritos que não necessitam de provas para serem bradados, simplesmente porque as acusações não precisam ser reais para lhes dar motivo. Na torcida, todos podem impor suas razões, sabendo que dificilmente alguém as acatará. Fora das linhas do campo, o combustível do futebol é o falatório, a novelização, o elogiar e o esculhambar. Tudo o que acontece em uma partida nos afeta instantaneamente, nos faz chutar o nada, nos irrita, nos leva a cantar de alegria e a dizer palavrão. Vestir a camisa do time é vestir a partida inesquecível, a decisão dramática, o lance marcante. Tenho predileção por jogo bonito, bem jogado, elegante e raçudo ao mesmo tempo. Prefiro perder uma partida bem disputada a ganhar jogando feio, com movimentação travada, em busca apenas do resultado.

A arena de esportes é um lugar de criação e de recriação conjunta, um espaço de interações entre pessoas das mais diferentes escolaridades, ideologias, condições econômicas, extratos sociais, orientações religiosas, etnias, gêneros e temperamentos. A coeducação desportiva não se resume ao preenchimento dos motivos que aproximam as pessoas nas arquibancadas; ela possibilita o exercício de diferentes modos de ver, pensar, sentir e dizer do mundo, entre vozes recatadas e expansivas. Neste aspecto, entendo que foi muito bom estar com meus filhos no contato direto com várias das dimensões do complexo e multifacetado fenômeno do futebol, vendo-os desenvoltos pelos significados das grandes aglomerações. Sem contar que o tempo deles de infância se tornou também o meu tempo nessa prazerosa articulação intergeracional.

Torcer é como nadar e andar de bicicleta, quem aprende nunca esquece. A criança sonha em ser jogador e se vê realizando os lances mais espetaculares. Na arquibancada, troca passes com o adulto, no tempo em que este também sonhou assim. E mesmo que um se projete no futuro e o outro se traga do passado, o encontro acontece no presente. O abraço do pai e do filho na hora do gol é o abraço de quem já passou por isso com quem está descobrindo a emoção de torcer. Cada lance é um lance, cada vibração uma vibração, um olhar, um gesto, uma identificação que se pronuncia. Da mesma forma que ocorre pelas brincadeiras infantis, a aproximação de pais e filhos, do adulto e da criança, se dá também pelo sentido lúdico que há no esporte. Diante da onda antigeracional que faz com que muitos jovens desprezem os mais velhos, vejo na mascote do Vovô uma figura de grande importância na atualidade, por aproximar as pessoas de coração alvinegro, independentemente de idade. É com esse espírito que cantamos "Como é bom de ver / O meu Vozão jogar / Como é bom de ver / A rede balançar".

MARIA AMÉLIA PEREIRA (PEO)

Fundadora e orientadora da Casa Redonda Centro de Estudos, em Carapicuíba (SP); espaço ecológico-educacional aberto à descoberta sensível do lugar de expressão de crianças, jovens e adultos.

Como você vive numa cidade na qual tem contato direto com um Horizonte aberto ao encontro do Céu e o Mar desse planeta Terra, o que você imagina que pode haver do outro lado do horizonte?

Sabe, Peo, a imagem mental que me chega com sua indagação desloca o meu olhar para as vezes em que, ao contemplar a linha do horizonte na confluência celeste-marinha, me vi perscrutando o meu infinito interior. Mais do que um prazer sensorial e espiritual, o ato de deixar a vista longa e o pensamento solto nesse ponto de luminosidade estendeu minha percepção de ser pessoa no fluxo que conduz o mistério da vida.

Em diversas circunstâncias apreciei o encontro do céu com o mar, procurando sentir o que imaginavam os nossos ancestrais, nativos no território que viria a ser o continente americano, quando estavam diante daquele cenário exuberantemente perturbador. O que eles teriam procurado entender do movimento das nuvens, deslizando em silêncio, e do agito sonoro das ondas? Se conheciam formas de vida do mar, como peixes, mariscos e algas, que vidas poderiam esperar advindas do céu? E o que, então, viria do horizonte? Qual a distância daquela linha? Quanto tempo levariam para chegar até lá? O que encontrariam se navegassem ao encontro do limite da visão? Céu e mar seriam uma coisa só ou duas que se tocam? Haveria uma passagem entre eles? Para onde? Seria o horizonte como a ponta do arco-íris, que some quando alcançada?

Não encontrei respostas, é certo, mas consegui alterar meus registros prévios de dúvidas e deduções, desvendando uma variada pauta de questões supostamente primitivas, impulsionadoras da minha vontade de revolver os limites do desconhecido. Esse interesse cresceu a partir de uma descoberta espontânea que fiz em alto-mar. Durante a investigação que deu origem à reportagem "Lagosta – dólar no fundo do mar" (jornal *O POVO*, 17 e 18/10/1987), sobre pirataria e pesca predatória na costa cearense, subi na cabine do pequeno barco no qual, juntamente com o fotógrafo Alcides Freire, passamos alguns dias muitas milhas oceano adentro, e fiquei impactado ao me dar conta de que o horizonte é circular. Era como se estivéssemos no centro de um gigantesco disco de águas gelatinosas.

Fiquei mais inquieto ainda ao deparar com as ideias de Giordano Bruno (1548-1600) acerca do infinito; especulações que levaram o pensador italiano a ser executado sob a acusação de heresia.

Para ele, o Universo seria um todo substancial, formado por matéria e espírito, no qual nada é imóvel. Tudo o que existe estaria reduzido a uma única essência divina. O que mais me fascinou na leitura de Bruno foi a concepção de que Deus não seria um ser criador do Universo, por ser o próprio Universo. Despertei para o entendimento de que a verdade é relativa, quer em sua matriz teológica ou científica.

Giordano Bruno criticava os criacionistas que, segundo ele, fabricavam muralhas irreais, sem saber onde termina o mundo. Ele raciocinava que, tendo as coisas um lugar, tudo estaria dentro de um único e infinito céu. "Se o mundo é esférico, terá forma e limite, e o limite que está para além deste ser que possui forma e limite (ainda que agrade a alguém chamá-lo de nada), também possuirá forma, de sorte que o seu côncavo esteja junto ao convexo deste mundo" (BRUNO, 1978, p. 6). O entendimento de Bruno era o de que, embora as pessoas pudessem ver sensivelmente o resplandecer do mar em noite enluarada, nem sempre atentavam para o fato de que aquela luz vinha do Sol por meio da Lua.

Motivado pela teoria de Giordano Bruno, voltei a meditar com a vista lançada ao encontro do céu com o mar, e passei a ter a sensação de que indo para o lado de lá chega-se ao lado de cá do horizonte. Com isso, diferentemente da concepção de Bruno, desenvolvi a minha própria compreensão sobre a extensão espacial infinita do cosmos. Se eu fosse fazer um esquema para facilitar a exposição da minha hipótese, desenharia inicialmente uma bola. Em seguida, a duplicaria em bandas, virando cada uma pelo avesso e juntando as bordas invertidas para criar outras bolas contíguas, que, no fundo, são a mesma bola. Desse modo, qualquer objeto que atinja o limite da bola entra nela mesma, o que dispensa a paradoxal existência do nada.

O estabelecimento de limites para o infinito continua recorrente na física moderna. O físico alemão Albert Einstein (1879-1955) pensou no cosmos sem bordas, um espaço-tempo curvo no qual os corpos celestes giram como em um funil, seguindo as leis do tempo que, por sua vez, é desacelerado pela velocidade e pelas massas. O físico italiano Carlo Rovelli, cujo campo de pesquisa é a gravidade quântica, diz que um percurso contínuo rumo ao futuro retorna ao evento de partida. Para ele, nas fronteiras do universo, o tempo para, desacelerado pela massa dos buracos negros e, para sair de lá, seria preciso mover-se em direção ao presente.

Chama a minha atenção nas formulações da física quântica a noção de que o mundo é uma rede de eventos que se influenciam mutuamente. "A diferença entre coisas e eventos é que as coisas permanecem no tempo. Os eventos têm duração limitada" (ROVELLI, 2018, p. 81). Ele exemplifica que uma pedra é uma coisa, ou seja, algo pelo qual se pode perguntar onde estará amanhã. Já um beijo, diz, é um evento, portanto não faz sentido querer saber para onde terá ido o beijo no dia seguinte, em que pese a repercussão dos seus efeitos amorosos e de prazer. O meu pensamento aproxima-se do de Rovelli nos momentos em que recorro à imagem mental da linha do horizonte na busca de saber o que se passa por trás dela. Lá estão os fluxos, e não as coisas, o que nos leva a ter do lado de cá a oportunidade de tentar compreender o mundo pela forma como as coisas mudam, e não como elas são.

Na gravidade quântica, o espaço e o tempo não são recipientes ou formas gerais do mundo, mas apenas eventos e relações. Considerando que "somos partes de uma rede que vai muito além dos poucos dias da nossa vida" (ROVELLI, 2018, p. 98) e que a humanidade vive de emoções, pensamentos e fabulações, o que parece mais adequado na interpretação do mundo é entender como ele acontece, e não como ele é. Carlo Rovelli tem uma ilustração muito simples para explicar esse fenômeno: um grupo de amigos se reúne para jogar futebol. Os dois considerados melhores escolhem alternadamente os membros dos seus respectivos times. Rovelli pergunta: "Onde estavam os dois times antes do processo?". E responde: "Em lugar nenhum. Emergiram do processo" (Ibidem, p. 106).

Rovelli é de opinião que o mistério do tempo diz respeito mais ao que somos do que ao cosmos. A noção de tempo como algo que passa indiferente a tudo pode ser um engano de perspectiva igual à sensação que temos de que a Terra é plana. O tempo passa para os humanos em linearidade cronológica porque os detalhes deixam de ser percebidos. "Se observo o estado microscópico das coisas, a diferença entre passado e futuro desaparece, porque na gramática elementar das coisas não há distinção entre causa e efeito. Existem regularidades representadas pelo que chamamos de leis físicas, que ligam eventos a tempos diferentes" (ROVELLI, 2018, p. 33). O físico italiano lança mão do pensamento de Einstein sobre o "presente estendido" – que é o conjunto de eventos que não são nem passado nem futuro –, para dizer que a ideia de que existe um "agora" bem definido em todas as partes é uma ilusão.

Mesmo quando tentei observar o horizonte com a intenção de experienciar eventuais sensações dos nossos ancestrais, o essencial não foi voltar ao passado; do mesmo modo que, ao lançar sondas imaginárias em busca de possibilidades que pudessem ilustrar a minha intuição de que o universo é infinito, o que me moveu não foi o futuro. Nesse aspecto, alinho-me à afirmação de Carlo Rovelli quando ele diz que "a variável tempo não é necessária para descrever o mundo" (Ibidem, p. 94). E ele é tão convicto disso que não considera apropriada a gramática das línguas modernas que conjugam os verbos usando apenas "presente, passado e futuro" para tratar da estrutura temporal real do mundo. Em seu campo de pesquisa, o tempo é granular e não contínuo, flutua em probabilidades e se concretiza apenas em interações.

Destarte, o mundo não seria feito por coisas nem por entidades, e sim por obra de acontecimentos que se combinam e se dispersam, em uma rede de interações que é a própria espacialidade infinita. Por isso os eventos não têm fim, mas as coisas podem ter. Carlo Rovelli esclarece o fim das coisas com o exemplo da gota d'água dividida ao meio, que gera duas gotas d'água, e cada uma dessas gotas pode ser dividida novamente, e novamente, e outra vez, mas em um determinado momento a capacidade de divisão se acaba. "A certa altura, terei apenas uma molécula, e serei obrigado a parar" (ROVELLI, 2018, p. 31).

A convergência do arquétipo do firmamento com a mitologia dos oceanos repercute além do horizonte, depois da linha do indivisível, desafiando cosmovisões, visto que as fronteiras das descobertas e do conhecimento também não têm fim. A vida está sempre no meio de ocorrências e sempre haverá lugar para digressões, tangências e compatibilizações nesse espaço circular que oferece como proteção sinais de que rompendo as barreiras do tempo chegaremos sempre aonde estivermos. Tive essa impressão na experiência de retorno à origem das interrogações ancestrais que chegaram a mim diante do encontro do céu com o mar.

Os repetidos momentos que tenho passado cultuando esse encontro possibilitam reflexões afloradas da vontade de entender a escala do universo; todavia há nessa movimentação um quê de prazer a me convidar para relaxamentos e repetições. O filósofo alemão Friedrich Schiller (1759-1805) distingue bem essas duas situações decorrentes da quietude relacional presente nesse elo de existência plena: "Apenas a contemplação diz respeito à beleza. A sensibilidade oferece o múltiplo; a razão oferece a forma. A razão une representações para o conhecimento ou para a ação. A razão é teórica e prática. A liberdade dos fenômenos é o objeto do ajuizamento estético" (SCHILLER, 2004, p. 81). No caso da atração do que está por trás da linha do horizonte, a sensação objetiva e o sentimento passam ao largo dos pressupostos para abraçar a coexistência das dimensões e a poesia dos tons nas horas crepusculares.

MARIA CRISTINA FERNANDES

Jornalista, historiadora, colunista de Política do jornal Valor Econômico *(SP), onde também assina quinzenalmente a coluna GPS, no caderno EU & Fim de Semana.*

Suas canções ninaram a infância de meus filhos, quando me fiz criança de novo. Do Flávio multifacetado, escolhi este. E, inspirada por *Flicts*, te pergunto: Qual é a cor da lua?

A menção que você faz a *Flicts*, Maria Cristina, promove meu reencontro com um dos livros mais significativos da minha vida. Essa obra maravilhosa do cartunista e escritor mineiro Ziraldo me aliviou da incômoda sensação de deslocamento que me ocorria quando em alguma situação eu me sentia diferente dos demais. Tanto na minha infância, em Independência, quanto na adolescência, ao mudar para Fortaleza, não me sentia à vontade nos lugares em que eu divergia das opiniões predominantes ou que não queria fazer o que as pessoas estavam fazendo. Era como se não concordar com a maioria colocasse em dúvida quem eu era. Não me recordo da circunstância em que li o *Flicts*. Sei que fiquei encantado com a forma de o autor contar da dificuldade daquele personagem, que é uma cor, de encontrar um lugar para si na dinâmica dos grupos de cores. Percebi que pensar diferente, ser diferente, não é um problema; pelo contrário, é uma forma de valorizar o outro, de respeitar pontos de vista e de contribuir com o que a sociedade tem de mais rico, que é a diversidade e a pluralidade de pensamentos.

A leitura do *Flicts* me despertou para crescer sem a limitação de achar que divergir é uma coisa ruim. Mesmo as convenções libertárias, como a caixa de lápis de cor e o arco-íris, não deveriam restringir os espaços onde as cores se combinam. Dei-me conta de que a não identificação com o que distingue as outras cores como as conhecemos era o que empurrava Flicts ao isolamento. E, como ele, passei a não aceitar essa condição. Ver o mundo com outros olhos, pensar diferente, sonhar outros sonhos pode ser um exercício constante de provação na busca da individualidade e do pertencimento no jogo das aparências e das essências. Esse aspecto sutil e simbólico do ser Flicts é fundamental para quem, mesmo mal recebido diante do que está posto como legítimo, não aceita cair nas armadilhas da vitimização.

Ziraldo confirmou pessoalmente com o astronauta estadunidense Neil Armstrong (1930-2002), considerado o primeiro homem a pisar no solo lunar (1969), que bem de perto a Lua é cor de Flicts. Fui saber disso na última página do livro, depois de acompanhar a aventura trágica e mágica dessa cor. Impactado com tal revelação, voltei a olhar com cuidado cada uma das cores e descobri que se de perto nenhuma é igual a outra, há sim um lugar no mundo para Flicts. Essa lição continua significativa para mim, nas minhas relações sociais, políticas e culturais. Foi a partir da reflexão que fiz desse livro que passei a tratar com mais naturalidade as pressões que recebo para não ser como sou, para acreditar no que não acredito, participar de grupos organizados por afinidades pouco interessantes para mim, e até para escrever e compor obras mais ajustadas às exigências do mercado. Circulando por distintas tribos descobri que o senso comum não é tão comum quanto parece. Procuro, então, ter paciência na condução do meu propósito de tratar literatura e música como missão e não como profissão, acreditando que, desse modo, encontro calmamente leitores de todas as cores que se interessam em brincar, pensar, refletir e agir como Flicts.

A leitura nasce fora do livro e todo leitor tem cor própria. A percepção dessa cor se dá quando, em vivências literárias, as pessoas recebem de volta muito da intimidade que a obra literária toma emprestado das suas vidas. O que leva à leitura é uma relação dialógica entre o desejo de conhecer o que os livros têm a nos dizer e como vemos o mundo. Para saber "a cor da lua", precisamos antes sentir quem se identifica com quem no jogo dos significados das palavras, quem já esteve em situação parecida, como agiria em circunstância semelhante, como se saiu na apreensão do drama da personagem para a vida real, local e atual, elevando sentimentos e deixando aflorar o parâmetro humano. Ao suscitar identificações dos enfrentamentos cotidianos com os desafios do universo ficcional, permeamos a realidade pelos espaços de compreensão expandidos pela literatura e pela arte e seus leques de liberdades para a recriação da subjetividade. No filme *A Viagem de Fanny* (2016), a diretora francesa Lola Doillon leva um grupo de crianças a pintar as cores da infância na adversidade da guerra. Tema sensível, complexo, entre coturnos, ausência dos pais e bichinho de pelúcia, o filme movimenta o apertar e o afrouxar de pequeninos corações, tornando os sentimentos mais atraentes do que os acontecimentos. O desamparo, a descoberta de perigos constantes e a percepção dos efeitos da intolerância produzem uma liga de amizade, respeito e confiança tecida simultaneamente pela ingenuidade e pela engenhosidade infantil diante do infortúnio.

As histórias de fuga e sobrevivência de crianças interessam naturalmente ao público infantil pelo exercício de identificação que possibilitam. A determinação de escapar por inteligência e intuição próprias, em condições desconhecidas e ameaçadoras, com momentos alternados de alívio e novas ameaças, serve de teste de hipóteses para o enfrentamento de condições adversas, quando o adulto que ama não pode estar próximo. Tenso e delicado, *A Viagem de Fanny* tem a força de *Flicts* diante dos dissabores causados pelos tons de um mundo externo em dissonância com a cor interior de cada criança em arriscada fuga da intolerância. Em vários momentos da narrativa a essência infantil vence a dura realidade e elas brincam no riacho, no milharal, na cabana abandonada e até catando cédulas que esvoaçam da bolsa do mais endinheirado deles. Brincam em outro mundo, no campo inviolável e bonito da liberdade imaginativa.

A história da busca pela descoberta da "cor da lua" vem de antes da noção de infância, antes mesmo do livro e da literatura, e continua brotando na natureza lúdica humana e na relação das pessoas com o mundo intangível. As brincadeiras pelo simples prazer de brincar, como a de "esconde-esconde", estão registradas nos vestígios gregos de mais de dois mil anos, embora a figura infantil só tenha começado a ter destaque tempos depois, na representação da estatuária barroca, no século XVII, com anjinhos de asas e seus cabelos encaracolados. Foi somente no século XVIII que começou a haver a compreensão de que crianças e adultos necessitam de tratamentos diferentes, trajes diferentes, atenções diferentes. A infância ganhou categoria etária, e as narrativas da oralidade do período medieval, que se estendeu, aproximadamente, do século V ao XV, serviram-lhes de ensinamentos, mas também de pontos de identificação na geografia das fábulas e dos contos fantásticos. Na cultura clássica, greco-romana, vigente até o século V, houve certo despertar para a valorização da leitura e da educação, embora fosse comum, naquela época, a prática do infanticídio. Bastava que os pais não aceitassem o nascimento de um filho para que a criança fosse eliminada. Com a chegada da Idade Média, pouca coisa mudou no que se refere à indiferença para com as crianças. Quando muito, algumas delas eram selecionadas pelos monges para serem adestradas nos mosteiros, em sistema de confinamento integral. A regra básica era a de não haver distinção nas formas de comportamento entre adultos e crianças. Não havia espaço para Flicts. O exercício lúdico e o devaneio se davam por meio das piadas e mímicas dos bobos da corte, da contação de histórias e de sermões públicos, espetáculos teatrais sacros, cantos religiosos e recitais narrativos de trovadores e menestréis.

Meninos e meninas não passavam de homens e mulheres pequenos, com a infeliz diferença de não estarem aptos para o sexo nem para a guerra. Mesmo com reservas, o conhecimento organizado nos livros contribuiu de forma relevante para o entendimento de que se colocassem aqueles seres, menores de idade e ainda não aptos aos afazeres dos adultos, para aprender a ler, eles poderiam servir bem melhor às suas comunidades religiosas, culturais, sociais, territoriais e políticas. As histórias infantis, que já existiam na fantasia adulta, foram capturadas da oralidade por escritores de diversos países europeus, que colheram e releram os contos de fada celtas e as fábulas gregas. A vida medieval na Europa era tão embrutecida que só restava às pessoas acreditar na imaginação. A opção que tiveram foi a de contar suas próprias histórias, fantasiar o cotidiano e passar saberes de geração a geração, séculos por séculos, até um dia chegar à Renascença (século XV e XVI), quando houve a retomada do interesse pelo saber e pela arte, em parâmetros menos teológicos e mais humanos. Fizeram isso com tamanha profundidade de sentimentos que, mesmo carregadas de lições de moral de uma época em histórias de príncipes, princesas, bruxas, fadas, madrastas, amas, caçadores, lenhadores, gigantes e anões, produziram o etéreo e o atemporal. Os contos de fada são uma espécie de museu do conhecimento da alma humana, que oferece curiosidades sobre a aprendizagem da vida, tendo a fantasia como parte intrínseca do real. Neles, até a representação do feio é atraente, nas figuras das bruxas e dos vilões. O sucesso dessas narrativas deve-se ao fato de as crianças terem elementos para exercitar mentalmente o que não entendem, o que as angustia, o que as apavora, o que lhes nega a condição de Flicts.

A fixação das fábulas em textos de "Era uma vez..." ajudou nossos ancestrais a perceberem a existência diferenciada da infância, ou melhor, de como a infância elabora no campo da imaginação sentimentos relativos à violência sem o risco de se machucar. Essa é uma experiência que devemos repetir com mais energia expiratória, a fim de alcançarmos novamente a realidade pelo domínio do mito, do pensamento mágico, da lenda, da fábula, do maravilhoso, do encanto. Os romances de cavalaria, cheios de magos, atos de bravura, amor ardente e amor cortês, também de fonte medieval, têm grande presença no despertar dos adultos e no adormecer das crianças. O fato é que os primeiros textos para crianças foram adaptações de narrativas orais colhidas do mundo adulto e, talvez por isso, a literatura infantil tenha ganhado, pelo olhar estreito da intelectualidade sem imaginação, a pecha de gênero secundário, nivelado ao desvalor que eles equivocadamente atribuem ao brinquedo. São inúmeros os exemplos de obras atemporais e universais da literatura infantil e juvenil que nasceram na inversão das leis naturais e da lógica formal do cotidiano, nas passagens inexplicáveis, na aventura, no suspense, enfim, na liberdade de interpretação da vida que a palavra, o texto literário, oferece como uma brincadeira ao prazer de inventar, de remodelar o real, dentro do universo de crenças e representação de cada um.

A influência da psicologia experimental, que, no século passado, revelou a inteligência como o espaço organizador da compreensão do mundo em cada pessoa, fez crescer a percepção da importância da literatura infantil como meio fundamental para a evolução e formação da personalidade. Por sua vez, os psicanalistas junguianos nos ofereceram a oportunidade de pensar na vivência inescapável com nossos mitos e suas sempre novas roupagens. Dragões, serpentes, sacis, estrelas riscantes e a misteriosa claridade lunar, mesmo nem sempre aceitas pela razão, pautam a nossa experiência com temas e interesses próprios. As crianças, os artistas, os poetas e os escritores convivem bem com tudo isso porque transcendem a consciência. Talvez por isso, por serem Flicts, sejam acusados de viverem no mundo da lua. Com a simplicidade dessa obra magnífica, Ziraldo me tirou de órbita e, fora de órbita, me dei conta da cor da lua. A lua tem a cor da fantasia, dos sonhos, da imaginação e das utopias, como forças vitais indispensáveis à integridade humana. Ao apreciar os encantos lunares, cada um de nós encontra a cor de si, porque somos Flicts, e Flicts é a cor de cada um, que só pode ser vista bem de pertinho.

MARTA BRANDÃO

Educadora, diretora do Centro Educacional Brandão (SP), que tem a autonomia como filosofia educacional.

Você é uma pessoa que admiro demais pela forma de ver a vida, de se relacionar com as pessoas, amigos, esposa, filhos. Uma pessoa extremamente cativante. Certamente o Flávio que é hoje foi constituído pelas histórias que viveu.

Em alguns momentos parece que foi daquelas pessoas que tudo sempre foi dando certo. Se pudesse voltar atrás, tem alguma história ou decisão que o Flávio de hoje gostaria de ter a oportunidade para viver novamente e fazê-la diferente?

Sim, Marta, entre tantas coisas eu gostaria de ter escrito dois livros significativos, cujas histórias estiveram em minhas mãos e as deixei escapar. Essas obras, caso as tivesse escrito, fariam parte de uma trilogia inspirada no tema da condição humana no mundo rural brasileiro. Ao ler o seu enunciado, pensei sobre a expressão "tudo foi dando certo" e logo me dei conta de que devo passar essa impressão devido à forma como depuro o que precisa ficar para trás no avançar do que somos. Veio-me à mente uns versos do poeta pernambucano João Cabral de Melo Neto (1920-1999) nos quais ele diz que "A cidade é passada pelo rio / como uma rua / é passada por um cachorro" (MELO NETO, 1984, p. 16). E vai descrevendo tudo o que se pode ver e imaginar na composição e no caminho da sua água, até perguntar: "Aquele rio / saltou alegre em alguma parte? / Foi canção ou fonte / em alguma parte?" (Ibidem, p. 26). Como no deslizar da correnteza desse rio, que não se sabe por onde passou e quanto de sua água evaporou ou ficou represada, vou contar por que, se pudesse voltar atrás, eu não hesitaria em fazer esses trabalhos.

Estudante de Comunicação Social na UFC e leitor assíduo do politizado jornal *O Pasquim*, aproveitei as férias de julho de 1984 para tomar banho nas praias de areia grossa do rio Araguaia e fazer uma reportagem sobre a situação análoga à de escravo vivida por trabalhadores sem-terra, assalariados rurais e pequenos agricultores na região do baixo Amazonas. Naquele momento instalava-se o modelo de dominação do campo por grandes corporações brasileiras e estrangeiras, que hoje conhecemos como agronegócio. Passei mais de duas semanas em Conceição do Araguaia, a 879 quilômetros de Belém (PA), e fiquei espantado com o loteamento hiperbólico das glebas mais produtivas e a forma de exploração do trabalho braçal. O ar estava pesado, tanto na natureza, por conta de uma fumaça densa resultante das queimadas feitas na floresta, como no convívio social, marcado pela tensão política comum aos lugares que sofrem quando a lei está nas mãos dos mais fortes e mais bem armados.

Em uma entrevista que fiz com o padre Ricardo Rezende Figueira, então coordenador da Comissão Pastoral da Terra (CPT) Araguaia-Tocantins, ele me mostrou cópias de depoimentos prestados à Delegacia de Polícia de Paraíso do Norte (GO) por trabalhadores que haviam conseguido fugir da fazenda Cia Vale do Rio Cristalino Agropecuária, pertencente à empresa alemã Volkswagen, para onde tinham sido vendidos e entregues no dia 4 de abril daquele ano. O comércio de peões era feito por atravessadores que divulgavam em rádios da região um atraente e sedutor pagamento para a limpa de mato e corte de árvores, oferecendo alojamento e transporte de graça para ida e volta ao trabalho. Resmungavam quando recebiam velhos, raquíticos e menores como mercadoria. O sistema montado pelos capatazes da fazenda para manter os trabalhadores isolados, em regime de escravidão, sem qualquer direito ou assistência, era o seguinte: eles poderiam comprar o que quisessem exclusivamente na farmácia, no supermercado, na loja de roupas e na sapataria da própria fazenda, com o acordo de que enquanto estivessem devendo não poderiam ir embora. A ilusão de que a remuneração era elevada não os fazia perceber que os preços dos produtos oferecidos também eram bastante altos. De sorte que os camponeses se endividavam a um ponto que não conseguiam mais fazer a quitação. E os que tentavam fugir eram assassinados por pistoleiros.

426 CÓDIGO ABERTO

A reportagem foi publicada no *Jornal do País*, do Rio de Janeiro (semana de 23 a 29/08/1984, p. 7), com o título "Volkswagen tem trabalhador como escravo em suas fazendas". Fiquei chateado porque, como eu era estudante, a matéria saiu assinada por um correspondente do semanário, mas depois o equívoco foi corrigido junto ao Sindicato dos Jornalistas de São Paulo. Mesmo assim fiquei contente, pois após a publicação da reportagem, o padre Ricardo Rezende me telefona para dizer que a Polícia Federal tinha entrado na fazenda e libertado os trabalhadores. Meses depois publiquei o artigo "Amazônia: o Brasil censurado", no jornal mineiro *O Cometa Itabirano* (nº 94, p. 13, dez/1984), criticando o não acesso da população brasileira a questões tão graves como essa e revelando a quantidade de hectares de algumas fazendas e o nome de várias das corporações que estavam sendo acusadas de expulsar índios e caboclos e destruir a floresta a fim de nascer pasto para a criação de gado. Além da Volkswagen, estavam, entre outras corporações precursoras do agronegócio no Vale do Araguaia, as multinacionais Rockfeller (estadunidense), Nixdorf (alemã) e Liquifarma (italiana) e as brasileiras Bradesco, Sílvio Santos e Bordon. Pensei em voltar lá novamente, com mais tempo, e fazer um livro-reportagem, mas não tive como me organizar para isso.

Quatro anos depois viajei a Crateús, a 350 quilômetros de Fortaleza (CE), para entrevistar o bispo paraibano Dom Fragoso (1920-2006), que desde agosto de 1964 desenvolvia ali uma ação pastoral pela emancipação das famílias agricultoras sem-terra, com atenção especial à marginalização de indígenas, negros e mulheres. Com voz de timbre grave e sereno, e gestos humildes e firmes, ele falou de como encorajava o sertanejo a acreditar em

Jesus Cristo e, tornando-se convicto de que queria segui-Lo, tomar consciência da possibilidade de, através dos movimentos populares, conquistar uma vida digna, na qual pudesse participar da produção e do usufruto da riqueza, apesar das constantes estiagens e da predominância de um sistema político arcaico. Estava sedimentando esse trabalho por 24 anos, com a paciência de quem sabe que mudanças culturais normalmente só ocorrem no longo prazo. A matéria, intitulada "Dom Fragoso e a igreja de ação libertária", foi publicada no Segundo Caderno (hoje Vida&Arte), do jornal *O POVO* (31/07/1988, pp. 4 e 5), e passei um bom tempo sem vê-lo.

Em 1995 lancei o livro-reportagem *Retirantes na Apartação*, que seria um dos trabalhos da trilogia sobre a vida camponesa, formado pelos textos da série *A Odisseia dos Cabeças-chatas*, publicada originalmente entre os dias 2 e 6 de setembro de 1987, na capa e página central do Segundo Caderno do jornal *O POVO*. No final daquele ano reencontrei Dom Fragoso e tive a satisfação de entregar um exemplar em suas mãos. Ele me agradeceu escrevendo as seguintes palavras: "Na matriz de Senhora Santana, Independência, antes da missa, você me deu um lindo presente de Natal: *Retirantes na Apartação*. Li, sorvendo gostosamente, como quem saboreia um copo de água fria em hora de calor. Você tem um estilo visual e realista. O tema é apaixonante e trágico. Desejo abraçar você, num abraço bem nordestino (…) você e eu estamos convencidos de que isso tem de mudar. Ou melhor, que nós temos de mudá-lo (…) Seu velho irmão". Em seguida, Dom Fragoso me convida a ir passar uns dias com ele andando pelo Vale do Poti e pelos Inhamuns para que, conversando calmamente com as pessoas nas mais longínquas localidades, eu colhesse elementos para pensar sobre o estilo de

Igreja que sua ação pastoral construiu, fundada no despertar da consciência crítica, na irmandade cristã e na igualdade. Demorei a encontrar as condições para isso e, em 1998, ele afastou-se da Diocese e foi concluir seus últimos dias no aconchego da família em um subúrbio de João Pessoa (PB).

Gostaria de ter escrito essa trilogia sobre traços da alarmante situação fundiária brasileira, tendo como recortes 1) as irregularidades morais na gênese do agronegócio, 2) a migração rural-urbana em tempo de mudança no perfil do desigual para o diferente; e 3) o combate à religiosidade popular crítica com a implantação do pluralismo de espiritualidade e religiões no Brasil. Se pudesse voltar no tempo, eu não perderia as duas oportunidades que perdi. Mas eu não posso fazer isso, senão por lembrança e imaginação. "Entre a paisagem / o rio fluía / como uma espada de líquido espesso (...) Porque é muito mais espessa / a vida que se desdobra / em mais vida (...) porque é mais espessa / a vida que se luta / cada dia, / o dia que se adquire / cada dia" (MELO NETO, 1984, pp. 30 e 54). E foi assim que nadei até aqui.

MAURÍCIO KUBRUSLY

Jornalista, famoso por suas reportagens especiais bem-humoradas sobre cultura e comportamento, veiculadas semanalmente por quase duas décadas no programa Fantástico, da Rede Globo de Televisão. Conhecido também por sua atuação na programação radiofônica da CBN Brasil e em grandes jornais brasileiros, e como editor da Somtrês, a primeira revista brasileira especializada em áudio e música.

Se a Dona Zefinha[*] fosse ministra da Cultura, o que ela faria pela nossa gente?

Não sou nenhum Jonathan Swift (1667-1745), Maurício, mas sua provocação me instiga ao exercício de uma crônica alegórica

[*]A Dona Zefinha é uma companhia de teatro, música e palhaçaria sediada na cidade de Itapipoca, interior do Ceará, cujo nome é uma homenagem à cuidadora dos irmãos Orlângelo Leal, Ângelo Márcio e Paulo Orlando, fundadores do grupo. A banda que gravou as ilustrações musicais do livro *Invocado – um jeito brasileiro de ser musical*, de Flávio Paiva, foi formada ainda por Joélia Braga, Vanildo Franco, Samuel Furtado, Iranilson Sousa e Tamily Braga, com direção musical de André Magalhães e participações de Watson Nascimento, Gustavo Portela e Fanta Konatê.

à moda do satirista irlandês, para falar do que seria uma ministra invocada em um mundo dominado por criaturas liliputianas. Prometo não tornar os fatos mais espantosos do que já são, pois meu objetivo, como o de Gulliver no relato de suas viagens, é informar, e não divertir. Ora, mas veja só, a Dona Zefinha estava tomando seu refrescante banho de açude quando o calor criativo do sertão foi abduzido por uma névoa espessa e uma ventania ruidosa que a arremessou diretamente na cadeira número um do Ministério da Cultura. No primeiro momento pensou consigo mesma se morrer afogada não teria sido mais honroso do que se encontrar naquela situação, com braços, pernas e até os cabelos presos ao chão por um bando de pessoinhas medindo cerca de quinze centímetros de altura, mas muito hábeis em amarrar quem pode ameaçar a filosofia de não valorização do potencial diverso e único da cultura brasileira.

Sentiu algo se movendo sobre seu corpo. Era uma ave do bicão, acompanhada de outras criaturas da mesma espécie. Gritavam para que ela nem tentasse se soltar, pois os destinos da cultura estavam bem entregues ao gosto publicitário, sem qualquer constrangimento de violação ao conceito de valor artístico e social da arte. E projetaram em um balão-*outdoor* as vantagens do custo-benefício para as sociedades movidas pela estética da grana, com seu império de aberrações efêmeras. Essa degradação da ecologia cultural brasileira se estendeu de 1995 a 2002, período de anticultura, em que a internet crescia no país e o mercado de livros era entregue de mão beijada às editoras transnacionais de *best-sellers*.

Quando as bestas bicudas foram espantadas, nossa personagem ficou com o corpo todo dolorido das flechas e lanças arremessadas pelas tribos que apoiaram um joão-teimoso de barba na conquista do poder. Pelo menos houve quem passasse pomada nos ferimentos reais e imaginários decorrentes da nova e de velhas situações envolvendo a cultura. E surgiu uma novidade que estimulou os teimosinhos alegres a ficar caindo e levantando por cima da vítima. De um lado, o poder público, colocado a serviço dos interesses do novo padrão de *copyright* do mercado de conteúdo, bradava: "*Creative Commons!*", enquanto os autores questionavam: "Criativo, como?". Para o bem e para o mal, nesse cenário de controvérsias desenvolveu-se, entre 2003 e 2010, um extraordinário ativismo reflorestador da cultura brasileira, entre as ervas daninhas das ofertas anunciadas pela nova ordem homogeneizante.

A engenharia dos seres pequenos encontrou uma forma de colocar o corpo da Dona Zefinha sobre um estrado de madeira de lei. Ao lado, fizeram um puxadinho, e nele subiu uma mamuska de laquê. Estava muito contente ao ver a cultura circulando deitada, até perceber que o suporte à gigante amarrada era resistente, tomando consciência de que não fazia mal valorizar os refinadores de arte. Por outro lado, deixou solta uma discussão de fundamental importância para os tempos atuais, que é a socioeconomia cultural, entregando o ouro para o viés da economia criativa com modelo neoliberal, em uma nova formulação para essa que é uma das bases econômicas mais antigas da humanidade. E, de 2011 a 2016, o país passou pela fase dos seminovos culturais.

O povinho miúdo ficou inquieto quando a Dona Zefinha gesticulou que estava com sede. Entendeu a manifestação dela como uma ameaça de arrebentação das cordas, o que poderia resultar no esmagamento de todo mundo. O mais sórdido deles, percebendo que a cabeça da mamuska já não tinha um cabelo com tanto volume e que o penteado dela fora desfeito em brigas domésticas, teve a ideia de matar a sede da detenta com tonéis de vinho, todos com soporífero dentro. Ela adormeceu e ele nem precisou tirar a fantasia de múmia hematófaga para assumir o trono. A letargia tomou conta da política cultural entre 2016 e 2018. Para não dizer que não aconteceu nada relevante, na noite de 2 de setembro de 2018 uma silhueta de cadáver embalsamado foi vista no céu do Rio de Janeiro no momento em que o Museu Nacional pegou fogo, destruindo seu centenário acervo histórico e científico.

A falta de sensibilidade para com o patrimônio cultural e a ignorância quanto ao valor dos intangíveis culturais (*soft power*) brasileiros enfraquecem a imagem do país nas transações interculturais, econômicas e políticas, no momento em que ter voz é fundamental como afirmação no diálogo global. Mas o clima fechou de vez em Lilipute, e a expressão mais comum de deformação da brasilidade passou a ser a guerra de notícias falsas (*fake news*) nas eleições que definiram os rumos do país e, por conseguinte, de sua cultura oficial entre 2019 e 2022. E o primeiro ato para deixar claro o pensamento do papagaio verde-oliva eleito sobre o assunto foi o tiro de misericórdia que abateu o Ministério da Cultura.

Ainda amarrada e sob a curiosidade saltitante e irritante das miniaturas de gente, a Dona Zefinha voltou a pensar no que fazer, quando um habitante de Lilipute resolveu enfiar uma lança no nariz dela, fazendo cócegas e levando-a aos espirros. Foi um alvoroço que mobilizou meio mundo, a fim de fortalecer as amarras voltadas para a imobilização da ministra de um ministério que não existe mais. Sem conseguir se mexer, ela olhou para o céu e pensou na cultura como uma nuvem. Seria uma forma de busca por novas fronteiras de poder de atração, de força renovadora e de potencialização da riqueza da diversidade cultural, o que significaria horizontalizar a oferta cultural em um amplo processo aberto e estruturado de interação e de integração.

O que ela passou a sonhar foi com a implantação de uma espécie de *data center* público de cultura; um suporte tecnológico para rodar o nosso *soft power*, possibilitando armazenagem, processamento e fácil acesso aos bens e serviços culturais do país. Imaginou uma infraestrutura de nuvem capaz de abrir perspectivas para o usufruto pleno da produção, bem como para impulsionar negócios e fortalecer nossas relações internacionais. Enquanto as criaturinhas se divertiam sobre seu corpo, ela tinha em mente a criação de um suporte da esfera pública federativa, que pudesse em parte funcionar por regime de parceria com provedores locais, projetados com a finalidade exclusiva de assegurar serviços compartilhados e integrados, tanto para quem tem ofertas culturais quanto para quem quer pesquisar ou adquirir bens e contratar serviços culturais.

A chave para a democratização da cultura está no direito mútuo de oportunidade para quem faz poder mostrar e para quem consome poder saber que existe e onde encontrar. Com a cultura na nuvem, as práticas redutoras do mercado obrigam-se a ceder espaço para a preservação e a circulação livre do que se produz no Brasil real, e não apenas no país dos interesses midiáticos. Em um *data center* público, a cadeia de valor cultural ganharia mais atração e mais dinâmica, passando a ser composta diretamente no lugar em que alguém possa se conectar, se cadastrar, registrar uma senha e se responsabilizar pelas informações postadas e baixadas. Nele poderiam ser alojadas ainda as referências bibliográficas virtuais, que ameaçam de descontinuidade a linha evolutiva das pesquisas acadêmicas. Uma nuvem para a cultura seria como descortinar o que somos, e para usufruirmos da riqueza decorrente da nossa inventividade mestiça, sempre aberta e criadora.

Zefinha sabe que a democratização da cultura não é fácil de ser conquistada, por representar uma ruptura no modelo vigente de exploração comercial de conteúdos culturais. Assim, ela imaginou que uma opção seria a dimensão da cultura para o lugar onde a vida acontece (comunidade, bairro, cidade etc.). Nesta dimensão, o poder público priorizaria a população, e não os produtores culturais, com programas preferencialmente realizados em parcerias dos órgãos de cultura com a educação, envolvendo as crianças e as famílias, promovendo o desenvolvimento de habilidades relativas às formas de manifestações culturais, a economia interna e o que de melhor existir nas artes e na literatura, para o refinamento técnico e estético. Outra alternativa seria a dimensão da cultura para quem faz cultura. Nesta dimensão, caberia ao poder público estabelecer parcerias com agências de apoio ao empreendedorismo, que facilitam, entre outros, o acesso a instrumentos, o incentivo à criação e à produção local, a capacitação para o entendimento de como elaborar e viabilizar um projeto, informações comentadas sobre editais públicos e privados, estímulo a criações individuais e coletivas e orientações de financiamentos formais e colaborativos (tipo *crowdfunding*).

Sempre afeita à complementaridade e à interdependência, ela pensou também na dimensão da cultura de trocas. Nesta dimensão, a tarefa do poder público seria somar forças com as instituições da sociedade voltadas para a valorização e a difusão cultural, de modo a contribuir para o apuro do nosso posicionamento com relação às tendências contemporâneas móveis e estacionárias, físicas e virtuais, por meio de aproximações, exercícios de improvisações, conversas com quem abriu trilhas exitosas, enfim, fazendo conexões entre bairros, cidades, estados e países, ampliando formas de sentir e de expressar o mundo. Uma variante que não pode deixar de ser considerada é a da dimensão da cultura para quem chegar. Nesta dimensão, o parceiro natural da cultura seria o turismo. Tratar-se-ia de ofertar respostas da nossa criatividade, imaginação e habilidade fazedora a quem escolhe um determinado lugar como destino de viagem. O jeito de acolher, de ser, de fazer negócios e de contar do que somos, em expressões de *design*, da culinária, das artes, da literatura, da moda, do artesanato, da arquitetura e da comunicação, soma-se às atrações naturais para abraçar essa atividade econômica, que, como mercado transsetorial, apresenta os mais altos índices de crescimento no mundo.

A Dona Zefinha seguiu matutando sobre o que faria pela nossa gente se fosse ministra da Cultura, e chegou à conclusão de que se fosse convidada não aceitaria. Ela seria bem mais útil se criasse uma organização social para a inclusão dos ricos. Isso mesmo, em um mundo com tanto egoísmo competitivo, a solução pode estar em começar ajudando os ricos a perceber o quão é importante se integrarem à vida em sociedade, a fim de se beneficiarem dos relatos cotidianos dos outros e terem oportunidades de transitar entre imaginários individuais e alcançarem a renovação do olhar que poderá levá-los a transgredir os limites do próximo e chegar a si. É preocupante a situação dos ricos nas circunstâncias atuais. Eles precisam escapar do diálogo interno que os deixa tão inseguros, para que se reumanizem e possam contribuir com a modelagem de um novo padrão civilizatório.

Ela sabe que os ricos somente terão chance de reintegração ao corpo comum da sociedade se saírem da riqueza extrema que os leva a serem tão marginais quanto os muito pobres. Do jeito que está a complexidade do mundo fica difícil para alguém rico conseguir ser pelo menos cidadão. A cidadania é uma conquista, não pode ser simplesmente comprada. Essa condição de flagelo não está sendo cuidada, e os ricos vivem uma espécie de exílio, onde a apartação lhes tira a utilidade social. Nem de leis eles precisam para não serem o que são. As leis são produtos de esforços de adequação da justiça ao estágio de desenvolvimento de cada comunidade, mas para muitos dos ricos elas não valem nada. Independem delas para fazer o que quiserem. Vivem presos a uma distinção supostamente incontestável, e lei é para quem anda solto, para quem precisa dessa coisa de respeitar os outros, de ter limites, convenções e regras harmonizadoras da coletividade.

A situação é insustentável. Do mesmo modo que os muito pobres terão que deixar a linha de sobrevivência, os muito ricos só terão sossego se escaparem da linha do desnecessário. A entidade solidária da Dona Zefinha terá como missão educar os ricos a aprenderem a passar a vida a limpo. Os muito pobres têm que dar a volta por cima, e eles, a volta por baixo, saindo da trágica posição de marginalidade que a um só tempo os distancia e os assemelha. No olho do furacão, como estamos nesse momento de intensificação das crises econômicas, dos modelos de estado-nação e dos desencantos institucionais, os ricos carecem de alguma política afirmativa para reintegrá-los. A concentração severa de renda e de riqueza é um fardo muito pesado para continuar sendo carregado. Está se tornando constrangedor. O excesso de recursos muitas vezes rouba o usufruto da riqueza e isola socialmente quem é rico. Sem contar que boa parte dessa concentração decorre de fatores que geram a pobreza, tais como a corrupção, a sonegação, a ciranda financeira, a mentalidade de colonizado e os mercados da fé, das drogas e da violência.

De tanto cogitar o que fazer para a nossa melhoria cultural, e suas repercussões sociais, econômicas e políticas, a Dona Zefinha começou a falar sozinha, empolgada com a possibilidade de uma instituição que pudesse despertar os ricos para a calorosa sensação que é fazer parte de uma comunidade, deixando o território periférico do autoerotismo para sentirem o amor do semelhante na sua diferença. Ao ouvir a voz da refém, a sentinela do turno ficou apavorada, disparou o alarme e a liliputianada toda entrou em prontidão. O imperador, que conhecia bem o idioma falado pela prisioneira, perguntou o que ela estava sentindo. No que ela respondeu que gostaria de ir ao banheiro, pois havia tomado muitos barris de vinho e não conseguia mais segurar a vontade de urinar. O soberano começou a rir, um riso nervoso de quem não sabe o que fazer em situações embaraçosas. Os cortesãos sentiram o clima e começaram a dar risadas. Os súditos não sabiam do que se tratava, mas caíram na gargalhada. E a nossa personagem, mesmo sem querer faltar com a educação, relaxou, deixou sair o xixi e foi uma enxurrada. O país inteiro desceu na correnteza.

MINO

Hermínio Macêdo Castelo Branco, o Mino, é cartunista, artista plástico, poeta e livre pensador. Pai do Capitão Rapadura, o super-herói cearense que tudo atura, assina aos domingos a página de humor The Mino Times, no Diário do Nordeste, e edita mensalmente, pela Editora Riso, a riVISTA, publicação de arte, histórias em quadrinhos, fábulas e pensamentos MINOritários. É autor do mural Terra da Luz, do Aeroporto Internacional Pinto Martins, em Fortaleza.

Por que deixou de assinar como Flávio d'Independência e passou a usar Flávio Paiva?

Eita, Mino, essa é uma longa história, mas vou fazer uma colagem de alguns eventos que mostram como se deu essa migração do meu nome. Tudo começa no segundo semestre de 1976, quando aos 17 anos cheguei a Fortaleza para estudar e trabalhar. Trazia comigo a vontade de dar continuidade às vivências culturais e esportivas que desenvolvia no interior, sobretudo aquelas relacionadas

FLÁVIO PAIVA **439**

a saraus musicais e prática de futebol de salão. Na Escola Técnica Federal do Ceará (hoje IFCE) entrei logo para o coral regido pelo Paulo Abel do Nascimento (1957-1992), e meu time foi campeão de futsal nas olimpíadas, tempo em que também disputei as olimpíadas do exército no 23º Batalhão de Caçadores (23BC). Em seguida, passei a atuar em coletivos autorais independentes, por meio da Cooperativa de Escritores e Poetas, e a disputar o campeonato das indústrias, do Sesi, como atleta da Servtec/Acqualinda. Curioso é que, como eu não tinha referências familiares ou pessoais com as quais me apresentar, meu sobrenome era ser de um lugar. Quando alguém perguntava: Flávio de onde?, eu respondia Flávio d'Independência.

Na primeira metade dos anos 1980, já como estudante do Curso de Comunicação Social da Universidade Federal do Ceará (UFC), participei, assinando apenas F.d'I (forma reduzida de Flávio d'Independência), juntamente com o Aloísio Gurgel e o Falcão, da criação da Oficina de Quadrinhos e Cartuns, idealizada e coordenada pelo professor Geraldo Jesuíno, que era também presidente da Imprensa Universitária. Ali, criávamos personagens, desenvolvíamos argumentos e roteiros, conversávamos sobre desenho gráfico, semiologia, estética e técnicas de impressão. Foi nesse ambiente que, por exemplo, descobri que o Mino das estampas das toalhas das piscinas Acqualinda, onde eu trabalhava preenchendo formulários de propostas, era o mesmo do *Almanaque Mino*, editado pela Codecri, a editora do jornal *O Pasquim*. Éramos um grupo de aficionados em HQs que ia para a universidade todos os sábados pela manhã colaborar com o desenvolvimento de crianças que gostavam de desenhar. Essa é uma memória que guardo com muita paixão. Entrar naquela sala cheia de pranchetas cobertas por um macio plástico esverdeado fazia afluir um quê de aventura. Não havia qualquer direcionamento à imaginação, era um espaço de narrativas livres, de traços livres e de personagens com sentimentos parecidos com os nossos.

Quando o Mauricio de Sousa veio a Fortaleza para o lançamento da Turma da Mônica no cinema, em 1986, falei para ele da existência da Oficina. Deixei-o pensativo, um tanto sem acreditar no que eu dizia. O certo é que ele atrasou a *avant-première* do filme para ir comigo ver de perto o que eu estava dizendo. Na Oficina, ele trocou desenhos com as crianças e falou dos planos de expansão da Mauricio de Sousa Produções para o mercado internacional. No caminho de volta ele me falou que conhecia muitas experiências de oficinas de quadrinhos no mundo, do Japão aos Estados Unidos, mas nunca tinha visto algo tão encantador quanto a nossa Oficina de Quadrinhos; funcionando sem matrícula, sem chamada, sem diploma, sem oferta de lanche, e com tantas crianças talentosas reunidas pelo prazer criativo, em pleno sábado pela manhã.

A zona de influência da Oficina estendia-se além daquela sala mágica, aumentando o nosso interesse em valorizar as possibilidades dessa arte sequencial. Em 1986, quando o Ziraldo assumiu a presidência da Funarte (Fundação Nacional das Artes), no Rio de Janeiro, ele teve a feliz ousadia de montar uma espécie de sindicato de quadrinistas, inspirado no modelo dos "*syndicates*" estadunidenses. Nessa época eu trabalhava no Segundo Caderno (hoje Vida & Arte) do jornal *O POVO*, e juntamente com o jornalista Miguel Macedo conseguimos substituir parte da produção estrangeira que dominava o espaço das tiras de quadrinhos por autores nacionais, a exemplo do Angeli, Glauco, Laerte e Fernando Gonsales. Mais do que isso, conseguimos ter espaço para a tira "Nó Cego", do Cosmo, "Naftalinas", minha e do Válber Benevides, e para a produção específica da Oficina, revezando trabalhos do Jesuíno e do Fernando Lima.

A empolgação foi tamanha que em 1985 eu cheguei a ir a São Paulo tentar negociar com a Editora Abril a publicação de uma revista em quadrinhos infantojuvenil, com uma família de personagens criados em parceria com o caricaturista e artista plástico Válber Benevides. Não deu certo, mas ainda hoje guardo a carta do diretor editorial Waldyr Igayara (1934-2002), datada de 31/07/1987, analisando cada um dos nossos personagens de forma simpática e positiva, embora considerando a nossa proposta ainda com altos e baixos: "Seu estilo, embora esteja bem definido, necessita de mais personalidade de traço, maior charme. Pinga-fogo, Leleco, Ananda e Astral estão mais resolvidos, enquanto Coquinho, Demétrius, Nafy, Joãozinho e a Moemita carecem de maior graça". Mesmo tomando consciência de que não estávamos suficientemente amadurecidos, senti uma alegria imensa ao receber esse retorno da parte de um artista que foi escolhido pessoalmente por Walt Disney (1901-1966) para ser o primeiro desenhista do personagem Zé Carioca; mas também porque, em seu "não", Igayara sinalizava um "sim": "É sempre com grande dose de aborrecimento que recuso um projeto nacional, de tanto que o País depende desse heroico esforço, como o de vocês, para se afirmar nesse meio tão importante da comunicação, de grandes virtudes porque tem a criança como alvo (...) Tive uma enorme satisfação em conhecer suas ideias, seu conhecimento de campo, seu ótimo trabalho aí (pioneiro neste País), sua vontade de contribuir efetivamente para a redenção do quadrinho nacional. Tudo isso nos une". Confesso que apenas o fato de entrar no prédio da Editora Abril, na rua Bela Cintra, 299, já tinha sido indescritível para mim. Aquele endereço estava no meu imaginário infantil. Era como se eu tivesse visitado uma fábrica de fantasias, enquanto fantasiava ser um de seus criadores.

Empolgado com a empatia recebida na Abril, fui tentar a sorte na Editora Bloch, no Rio de Janeiro. Da janela do ônibus pude ver lugares emblemáticos para mim, como a Confeitaria Colombo e o prédio da Editora Brasil América (EBAL). Na rua do Russel, 804, fui recebido pelo jornalista paraense Roberto Barreira (1944-2002), diretor editorial da Bloch. Era um endereço conhecido para mim, mas não tão mágico. A divisão de publicações infantojuvenis não era o forte dessa editora. Barreira manifestou interesse em nossa proposta, mas foi claro ao dizer que levaríamos um bom tempo para nos tornar conhecidos, antes de pensar em lançar uma revista. E propôs que começássemos fazendo uma página na revista Pais&Filhos. Na sequência, ele iria abrindo espaço para o Válber e para mim nas revistas da editora, tipo *Manchete* e *Fatos&Fotos*, até termos uma visibilidade mínima para sair com nossos personagens para as bancas. Nesse mundo, dizer que era de Independência não faria muita diferença. Mesmo assim, preservamos a marca Valber&F.d'I no projeto, que, infelizmente, não se viabilizou. E os responsáveis por não ter dado certo fomos nós, com nossa imaturidade. O Roberto Barreira tinha gostado da simplicidade, da leveza e da mente infantil dos nossos personagens. Quando enviamos as primeiras pranchas para a *Pais&Filhos*, fizemos tudo tão caprichado, tão cheio de nuanças, tão intelectualizado, tão colorido e tão detalhado que o material foi editorialmente recusado.

Pior é que para preparar a proposta, com material impresso em gráfica e uma música tema composta por mim e pelo Tarcísio Sardinha e gravada pela Nara Telles (então filha pequena do cantor Armando Telles), o Válber e eu penduramos conta em gráfica e vendemos até um violão. Para fazer a viagem chegamos a tomar dinheiro emprestado e a contar com o apoio de amigos. Depois de tudo, havia um certo contentamento em nós, causado pela sensação de que estávamos com algo valioso em nossas mãos; tanto que reagimos criando um novo projeto, com naves-*sprays*, em forma de caranguejo, que invadiam o mangue do Parque do Cocó. Não passou de um arroubo. O que nessa aventura recaiu mesmo sobre nós foi a preocupação em pagar as dívidas. Parecia não haver saída. Um tanto desolados, certo dia ligamos a televisão e soubemos que o prêmio da Loto estava acumulado. Olhamos um para o outro e resolvemos apostar os últimos centavos que ainda resistiam em nossos bolsos. Fomos até a Neoteca, agência lotérica que ficava na rua João Cordeiro, quase em frente à Paróquia Santa Luzia. Pegamos um cartão e, com a habilidade que marca a genialidade do seu traço, Válber desenhou no bilhete o rosto da nossa personagem principal e, em seguida, marcamos cada número cortado pelo risco do lápis. Não deu outra. Ganhamos e pagamos todas as nossas dívidas… E isso não é uma ficção!

O clima arejado da Oficina de Quadrinhos e Cartuns nos impulsionava a continuar produzindo. Teve uma vez que inventamos de fazer um jornal para circulação nas barracas de praia. Até os anúncios de rodapé eram tiras de quadrinhos. Chegamos a preparar as três primeiras edições da *Folha Higiênica*, mas não vingou. O jornalista e humorista Tarcísio Matos e eu escrevemos também uma história, intitulada "A herança de Tião Barbante", que foi quase toda quadrinizada pelo cartunista Cosmo. Contava a saga infeliz de um cidadão comum que, por conta de uma febre causada por bicho-de-pé, é assassinado lentamente pelos múltiplos efeitos colaterais provocados por displicências e irresponsabilidades médicas e ambulatoriais. Tempos depois, já nos anos 1990, fui casualmente apresentado pela cantora Mona Gadêlha ao Franco de Rosa, editor de quadrinhos da Nova Sampa Editora. Naquela ocasião eu estava vestido com uma camiseta que estampava o Pochete Jr. – outro personagem da parceria Válber&F.d'I –, com sorriso metálico, numa cena urbana, encostado numa bicicleta e dizendo: "Ô mesmice cruel!". O Franco me desafiou a fazer uma revista semanal com o Pochete Jr., mas, naquele momento, tanto eu quanto o Válber estávamos com outros compromissos e nosso sonho, se não foi realizado, pelo menos mostrou para nós que tinha potencial de realização.

Essas criações, assim como tudo o que produzi nos campos literário, de histórias em quadrinhos e da música satírica, eram todas assinadas por Flávio d'Independência ou apenas F.d'I, inclusive o meu primeiro livro impresso, *A Face Viva da Ilusão* (1982). Na primeira metade da década de 1980, quando, ainda estudante, editei a revista *O Cenecista*, da administração estadual da Campanha

Nacional de Escolas da Comunidade (CNEC), utilizei Flávio S. P. Cavalcante, na tentativa de evitar conotações bairristas em uma publicação que cobria o trabalho de escolas em mais de setenta municípios do Ceará. E foi por conta do texto "A Tradição Empobrecida" (edição de maio-junho de 1985), que escrevi sobre festas juninas no centro educacional de Guaiúba, que fui convidado para trabalhar no jornal *O POVO*. O Eliézer Rodrigues, editor do Segundo Caderno, perguntou como eu gostaria de assinar as matérias que iria produzir. Na minha cabeça, não fazia sentido levar o meu nome de produção alternativa para as páginas da grande imprensa, entendimento que me levou a passar um bom tempo fazendo, sem assinar, a coluna dominical Apóstrofo, horizontalizada nas duas páginas centrais do caderno. Já a forma que vinha utilizando na revista da CNEC deixava a assinatura muito grande e não caberia em uma só coluna. O lógico seria Flávio Cavalcante, mas naquele momento havia um apresentador de televisão campeão nacional de audiência, o jornalista carioca Flávio Cavalcanti (1923-1986), e não fazia o menor sentido iniciar um trabalho profissional sob essa enorme sombra. Resolvi, então, que seria Flávio Paiva. E assim ficou.

NIREZ

Miguel Ângelo de Azevedo, o Nirez, é pesquisador, arquivista, colecionador e historiador. No acervo de sua casa-museu conserva em mais de 22 mil exemplares de discos de cera (78 rpm) parte significativa da memória da música brasileira gravada na primeira metade do século XX, coleção com base na qual faz há décadas o programa Arquivo de Cera, atualmente indo ao ar toda semana pela Rádio FM Universitária, da UFC. O Arquivo Nirez, composto por periódicos, equipamentos sonoros, rótulos etc., possui ainda um dos mais disputados conjuntos de referências fotográficas da Fortaleza antiga.

Por que você não comemora seus 60 aninhos como eu quando fiz 80[*], saltando de paraquedas?

Quem sabe, Nirez, se eu chegar aos 80 com a sua juventude e coragem, não vá pensar em uma aventura dessas. Por enquanto, o má-

[*]Em 2014 Nirez comemorou seus 80 anos com um salto de paraquedas feito no aeródromo do Bom Jardim, em Fortaleza, com apoio do sanfoneiro, cantor e piloto Waldonys.

ximo de afoiteza que consegui foi fazer uma autobiografia. Para mim, lançar um livro abrindo meu código existencial em formato colaborativo é como me jogar em queda livre, como nos segundos iniciais de um salto de paraquedas, confiado apenas na liberdade das asas que as palavras oferecem. Publicar o que efetivamente pensamos em uma época de tanto patrulhamento e julgamento apressado do que se diz é uma modalidade de esporte radical. Esse empobrecimento social estimulado por brigas fraticidas de grupos interessados na obtenção de poderes localizados podem causar vertigem à medida que a obra se aproxima da realidade e atinge maior imanência possível.

Tenho dúvida de se lançar um livro é mais ou menos seguro do que saltar de paraquedas a mais de três mil metros de altura. A obra literária não possui acessórios de segurança, se ninguém abrir suas páginas, ela pode virar pó. Ainda assim, percorrer a distância que separa o autor do leitor e a obra do mundo é uma experiência tentadora. Aliás, ambas as sensações são libertadoras. Os minutos necessários para chegar ao solo resumem a existência ao seu caráter de sopro. O que motiva saltadores a pular deve ser a energia positiva da sua própria atitude. Com o autor não é diferente. A adrenalina de pular no espaço na velocidade do corpo contra a gravidade, a vibração do encontro com a ventania, o frio na barriga diante da expectativa de abertura do equipamento e, depois de tudo, a alegria de pisar em terra firme delineiam momentos únicos do paraquedismo e da literatura. Sem contar com a emoção e o prazer de cruzar as nuvens por dentro e de ver a natureza de cima.

Há na atividade de paraquedismo uma prerrogativa de liberdade que não é a mesma dada a quem publica; que é a de poder praticar salto duplo com quem quiser e não ser criticado por isso. Tomei consciência dessa complexidade na vida de quem escreve ao ler um editorial escrito por Benjamin Franklin (1706-1790) na *Gazeta da Pensilvânia* (10/06/1731) e publicá-lo na primeira edição do *Um Jornal Sem Regras*, alternativo de comunicação do meu tempo de faculdade. O cientista estadunidense, que ficou célebre pela invenção do para-raios, na posição de dono daquele jornal, falava dessa condição vulnerável de quem veicula opinião. "Os tipógrafos praticamente nada podem fazer quando procuram ganhar a vida, que não acarretar provavelmente ofensa a algumas pessoas, talvez mesmo a muitas pessoas. Ao contrário, o ferreiro, o sapateiro, o carpinteiro ou qualquer outro artesão podem trabalhar para pessoas de todas as convicções, sem ofender qualquer delas. O comerciante pode comprar e vender a judeus, turcos, a heréticos e aos infiéis de todas as origens, pode receber deles o seu dinheiro, sem que o mais ortodoxo se escandalize por isso" (UJSR, n° 1, p. 2, out/dez de 1982).

Isso pode acontecer com o livro, enquanto objeto. Todos podem adquirir quantos exemplares quiserem. Acontece que um livro não é apenas um produto, ele é um suporte de discursos vivos que ressignificam o sentido do mundo real pelos filtros experienciais de cada leitor. Nele, pontuada de sensações, descobertas e aspirações, uma palavra vai puxando outra, um olhar anunciando outro, e não há como deter o que pode a imaginação. Se, como bem ressaltou Franklin, as opiniões das pessoas são tão diversas quanto as suas faces, e quem escreve mexe com as mais distintas opiniões, é da natureza dos pensamentos e dos valores contidos em uma obra literária entrar em choques de todo tipo. O ensaísta búlgaro Tzvetan Todorov (1939-2017) era bastante firme ao tratar da honestidade autoral. Para ele, "se os escritores aspiram ao elogio da crítica, eles devem se conformar a tal imagem" (TODOROV, 2009, p. 42). Mas isso é andar pelo chão, rastejar, optar pelas zonas de conforto da aceitação. Particularmente prefiro a emoção de saltar e encarar as surpresas da paisagem.

NONATO ALBUQUERQUE

Comunicador multimídia, com longa e respeitada atuação em rádio, jornal, televisão e meios digitais.

Que fato magnífico da história humana você gostaria de ter reportado?

Sua pergunta, Nonato, possibilita a proximidade com um passado que considero fundamental para pensarmos o mundo em sua grandeza, sua escala de horizontes, suas contradições e, sobretudo, seu sentido de destino. Refiro-me ao momento em que, na data de 12 de outubro de 1492, os primeiros nativos do continente americano perceberam a chegada do navegador italiano Cristóvão Colombo (1451-1506), e que os tripulantes das caravelas por ele comandadas sentiram que haviam chegado a um mundo desconhecido; o momento em que duas grandes metades do planeta Terra entraram em contato. Havia um oceano no meio e infinitas interrogações sobre o que teria no outro lado e como ele seria.

Esse encontro de olhares entre duas civilizações que haviam se desenvolvido sem que uma soubesse da existência da outra, eu gostaria de ter reportado, por considerá-lo o marco da maior transformação global experienciada pela humanidade.

Esse acontecimento que mudou o curso da história teve de um lado o conquistador europeu ibérico, com seu gérmen de expansão territorial herdado do império romano, sua necessidade alternativa de rotas marítimas comerciais e sua afirmação cultural e religiosa, depois de séculos de violência em guerras feudais, movimentos militares religiosos (Cruzadas) e na expulsão dos mouros, que durante oito séculos ocuparam aquela região peninsular; e do outro lado os povos maias, mesoamericanos, que haviam abandonado seus grandes centros urbanos, depois de guerras internas e dramas ecológicos. Ali estavam, frente a frente, o pensamento lógico e o pensamento mágico, europeus com a expectativa de encontrar riquezas a qualquer custo, e americanos perplexos com estandartes, brasões, sons de trombetas, armas de fogo, vestimentas ostensivas, mastros e velas das embarcações.

Por trás de seus olhos refletiam-se estruturas sociais e morais diferentes, embora tanto a Europa quanto a América tivessem evoluções pré-históricas e históricas com assemelhamentos registrados nas galerias de arte rupestre das cavernas de Lascaux, no sudoeste francês, e nos paredões da serra da Capivara, no nordeste brasileiro, e estágios comprovados pela antropologia e arqueologia de caçadores coletores, sociedades agrícolas e impérios fortes, arquitetura monumental, cidades com praças, palácios, templos e mercados e Estados soberanos, línguas escritas, arte original, jogos de bola, calendários próprios, matemática e astronomia avançadas e poderes religiosos cogovernamentais, resguardadas as peculiaridades sociopolíticas e militares que formavam as potências coloniais espanhola, portuguesa, britânica e francesa a leste, astecas, maias e incas a oeste do Oceano Atlântico. Nesse cruzamento de olhares espelhavam-se também os determinantes da natureza, com matas uniformes de pinheiros na visão europeia, e a biodiversidade florestal no olhar americano.

Inspirado nesse fato magnífico, compus, em parceria com o maestro Tarcísio José de Lima, a música "O Continente Encontrado", para ser o prólogo do álbum *América*, da cantora Olga Ribeiro, lançado em 1992 como parte das manifestações críticas aos 500 anos desse encontro que se deu inicialmente em um dos pontos de superfície da cordilheira submarina das Antilhas. A letra diz assim: "Viviam neste Continente / Cálidas culturas, ricas, milenares / O sol reinava em luz e cores / Ardor, calor, fertilidade / Desciam pelas cordilheiras / Águas cristalinas em morno mistério / Que agitava o mar / O mar... // Salgadas, tristes sensações / De terras bem distantes / Por aqui chegaram / E calaram as vozes das florestas / E os mitos / Do fogo e da lua, e os ritos / Mania de mandar, desejo de domar // Mas a vida não perde o seu poder natural / Nos fios da visão sideral / Seu dom de ser e soar / Muito além desse manto / E logo faz surgir / O encanto de se ouvir / O timbre genial das misturas / Na trama de culturas // Passados já 500 anos / Dessa desventura de ser devassado / Ainda há todo um fascínio / Guardado com muito cuidado / Por certo a bolívar certeza / Cheia de esperança / Sobre essas paisagens / Que transpiram paz / E mais... // Agora essa gente toda / Busca construir o seu real caminho".

A expressão "bolívar certeza" foi utilizada nessa composição como fonte de esperança na busca por um caminho que pudesse levar ao desenvolvimento latino-americano. Cheguei a essa compreensão depois de, em janeiro de 1989, viajar por vários países da América hispânica pesquisando repertório para o disco da Olga, e de, em seguida, saber notícia da queda do Muro de Berlim, em novembro daquele mesmo ano. O momento de intensificar a descolonização havia chegado. O pensamento de Simón Bolívar (1783-1830) estava vivo no novo cenário geopolítico e econômico mundial. Ele que, além de liderar o processo de independência da Bolívia, Colômbia, Equador, Peru e Venezuela do domínio espanhol, no início do século XIX, trabalhou pela construção de uma confederação a ser constituída pelos países da América Latina, uma unidade que desse ao continente condições para, em bloco, dialogar com os Estados Unidos, com a Europa e qualquer outro lugar do mundo. Anos depois, ao ascender ao poder (1999), o também general venezuelano Hugo Chávez (1954-2013) lançou mão de parte do ideário de Bolívar para implementar o que chamou de Revolução Bolivariana, ação venturosa em suas políticas sociais distributivas e busca de fortalecimento das relações sul-sul, e desastrosa na ansiedade doutrinária pela liderança continental e na fanfarrice com a qual procurou se manter no poder, facilitando assim a derrota do seu projeto para o neocolonialismo transnacional e comprometendo a grandeza e a originalidade da filosofia política de Simón Bolívar.

Se fossem clarividentes, os que chegaram nas caravelas e os que estavam no litoral naquele dia histórico poderiam ter pressentido a violência que decorreria dos diferentes olhares entre nativos tementes ao mar e marinheiros que surgiam do mar. Colombo, influenciado pelos relatos do mercador veneziano Marco Polo (1254-1324) em suas viagens maravilhosas pelo continente asiático, morreu pensando ter encontrado terras do Oriente dando a volta pelo Ocidente da esfera terrestre. Mas foi Américo Vespúcio (1454-1512) quem atestou que se tratava de um outro mundo, uma terra que, para além da formação vulcânica e das belezas dos recifes de corais caribenhos, abrigava, em suas variadas latitudes, os mais altos lagos do mundo, os rios mais caudalosos e as florestas mais abundantes do planeta, em grandes contrastes geográficos e humanos. Como os conquistadores não estavam preparados para o enriquecimento da humanidade a partir da combinação étnica e cultural desse vasto patrimônio dos dois mundos defrontados naquele momento, entenderam que o que não servisse para saquear, como o ouro e a prata, deveria ser destruído. E assim foi feito à exaustão.

O ensaísta colombiano William Ospina entende que com relação à natureza não foi diferente. Para ele, o conquistador não conseguiu conviver com a exuberância do meio ambiente americano. "Tudo tendia a causar-lhes aflição e mal-estar: o tamanho dos bosques, a torrencialidade dos rios, a abundância dos animais" (OSPINA, 2004, p. 71). Na presença dessa pluralidade de manifestações da vida, da profusão de formas e da variedade dos sistemas de reprodução, os europeus, que matariam milhões de americanos a ferro e fogo, e outros tantos contaminados por gripe, pneumonia, varíola e sarampo com as quais desembarcaram e contra as quais os nativos não tinham anticorpos, apontavam a riqueza natural do continente encontrado como insalubre "porque vinham de uma cultura acostumada a somente considerar aceitável o que era imediatamente útil para o ser humano" (Ibidem, pp. 71-72).

Do jeito que achamos que foi, ou como de fato tenha sido, tudo começou naquele dia em que os dois lados não perceberam que não existia Novo Mundo, não se dando conta de que todos eram velhos. Não se pode negar, no entanto, que com isso a humanidade foi encorpada, mesmo ao preço de tantas atrocidades dominantes e dominadoras que dizimaram povos, suas crenças, seus saberes e conhecimentos, por meio de investidas militares, culturais e religiosas. A alimentação do mundo, a medicina, as artes, o pensamento, a literatura, as ciências, a poesia, os esquemas evolutivos, enfim, tudo passou a ter outros significados. Claro que o ideal seria que, desde o dia em que se conheceram, os dois Velhos Mundos tivessem feito uma aliança de ganha-ganha; uma aliança que séculos depois ainda não foi feita porque o colonizador continua pensando como colonizador e o colonizado como colonizado. Por isso, reportar aquele momento do início dos tantos encontros e desencontros que resultaram no que somos representaria para mim bater de frente com a gênese de uma realidade que poderia ter sido diferente e que ainda poderá corrigir seus rumos caso consigamos entender que as nossas insuficiências não estão, nem nunca estiveram, na escassez material ou na trama de culturas, mas na fartura de ilusões predominante em um modelo mental orientado para toda sorte de acumulação, de modo que, se algum dia for preciso, o colonizado abandonará o continente, voltando para casa, onde quer que ela não esteja.

OLGA RIBEIRO

Cantora, integrou a Banda Pré-Histórica das Moças Donzelas e o Quart'ETON. Como intérprete, gravou para adultos os álbuns solo América e Pão e Poesia, *e, para crianças,* Samba-le-lê *e* Bamba-la-lão (Flor de Maravilha)*.*

O que o menino homem do sertão conta ao homem menino do mar, e o que o homem menino do mar canta ao menino homem do sertão?

Sua pergunta, Olguinha, estimula uma ligação de fatos da minha vida a canções que compus inspirado nas paisagens sertaneja e litorânea das quais faço parte. Contar e cantar o ir e vir desses traçados circunstanciais, entrecruzados por uma espécie de satisfação sensorial, me dá a oportunidade de desvendar episódios representativos das marcas culturais que me caracterizam, me descrevem e me definem. O encontro da música com lugares e sentimentos explorados pela subjetividade das palavras e das melodias projetam imagens de fruição dos meus porquês na locomoção estética de eventos particulares e inseparáveis desses espaços geográficos e sociais.

Escolhi como fio condutor dessas ilustrações algumas cantigas que ganharam vida ao longo dos anos e por motivos distintos, mas que têm como elemento convergente o olhar do adulto sobre suas coisas de criança e o olhar da criança que enxerga o adulto. Elas expressam fragmentos de viveres em retalhos sonoros de situações pessoais, com realces de infância lançados, sem nostalgia, ao que sou pelas plataformas mais íntimas da minha personalidade. Nesse percurso, contei com a sensibilidade criativa de parceiras e parceiros que me ajudaram a dar tangibilidade a essa maneira de ver o mundo e de estar nele.

A brincadeira como ato de liberdade de apreensão e reinvenção do mundo ao redor está presente na composição "Festa em Independência" (Tarcísio Sardinha / Flávio Paiva): "Dia de chuva, a cidade em festa / A meninada toda sai pra rua a se banhar / Uns de calção, pés descalços, outros não / Na farra da floração // Chove pra lá / Chove pra cá / Pinguinho de chuva / Vem me abraçar // Vem de montão / Boca de jacaré / Rega o meu coração / De sabor picolé ... é, é, é... // E da calçada a gente pode avistar / Um belo arco-íris, vira e volta é só pintar / Felicidade num barquinho de papel / Lápis de cor dos anjos do céu".

Em "Pra ninar o carneirinho" (Tarcísio Sardinha / Flávio Paiva) relato a meus filhos uma história bem-humorada que aconteceu com a mãe deles, mas que é comum a muitas pessoas da cidade que vão passar férias no campo, e, à noite, escutam as vozes dos animais na fazenda: "Era bem tarde da noite / Silêncio no quintal / Quando a mamãe escutou / Alguém chamando por ela / Andréa… Andréa… // Acordou logo o papai / Pra ver quem podia ser / Se era imaginação / Se era alguém no portão / Andréa… Andréa… // E o vovô despertou / E a vovó despertou / E todo mundo levantou / Pra logo ver o que era // Não era uma coisa nem outra / Era a mamãe ovelha / No frio do orvalho / Chamando o carneirinho / Para fazer carinho".

Essa experiência da Andréa com linguagens do ambiente rural foi de grande importância na hora de pensarmos em algo grandioso para fazer a mensagem de acolhimento ao nosso primeiro filho, externada na música "Lucas" (Andréa Pinheiro / Flávio Paiva): "Lucas / Que bom ninar você / Estar com você / Ser seu canto, seu acalanto / Neste aconchego // Lucas / Sonhar nunca é em vão / Estrelas do sertão / Na maré cheia, pisar na areia / Cheiro de mar // Vamos / Embalar essa rede / Rabiscar na parede / Um imenso luar // Vamos / A contar carneirinhos / A dormir de mansinho / Até o dia raiar // Vamos / Que viver vale a pena / É um grande poema / A natureza nos dá".

Os impulsos da paternidade criadora me levaram a recorrer ao bucolismo da claridade solar nos momentos de exposição das crianças à produção de vitamina D. O sol da cidade parece tomar ares mais calorosos quando convidado a embalar nossos filhos com simbologias da natureza. Isso ganhou corpo na cantiga "Banho de Sol" (Alberto Lima / Flávio Paiva): "Vem solzinho, vem de mansinho / Vem banhar esse menininho / Que só quer carinho // Banho de sol / Traz o rouxinol, traz o bem-te-vi / Canta a passarada, canta a juriti // Banho de sol, luz do arrebol / Vem corrupião, o bicho-papão / Não vem não // Vem balãozinho, brilha em meu ninho / Clareando o mar, o mar desse menino / Que só quer amar".

A força da literatura de cordel, tão presente no sertão, ganhou saliência na relação com os meus filhos e o mar, tendo como âncora um personagem de histórias em quadrinhos do cartunista Mino, convidado a atuar numa história real que virou a música "O Encontro do Capitão Rapadura com o Sol num Dia Quente de Verão" (Flávio Paiva): "Atenção, muita atenção / Presta atenção meninada / Para a história que vou contar / Não é de circo ou futebol / É do Capitão Rapadura / (o herói que tudo atura) / E seu encontro com o sol // Era um domingo de praia / O céu cheinho de arraia / Quando o sol se revoltou / Disse que tinha um pedido / (um desafio para a terra) / E se não fosse atendido / Parava de clarear // Estava boa a brincadeira / Formiga na açucareira / Criançada em diversão / Entra em cena o Rapadura / (super-herói da candura) / E o sol revela o motivo / De tanta agitação // – Eu só queria lhe pedir / Vê se dá para conseguir / Me trazer um picolé / Bem gostoso, bem gelado / Glacial, bem condensado / Tô morrendo de calor // – É muito fácil, seu sol / De que sabor o senhor quer? / Tem cajá, goiaba, sapoti / Limão, pitanga, abacaxi / Caramelo e melão / É só me dar a orientação // E o Capitão Rapadura / Tratou logo de apressar / O desejo do astro-rei / Passou protetor solar / (daqueles bem caprichados) / E para aguentar o rojão / Valeu-se de Ciço Romão // Tête-à-tête com o sol / O Capitão Rapadura / Entregou o picolé / Delícia de manjericão / Era o verão que o sol queria / (que lambeu o isopor) / Em seu alegre esplendor".

A expressão da cultura da infância na zona costeira despertou interrogações que se poetizaram em mim, como na canção "Brincantes" (Ronaldo Lopes / Flávio Paiva): "Quem é que mora na praia / que brinca em catraia / que toca ganzá na roda de coco? // Quem são essas pessoas / que falam em camboas / que dançam nas noites de luar? // Essas crianças, quem são? / Quem são essas meninas / que giram ao relento / que batem palmas ao vento? // Quem são esses meninos / que acendem candeia / e batem os pés na areia? // Quem são???"

Ao passo que fui intensificando a proximidade com o mar, percebi o caráter lúdico presente no cotidiano da vida praieira; uma forma de alegria ingênua que tem seu lugar de realização na faixa de praia que fica entre a casa do pescador e o chão de areia mais compacta onde as crianças constroem castelos de brinquedo. Este é o tema de "Entre as Casas" (Ronaldo Lopes / Flávio Paiva): "Casa de areia / Com varanda de espuma de mar / Escultura que não dura / Que a água vai levar // Casa de taipa / Com varanda de palha de palmeira / Descanso do jangadeiro / Quando chega do alto-mar // Entre as duas casas / Pedrinhas para brincar / Um cabrito saltador / Um cachorro a uivar / Maré-cheia, maré baixa / Pé na areia, pé na água / Duas casas de sonhar".

A alta tecnologia primitiva das velas triangulares das jangadas é um dos fenômenos da inventividade humana que mais mexeram com a minha cabeça quando passei a morar no litoral. Os saberes ancestrais dos pescadores chegaram a um tipo de corte e a uma *expertise* na manipulação das velas dessas pequenas embarcações que, pelo aproveitamento inteligente da pressão do ar, conseguem enfrentar os ventos fortes da costa cearense e navegar em alto mar. Em admiração aos jangadeiros, compusemos "Vela" (Ronaldo Lopes / Flávio Paiva): "Vela que não é vela de acender / Nem é vela de velar // Sopra o vento / Para saber / Se a jangada vai pro mar // Vela branca / Verdadeira / Molha o pano pra embarcar // Vela, vida do pescador / Vela, bandeira do Ceará".

As ondas do mar quebram na praia e toda a areia fica ornamentada com labirintos de espuma, uma beleza que se junta a flores, pássaros, peixes, grafismos e a outros motivos que delicadamente viram arte e artesanato nas mãos de rendeiras e bordadeiras. E para agraciar a habilidade e o dom de quem tece horizontes, fizemos "Linhas do Mar" (Ronaldo Lopes / Flávio Paiva): "A jangada cruza o mar / Cruza o tempo, cruza as ondas, cruza o ar / Cruza a linha do horizonte // A jangada cruza o sol / Cruza a noite, cruza as estrelas, cruza a vida do pescador // Lá no alto, lá embaixo / Linha do céu, linha do mar / Linha de renda, labirinto / Ponto cheio / Ponto cruz / Onde as linhas se encontram / Na arte do bordar".

O movimento de figuras por espaços aquáticos imaginários me levava a escutar uma plasticidade de móbile na alegria do nosso segundo filho em sua vida placentária, quando eu encostava o ouvido na barriga da mãe dele. Essa percepção foi fundamental na hora em que nos dedicamos para fazer a sua mensagem de acolhimento, evidenciada na canção "Artur" (Andréa Pinheiro / Flávio Paiva): "Saltam cores dessas mãos, Artur / Fios dançam sem parar / Peixes, flores e anjinhos / Mexem loucos a lhe embalar // Gira leve o círculo / Apressado passa o quadrado / Vagaroso desce o triângulo / E o retângulo desajeitado // Quando você solta o riso / Meu coração é uma festa só / Oh, Artur, meu amado // A vida, nossa vida / Bate à solta pelo ar / Na brisa mais feliz".

Os nossos filhos foram apoiados a brincar nos logradouros públicos, sem medo das ruas e das praças. Essa foi uma prática corriqueira na minha infância interiorana, que, dentro do possível, eles exerceram em suas meninices metropolitanas. Daí a natureza afirmativa de "Vamos brincar" (Dilson Pinheiro / Flávio Paiva): "Vamos brincar / Brincar agora / Subindo e descendo a rua / Terreiro da lua / Onde a fantasia mora // Vamos brincar / Brincar agora / Fazendo brinquedos no ar / Suspiro do mar / Onde a alegria flora // Passa o gato da Alice / Duendes e fadas / A boneca sapeca / Princesa encantada / Em histórias de amor // Passa o bom Chicabon / A Comadre Florzinha / O coelho do mágico / Meninas rendeiras / Feiticeiras da cor".

Paixão de litoral tem a frescura das brisas, amor de "Coco Verde" (Tarcísio Sardinha / Flávio Paiva): "Coco / Coco verde / Verdes águas / Desse mar // Coco / Coco verde / Ai que sede / De te amar // Eu quero água de coco / Eu quero me apaixonar / A casa não tem reboco / Mas tem conchinhas do mar // Quebra / Quebra coco / Vem comigo / Requebrar // Quebra / Quebra coco / Lua cheia / Do Ceará". A imensidão do mar abriga com facilidade a ingenuidade telúrica da vastidão sertaneja, e os atos mais simples de afetividade tornam-se os de maior grandeza nas relações, como em "Areia Colorida" (Ronaldo Lopes / Flávio Paiva): "É de areia colorida / O presente que lhe dei / Fiz o mar nessa medida / Porque nem nadar eu sei".

A vida é fluxo contínuo, quer sempre mais. Assim, o encontro do sertão com o litoral me deu a vontade de oferecer o melhor do lugar onde vivo às amigas e aos amigos do mundo. E, aprendiz de navegador, sigo rumo ao desconhecido espalhando a nossa "Latitude" (Tato Fischer / Flávio Paiva): "Dou-te o mar de minha cidade / Verdes águas, sol e sal / Cajuína, dunas, pipas / Concha, altar zodiacal // Esse mar tem cais e porto / E o mundo a contemplar / Mil histórias, fantasias / Para ir, para ficar // Leme, vela, barlavento / Te conduzem onde for / Dou-te o mar e o horizonte / Em declaração de amor // Nossa Senhora da Assunção de Fortaleza / Me guiai nesse vagar / Minha voz leva tua fé acesa / Na viagem pelo mar".

ORLÂNGELO LEAL

Músico, dramaturgo, compositor, cantor e diretor artístico da Dona Zefinha, grupo cenomusical que, a partir de Itapipoca (CE), ganha o mundo em espetáculos de palhaçaria, comédia de rua, música e teatro.

Os *insights* criativos chegam muitas vezes nas horas mais inusitadas. Mesmo quando estou dirigindo ou repousando, minha mente entra em estado de abstração e começa a transformação da realidade em matéria estética. Essa situação já me levou a pensar que estou sempre trabalhando. Há estudos que associam a criatividade artística à esquizofrenia. Você concorda com isso?

Alguns sinais de intensificação do estado criativo podem mesmo ser confundidos com sintomas de esquizofrenia, Orlângelo, mas não se pode dizer que seja a mesma coisa. Aspectos do comportamento alterado de escritores e artistas quando estão em processo de inventividade interferem no sono, causam irritabilidade e levam muitas vezes ao isolamento e até ao hábito de falar sozinho. Por serem entendidos como expressões de anormalidade social, esses comportamentos são logo associados a estereótipos de loucura. O espírito criativo às vezes se manifesta assim nas ocasiões em que o indivíduo mergulha em sua própria paisagem interior para afirmar a abundância do belo e sua essência multiplicadora, enquanto a pessoa acometida de incoerência mental desliga-se da realidade.

A esquizofrenia é um distúrbio das emoções e do pensamento que corta o contato com o real, com desligamento do juízo crítico. Isso não quer dizer que quem se encontra com o funcionamento da mente remexido por alucinações, delírios, niilismos e outros embaraços emocionais não possa ter uma existência criativa. "Mesmo os esquizofrênicos retraídos e aprisionados ao leito podem estar vivendo criativamente uma atividade mental secreta, e, portanto, em certo sentido, feliz" (WINNICOTT, 1989, p. 35). A inquietação do artista não se distingue da intranquilidade do esquizofrênico por preconceito entre ser sadio ou doente. As coisas que não existem na normalidade frequentam a mente de ambos, só que o escritor e o fazedor de arte plasmam o que pulsa dentro deles e externam algo mais intencionalmente voltado à contemplação. "Tal como são suas fantasias, não necessita trancafiá-las, não necessita encarcerá-las, já que não teme ser visto por dentro, nem por si nem pelos demais" (PICHON-RIVIÈRE, 1999, p. 21). Ou seja: um sabe que está em modo de criação, e o outro não percebe que está psicologicamente esgotado.

O que acorda o artista, o poeta e o escritor fora de hora são imagens fazendo barulho para uma criação entrar em atividade. Tem um quê de vulcanismo nesse despertar. A erupção estética é uma mistura de sensações, sentimentos e emoções derretidos pela incitante vontade de traduzir-se do autor. Rubem Alves dizia que quando, na madrugada, acordava repentinamente, era porque tinha ideias na cabeça chamando para brincar. "Despertamos porque há pensamentos em nossa mente que exigem ser pensados" (RUBEM ALVES, 1996, p. 115). Esse turbilhão criador tem a ronda do espectro da esquizofrenia. Prefiro, contudo, apreciá-lo como o agito natural dos que vivem as peculiaridades dos encantos das margens. Dar a ver o que se encontra na errância pela vastidão da inventividade pode, inclusive, elevar artistas e loucos a algum grau de santificação. "Santos são aqueles que mantêm comunicação privilegiada com alguma transcendência (...) Parece constituir a santidade em certa entrega a um princípio (...) Sempre haverá santos. Santos artistas, santos poetas, santos atletas (...) carregando acesa a chama de uma ideia" (LEMINSKI, 2013, p. 95).

No ensaio que escrevi sobre o poeta curitibano Paulo Leminski (1944-1989), como parte da programação da mostra Múltiplo Leminski, em Fortaleza, tratei a disposição desafiadora do seu cérebro sempre excitado com as possibilidades poéticas que o mundo oferece, como um estado análogo à atração dos praticantes de esportes extremos diante da noção de perigo e à sensibilidade intensa dos que são levados à loucura. Diz ele: "dois loucos no bairro / um passa os dias / chutando postes para ver se acendem / o outro as noites / apagando palavras / contra um papel em branco / todo bairro tem um louco / que o bairro trata bem / só falta mais um pouco / pra eu ser tratado também". Ao escrever esse poema, Leminski revela, de forma especular, o quanto estava atento à pressão da censura aos instintos. Nos estudos de saúde social, os "loucos" poetas, escritores criativos e artistas têm um lugar como região de espanto tanto e tão vitalmente necessário quanto o ar que respiramos. David Cooper (1931-1986), líder sul-africano do movimento antipsiquiatria, segundo o qual "as nossas maiores forças revolucionárias são a loucura, o orgasmo e a morte recuperada" (COOPER, 1979, p. 154), incluía a "loucura" dos artistas como uma necessidade humana comparada ao orgasmo; como propriedades sociais comuns, que favorecem a criatividade e a espontaneidade dos laços comunitários.

Não é fácil recuperar o que nos é roubado pelos discursos condicionantes. Cooper dizia que invariavelmente atuamos em circos ou em campos de concentração. O artista atua no circo com a liberdade dos que ora querem impor novas crenças, ora apenas qualificar as margens, potencializando suas oportunidades ocultas, dando plenitude a outros modos de ver, sentir, pensar, expressar-se e agir; dando força de linguagem aos contextos deslocados do viver por ordenações lógicas redutoras do prazer. No jogo com palavras, imagens, sons e símbolos, Leminski se colocava como alguém sensível ao prazer do *insight*, do *nonsense*, das descobertas, das revelações, das novidades fruto da atividade desafiadora, do evoluir das combinações semióticas e da sensação de explorar radicalmente as margens, onde vicejam as ambiguidades e as polissemias.

A metáfora das margens como lugar do estado de fluxo é bem própria aos que palmilham alternativas de desvios do curso do lugar comum e embrenham-se em si mesmos. Nas margens vai-se para onde se quer, não há sinais de trânsito, pontos de ultrapassagem demarcados ou avisos de curvas acentuadas. Escapar da mentalidade de seguidor, ainda fortemente predominante nos modos de ser, sentir e atuar da vida intelectual, midiática e artística brasileira, põe a linguagem em exercício de liberdade criativa, traduzida reciprocamente entre o que está dentro do autor e o que está fora dele. Personalidades inquietas e fazedoras têm o poder de desnormalizar a linearidade das leituras do mundo, proporcionando outras percepções ao discurso dito normal. Em sua comparação da expressão artística com o orgasmo, como recursos de anulação da rigidez social, David Cooper esclarece o que o motiva a colocá-lo no plano da loucura, enquanto desconstrução: "Não é a loucura como uma espécie de crise pessoal trágica, mas como renovação de si por um caminho capaz de romper com as regras obsessivas do que devemos ser" (COOPER, 1979, p. 54). O desafio de superar barreiras identitárias da ordem significante, sempre com prazer estético e subordinando o racional ao sensorial, encontra matéria-prima nas situações corriqueiras, nos detalhes do viver, na correnteza do rio da existência e no vasto ecossistema consciente e inconsciente das margens. É nesse terreno iluminado por vaga-lumes da alma que a loucura estética viceja como possibilidade de romper com determinadas posturas da mente, a fim de poder experienciar a necessidade de ressignificação da realidade.

Sigmund Freud (1856-1939), o célebre pensador austríaco, fundador da psicanálise, procurou enxergar os conflitos e fantasias inconscientes incorporados à literatura e à criatividade artística. Investigou a habilidade de quem consegue imbuir personagens do inconsciente e refletiu sobre as possíveis fontes das quais o escritor criativo e o artista extraem o material de suas obras. Segundo a psicanalista polonesa Hanna Segal (1918-2011), ele chegou à compreensão de que "a arte está enraizada na fantasia inconsciente profunda", mas não deixou de considerar também "a arte como trabalho" (SEGAL, 1993, p. 90). Em seus estudos sobre semelhanças, diferenças e inter-relações entre o devanear, o sonho, o brincar, a arte e o pensamento criativo, a pesquisadora polonesa transitou pelas ideias de diversos pensadores que trabalharam com esse fenômeno. Ela identificou que há muito em comum entre os aspectos comportamentais de escritores criativos e artistas, em suas atuações além do que normalmente se vê, e devaneadores que criam um mundo de fantasias para satisfazer seus desejos inconscientes. Existem também semelhanças da arte com o brincar das crianças, pois ambos sabem que inventam mundos com realidades próprias, como argumenta Hanna Segal: "A arte tem semelhança com o brincar da criança, com o devaneio e com o sonho, mas não é nenhuma dessas coisas" (Ibidem).

Sobre a experiência estética em si, ela destaca o poder diferencial da literatura e da obra de arte como objetos propícios ao prazer da contemplação, que dão origem a inúmeras emoções. Para Segal, a verdade que o artista busca é a da realidade psíquica, que também é muito real. "E o artista vive uma luta constante com a ansiedade relativa ao resultado final do seu esforço (...) mas nunca deixa inteiramente a realidade" (SEGAL, 1993, p. 105). Apesar disso, mesmo não descartando o raciocínio de que o impulso criador possa dialogar com ansiedades depressivas, ela ressalta que "defesas esquizoides e maníacas baseadas em negações de realidades psíquicas prejudicam a experiência estética" (Ibidem, p. 107). A psicanalista polonesa cita como exemplo de comportamento esquizoparanoide uma paciente sua que era escritora e "sofria frequentes inibições da escrita quando começava a sentir as palavras como pedaços fragmentados de coisas"; e outro, de uma leitora que "muitas vezes não conseguia ler porque achava que as palavras estavam saltando da página e mordendo seus olhos" (SEGAL, 1993, p. 48). Em síntese, existem muitos pontos que associam criatividade artística e esquizofrenia, porém é possível separar os transtornos mentais e as mudanças de comportamento do esquizofrênico das esquisitices dos escritores e dos artistas quando em estado de criatividade.

PATRÍCIA AUERBACH

Arquiteta, arte-educadora e ilustradora de obras literárias infantis. Autora, entre outros, dos livros O Jornal, O Lenço e A Garrafa, *de literatura visual.*

Andei pensando bastante no quanto valorizamos a palavra falada, a palavra oral, o lugar da fala. Um sujeito é automaticamente alçado à categoria de importante ou sabido se ele "fala bem". Nas escolas, o aluno que tem boa participação é aquele que se coloca verbalmente diante do grupo. Nas redes sociais, milhares de vozes se cruzam diariamente criando uma infinidade de monólogos, cheios de certezas que não são questionadas com propriedade porque sequer são ouvidas. Muita fala, pouca escuta, nenhuma reflexão.

Minha pergunta então é sobre o papel da escuta nesse nosso mundo tão carente de empatia. Quando foi que paramos de ouvir? Nosso modelo de escola enaltece a fala, mas qual o lugar da escuta na educação contemporânea?

Essa questão que você coloca, Patrícia, suscita muitas teses, tamanha é a sua necessidade e urgência. A educação para a escuta está entre os grandes desafios civilizacionais do século XXI. No complexo sistema de camadas que separa os atos de perceber, dar atenção, assimilar, processar, tomar consciência e considerar o que se ouve, encontra-se o grande desafio da coexistência, em um mundo marcado pela heterogeneidade e, simultaneamente, sob forte e intensa pressão homogeneizante. Diante desse dilema entre a riqueza da diversidade dos repertórios culturais e o empobrecimento da massificação, a gestão da vida e o viver pedem uma nova ontologia de entrecruzamentos, capaz de contemplar as narrativas das experiências individuais e o exercício de pensar o outro na produção de sentido.

Uma discussão ontológica, que parta da condição de ser e pertencer a realidades distintas e desiguais, precisa antes de tudo se esquivar dos determinismos presentes na força dos conceitos dominantes e das formas estabelecidas como padrão social, a fim de que aceitemos os muitos modos de ser e de estar em um mundo polivalente. Em seus estudos sobre as dimensões sensíveis da alteridade, a pesquisadora mexicana Emma León Vega deduz que entre a enorme quantidade de problemas que nos afligem, o da convivência entre diferentes é o mais antigo e reincidente. "As circunstâncias humanas, as configurações coletivas, seus projetos e práticas, não podem ser considerados como um mero resultado de imposições estruturais e sistêmicas" (VEGA, 2005, p. 8). Para ela, um dos primeiros alvos a serem revistos em uma abordagem dialógica dessa questão é a prepotência dos discursos autorizados e formalizantes, que ainda falam em nome da realidade dos outros; sentenças muitas vezes insensíveis ao entendimento das fronteiras que separam o que é próprio do alheio, e pouco dispostas a confrontar os seus próprios marcos de percepção.

O que Vega propõe é uma nova formação discursiva para recuperação da escuta, congregando os significados particulares das comunidades globais mistas e misturadas, seus modos de apropriação, interpretação e intervenção no mundo, recriando conceitos para novas competências cognitivas e reflexivas. E esse esforço de potencialização da comunicação, enquanto essência substantiva da humanidade, terá mais êxito se tratar com naturalidade as tecnologias digitais e em rede, ao invés de demonizá-las. Os *smartphones* e os aplicativos estão inquestionavelmente integrados à realidade. "Não existem mais laços sociais sem sua intermediação: deixam de ser recursos com funções específicas para converterem-se em ligas do coletivo" (VEGA, 2005, p. 19). Por serem de uso recente, esses instrumentos ainda estão em fase de aprendizagem por parte dos habitantes de um mundo em crise de pensamento e atordoado pela ideologia da velocidade.

O falatório das redes sociais digitais são atitudes extensionais de proteção, associadas à insegurança das emoções e aos sentimentos primitivos de alinhamento e afirmação social. Antes mesmo de chegarmos a esse estado de intoxicação verbal, o pensador canadense Samuel Ichiyé Hayakawa (1906-1992) já pressentia seus efeitos. "Nunca sabem quais de suas opiniões estão simplesmente sendo repetidas, feito papagaio, e quais são resultados de sua própria experiência e reflexão. Faltando-lhes autopercepção, não lhes é possível possuir autoconceitos realísticos" (HAYAKAWA, 1977, p. 336). No meio desse turbilhão de mensagens catárticas, reforço o meu entendimento de que a vontade de declaração, ora tribal, ora de senso comum, é um dos fatores determinantes para que se fale muito e se escute pouco. Escutar virou algo perigoso, pois pode nos levar a perceber que pensamos diferente, e tornar decepcionante ter posição própria.

O desejo de se defender de si mesmo e do que pensa, expelindo aleatoriamente falas, ruídos e sons, começou a tomar corpo com a música em alto volume saída dos carros com as portas abertas. Depois, essa tática de se destacar na paisagem sonora avançou para os aparelhos estridentes adaptados às malas dos automóveis. A máquina de poluição sonora progrediu para os insuportáveis reboques com paredões de caixas de som. Quando se pensava que essa representação da pobreza urbana tinha chegado ao seu limite, surge a onda do telefone celular com alto-falantes. Como se não bastasse o incômodo causado pelas conversas em voz elevada nos cinemas, nos transportes coletivos, nos restaurantes, nas salas de aula, nos banheiros públicos e nos elevadores, muita gente passou a andar com celulares sem fone, ouvindo música e batendo papo em alto e bom som, sem o menor respeito por quem está ao lado. A generalização do inoportuno e o caráter da falsa cultura da pessoa absoluta estão forjados para negar o que lhe é alheio. Ao fazer isso é provável que a maioria das pessoas nem se dê conta de que está externalizando a intimidade pela dependência do ruído.

FLÁVIO PAIVA

Os hiperestímulos da atualidade produziram uma intolerância ao silêncio. O barulho confere identidade acústica a um segmento expressivo de consumidores. Ao se sentirem sozinhas na multidão, essas pessoas necessitam fazer zoada para se perceberem acompanhadas e para anunciarem que conquistaram um lugar ao caos. O barulho gerado com essa intenção é ao mesmo tempo um jeito de produzir silêncio e um sinal de apelo por visibilidade. Acontece que os sons naturais das cidades são parte da cenarização da vida urbana, onde se realiza a experiência coletiva. Os sons dos motores, do vaivém dos passantes, até das sirenes e alarmes, quando acionados de forma sensata, compõem a atmosfera das cidades. Tanto quanto as identidades sonoras dos sinos das igrejas, do apito do guarda de trânsito, da passagem do avião, do trenzinho das crianças e das batidas dos relógios das praças e seus sons reguladores da vida comunitária. Sem essas sonoridades o mundo urbano perderia a autenticidade.

Em seu projeto de promoção da harmonização sonora do mundo, o compositor canadense Raymond Murray Schafer nos lembra que nas culturas ocidentais, influenciadas pela Europa, o ouvido cedeu lugar ao olho entre os séculos XIV e XVI. "Um dos mais evidentes testemunhos dessa mudança é o modo pelo qual imaginamos Deus. Não foi senão na Renascença que esse Deus se tornou retratável. Anteriormente Ele era concebido como som e vibração" (SCHAFER, 2001, p. 27); épocas em que a palavra divina, a história das tribos e todas as informações relevantes eram ouvidas, e não vistas. A educadora cubana Sandra Petit realça que o sentido da audição ainda é de grande valor em lugares onde vigora a importância pessoal direta para o ouvinte. "Infelizmente, as sociedades de tradição oral, como são as africanas, têm frequentemente sido consideradas inferiores às ocidentais modernas por não darem precedência à escrita e ao livro como veículo do saber e da herança cultural (...) No ocidente, temos o hábito de associar a literatura à escrita, mas em várias regiões do mundo, como a Ásia, a Polinésia, a África e até certos lugares da Europa, existem milhões de pessoas que desconhecem a escrita" (PETIT, 2015, p. 109). Ela acha lamentável também que, por desinformação a respeito das formas mais elaboradas da literatura oral, essa manifestação cultural seja tratada como desprovida de preocupação estética, sem originalidade ou imaginação individual.

As razões que embasam os argumentos de Sandra Petit estão associadas ao controle de voz, comum aos processos expansionistas e de conquistas, da tradicional e da nova geopolítica mundial. A condição estética da fala, historicamente negada aos povos de cultura oral, está curiosamente em evidência nos auditórios, com palestrantes que são verdadeiros *showmen*. Hayakawa chamava de hipnotismo verbal a envolvência dos discursos sonoros, das palavras com muitas sílabas, pronunciadas dentro de uma atmosfera de pausas, respiração e tons, que sugerem importância ao orador, independentemente do que ele diz. "Algumas pessoas nunca ouvem os enunciados. Só lhes interessa poder dominar a suave mensagem interior que o som das palavras lhes comunica (...) Assim como os gatos e os cães gostam de ser acariciados, alguns seres humanos também gostam de ser verbalmente acariciados (...) Esta é uma forma rudimentar de gratificação sensual" (HAYAKAWA, 1977, p. 132). Nessas situações, a análise crítica cede lugar à musicalidade das frases, por isso não importa muito bem o conteúdo do que está sendo transmitido.

Em seu estudo sobre a criação, a interpretação e a audição musical, publicado em parceria com o produtor de televisão Curtis W. Davis (1928-1986), também norte-americano, o violinista estadunidense Yehudi Mehudin (1916-1999) é taxativo ao dizer que "Vivemos em uma época de sensações incrementadas artificialmente e, consequentemente, estamos sujeitos, mais do que nunca, à manipulação" (MEHUDIN e CURTIS, 1990, p. 265). Nem sempre nos damos conta de que a maior parte dos sons que ouvimos nas cidades, hoje em dia, pertence a alguém e é utilizada retoricamente para atrair nossa atenção ou para nos vender alguma coisa, destaca Schafer. À medida que a guerra pela posse dos nossos ouvidos aumenta, o mundo fica cada vez mais superpovoado de sons, mas, ao mesmo tempo, a variedade de alguns deles desaparece. "Muitos dos sons em extinção são sons da natureza, dos quais as pessoas cada vez mais se alienam" (SCHAFER, 2001, p. 12). Com fones nos ouvidos, as pessoas já não escutam as ruas, os pássaros que ainda restam nas praças, enquanto seguem em direção à estação da surdez universal. "Destruiremos nosso sentido de audição antes de destruirmos a música" (MEHUDIN e CURTIS, 1990, p. 265). Nessa dimensão, o ensurdecimento não se restringe apenas a um problema de saúde pública, mas a uma questão cultural.

Precisamos do silêncio para o restabelecimento da calma mental e do metabolismo da alma. A fadiga auditiva, provocada pela exposição renitente aos mesmos sons, aumenta a intolerância ao que outro tem a dizer. A baixa exposição dos ouvidos a sons refinados também interfere na emissão da voz. A dificuldade dos *rappers* em modular é um tipo de reflexo da precariedade de memória auditiva, fenômeno que não ocorre em comunidades com maior competência sonológica, como as africanas, que exercitam a respiração com o canto vocal desde a infância. A expressão da fala e do canto depende da escuta, e esse é um aprendizado que começa no diálogo telepático do afeto entre pais e filhos. Escutar os sons do corpo, das reações fisiológicas, do balbuciar e de outros impulsos naturais da criança na busca de se comunicar é fundamental para o reconhecimento da importância de ouvir. É assim quando meninas e meninos pedem para que o adulto repita uma história, quando querem ficar a sós para brincar e quando mentem para testar a convicção dos pais. Estar atento à transitoriedade do comportamento infantil e à alteração de suas mensagens passa inclusive pelo escutar de suas causas evolucionárias de negação.

Ao propor que a sociedade reeduque a audição, Raymond Schafer demonstra sua crença na possibilidade de limpeza do ouvido. "O sentido da audição não pode ser desligado à vontade. Não existem pálpebras auditivas. Quando dormimos, nossa percepção de sons é a última porta a se fechar, e é também a primeira a se abrir quando acordamos (...) A única proteção para os ouvidos é um elaborado mecanismo psicológico que filtra os sons indesejáveis, para se concentrar no que é desejável. Os olhos apontam para fora; os ouvidos para dentro" (SCHAFER, 2001, p. 29). O compositor canadense acredita na música como chave para essa limpeza e, consequentemente, para ampliação da competência sonológica, o que influencia significativamente o estilo de vida. Existe uma relação direta entre o que um povo escuta e a sua condição cidadã. Quem não aprende a procurar sons que tenham características peculiares e originalidade tende a não ter paciência também na hora de fazer escolhas políticas, de superar o peso dos condicionamentos e as imposições de leituras homogeneizantes, tornando quase impossível escapar da opacidade para ter voz no diálogo global.

Aprender a escutar passa por uma compreensão de abertura diante do controle algorítmico das infovias e sua geografia virtual, para, assim, usufruir da circularidade de olhares e formas discursivas distintas, em um exercício de reconhecimento de outras realidades e perspectivas. Emma Vega nos instiga a pensar em outras possibilidades de abordagem das singularidades, sem cair no simples debate das diferenças. "Assim, em vez de proceder com certa revisão sobre teorias sociais que nos falam de diferenças (de identidade, por exemplo), se intenta trasladar certas temáticas de uma filosofia que também se esforça para sair dos regimes arbitrários de uma ontologia com pretensões de universalidade" (VEGA, 2005, p. 37). Embora não seja fácil, a socióloga mexicana sinaliza que o atalho para não cair na disputa entre visões unificadoras e aquelas que promulgam a ideia de diferença estaria no estabelecimento de uma relação entre necessidade existencial, satisfação e alteridade. Ela chama espirituosamente de "enfermidade do espelho" o impulso de querer ver no outro as respostas comportamentais que consideramos nossas, desconhecendo que a decodificação da realidade alheia se faz sempre desde o ângulo de visão particular de quem a realiza" (Ibidem, p. 63). Ela tem razão, às vezes temos dificuldade de escutar o outro simplesmente por não ter noção do contexto de onde parte a sua voz. A sabedoria popular diz com irreverência que "o arroz não é o mesmo para quem está com fome e para quem está de barriga cheia". Esta dubiedade é apresentada por Vega para ressaltar que "o sentido também pertence à coisa, e que [neste aspecto], o significado não é separável do significante" (Ibidem, p. 107). Mas é preciso saber ouvir um e outro.

Um bom exercício para encontrar o lugar da escuta na escola é o de ficar quieto e tentar descobrir o que já não escutamos. Quais os sons do despertar do dia? O que toca perto e o que ecoa distante? O que ouvimos uns dos outros? Perguntar, ouvir, perguntar, responder e, assim, seguir suavemente o percurso da recuperação do reino do simbólico perdido na experiência social ansiosa e zuadenta, onde impera o falador com sua coroa de sabido. E todos vão se surpreender quando descobrirem que a escuta não tem castelo, nem trono, e sim uma casa modesta, onde moram os cantos dos pássaros, o sopro do vento, o som da chuva, o coaxar dos sapos, o zumbido das abelhas, as conversas de calçada, a gritaria das crianças brincando na rua e todas as sonoridades que foram afastadas do nosso cotidiano. Feita essa descoberta, a educação pode motivar a criticidade frente aos estímulos linguísticos pré-simbólicos que dominam as manifestações habituais por sentimentalismos e por agressividade. Hayakawa, em seu estudo sobre as relações entre a linguagem, o pensamento e o comportamento, refere-se a "pré-simbólico" como grunhidos, articulação que nos remete ao tempo em que nos valíamos do grito como forma de expressar emoções, desejos e sentimentos intensos. Desse modo, o canto pós-simbólico atribuído ao mundo digital e em rede ainda não passa de algaravia no que diz respeito à conversação social. Mas tem tudo para não ser assim, desde que o abramos ao poder revigorante do encantamento em narrativas que possam dar significado à experiência possível do outro, e com o outro.

FLÁVIO PAIVA **479**

PEDRINHO GUARESCHI

Sociólogo, psicólogo social e padre redentorista. De 1969 a 2009 foi professor do Programa de Pós-Graduação em Psicologia da PUCRS. É professor convidado da Universidade Federal do Rio Grande do Sul e conferencista internacional.

Paulo Freire diz que a pergunta é libertadora, pois faz pensar; e pensando, buscando respostas, o ser humano cresce em consciência – a consciência que liberta. Mas num mundo como hoje, onde todas as respostas já são dadas, qual a pedagogia para que as pessoas se perguntem e com isso pensem e consequentemente se libertem?

Pedrinho, encontrar motivações para perguntar quando todas as respostas parecem disponíveis, neste tempo de extremismos marcados por um tipo de compulsão heroica com a qual as pessoas circulam afirmações impensadas, é um desafio que passa por exercícios que recuperem a dúvida a partir do campo da experiência. O surgimento de indagações espontâneas tem sido dificultado pelos condicionamentos validados por referenciais de estilos aspiracionais de vida fornecidos pela comunicação mercadológica e política de corporações transnacionais que antecipam desejos e oferecem fantasias prontas em nome de lugares sociais que não podem ser alcançados, mas que sempre parecem tão próximos. Isso foi intensificado com a drástica redução de nuanças da interpretação perceptiva provocada pelos ânimos densamente polarizados que tomaram conta da agenda política brasileira nos últimos anos, com suas respostas de combate e simplificação na definição de alvos, empurrando o sentido de versão para a parte escura dos contornos e relevos da realidade. O distanciamento da pergunta revela que não estamos pensando quando servimos de roteadores de conceitos e informações vinculados à razão imediata da luta pelo poder.

Reverter respostas à condição de perguntas, para que deixem as dúvidas aflorarem no terreno fértil das contradições, requer a exclusão de suas evidências até que pareçam estranhas. Isoladas de suas vulgatas, elas podem virar perguntas e, nessa espécie de transmigração do espírito da palavra, desencadear a construção de questionamentos. Existem batalhas que não são escolhidas e que precisam ser enfrentadas no plano da sobrevivência individual, coletiva e planetária. Há aquelas, no entanto, que se escolhem de acordo com a consciência que tomamos de que as respostas ofertadas não atendem ao que de fato interessa à vida e ao viver. O sentido de destino é fruto de discernimento, e o discernimento nasce da pergunta, e não da resposta. Em uma dinâmica estrutural com respostas em abundância, a pouca vontade de perguntar somente vira ato reflexivo com a explicitabilidade da baixa aderência do que apresenta como propósito. Ninguém em condição de liberdade de pensamento aceita, por exemplo, a destruição dos recursos naturais do planeta decorrente de um sistema de perversa obsolescência programada e da apologia ao desperdício como expressão pabular de consumo. A resposta pronta diz que esse é um fenômeno que está fora do alcance do indivíduo. E diz ainda que não vale a pena sequer cuidar da árvore do quintal ou da calçada porque ela suja o chão, cria cupim e pode cair sobre a nossa casa. Sem se dar conta de que não é bem isso que querem, muitas pessoas cortam as árvores, perdendo a sombra, o frescor e uma companhia especial.

Convencida de que a resposta tem lá suas razões e alusões, a pergunta que reverteria esse tipo de atitude passiva deixa para se pronunciar somente depois que os efeitos negativos da devastação socioambiental do mundo atingem o vacilo do seu formulador tardio. Essa situação me faz recordar de um aprendizado que tive em 1982, quando me engajei na campanha do educador Lauro de Oliveira Lima (1921-2013) para deputado federal. Ele havia retornado ao Ceará estimulado com a possibilidade de ocupação do parlamento republicano com nomes que efetivamente pudessem contribuir para a redemocratização do Brasil e para o desenvolvimento perene do país. Não foi eleito, e ficou muito constrangido com o que chamou de "mudez bovina" dos intelectuais cearenses diante das questões políticas geradoras das desigualdades sociais. Pedi a ele que escrevesse sobre isso, que eu publicaria no *Um Jornal Sem Regras*, periódico de um coletivo de comunicação alternativa do qual eu era um dos editores. No artigo "É preciso sobreviver" (UJSR, nº 7, p. 7, abr/jun-1984), ao se referir à conveniência do silêncio que o assustou na parte acadêmica coagida pela "dependência de emprego na universidade, no governo estadual e no bispado", ele usou a metáfora da teoria adotada pelas galinhas frente à voracidade da raposa: "Ainda não é a minha vez'". De lá para cá, aumentou o vício da concentração dos atores sociais, culturais e políticos em nichos, tribos e gangues, degringolando para segregações movidas a respostas específicas, sem o devido comprometimento vincular. E, com cada qual cuidando da sua árvore, ficou fácil para o avanço das motosserras e das queimadas na destruição da floresta.

As respostas prontas seguirão vencedoras até que a sociedade descubra ou invente situações capazes de desconsertar a lógica vigente que lhes dá supremacia. Quando a Sociedade de Observadores de Saci (Sosaci) recomenda a realização da Festa do Saci na mesma data do Halloween estadunidense, ela está, por meio de um espirituoso conflito de calendário, explicitando o confronto ideológico existente entre o sistema homogeneizante e massificador do consumismo e a voz das diferenças própria de uma cultura mestiça que precisa ser popularizada. Esse tipo de intervenção pacífica se desenvolve em estratos de geração de perguntas, a começar pela interrogação dos motivos de as duas festas serem marcadas para o mesmo dia; depois, o que as diferencia; e, em seguida, o que significam. A sacizada tem, neste caso, a função de assustar a quem não vê resposta pronta e se obriga a perguntar. A pedagogia da pergunta requer esse tipo de inversão do estado de indiferença para a condição desafiante. Iniciativas sofisticadamente simples assim são capazes de quebrar barreiras das respostas dadas e de impulsionar as pessoas a notar que o discurso da liberdade de escolha pregado pela mercantilização da vida, na prática, não condiz com o que se vê numa mera Festa do Saci, tanto quanto nas gôndolas dos supermercados, nas estantes das livrarias ou nas prateleiras dos bares, onde estão expostos produtos cujas empresas pagam para ter exclusividade. Em todos os setores da sociedade esse método baseado na mudança de esquema referencial pode funcionar alterando a condição de enformado para a de informado, de modelado para livre, em um movimento interno de inconformismo diante da descoberta do engano renitente.

O alcance de um humanismo crítico, combativo e colaborativo demanda que se tome como chave de entrada para o muro das respostas-*delivery* algumas "palavras geradoras" paulofreireanas que propiciem ressignificações dos sentidos das circunstâncias. O termo "inclusão", por exemplo, que deveria traduzir a necessidade de correções históricas das desigualdades, foi associado a desejos induzidos pelo *marketing* do consumismo e lido pela população como, entre outras percepções, um direito ao desperdício como estilo de vida. Se a decodificação do verbo "incluir" tivesse sido mediada pelo si, a grande maioria da população brasileira não teria atribuído as conquistas sociais, econômicas e culturais promovidas nos governos Lula-Dilma (2003-2016) apenas aos esforços industriais e comerciais para oferecer produtos e serviços mais acessíveis, às correntes digitais de autoajuda e às orações dos pragmáticos mercadores da fé.

Houve uma desatenção por parte das lideranças comprometidas com essas transformações, no sentido de um "re-existenciar" da palavra "inclusão", como ensinou o educador pernambucano Paulo Freire (1921-1997), e a intenção dos quereres genuínos escapou das expectativas de como se quer viver de fato, entregando-se ao cacoete de dar satisfação às respostas preponderantes nos combos de felicidades pré-formatadas. A oferta do insaciável em contrapartida pelo poder limitou o significado de "inclusão" ao quanto alguém tem vontade de ser o que não é ou de possuir o que não precisa, perdendo o país a oportunidade de assumir a intencionalidade da consciência na objetivação de um mundo de reciprocidades de olhares e de ouvires, reduzindo assim a dependência das respostas acabadas. E as pessoas dispensadas de pensar recuaram diante das respostas às perguntas que não fizeram.

Um dos avanços para o complexo êxito da pedagogia da pergunta seria a perda do receio de divergir. Mas se o diálogo se tornou uma prática rara a nível presencial, mesmo entre amigos, nos espaços das redes virtuais ele foi soterrado por uma avalanche de verdades implacáveis. Cada membro de grupo de interesse parece lutar apenas pela liberdade que lhe convém, frustrando o debate com a criação de novas respostas acabadas. É como se estivesse proibido querer saber mais do que já está respondido. E a quem não se sujeita a expressar concordância, resta a prerrogativa de apenas sinalizar simpatia ou fingir que não tomou conhecimento. Os contatos, via de regra, ficaram insuportavelmente contaminados por um jogo de estigmas que abafa a pergunta. As pessoas têm medo de perguntar porque perguntar é perigoso, podendo, inclusive, revelar preconceitos inconscientes reprováveis. O tribunal das redes digitais de relacionamentos é impiedoso, e pode aniquilar a reputação de alguém por qualquer deslize. Em circunstâncias assim, o senso comum recomenda seguir as respostas programadas.

Curioso é que os mais arredios ao livre pensar são os que contraditoriamente se apresentam como mais politizados. Entretanto, ao aderirem à resposta dada como tática de convencimento, estão servindo ao sistema que condenam. A generalização do niilismo e do cinismo cidadão teve seu momento mais degradante nas eleições presidenciais brasileiras de 2018 com a guerra de notícias falsas (*fake news*) para a definição da candidatura menos rejeitada. Esse tipo de comportamento antidialógico, além de minar as bases da democracia, fortalece a cultura da resposta pronta, já que, municiado de um conteúdo corrompido, o ativista profissional ou casual o reencaminha sem verificação. Atento à hospedagem que a grande maioria dos despossuídos dá aos seus exploradores, Paulo Freire ressalta o caráter desumanizante dessa situação ambígua de antinomia e de cumplicidade: "... a pedagogia que, partindo dos interesses egoístas dos opressores, egoísmo camuflado de falsa generosidade, faz dos oprimidos objetos de seu humanitarismo, mantém e encarna a própria opressão" (FREIRE, 1987, p. 41). O descarte do diálogo como meio de aprofundamento de temas sociais sensíveis alimenta o grande sistema de respostas acabadas, que se nutre da ausência de perguntas.

A opressão das respostas preconcebidas tem efeito de dependência emocional na visão inautêntica de si e do mundo, encriptada no código de barras de cada ser humano sem perguntas próprias a fazer. As respostas prontas nos distanciam de nós mesmos, nos tiram a condição de presença, por nos afastar da interioridade constitutiva do cotidiano e dos impulsos de transcendência. Ao dispensarmos a pergunta estamos descolando o ser pessoa de suas faculdades imaginárias, simbólicas e espirituais. A vida se desenvolve entre fenômenos e mistérios, daí a necessidade de trabalharmos simultaneamente a ciência e a fé. Só teremos perguntas a fazer sobre desmedidas competitivas, fantasmas da velocidade, equívocos do consumismo, males da ostentação, blefe do crescimento e enganação de se dar bem quando os holofotes do bem-estar apagarem as sombras das respostas antecipadas que escondem as oportunidades de realizações autênticas. "Para reconstituir-se é importante que ultrapassem o estado de quase *coisas*. Não podem comparecer à luta como quase *coisas*, para depois serem homens. É radical essa exigência" (FREIRE, 1987, p. 41). Para Albert Camus, quando "O governo das pessoas é substituído pela administração das coisas" (CAMUS, 2017, p. 264) e "O diálogo, relação entre as pessoas, substituído pela propaganda ou pela polêmica, que são dois tipos de monólogos" (Ibidem, p. 275), sacrifica-se a moral e a virtude, sabendo-se do risco de que "O irracional tanto pode servir ao Império como pode recusá-lo" (Ibidem, p. 273).

A busca por integridade no processo político tem como premissa a recriação do modo de fazer perguntas através de outros meios de conseguir respostas ocultas em elementos que inquietem a percepção treinada para não ir além do óbvio. E a obviedade está na recuperação da vontade de perguntar inspirada na descoberta de que o caminho posto não tem saída, e no esforço para refazer mentalmente as possibilidades das opções não vistas. O psicanalista pernambucano Jurandir Freire Costa recorreu à literatura para evadir-se da rigidez das respostas prontas e poder revelar que, apesar de tudo, o discernimento moral ainda resiste. A circularidade estabelecida por ele chama à sensação de que a fronteira do humano está na própria capacidade que temos de reconhecer e considerar o respeito aos nossos semelhantes. Desse modo, a explicação do mundo e da vida ganha realce com o recurso literário enquanto plataforma da qual a racionalidade e a espiritualidade saltam para se complementarem, ante o determinismo catastrófico de uma sociedade que passou a conhecer o preço de tudo e a não saber o valor de nada, por ter perdido a habilidade de sentir ou pensar profundamente.

Os obstáculos às decisões morais devem-se, segundo Costa, a essa falta de sentido. Ele evoca as histórias de aventuras, espionagem e melodramas do autor inglês Graham Greene (1904-1991) e a ficção científica do escritor estadunidense Philip K. Dick (1928-1982), nas quais a essência da ética se expressa frente à impossibilidade. Costa destaca a dificuldade do inspetor Henry Scobie de cumprir a meta impossível de continuar amando a sua mulher, especialmente depois de conhecer Helen, a ponto de se revoltar contra o Jesus crucificado, acusando-O de poder sofrer em público e ele (Scobie) não. Ou seja: só existe amor justo quando nos tornamos sensíveis ao ponto de vista do outro, conjunção que "inexoravelmente surge no caminho como um inocente assassinado" (COSTA, 2010, p. 105). Em sua perseguição da resposta perdida na sombra do óbvio, Jurandir Freire Costa retrata as perguntas que nortearam os escritos de Philip K. Dick: "O que é a realidade e qual a genuína natureza da condição humana". Ressalta também a máxima de que "Falsas realidades criam falsos seres humanos", da qual Dick se valia para lançar mão do estatuto da liberdade na hora de diferenciar o ser humano da máquina. Ele invertia a hierarquia dos problemas, por meio de dúvidas acerca do mundo e do sujeito, para chegar "à conclusão de que a única realidade verdadeiramente humana é a atitude ética diante do outro" (Ibidem, pp. 134-136). Para o pensador pernambucano, no mundo ideal de Dick "o diferente e o desconhecido jamais evocam, por princípio, o ódio, o desprezo ou o impulso de destruição; evocam curiosidade, simpatia, desejo de convívio ou, em alguns casos, admiração" (Ibidem, p. 215), ao passo que o centro gravitacional da ética em Greene é a ideia de justiça judaico-cristã. Ambos, portanto, enriquecedores das discussões éticas e morais. Para tratar desse cenário de desencanto, Jurandir Freire Costa movimenta a figura do "*self* entrincheirado", que é o indivíduo que se sente livre para fazer escolhas, mas sem condições de assegurar que toma a opção correta, por ser psíquica e moralmente equidistante dos valores autênticos da sua coletividade.

O ensaísta búlgaro Tzvetan Todorov (1939-2017) era um ardoroso defensor da ideia de que a vocação do ser humano é pensar por si mesmo, em vez de se contentar com as visões do mundo previamente prontas. "A todo momento, um membro de uma sociedade está imerso num conjunto de discursos que se apresentam a ele como evidências, dogmas aos quais ele deveria aderir. São os lugares-comuns de uma época, as ideias preconcebidas que compõem a opinião pública, os hábitos e os estereótipos aos quais podemos também chamar de 'ideologia dominante', preconceitos ou clichês" (TODOROV, 2009, p. 79). Para ele, assim como para Jurandir Freire Costa e outros pensadores, a exemplo do filósofo argelino Albert Camus (1913-1960), a literatura tem um papel particular a cumprir na interpretação mais profunda das emoções e dos sentimentos humanos. "Diferentemente dos discursos religiosos, morais e políticos, ela não formula um sistema de preceitos; por essa razão, escapa às censuras que se exercem sobre as teses formuladas de forma literal. As verdades desagradáveis – tanto para o gênero humano ao qual pertencemos quanto para nós mesmos – têm mais chances de ganhar voz e ser ouvidas numa obra literária" (Ibidem, p. 80). Daí a importância da literatura, como fonte de expressão livre dos eventos vividos, para o reequilíbrio de uma sociedade continuadamente atraída por súmulas postiças do sentido da vida.

Os obstáculos de uma pedagogia para que as pessoas se perguntem estão presentes na inteligência dos sistemas dominantes que mudam o conjunto de respostas conforme sua necessidade de sobrevivência. Em menos de um século passamos por pelo menos cinco dessas prisões paradigmáticas na cultura ocidental. No início do século XX ainda predominava o senso proverbial de que "O trabalho dignifica o homem", o que inquestionavelmente atrelava a realização humana ao trabalho, inibindo as demais relações sociais e o cultivo do ócio. Com a consolidação das bases industriais essa condição de produzir excedeu a capacidade de consumo e as forças do mercado viram-se pressionadas a fornecer respostas criadoras de demandas, passando a sentenciar que "O consumo dignifica o homem", e fazendo com que as pessoas continuassem trabalhando exaustivamente, não mais para se dignificarem com o trabalho em si, mas para se distinguirem pelo poder de compra, causando mais ansiedade e insaciabilidade do que satisfação de necessidades, desejos e interesses pessoais. As impulsões dessa realidade de aparência foram postergadas pela prática compulsiva do que seria a felicidade instantânea, segundo a descrença na moral e na hierarquia de valores.

O arranjo social foi dado pela fragilização da política diante dos avanços da financeirização e de outros enriquecimentos atraentemente ilegítimos que passaram a dominar o mundo: "A artimanha dignifica o homem". Elevou-se a atração pelo caminho da esperteza, tendo como referência o comportamento cínico de parte significativa das elites políticas, econômicas, intelectuais, da justiça e do crime organizado. Com o advento das tecnologias digitais e em rede, a homogeneidade dos impulsos do ego reprimido pela ausência de perspectiva de uma experiência real de felicidade escancarou intimidades sob um novo regime de respostas: "A visibilidade dignifica o homem". Um dos exemplos mais nítidos desse deslumbre do ego foi a perda da privacidade em um cotidiano sem restrições. A caça de si próprio como celebridade presumida virou uma denúncia existencial, sustentada na cumplicidade das máquinas para conversão de verdades particulares em supostos parâmetros de liberdade. O sentimento instalado nas vítimas do simulacro inclinou-se à aceitação da ideia de que as condições sociais são tão impraticáveis que não há o que fazer senão destruí-las. "A intolerância dignifica o homem" foi, então, instituída como um agrupamento de respostas esclarecedoras de que uma visão parcial e específica do mundo deve rejeitar valores e crenças norteadores do convívio humanizado, vistos na nova ordem de significação como infundados, e como amostras de que a própria existência é totalmente inútil.

A somatização do maniqueísmo reinante na atualidade reforça a ideologia da resposta pronta e seu impulso de destruição do diferente e do adversário. Como se já não bastasse vencer, o ímpeto odiento propugna a exterminação do opositor derrotado. Essa crise de significados me faz recorrer ao dilema existencialista da incompatibilidade trágica, que nos impõe a necessidade de posicionamento "por suicídio ou por esperança" na hora de fugir do absurdo, conforme refletido por Albert Camus, a partir dos traumas de quem sentiu na pele os presságios das guerras mundiais ocorridas na primeira metade do século passado e tomou a consciência de que "se não se acredita em nada, se nada faz sentido e se não podemos afirmar nenhum valor, tudo é possível e nada tem importância" (CAMUS, 2017, p. 13). Para reconhecer esse absurdo, a nossa consciência precisa estar viva, e o que torna uma consciência viva é a sua capacidade de fazer perguntas. "A revolta em conflito com a história acrescenta que, em vez de matar ou morrer para produzir o ser que não somos, temos que viver e deixar viver para criar o que somos" (Ibidem, p. 288). Essas deduções, mesmo pensadas em uma época de escassez de caráter e tempo de negação, tal como o contexto que vivemos, distinguem o sentimento de revolta quando ele é movido por valores e não por ressentimentos. O indivíduo revoltado de Camus é aquele que antes caminhava sob o chicote do senhor e agora passa a exigir ser tratado como igual. Sua revolta demonstra concomitantemente que o poder depende da própria subordinação. "Nesse sentido, senhor e escravo estão realmente no mesmo barco: a realeza temporária de um é tão relativa quanto a submissão do outro. As duas forças afirmam-se alternadamente, no instante da rebelião, até o momento em que se confrontarão para se destruírem, e uma das duas então desaparecerá provisoriamente" (CAMUS, 2017, p. 38).

Albert Camus desvia-se das respostas oferecidas pela história e vai buscar na banalidade do espírito atordoado do escritor uruguaio Conde de Lautréamont (1846-1870) a expressão mais autêntica do enfurecimento de alguém que não tem vontade de ser nada. Em *Os Cantos de Maldoror*, perturbado pelo pensamento de ter Deus como inimigo, Lautréamont inaugura, na interpretação de Camus, "uma verdadeira pedagogia do crime e da violência" (CAMUS, 2017, p. 104). Sufocadas com tantas respostas poluindo ares dos sonhos e das utopias, muitas pessoas passam a assumir o sentido de revolução apenas como um caso particular de revolta e reivindicação. O fenômeno crescente dos suicídios após massacres em templos, escolas, *shoppings centers* e estações de trem teria neste caso uma explicação: "Aquele que mata só é culpado se consente em continuar vivendo ou se, para continuar vivendo, trai os irmãos. Morrer, ao contrário, anula a culpabilidade e o próprio crime" (Ibidem, pp. 200-201). Autossacrificando-se, o indivíduo reconcilia-se com a desgraça que comete, demonstrando pela penitência letal "que sua verdadeira liberdade não é em relação ao assassinato, mas à sua própria morte" (Ibidem, p. 328). Essa é uma característica encontrada também nos líderes políticos que procuram se sustentar em respostas prontas quando são derrotados e tendem a culpar o povo por traição, e não a reconhecer que não abriram espaços para suas verdadeiras indagações. Em vez de perguntarem a si mesmos o que se passou, partem para a demonização de inimigos, espalhando novas respostas.

O exemplo do líder sul-africano Nelson Mandela (1918-2013) é emblemático porque, depois de 27 anos preso, ele escapou das respostas previamente concebidas dos grupos que o apoiavam, e fez a grande pergunta que foi ao encontro do desejo de conciliação que estava abafado no coração do seu povo, detonando assim o regime de apartação na África do Sul. Numa sociedade sem perguntas é natural que a quebra das barreiras para a redução das desigualdades seja negada e que o irracional triunfe em niilismo absoluto, em um cenário abundante de fantasmas da incerteza financeira, das drogas, da corrupção, da desonestidade científica, da idolatria da violência e de outros efeitos do ocaso de uma sociedade em que não há recusa a perguntas, mas uma obscura desnecessidade de questionamentos, ante as ofertas de felicidade movidas por compensações de futilidades compulsórias, pelo senso de que a satisfação é descartável e pela perda do sentido de processo histórico. Vivendo um tempo de humanidade em conflito com o seu próprio destino não há resposta para uma pedagogia da pergunta; a consciência que liberta virá da prática de reversão das circunstâncias à medida que descobrirmos formas de negar o convencimento das perguntas prontas. Conta o escritor uruguaio Eduardo Galeano (1940-2015) da reação de um habitante do Chaco paraguaio, que se encaixa perfeitamente no sentimento que ronda essa questão: ao terminar de ouvir sem pestanejar a proposta de uma missão evangelizadora, proposta essa lida em sua língua nativa, o cacique retruca: "Você coça. E coça bastante, e coça muito bem. Mas onde você coça, não coça" (GALEANO, 1991, p. 28). Inspiro-me no espírito leve e profundo desse índio para sintetizar o conjunto do meu raciocínio.

RAFAEL MARTINS

Dramaturgo, ator e fundador do Grupo Bagaceira de Teatro, de Fortaleza, coletivo nacionalmente reconhecido por sua produção autoral e experimental. Autor, entre outras, das peças Lesados, O Realejo *e* Interior.

Levando em consideração que toda poética é uma visão de mundo, você poderia me dizer qual foi o momento mais difícil de sua vida? Como esse momento repercutiu em sua obra?

O momento mais difícil de minha vida, Rafael, aconteceu em 1979, depois de uma incrível aventura na praia de Canoa Quebrada. Tudo começou quando fui procurado por uma jovem de São Paulo, que chegou a mim por indicação de uma moça que eu tinha conhecido no carnaval daquele ano em Paracuru. Ela queria a minha ajuda para encontrar uma amiga que, cansada de falta de sentido na vida, largara os pais e a faculdade, e tinha tomado o rumo do Ceará. As informações disponíveis levavam a crer que essa pessoa estaria em Canoa Quebrada, a 170 quilômetros de Fortaleza, pelo litoral do sol nascente. Aceitei de pronto o convite. Pegamos o ônibus na rodoviária e fomos ouvindo em um pequeno gravador a grande novidade que ela me trouxe de presente: uma fita do álbum *Das Barrancas do Rio Gavião* (1973), do compositor e cantor baiano Elomar Figueira de Mello. Tomamos uma cajuína em Aracati e, ao cair da tarde, chegamos ao fim da linha do ônibus, que ficava ao pé de uma grande duna. Escalamos o morro de areia e, antes mesmo de chegar à vila de pescadores, resolvemos apreciar o pôr do sol da parte mais alta daquele campo dunar. Anoiteceu, e descemos para tomar banho de mar, já decididos que somente iniciaríamos a nossa busca no dia seguinte. Para nos proteger do vento, dormimos na estreita calçada por trás da capela do povoado, espaço que tivemos que dividir com algumas cabras e cabritos.

No dia seguinte, saímos de casa em casa falando das características da pessoa que queríamos encontrar. Não foi difícil saber que desde sua chegada à vila ela tinha sido acolhida como se fosse filha por um pescador. Ele tinha saído para o mar de madrugada e tivemos que esperar até o final do dia para conhecê-lo. Antes, porém, conversamos com sua mulher e ela relatou o quanto havia sido prazeroso para ela e o marido terem passado os anos recentes na convivência daquela garota tão querida, prestativa e interessada na vida deles. Contou que ela aprendera a fazer artesanato e a cozinhar muito bem. Emocionada, relatou que com ela tinha aprendido muitas coisas, inclusive a escrever. Quanto mais ela falava, mais ficávamos mudos, tocados pelo presságio de que algo de ruim teria acontecido. No desenrolar da conversa descobrimos que estávamos enganados. A amiga da minha amiga tinha casado e morava em Mossoró, no Rio Grande do Norte, onde trabalhava com artesanato. No final do dia o pescador chegou e tivemos um alegre encontro. Jantamos peixe fresco, dormimos em redes armadas nas forquilhas da taipa, e naquela noite fiquei até tarde pensando na resposta que o pescador me dera quando perguntei por que eles tinham amparado uma moça que havia fugido de casa: "Diz a lei do mar que é nossa obrigação salvar as pessoas que perderam seus barcos". Quando ele saiu para pescar, o sol ainda não tinha nascido. E foi pelo vulto por trás da luz da lamparina que o vi pela última vez.

Com o mistério desvendado, a minha amiga partiu para Mossoró e eu retornei a Fortaleza escutando Elomar: "Certa vez ouvi contar / Que muito longe daqui / Muito além do São Francisco, / Ainda pra lá... / Em um castelo encantado, / Morava um triste rei / E uma linda princesinha, / Sempre a chorar... (...) Certo dia a princesinha, / Que vivia a chorar / Saiu andando sozinha, / Ao luar..." ("Acalanto"). Ao chegar em casa, a fábula me pôs diante da realidade que o transe amnésico costuma pregar nos jovens adultos. Dei-me conta de que marcara para receber a minha mãe exatamente no dia em que viajei para Canoa Quebrada. Eu já morava em Fortaleza havia alguns anos e não tinha telefone em casa. Morava sozinho em um apartamento térreo na esquina da rua Adriano Martins com a Sargento Hermínio, no bairro Jacarecanga. A correspondência com os meus pais era feita basicamente por cartas, quer enviadas pelos correios ou por ônibus. E eu tinha combinado com a minha mãe que estaria na cidade naquele final de semana. Fiquei arrasado, com um remorso sem par. Não tinha justificativa o que fizera. Em meio a essa tempestade na consciência, notei um táxi estacionando na calçada. Olhei pela veneziana. Era ela que, antes de ir para a rodoviária, resolveu passar mais uma vez na minha casa. Abri a porta e, antes de esboçar qualquer manifestação, ela se antecipou: "Você está bem, meu filho? Estava preocupada com você". Abracei-a e disse baixinho ao seu ouvido para mais ninguém escutar: "Esqueci que a senhora estava vindo e fui resolver um assunto na praia". Ela, também sussurrando, perguntou: "Foi bom, deu tudo certo?". E o pior é que ela estava contente por me ver e por pensar que eu estava bem. Ela partiu e deixou comigo um fim de domingo horroroso.

Nunca tive problemas em ficar sozinho, aliás, em muitas circunstâncias até gosto da oportunidade de contemplação espiritual que a solidão provoca. Mas naquele dia, excepcionalmente, eu me senti muito sozinho. Aumentava o apuro da minha decepção comigo mesmo, com a inadequação da minha atitude de desdém com uma pessoa que me amou incondicionalmente por toda a vida. E quanto mais eu percebia o que estava sentindo, e o que tudo aquilo significava para mim, mais eu sofria a força da tormenta que devastava a minha autoestima. Imagens e mais imagens da minha infância explodiam em minha mente. Como eu poderia ter feito aquilo com a pessoa que me mimou, que me ensinou tantas coisas e que eu sempre admirei pela sofisticação da alma e pela simplicidade no viver e no amar? Lembrei-me do copo que tinha deixado na porta da geladeira quando saí do interior para morar em Fortaleza; um copo de plástico, com as bordas mordidas, que eu guardava no compartimento de laticínios para facilitar beber água no vaivém do dia a dia interiorano. E ela lavava esse copo como se eu fosse utilizá-lo a qualquer momento, mesmo não morando mais lá. Aquele gesto fazia com que nem existisse saudade, tempo ou distância entre nós. E o que eu tinha feito? Tinha jogado no lixo o seu amor, a sua capacidade de subversão do tamanho das coisas. Tudo para a minha mãe sempre foi infinitamente grande e essencial. Dessa disposição tão própria eu tinha orgulho de dizer que herdei a mania de me dar por inteiro. Como assim? As interrogações continuavam a detonar as defesas do amor que sempre tive por ela e pelo meu pai.

Entrei em estado de retropulsão, uma guerra entre motivos e sentimentos que crescia estrondosamente por dentro dos pensamentos que perambulavam pelo meu íntimo, empurrando-me para trás. Encontrei-me comigo criança construindo no quintal uma aconchegante casa na árvore. Vi uma cena da minha mãe fazendo questão de prestigiar aquele refúgio, fingindo que não me via subindo pelo caule panorâmico do pé de algaroba, onde ficava o meu cantinho de brincadeiras solitárias. Um princípio de alucinação me fazia escutar a voz da minha mãe chamando bem alto pelo meu nome, como quem sequer desconfiava que eu estava na casa da árvore. Aquela encenação tinha um caráter de brincadeira de esconde-esconde e valorizava a simbologia do meu espaço secreto. E o que eu tinha feito? Jogado tudo por terra? Desrespeitado a imaginação e a fantasia que ela tinha cultivado em minha educação? Não era porque a minha mãe não tinha ficado zangada que ela estaria contente por ter vindo de tão longe para me ver, e eu irresponsavelmente estava viajando no dia em que combinamos de nos encontrar. Misturava-se em mim um quê de angústia, de raiva, de solidão e de fome. É, eu não tinha comido quase nada o dia inteiro. Estava trêmulo, com a pressão baixa e invadido por uma sensação de fraqueza. Queria um esclarecimento de mim mesmo pelo que tinha feito, mas sentia a necessidade de fazer alguma coisa e, para isso, precisava de um esforço especial.

Por um instante consegui pensar por mim e resolvi levantar imediatamente da rede e ir tomar um caldo quente. Saí de casa meio trôpego, cruzei as vielas do Morro do Ouro e cheguei a uma lanchonete que existia em frente à igreja do Otávio Bonfim, na avenida Bezerra de Menezes. Com essa decisão eu estava rompendo duas barreiras: a que me tirava o ânimo para me deslocar e a de me alimentar com uma comida que eu nunca tinha provado. Isso mesmo, quando morava com meus pais, recusava tomar caldo, e a minha mãe sempre providenciava uma alternativa para mim. Pois eu estava ali, naquela lanchonete, voluntariamente pedindo um caldo de carne. A tigela estava cheia e gordurenta. Tomei de olhos abertos, sem relutar, e comi duas torradas de pão. Suei. Isso me levou a me colocar na presença de mim mesmo. Voltei para casa e de repente começou a passar em minha cabeça um filme da amorosidade dela comigo. No fluxo da memória, comecei a ouvir, em textura de rádio, a voz do tenor carioca Vicente Celestino (1894-1968) cantando "Coração Materno" (1956), música dramática que conta a história de um homem que, para provar à amada o tanto que a queria, vai em casa e arranca o coração da própria mãe. "Tira do peito sangrando da velha mãezinha / O pobre coração e volta a correr proclamando / Vitória, vitória, tem minha paixão / Mas em meio da estrada caiu / E na queda uma perna partiu / E à distância saltou-lhe da mão / Sobre a terra o pobre coração / Nesse instante uma voz ecoou / Magoou-se pobre filho meu / Vem buscar-me, filho, aqui estou / Vem buscar-me, que ainda sou teu!". Em meu ouvido interno a mesma música ecoava também na voz do cantor Caetano Veloso, gravada no álbum *Tropicália ou Panis et Circensis* (1968), que eu tinha na minha discoteca.

Era enlouquecedor aquele dueto de Vicente Celestino e Caetano Veloso, numa mesma frequência de vibração que cobrava uma dívida que eu teria com a minha mãe e sentenciava a injustiça cometida por mim ao desprezá-la daquele jeito. O médico e psicoterapeuta alemão Rüdiger Dahlke diz que "Quem escuta sua voz interior pode também com isso ouvir coisas pouco elogiosas a seu respeito" (DAHLKE, 1992, p. 320). E eu estava incomodado com as acusações que recebia de mim mesmo. Reconhecia meu erro, mas não aceitava ouvir uma condenação que transformava a exceção em regra. Tentei não me deixar dominar por aquelas imagens. Peguei uma caneta e um papel e escrevi um poema intitulado "Socorro", um pedido de ajuda que era ao mesmo tempo o nome da minha mãe. Estava suado corporal e animicamente. Minha respiração foi voltando ao normal e adormeci. Na segunda-feira acordei bem melhor, contudo, permanecia um desconforto difícil de lidar. Resolvi fazer uma viagem de restabelecimento e no final de semana seguinte fui para Independência. Cheguei na casa dos meus pais e foi uma surpresa boa para eles. Senti que a viagem para Canoa Quebrada me pusera em perigo afetivo, mas comecei a pensar que se não a tivesse feito poderia estar "muito mais vulnerável em relação ao desconhecido" (Ibidem). E o desconhecido neste caso era eu mesmo, que não sabia lidar com emoções reveladoras do sentimento de perda decorrente da separação da minha mãe.

Estar perto dos meus pais naquela circunstância deu um basta no discurso interno que se aproveitara da fragilidade de um esquecimento grave que cometi, mas não imperdoável, para me amedrontar. "Ignorá-la é perigoso a longo prazo, pois quando a voz interior se torna repentinamente alta após ter sido negligenciada por muito tempo, já é tarde" (DAHLKE, 1992, p. 321). Ainda bem que não me esquivei do problema e intuitivamente enfrentei as suas ameaças com o que eu tinha a meu alcance: tomar o caldo (possibilidade simbólica), escrever um poema (esfera imaginativa) e ir ao encontro da minha mãe (reciprocidade de vínculo). Depois da sesta, entreguei o poema para a minha mãe, em uma cópia xerox que tinha minha foto ao lado dos versos. Logo abaixo do título "Socorro", uma dedicatória a Vicente Celestino. Ela sorriu para mim com o seu admirável sorriso de quem aprendeu a se relacionar com a natureza e com as pessoas como quem rega a alma em seu trato de amor ao mundo. Agradeceu e perguntou o que eu gostaria de comer no jantar. Respondi que queria um caldo de carne. Ela me olhou como se eu estivesse brincando e eu reafirmei o meu pedido apenas com o olhar. Estavam restabelecidos os laços reais que nos unem. O caldo que tomei naquela noite definiu o padrão de imagens que orienta muito dos sentimentos e sensações presentes em tudo o que sou e em tudo o que faço.

REBECA MATTA

Compositora, cantora e artista visual baiana. Autora, entre outros, dos álbuns Tantas Coisas, Garotas Boas Vão Pro Céu, Garotas Más Vão Pra Qualquer Lugar *e* Rosa Sônica.

> **Existe um tempo cronológico, esse que soma as horas, que nos coloca na correria dos afazeres, que nos faz conscientes de uma matéria finita, mas existe um outro tempo, não cronológico, que se relaciona com a memória e com os afetos, que tem uma velocidade própria, que nos expande, nos permite ter todas as idades ou nenhuma... que nos faz criar... perder a hora... enfim... Como você pensa esse tempo fora do tempo?**

O tempo sem tempo do qual você fala, Rebeca, para mim é o tempo da eternidade, o tempo dos seres que não dependem dos filtros das evidências dos sentidos para existir. É o tempo da poesia, da arte, da imaginação, do ócio reparador, do devaneio, do amor desinteressado e do encanto da paixão. Todo dia temos esse tempo em nós, mesmo em situação de rotina. É o tempo da lua, da admiração, da devoção, das nuvens que passam, das folhas que brincam ao vento e da percepção do outro em estado de semelhante, de próximo. Somos parte das variáveis dos eventos que fazem o mundo rodar em infinitas durações. O "quando" é apenas um recurso de localização que inteligentemente criamos para organizar o cotidiano e as projeções de "para trás" e "para a frente", que podemos fazer a partir de um "local" da eternidade que chamamos de presente.

Na música "Flávio e Andréa" (1990), que compus em parceria com o pianista Eugênio Matos para a ornamentação sonora do meu casamento, interpretada pela cantora Aparecida Silvino, utilizei-me desse recurso a fim de definir o lugar daquele acontecimento no nosso viver. "No tempo / Acima de quando / A fábula está lá / A vida está lá / A luz estelar". Enquanto acontecimento, esse ponto passou a ser uma marca que une o que seria com o que foi, permitindo balizar futuro e passado. "Acima de quando" está o encantamento da energia, a experimentação do belo além do útil, a imaginação criadora e a grandeza divina, transcendendo as condições de espaço e tempo em sonhos de ação precisa, que o pensador francês Gaston Bachelard (1884-1962) chamou de "devaneios da vontade", por onde transitam as pulsões inconscientes e as forças oníricas, possibilitando que, na articulação simbólica entre os nossos mundos interno e externo, as imagens se tornem ideias e os sentimentos virem ideais.

No devaneio temos a consciência do bem-estar e do quanto ficamos leves, mas não notamos a desconstrução que nessas circunstâncias fazemos do tempo. Somente depois, quando retomamos a noção de cronologia é que percebemos o tempo que ficamos fora do tempo. O físico italiano Carlo Rovelli diz que essa janela aberta pelos vestígios da memória dentro das conexões dos nossos neurônios nos transforma no próprio tempo. "Podemos ver o mundo sem tempo e enxergar com os olhos da mente a estrutura profunda do mundo onde o tempo que conhecemos não existe" (ROVELLI, 2018, p. 154). Esse jogo infinito de combinações e efeitos especulares mistura sonho, fantasia e imaginação com suas movimentações de desejos e vislumbres mentais. A centelha do devaneio acende as luzes que clareiam lugares onde a velocidade não tem ligação com a relação entre os corpos, mas com a comunicação arquetípica, seus emissores, meios e receptores. "A Igreja conheceu o inconsciente através do pecado. A psicanálise conheceu o inconsciente através da neurose e da psicose. Mas há outro jeito: o dos poetas. Os poetas conheceram o inconsciente através da beleza" (ALVES, 1996, pp. 78-79). O inconsciente como um cenário silencioso, mas cheio de imagens, onde se move "a beleza iridescente das bolhas de sabão" (Ibidem, p. 83).

Essa síntese feita pelo pensador mineiro mostra o quanto a maneira pela qual nos dispomos a ver o mundo é fundamental também na dinâmica das imagens que comandam o nosso discurso interno e influenciam o nosso comportamento. Nas reflexões de Gaston Bachelard sobre a imaginação da matéria terrestre, a parte que trata do mito do labirinto é incrivelmente reveladora do que pode se passar nas camadas mais profundas do inconsciente. A associação que ele faz das imagens da serpente e da raiz como símbolo do movimento retorcido é uma recorrência estética trazida dos reinos animal e vegetal para sincronizar com a dança, a ginástica e o espreguiçar. A trajetória da árvore que se retorce sensualmente para sair do escuro da terra em busca da luz "para levar ao alto a sua coroa aérea, sua folhagem alada" (BACHELARD, 2008, p. 57) é de uma plasticidade sem igual. Entretanto, para que a força dessa torção aja em nós, é necessário que tenhamos um bom repertório de percepções. Quem conhece o inconsciente pela poesia, como salientou Rubem Alves, tem nas metáforas o motor da imaginação, o que facilita a conjunção e a dispersão de imagens para o devaneio.

A viagem pelo tempo sem tempo pode ocorrer motivada por um sem-número de distrações espontâneas e induzidas, desde o som da água do chuveiro até o balançar na rede, passando pela contemplação e pelo uso de substâncias que alteram os sentidos. Um exemplo bem comum é o da imaginação durante a leitura, no qual muitas vezes a página espera ser passada enquanto a mente vagueia em ramificações de significantes. As imagens têm atitudes irrefutáveis na aventura da prospecção. "Na nossa experiência pessoal, o tempo é elástico. Horas voam como minutos e minutos podem se impor lentos como se fossem séculos" (ROVELLI, 2018, p. 52). Circular pelos intervalos desse tempo fora do tempo é uma antiatividade de finalidade sem fim, um "quando" sem utilidade, um tempo-coisa que a racionalidade procura descartar. Rubem Alves dizia que amava as coisas que não servem para nada, que não se sabe bem o que fazer com elas. "Os que vivem sob a graça da inutilidade não querem chegar a lugar algum (...) O prazer e a alegria moram na inutilidade" (ALVES, 1996, p. 71-70). Daí a função precípua do inútil. O tempo perdido em divagações, que muitos consideram desperdício, é parte da nossa essência criadora e dos mecanismos indispensáveis a uma saudável convivência social.

A orientação do tempo é uma necessidade antiga da humanidade. Por milênios, o ser humano se guiou pelos astros. Mesmo as meridianas, as ampulhetas, os relógios d'água e os relógios de sol marcavam o tempo, mas não desempenhavam o papel de ajustar o cotidiano de diversos lugares às mesmas horas. As meridianas, por exemplo, indicavam o meio-dia de uma determinada aldeia, e não de todos os lugares. "Não existe um conjunto de eventos no universo que sejam todos existentes agora" (ROVELLI, 2017, p. 74). O agora é local. Carlo Rovelli relata em seu estudo sobre os mimetismos da realidade que foi somente por volta do século XIII que, a partir do surgimento da cidade e do comércio na Europa, o ritmo das pessoas e das funções coletivas começou a ser regulado por relógios mecânicos. Isso, realça, se intensificou no século XIX, com a criação das redes ferroviárias, cujas estações careciam de referência de horário da passagem do trem. Em 1884, os países mais influentes da geopolítica e da economia mundial reuniram-se em Washington (EUA) e fizeram o acordo para a divisão do mundo em fusos horários, padronizando as horas e, por conseguinte, as jornadas de trabalho, os períodos escolares e os momentos de lazer.

O físico italiano ressalta que os seres vivos possuem uma variada gama de relógios moleculares, neuronais, químicos e hormonais que funcionam mais ou menos sincronizados; todavia, a organização da vida em sociedade demandou a instituição e implantação do momento exato. "O presente é como a planura da Terra: imaginávamos que a Terra era plana porque, em virtude da limitação dos nossos sentidos e da nossa capacidade de movimento, não víamos muito além do nosso nariz. Se vivêssemos em um asteroide com um quilômetro de diâmetro, logo perceberíamos que estamos em uma esfera" (ROVELLI, 2017, p. 77). Trazendo esse raciocínio para o mundo conectado dos *smartphones*, das redes sociais digitais e do mercado de conteúdo, os fusos horários começam a perder o sentido original de marcação das horas conforme a localização, pois os meridianos das telas tenderão a adaptar o tempo à maximização do *e-commerce* e do consumo em suposto tempo real.

A ideologia do consumismo vem usando as infovias para reduzir a perspectiva particular de reconhecimento no mapa do ponto em que estamos. Carlo Rovelli observa que, no campo da ciência, a busca pela objetividade também vai esquecendo que a experiência é algo que vem de dentro, e que palavras como "aqui", "agora", "eu", "isto", "hoje" assumem significados distintos dependendo de quem as pronuncia e das circunstâncias em que são pronunciadas. Nada disso é concreto além de si, mas as expressões indexicais servem para denotar a existência do contexto de onde se olha. Quando afirmamos o nosso nome, estamos sendo verdadeiros, mas se outra pessoa faz a mesma declaração, está cometendo falsidade ideológica. O mesmo ocorre quando mencionamos uma data presente, que sendo igualmente repetida dias depois torna-se incorreta. "Muitas coisas do mundo que vemos são compreensíveis se levarmos em conta a existência do ponto de vista. Do contrário, tornam-se incompreensíveis. Em toda experiência, estamos localizados no mundo" (ROVELLI, 2018, p. 121). Entre as causas da intolerância crescente e do desgaste das relações entre as pessoas, está o fato de que todos passamos a expor nossos pontos de vista como se as redes de relacionamentos fossem um lugar, e o tempo da lembrança a duração da postagem.

O certo é que diante da maravilha de possibilidades advindas com as novas tecnologias em rede, temos regredido a uma espécie de primitivismo ao mesmo tempo global e tribal. É como se a formatação do tempo veloz da cibercultura dispensasse o inconsciente. Como isso não é possível, as imagens trabalhadas por nossa mente no tempo fora do tempo respondem ao que recebem instantaneamente das telas e seus devaneios práticos, clicados, reencaminhados e compartilhados na intimidade do não lugar, derramando pelos polegares as substâncias do invisível da memória e dos afetos. Como em tudo, a superficialidade da rapidez tem suas exceções. Para isso, precisamos nos permitir mais os encantamentos do fogo, da água, da terra e do ar. E aqui lanço mão mais uma vez do pensamento de Gaston Bachelard diante dos cristais e das gemas, sólidos que não escondem sua dureza e que, mesmo assim, surpreendem pelas fartas sensações que provocam, enquanto fontes de imagens da terra profunda e do céu estrelado, capazes de transpor a lógica dos conceitos relativos ao que se toca e que se vê, associando imobilidade e fluidez. Assim, como descreve Bachelard, "o sonhador leva as mãos aos magotes de estrelas para acariciar-lhes as pedrarias" (BACHELARD, 2008, p. 230). Essa comunicação da substância dos corpos luminosos por natureza permite ao tempo sem tempo encontrar pedras preciosas incrustradas no céu, e brilho do firmamento dentro da terra. Uma dialética que instiga o espírito sonhante a se deslocar pela grandeza do mundo (o céu anil, o mar infinito, a floresta densa) e pela beleza do que se pode pegar (flores, joias, obras de arte). A beleza, admirada no estado inconsciente natural, portanto fora dos padrões de valor elaborados socialmente, nunca está atrelada a desejos de apropriação, porque, como bem refletiu Bachelard, "o sonho profundo nunca vende os seus bens. Perde-os, já que vive na obsessão de perdê-los" (Ibidem, p. 235). Assim, o poder do espaço-tempo onírico liberta o ser imaginante do penhor da posse por assegurar simultaneamente o instante e a eternidade.

RUDÁ K. ANDRADE

*Documentarista, **saci**ólogo e mestre em História Social (PUC-SP), com trabalho voltado para a potencialização da brasilidade, uma inquietante tradição familiar que vem do avô, o escritor modernista Oswald de Andrade (1890-1954), da avó, a jornalista e militante política Patrícia Galvão, a Pagu (1910-1962), e do pai, o cineasta, professor e escritor Rudá de Andrade (1930-2009).*

Parece-me que só uma pergunta não faz o verão das dúvidas que me fazem cócegas. Apenas atiça a fome de outras perguntas que pululam feito sacys dentro de mim. Por isso, peço licença para assuntar, não uma, mas logo sete perguntas amarradas nas tramas das histórias destas Américas. Aguça minha curiosidade saber: Como compreendes o conceito de antropofagia? Achas que ela pode nos ajudar a compreender os processos culturais e sociais de nosso país? Dentro do vasto

conjunto de patrimônios imateriais
e saberes populares do Ceará, quais
identificas como genuínos processos
antropofágicos? Por quê? Quais podem ter
sido as experiências antropofágicas mais
marcantes ocorridas na história destas
terras cheias de luz? O que podemos
aprender com estas histórias?
E por último, de que maneira podemos
articular o conceito e vivenciar a
antropofagia como estratégia de ação nos
dias de hoje?

A sua pergunta, de sete em uma, Rudá, me dá uma elástica oportunidade de comentar aspectos das práticas antropofágicas que considero fundamentais à interpretação do que somos, como estamos e o que poderemos nos tornar na sequência da trama de conectivos cruzados definidora da sociedade brasileira, tendo como satisfação complementar o convite a um recorte especial na experiência cearense de apreensão das qualidades das diferenças e suas consequências.

O *Manifesto Antropofágico* (1928) de Oswald de Andrade pregava um rompimento com a moral burguesa e com a fala autorizada edificante, tendo, em contraponto, uma apropriação criativa do "matriarcado de Pindorama", onde "a alegria é a prova dos nove". Na matemática da fartura de informações e do fastio reflexivo da hipermodernidade, nos descuidamos e nos distanciamos cada vez mais do sentido original desse manifesto, no qual, ao lado da pluralidade cultural, estava a assimilação crítica e a ideia de o colonizado "comer" as boas características do colonizador. Temos feito isso muito pouco, deixando prevalecer o deglutir por deglutir, sem ruminar. E ruminar em antropofagia é refletir sobre o que se "come". O fato de não termos construído os filtros de seleção do que não interessa tornou a nossa "consciência participante" dependente da "lábia" de massa. Viramos esponja, absorvendo tudo o que vem de fora, por submissão às ofertas novidadeiras do consumismo, o que faz atual a ilustração do *Manifesto*, que diz: "O que atropelava a verdade era a roupa, o impermeável entre o mundo interior e o mundo exterior". Era e continua sendo uma incoerência à mercê das grifes, das aparências e dos simulacros.

Na política, amargamos o triste exemplo dos peixes que morrem pela boca. Em 2003, elegemos pela primeira vez na história do Brasil alguém que não vinha da linhagem nem dos interesses das Capitanias Hereditárias. Lula assumiu a presidência da República e mostrou que a antropofagia é fundamental na redução das desigualdades sociais. Mas ele, e muitos dos que, em nome da esquerda, estiveram no poder por quatorze anos, deixaram-se fisgar pelo sistema tradicional de corrupção, enquanto no campo cultural muitos intelectuais e líderes dos movimentos sociais adotaram uma agenda importada que craqueou étnica e moralmente o patrimônio de diversidade da miscigenação, como tentativa de solução para preconceitos e injustiças. Deglutindo, sem ruminar, muitas políticas públicas desse período foram marcadas pela lógica dos ressentimentos, jogando o país na armadilha da racionalidade da segregação. Foi como se tivessem tirado o quadro *Abaporu*, da pintora paulista Tarsila do

Amaral (1886-1973), da parede para, no lugar do "comedor" tupi-guarani, ou mesmo do "homem plantado na terra", colocar o espelho no qual se refletem os traços mais profundos do modelo mental de colonizado. A ideia de "só ter estômago" foi engolida sem mastigar e provocou um desarranjo tão forte na sociedade que empurrou o país para a ultradireita, em um inusitado fenômeno de evacuação ideológica.

Faltou um debate aprofundado, e sobrou o desinteresse pela força antropofágica existente no caldeamento contínuo da brasilidade, onde se dá a ebulição das nossas experiências de coletividade, coexistência e coabitação. Os registros do caráter de sociedade aberta brasileira vêm desde o início da colonização, considerando-se os primeiros relatos de antropofagia como recurso de apropriação das características positivas de quem aqui desembarcava. Salvo em circunstâncias específicas, geradoras de desconfiança, o estrangeiro sempre foi bem recebido no Brasil. Das descrições do mercenário alemão Hans Staden (1525-1576), que teria escapado de rituais de antropofagia dos Tupinambá, aos textos de historiadores que contam do bispo Sardinha (1496-1556), devorado pelos Caeté, vemos o quanto ancestralmente sentimos necessidade de incorporar o diferencial externo para melhorar a nossa vida. Foi movido por essa noção de enriquecimento pela assimilação do outro que Monteiro Lobato (1882-1948) criou o *Sítio do Picapau Amarelo*, como ambientação de brasilidade aberta ao diálogo com tudo o que se passa no mundo. Porém, os excessos na condução de interesses legítimos da agenda social acabaram condenando Lobato pelo "racismo" da boneca Emília, quando, ao dar lugar de destaque à

Tia Nastácia, o escritor paulista foi um dos pioneiros na valorização de personagens negros na literatura brasileira. Esse tipo de ativismo impensado acabou criando uma cortina de fumaça para o grande problema da desigualdade social. Uma maneira de trabalhar estrategicamente com a antropofagia seria ruminar sobre essas mancadas, a fim de fazermos uma reeducação alimentar, aprendendo a "comer" o que vale a pena e parando de vomitar quem somos.

Ceará invocado

A geografia humana cearense é toda feita de movimentações antropofágicas que produziram riquíssimas combinações étnicas, com índios, mamelucos, africanos, ciganos, holandeses, judeus, franceses, portugueses, espanhóis e sírio-libaneses, que geraram vaqueiros, beatos, jangadeiros, jagunços, cangaceiros, mascates e empreendedores. Inspirados por essa dinâmica de trocas de particularidades de uma gente poética, guerreira, nômade, telúrica e mestre em sobrevivência, compus a música "Invocado que só", em parceria com Orlângelo Leal, na qual exaltamos o espírito libertário e transterritorial da cearensidade: "Tapuia ligeiro, bebendo aluá / Mergulho na cuia de mocororó / Invocado que só! Invocado que só! / Meu som é cigano, galego, pedrês / Carne de rês, de cabrito / Um grito de energia solar / Jangadeiros no mar, beradeiros" (*Invocado*, Armazém da Cultura, 2014). Esse costume cearense de juntar e espalhar diferentes atributos com quem se relaciona, tão presente na Juazeiro do padre Cícero (1844-1934) e na região do Cariri, como um dos mais relevantes vórtices da cultura nordestina, tem várias experiências emblemáticas que podem ser apreciadas, inclusive, como sementes modernistas.

O *Manifesto Antropofágico* critica o escritor cearense José de Alencar (1829-1877) por seus romances terem personagens índios figurando "cheios de bons sentimentos portugueses". Esse é um aspecto complexo da antropofagia. Por um lado, o recorte feito por Oswald de Andrade está em linha com o discurso de negação ao estado de subordinado, ao conformismo e ao deslumbramento com o estrangeiro, diante do aguerrido choque cultural que nos fundou; por outro lado, a obra de Alencar talvez apresente o mais emblemático e genial caso de antropofagia da literatura brasileira, ao possibilitar que o habitante original do continente colonizado pudesse ter o direito de revelar que tinha alma, que tinha sentimento e que também era humano.

Situação semelhante aconteceu com o maestro cearense Alberto Nepomuceno (1864-1920), que muitas vezes foi visto apenas como um inovador nacionalista, quando de fato ele idealizou e colocou em prática combinações de elementos multiétnicos da música de rua, arejando a ética e a estética musical no país, com referências da vanguarda internacional, fazendo o entrecruzamento da música do povo com a música das elites, e criando assim as bases de abertura para o que viria a ser a música brasileira com a exuberância que a conhecemos. Mais do que desafiar as estruturas do seu tempo, ele é o grande responsável pela antropofagia que assegurou a visibilidade de artistas como o maranhense Catulo da Paixão Cearense (1863-1946) e os cariocas Heitor Villa-Lobos (1887-1959) e Ernesto Nazareth (1863-1934).

Padaria espiritual

Intelectuais, músicos e poetas que se reuniam para tomar café com literatura no Café Java, do Mané Coco, um dos quatro quiosques da praça do Ferreira, na Fortaleza do final do século XIX, estavam cansados das reminiscências de arcadismos, sentimentalismos e parnasianismos presentes nos meios literários da época. A Academia Francesa (1873) e o Clube Literário (1886) prestavam um bom serviço na criação do hábito de leitura, mas eles queriam mais alma no que produziam. Movidos por essa inquietação, resolveram criar um bem-humorado e irreverente movimento literário e artístico modernista, que chamaram de Padaria Espiritual (1892-1898), cujo objetivo era "fornecer o pão do espírito" (Art.I), como definido no estatuto social.

Os "Padeiros" pactuaram uma série de exigências com as quais pudessem assegurar o espírito desabusado da proposta. Todos tinham que pelo menos uma vez por semana dizer "uma pilhéria" (Art. XVI); o tom oratório era proibido, "sob pena de vaia" (Art. XI); e quem se metesse a recitar ao piano era "punido com expulsão imediata e sem apelo" (Art. XXVIII). Mulheres eram aceitas, exceto "as fumistas, as freiras e as professoras ignorantes" (Art. XXXIX). Muito do que eles conversaram no café foi para as páginas das 36 edições veiculadas em seis anos de circulação do jornal *O Pão* (1892-1896). Exerceram influência desde a substituição da palavra "menu" por "cardápio" nos restaurantes locais até a criação de um ambiente simbolista inspirado em poetas como o português Antônio Nobre (1867-1900). O ensaísta cearense Sânzio de Azevedo confirma essa tese: "Foi no seu seio que surgiu o Simbolismo no Ceará, fruto de leitura de autores europeus, principalmente de Antônio Nobre" (AZEVEDO, 2011, p. 80).

O compositor e cantor Ednardo fez a música "Artigo 26" em alusão ao item dos estatutos da Padaria Espiritual que considera o clero, os alfaiates e a polícia "inimigos naturais dos Padeiros" (Art. XXVI). "Olha o padeiro entregando o Pão / De casa em casa entregando o Pão / Menos naquela, aquela, aquela, aquela, aquela não / Pois quem se arrisca a cair no alçapão?", diz o artista cearense na faixa dois do álbum *Berro* (1976). Essa composição fala também de inspirações, "ideias para o padeiro amassar", e de um leitor exigente: "A ignorância é indigesta pro freguês (...) Lá vem o padeiro, pão na boca é o que te cura". Para cumprir essa missão, todos os padeiros usavam pseudônimo (Artigo VI). O poeta Antônio Sales (1868-1940) era o Moacir Jurema; o romancista Adolfo Caminha (1867-1897), Félix Guanabarino; o escritor Rodolfo Teófilo (1863-1932), Marcos Serrano; o Maestro Henrique Jorge (1872-1928), Sarasate Mirim, e assim por diante.

Sânzio de Azevedo destaca entre as diversas manifestações de receptividade à Padaria Espiritual a do poeta carioca Olavo Bilac (1865-1918), que publicou uma crônica dizendo que "Na terra que os verdes mares bravios abraçam e beijam, há uma associação espanta-burguês, que tem o nome extravagante de Padaria Espiritual" (*Gazeta de Notícias*, Rio de Janeiro, 27/03/1894). O mais transgressor dos "padeiros" foi Adolfo Caminha. Com o romance realista-naturalista *A Normalista* (1893), ele foi pioneiro no tratamento de questões tabus, como incesto, adultério e traição, tendo como cenário a então provinciana cidade de Fortaleza. Obra na qual o autor enfoca o hábito de ler como recurso de inserção da mulher na sociedade. No livro *Bom-Crioulo* (1895), ele inaugura na ficção brasileira o tema da homossexualidade, em uma história de relação sexual entre um ex-escravo negro e um marinheiro louro de olhos claros, que termina em crime passional.

Ocupação Fortaleza

No final da década de 1930, os artistas de Fortaleza estavam muito inquietos. O Ceará tinha alcançado lugar de destaque nas artes plásticas brasileiras com as naturezas-mortas de Reis Carvalho (1800-1893), com os vaqueiros e jangadeiros de Raimundo Cela (1890-1954) e com as paisagens de Vicente Leite (1900-1941), mas havia uma vontade de ir além da pintura acadêmica, resquícios da Missão Artística Francesa do início do século XIX. Motivados pelo pintor carioca Mário Baratta (1915-1983), que era também advogado, professor da Faculdade de Direito (UFC) e se considerava cearense, foi criado o Centro Cultural de Belas Artes – CCBA (1941-1944), que depois virou a Sociedade Cearense de Artes Plásticas – SCAP (1944-1958). "Comemos" o Baratta. Começou, então, o que o pintor Estrigas (1919-2014) definiu como fase renovadora, com novas mensagens, novas técnicas e muita originalidade, fartamente presentes nas abstrações líricas do pintor Antônio Bandeira (1922-1967) e no traço de brasilidade solar do pintor Aldemir Martins (1922-2006).

Sobre as sessões de arte e de pintura ao ar livre, que passaram a fazer parte da dinâmica dos artistas cearenses, o pintor Barboza Leite (1920-1996) escreveu no jornal *Croquis* (mimeografado), da SCAP: "A cidade está cheia de curiosos indivíduos armados de cavaletes e maletas que, percorrendo nossos subúrbios, despertam curiosidade geral e são, às vezes, tomados por funcionários municipais que estivessem traçando ruas", relata Estrigas em seu estudo sobre essa ocupação de Fortaleza (ESTRIGAS, 1983, p. 28). Os pintores se dirigiam a lugares diferentes, onde irradiassem cores, induzindo planos e formas, muitas delas modeladas pelo ritmo do vento, como as dunas, as copas das árvores e as ondas do mar. Estavam nessa aventura artistas como Barrica (1908-1993), Estrigas (1919-2014), João Siqueira (1917-1997), J. Fernandes (1928-2010), Nice Firmeza (1921-2013), Zenon Barreto (1918-2002) e Sérvulo Esmeraldo (1929-2017). A pintura de noturnos entrou no programa, quando o grupo descobriu que havia um pintor suíço, Jean-Pierre Chabloz (1910-1984), que tinha esse costume. "Ninguém tinha tal ideia de se ir no local à noite para pintar, era esquisito e até ridículo passar como doido agachado num canto de parede munido de tintas e pinceis", foram as impressões passadas por Barrica para Estrigas a respeito da cena que provocou a criação das sessões noturnas de pintura ao ar livre dos scapianos (ESTRIGAS, 1983, p. 76). "Comemos" Chabloz.

Grafite moderno

O grafite moderno, enquanto expressão artística associada ao *hip-hop*, ao repertório de plasticidade afro-estadunidense e às culturas excluídas em busca de pronunciação pública, tem no Ceará um dos seus precursores mundiais mais significativos. No início da década de 1940, enquanto os artistas da SCAP reinventavam o meio artístico com novas técnicas e estéticas, Chico da Silva (1922-1985), filho de uma cabocla cearense e de um índio peruano, nascido nos seringais do Acre, e, tendo perdido o pai nos anos em que morou no interior do Ceará, chegava com a mãe a Fortaleza para morar no bairro litorâneo do Pirambu, quando teve o seu imaginário impactado pelo encontro da vastidão da floresta amazônica com a imensidão do mar, e passou a desenvolver uma arte ao mesmo tempo primitivista e contemporânea. Ele desenhava com carvão e tijolo vermelho nas paredes e muros das casas da praia

Formosa (Poço da Draga). Fazia dragões comendo arraias, peixes voadores, cobras aladas e outras figuras fantásticas.

Jean-Pierre Chabloz, que acabara de chegar à cidade para trabalhar como cartazista do Serviço Especial de Mobilização de Trabalhadores para a Amazônia (SEMTA) – órgão do governo brasileiro financiado por um fundo internacional vinculado aos interesses da indústria da guerra pela borracha, sediado em Fortaleza –, foi quem curiosamente descobriu Chico da Silva, um filho do seringal. "O suíço orientou o artista das paredes para o uso dos pincéis e do papel como suporte para a tinta guache (...) Chabloz fornecia o material e ia comprando os trabalhos pintados" (ESTRIGAS, 1988, p. 29). Ele via no trabalho de Chico da Silva "a reinvenção da pintura" (Ibidem, p. 30). Assim, o grafite desse incrível pintor das lendas, da imaginação e da cultura oral acreano-cearense foi para as telas e tornou-se referência internacional de pintura *naïf*. Com o fim da Segunda Guerra Mundial (1939-1945), o pintor suíço retornou para a Europa e Chico da Silva, não conseguindo atender à demanda por sua arte, aceitou a ideia de um *marchand* para montar uma equipe de copiadores de sua técnica e de seus motivos para a produção em série. E, mesmo fazendo parte do mundo dos seres fantásticos, ele foi comido pelas piranhas da vida real, não como prática devoradora das qualidades do estranho, mas numa inversão antropofágica de desperdício de possibilidades culturais.

TAMARA FERNÁNDEZ

Pesquisadora argentina, com estudos desenvolvidos na Universidade Federal da Integração Latino-americana-UNILA e Universidade Federal do Ceará (UFC).

Como rapaz latino-americano vindo do interior, numa desafiante transição do sertão dos Inhamuns à grande capital alencarina em busca de novas experiências pessoais e profissionais, permeadas pelas manifestações artísticas e culturais da cidade desde uma perspectiva crítica, como você compreende o cenário cultural local, sua relação com a conjuntura política e econômica nacional e suas implicações para os projetos de integração da América Latina no século XXI?

Toda vez que olho para o mapa da América do Sul, Tamara, dá vontade de ficar de costas para o mar e abraçar o continente, como se eu tivesse braços elásticos para, a partir da esquina onde fica Fortaleza, envolver simultaneamente, em linha reta e direta, todas as capitais e, por extensão, todos os países do nosso mundo americano. O braço direito, em sentido anti-horário, tocaria Caiena (1.809 km), Paramaribo (2.130 km), Georgetown (2.472 km), Caracas (3.515 km), Bogotá (4.055 km) e Quito (4.459 km); e o braço esquerdo, no sentido horário, circundaria Buenos Aires (3.999 km), Santiago (4.692 km), Montevidéu (3.913 km), Assunção (3.149 km), La Paz (3.531 km) e Lima (4.333 km), onde fecharia esse enlace fraterno apertando as mãos para receber junto ao peito a calorosa alma da civilização incaica. Tudo no entanto parece tão longe, como se faz distante a integração das Américas lusitana e hispânica. Daí eu mergulho em minhas origens no sertão do Ceará, a 300 quilômetros do litoral, e deparo com uma espetacular mistura étnica e cultural que revela um curioso sentido de irmandade simbolizada na feliz alusão que você faz à canção "Apenas um Rapaz Latino-Americano", do poeta-cantor cearense Belchior (1946-2017). Além de sangue nativo das tribos tapuias e dos fugitivos quilombolas, a minha família é toda sobrenomeada por referências latinas que atravessaram o Atlântico, afluindo aos rincões dos Inhamuns: da parte do meu pai temos Rodrigues, Oliveira e Cavalcante; do lado da minha mãe, Saavedra, Loyola e Paiva. Essa riqueza de matrizes me aproxima da intimidade latino-americana plena, apesar da diferença de mentalidades e do afastamento cartográfico.

O Brasil é um país aberto, essencialmente inovador e culturalmente diverso, graças ao fato de não ter tido universidade tão cedo. Felizmente o império português segurou para si o ensino superior no período colonial, decisão que deixou correr solto o desenvolvimento de uma inteligência coletiva intuitiva ímpar aquém-mar. A formação acadêmica de brasileiros em Coimbra era insuficiente para atrapalhar a experiência da miscigenação, embora no campo jurídico tenha fincado as balizas para o estabelecimento das desigualdades sociais. Mesmo as instituições criadas na transferência de D. João VI e sua corte para a colônia, entre 1808 e 1821, não foram suficientemente fortes para deter a nossa organicidade. Somente na primeira metade do século XX passamos a ter universidades estruturadas e consolidadas como tal. Os países de colonização espanhola não tiveram a mesma sorte. Logo em meados do século XVI os conquistadores montaram universidades formais em seus territórios, assegurando o controle do conhecimento aos seus moldes e interesses, o que resultou em culturas mais fechadas, menos plurais e tensionadas por sentimentos anti-imperialistas. Já na trama social brasileira a postura relaxada desse espírito de contraposição ao explorador é motivo de vulnerabilidade geopolítica e econômica.

Em que pese a diferença de modelo mental resultante desses dois processos sociomorfológicos, e os esforços de reversão das viseiras coloniais que permanecem resistentes, as duas situações seguem precárias. Ou seja, em mais de cinco séculos ainda não conseguimos ter uma massa crítica intelectual capaz de pensar com independência propositiva a integração continental. Houve muitos avanços, mas o quadro é de insuficiência. Com a intensificação dos ataques neoliberais à educação nessas primeiras décadas do século XXI, a parte da universidade latino-americana que, a duras penas, conseguiu se comprometer com as necessidades e aspirações sociais, com o bem comum e com o bem viver, está condenada a perder mais e mais seu poder de influência. E, sem universidades identificadas com a construção do nosso destino compartilhado, não teremos força nem voz para participarmos ativamente do diálogo global. A história está cheia de exemplos de encontros e choques de realidades modelados por diferentes culturas. A realidade da civilização grega, fundada no pensamento refinado, nas leis, na arte, no esporte, na riqueza mitológica e nas ágoras, foi derrotada pela realidade romana, estruturada no poder bélico. A realidade dos preceitos sociais estabelecidos pela força da espiritualidade indiana foi dominada pela realidade inglesa, inspirada no princípio da pirataria. Os processos de ocupação da América Latina e da África, decorrentes das grandes navegações, provam bem as diferentes realidades, definidas pelos modelos mentais de colonizadores e colonizados.

Alterar essa condição de dominados é uma tarefa de toda a sociedade, que requer confiança na nossa responsabilidade coletiva frente ao que o senso de dependência segregou em nossas vidas. Precisamos desenvolver em nós a vontade de sermos uma grande potência, não no sentido bélico, já que somos o continente menos militarizado do planeta, mas na perspectiva da criação de símbolos que encantem o mundo. Temos farto patrimônio tangível e intangível para isso. A era pós-crescimento está dando seus primeiros sinais de que o mercado de conteúdos e as tecnologias limpas serão determinantes para a sustentabilidade. Nesse aspecto, o nosso continente deve urgentemente encontrar meios para transformar diferenciais comparativos em diferenciais competitivos. Isso significa promover a existência manifesta e concreta de uma força livre das tradicionais formas de problematizar o desenraizamento psicossocial a que somos submetidos e aceitamos, como recursos de uma lógica traiçoeira que joga nosso passado contra o futuro. E essa mudança somente terá início de fato quando nos dermos a oportunidade de compreender o tanto que custou aos nossos ancestrais, vitoriosos ou derrotados, nos deixarem como herança esse mundo de possibilidades.

O agravamento das questões políticas e sociais no nosso continente pede uma superação das fronteiras entre "os que entendem" e "os que não entendem" o que estão falando quando o assunto é romper com o estigma de países periféricos. E deveríamos começar cuidando do nome América como identificação geográfica. Foi por causa dos relatos de Américo Vespúcio (1454-1512) em suas viagens à América Latina que os cartógrafos do século XVI deram o nome América a essa região. Quer dizer, foi mais do que isso: por meio dos seus conhecimentos de astronomia, Américo comprovou que o lugar encontrado por Cristóvão Colombo (1451-1506) em 1492 não eram as índias, mas um continente por eles até então desconhecido. Américo Vespúcio ajudou ainda a desenhar o mapa desse "novo mundo" e seu nome passou a designar o continente. Esse reconhecimento é fundamental para reorganizarmos o entendimento que temos do que somos e do que queremos ser, em um novo desenho democrático capaz de transpor os entraves às questões do imaginário e da subjetividade. Em linhas gerais, o Brasil precisa aprender a ser um tanto mais firme frente aos novos saqueadores da riqueza nacional, e nossos vizinhos necessitam aprender a relaxar um pouco mais diante da realidade contemporânea. Um encontro de buscas que reajam entre si, que troquem influências e que se modifiquem continuamente necessita da invenção de um novo lugar em nossas mentalidades departamentalizadas. Não há fogo amigo mais eficaz para o constrangimento iníquo a que secularmente temos sido submetidos do que o estabelecimento de uma audaciosa despriorização da ideia de poder calcada em variáveis de superioridade e inferioridade. A busca por saídas edificantes e dignas depende da interpretação que dermos ao discurso iluminado ou obscuro do jogo onde a vida se desenrola. E nesse terreno quem entende o que tem valor ou não é quem está em campo. Do contrário, seguiremos lendo mutuamente nossos defeitos a todo instante, sem nos darmos conta do atraso que causamos com isso, e sem sabermos reagir afirmativamente ao que nos incomoda.

O fato novo que aumenta a complexidade dos ideais de integração da América Latina no século XXI é a volta da subserviência a velhos e novos conquistadores, depois do colapso do sonho revolucionário da esquerda no poder em diversos países. Na confusão entre descasos governamentais e verborragia ideológica, restou uma palavra de ordem: resistir. No lugar de reorganizar bandeiras e serem proativas, as lideranças derrotadas trataram de arranjar culpados na tentativa de reconquistar simpatizantes. No caso do Brasil, em que a ultradireita, além de tomar o poder pelo voto, conseguiu prender o principal líder popular do país, o ex-presidente Lula, a situação tornou-se mais dramática ainda quando os estrategistas do Partido dos Trabalhadores (PT) resolveram tentar mobilizar a população com a campanha Lula Livre e não obteve êxito. Instaurou-se no petismo um fenômeno que chamo de Complexo de Antígona. Recorro à obra do dramaturgo grego Sófocles (496 a.C.-406 a.C.) pela semelhança do motivo dessas duas tragédias: diante do decreto do imperador Creonte, que ordenava o não sepultamento de Polinice, acusado de atacar a pátria e os deuses, sua irmã Antígona resolve sepultá-lo de qualquer jeito, sob o argumento de que quem está no poder e no trono não tem o direito de separar as pessoas dos que amam. Na cabeça de Antígona, o sepultamento era importante para evitar que a alma do morto ficasse vagando para sempre, enquanto no entendimento do seu tio Creonte, que estava no poder, o não sepultamento era

526　CÓDIGO ABERTO

importante para estabelecer os limites da desobediência. Assim como nessa tragédia grega, a tônica da mobilização para soltar o ex-presidente da cadeia deu-se com o apelo à moralidade coletiva, à flagrante injustiça e à ilegitimidade da situação. Não funcionou. É provável que a população tenha visto nessa insistência de libertação apenas um ato partidário, o que sela a metáfora de Antígona, cuja revolta se dá pela observação dos ritos tradicionais e não por mudanças no sistema que matou seu irmão.

A dificuldade de ouvir e de retomar o processo utópico, demonstrada pelos setores da esquerda que facilitaram a ascensão reacionária no Brasil, poderá contribuir para o aprofundamento da crise econômica e de governança instalada na América do Sul, caso não haja uma renovação de lideranças mais confiáveis para o enfrentamento dos desafios da redução das desigualdades e da emancipação social em um país que foi nivelado por baixo em suas expectativas de transformação pela política. O cenário é crítico e as pessoas interessadas na unidade latino-americana passarão por grandes dificuldades para fazer avançar seus ideais, pois, além dos conflitos próprios de qualquer vizinhança, temos que nos desvencilhar da mentalidade subimperialista que ainda está fortemente arraigada em muitos brasileiros poderosos. Acostumados a serem meros intermediários dos interesses geopolíticos e econômicos estrangeiros, os integrantes desse coro destoante do amadurecimento democrático se sentem com o umbigo enterrado no que acreditam ser o primeiro mundo; por isso tratam o continente como um território de espoliação e não de desenvolvimento.

Os esforços de consolidação de uma comunidade econômica, política e social na América do Sul, que vinham sendo despendidos por meio institucional da Unasul, União das Nações Sul-Americanas, perdem força na nova conjuntura. Essa situação eleva a urgência para que se procurem formas alternativas de fortalecimento na cooperação regional. Não é uma tarefa de poucas complicações, visto que, para isso, além de enfrentar a fúria desmobilizadora que se espalha pelo continente, precisamos aprender a tirar lições positivas do peso histórico que afeta nossas mobilizações locais e influências transnacionais. Se não for possível contar com uma instituição formal, que pelo menos sejam dinamizados fóruns com os grandes temas, preservando uma agenda comum relativa às questões agregadoras e de justiça social, além de reafirmar a importância de processos democráticos que se distanciem das ditaduras e das democracias tuteladas. As diferenças entre vizinhos e não vizinhos formam um dos pontos mais encantadores da história das civilizações. Seria muito pouco estimulante vivermos em um mundo de idênticos. As movimentações humanas pelo planeta geraram ao longo do tempo toda sorte de adaptações e jeitos de ser, combinados com o ambiente onde se instalaram e na relação entre culturas. O passado da humanidade é trágico e brilhante. O presente também.

A dificuldade de busca por fontes alternativas ao pensamento político dominante está, portanto, associada a uma questão de fundo que é o conflito entre os modelos mentais de colonizado e não colonizado. O pensador indiano Ashis Nandy sustenta que o modelo mental de colonizado só será superado quando combatido no plano psicológico e cultural, e não em estratégias de contraviolência e suas táticas segregadoras e consumistas como hipóteses cidadãs. Ele fala de que haverá infelicidade dos vitoriosos quando chegar o dia em que os que acumularam riqueza e poder explorando pessoas e destruindo os recursos naturais se sentirem humilhados ante a opinião pública. Se, ou quando, isso acontecer, os derrotados verão que não foi de todo inútil o seu sofrimento. Mas isso somente ocorrerá quando a sociedade puder sentir o significado da jornada do viver com um simples fechar de olhos ou saindo das molduras hegemônicas para escapar da ideia de felicidade como algo que pode ser adquirido.

Céus e infernos fazem parte da vida: "Pode-se ir ao céu e voltar, hospedar-se ou lutar com um deus ou demônio com impunidade, falar com uma árvore ou com os pássaros ao longo de um único dia e retomar sua vida social normal na manhã seguinte" (NANDY, 2015, p. 132). Ashis Nandy considera mais heroica a atitude dos que aceitaram a subjugação colonial, podendo assim guardar consigo os elementos essenciais da sua espiritualidade, do que a postura digna dos que não aceitaram a dominação e desapareceram juntamente com seus deuses. É espetacular a análise que ele faz da estrutura cognitiva de figuras emblemáticas do seu país, como o escritor Rudyard Kipling (1862-1936) e o líder espiritual Sri Aurobindo (1872-1950). Kipling, criado na mais autêntica cultura indiana, tornou-se um ideólogo do direito da sua gente de ser governada pela Grã-Bretanha, e Aurobindo, que foi educado para negar sua origem e ver a Inglaterra como sociedade ideal, lutou intensamente pela derrota do domínio britânico. O pensamento de Nandy é fundamental para quem estiver disposto a rever conceitos de políticas civilizatórias. Nele, pode-se vislumbrar a sociedade como eixo do poder, mas a cultura como a alma da sociedade e do poder. A pauta comportamental do momento precisa ser sacudida por esse tipo de debate voltado para a valorização da cultura, de modo que não sigamos à mercê de poderes sem alma e sua obscura briga do poder pelo poder. Esse tipo de postura diante das adversidades nos confirma que é possível acreditar que poderemos ter uma história própria, compartilhada entre vizinhos.

TOM ZÉ

Compositor e cantor baiano (de Irará), um dos criadores do movimento musical Tropicália, e autor de álbuns urdidos na estética da inquietação, a exemplo de Todos os Olhos, The Hips of Tradition *e* Com Defeito de Fabricação.

Como seria o primeiro parágrafo de uma autobiografia, se você a começasse agora, às vésperas dos 60?

Longos e intensos foram os nove meses da minha gestação. Fui concebido em tempo de uma grande estiagem no sertão nordestino, uma das piores secas da nossa história, a de 1958. Nasci em março do ano seguinte, 1959, no dia 20, quando o fenômeno do equinócio sinaliza ao sertanejo se o ano é de chuva ou de seca. Não choveu. Minhas impressões digitais surgiam enquanto os riachos secos, as plantas desfolhadas e os bichos famintos sonhavam com uma paisagem verde na caatinga, com nuvens carregadas, água fresca corrente e um sol cheio de vontade para a realização de fotossíntese. Meu esqueleto ainda estava deixando de ser cartilagem para virar osso e as ruas de Independência já se enchiam de flagelados que vagavam pedindo água e comida. O rádio tocava "Vozes da Seca" (Luiz Gonzaga e Zé Dantas), manifesto literomusical e político que expressava gratidão pela ajuda humanitária, mas cobrava do então presidente Juscelino Kubitschek (1902-1976) ações mais efetivas, capazes de inserir o Nordeste nos planos de desenvolvimento do Brasil, e que respeitassem a dignidade do povo do sertão: "Seu doutô os nordestino têm muita gratidão / Pelo auxílio dos sulista nessa seca do sertão / Mas doutô uma esmola a um homem qui é são / Ou lhe mata de vergonha ou vicia o cidadão (...) Dê serviço a nosso povo, encha os rio de barrage / Dê cumida a preço bom, não esqueça a açudage / Livre assim nóis da ismola, que no fim dessa estiage / Lhe pagamo inté os juru sem gastar nossa corage". Entre miragens e muita poeira, cassacos trabalhavam nas frentes de emergência do governo. Pálpebras e sobrancelhas anunciavam a formação dos meus olhos, embora eu ainda não pudesse ver milhares de retirantes abandonando suas casas para lançar a sorte na busca por sobrevivência nas metrópoles sudestinas e na então anunciada construção de Brasília. A pele do meu ser em estado de feto aos poucos deixaria de ser enrugada como o destino do chão rachado e sua potência de fertilidade. À proporção que os meus pulmões evoluíam, os currais eleitorais, a compra de votos e uma economia de exploração da miséria asfixiava a vida no interior. Todos esses fatos e acontecimentos ocorreram no tempo da minha vida em proteção placentária, uma época de morte e migração, mas também de superação, conquistas, esperança e fé.

Este poderia ser muito bem o início da minha autobiografia, Tom Zé.

Outra opção seria começar com a minha chegada a um mundo ávido por respostas. Nasci num lugar em que a historiografia subserviente taxou a rejeição tapuia às imposições coloniais como expressão de inferioridade; um lugar de conflitos encourados, de vida nômade e amores de capuchos de algodão; uma terra que teve nos donos de fazendas a sua primeira estrutura de poder e nos ninares de boi da cara preta a gênese da imaginação. Pelos sertões dos Inhamuns as malocas foram incendiadas, as mulheres nativas sequestradas e muitos dos seus guerreiros assassinados. Terra de vaqueiros, roceiros e cangaceiros destemidos, de passagem de ciganos, tropeiros, mascates e de conexão com o litoral iniciada na compra de sal e na exportação de peles e carne; terra em que o ócio foi tipificado como crime de vadiagem, mas que não deixou de arar e cavalgar pelo campo da poética cotidiana, em lastro de conteúdos atraentes para as expressões artísticas, literárias, audiovisuais e da moda, que se dispõem a reimaginar a força da beleza de uma civilização solar, sua cultura, sua memória e sua história dolosamente apagada. Foi para esse mundo que fiz, em parceria com Orlângelo Leal, a composição "Invocado que só": "Tapuia ligeiro, bebendo aluá / Mergulho na cuia de mocororó / Invocado que só! Invocado que só! // Meu som é cigano, galego, pedrês / Carne de rês, de cabrito / Um grito de energia solar / Jangadeiros no mar, beradeiros // Nada em mim ficou para trás / Nasci no futuro e o passado trago comigo / No abrigo do canto por onde eu for / Me acompanhe e fique também / Invocado que só! / Invocado que só! Invocado que só!".

Além desses dois caminhos, eu não descartaria um terceiro que começasse pelo fim.

Todos na minha família sabem que, quando eu morrer, na minha lápide basta estar escrito a seguinte frase: "A vida é lenta"; seguida do meu nome de chamar e das datas do desembarque do meu corpo na estação da humanidade e da partida para a viagem de volta. Esta me parece uma forma natural de agradecer a Deus por todos os eventos conectados a mim nos campos da lembrança, da reflexão, das sensações e associações mentais integradas pela experiência. Identifico-me com a liberdade de trânsito por variados ambientes de saberes, sabores e conhecimentos que teve o cientista e pensador britânico Oliver Sacks (1933-2015), que fez muita coisa na vida porque fez devagar, porque pensou com a calma da curiosidade e da descoberta. A vida torna-se mais longa e mais afortunada quando aprendemos a abraçar o tempo, sua cumplicidade e generosidade, percebendo a perenidade no transitório. O tempo percebido não é igual ao tempo decorrido. Cada pessoa tem a sua própria marcação. Em que pese o desgaste do corpo, o velho e o novo são estados mentais. "Um nível de atividade cerebral pode funcionar automaticamente, enquanto outro, o nível consciente, fabrica uma percepção temporal, a qual é elástica e pode ser comprimida ou expandida" (SACKS, 2017, p. 35). O trabalho prazeroso subverte as horas e suspende o tempo que é movido pelo nosso mundo interior de imagens e pensamentos, até virar enredo, como na música "Estrelas Riscantes", que compus em parceria com Abidoral Jamacaru: "Pensando bem / bom motivo ninguém tinha pra ficar a me esperar / E quem vem da poeira amarga a soleira querendo escapar / E na fuga insensata saíram de mim olhares perdidos / No agito das ruas / sinistra miragem / com isca de cores do filme já visto / Estampa o cartaz // Não vira ainda Jornada nas Estrelas / nem dava notícias dos efeitos Paramount / No cinema mudo / na lente aguçada de Câmara Cascudo / fui ator / fui atriz / brincante feliz / E imerso no céu de estrelas riscantes / que não se foi / É bumba boi / zabumba boi / É bumba boi / zabumba boi / É bumba boi / zabumba boi / é bumba boi // Estranha é a guerra em nome da paz / Porque tantos ismos e maniqueísmos / Meu coração tem a sã vocação de viver / De viver".

Há muitas formas de iniciar uma autobiografia, muitas memórias que chegam inesperadamente, e outras que somem do nosso radar de recordações. Este é um dos fatores que dá grandeza à vida. O que serve para contar é o que na verdade existe, e, se existe, vale a pena. Nada justifica a supressão da experiência. Somos a nossa narrativa. E, pensando bem, a vida é lenta!

VLADIMIR SACCHETTA

Jornalista, pesquisador de memória, história, política e cultura, consultor na área editorial, produtor cultural, um dos criadores da Sociedade de Observadores de Saci (Sosaci) e diretor da Porviroscópio, banco de imagem e produção de conteúdo.

**Quando o Saci entrou na sua vida?
Como você se tornou um saciólogo?**

O Saci-Pererê está em mim como ser originário das maravilhas culturais brasileiras, Vladimir. Conheci-o como caipora nas matas do interior por onde brinquei; encantei-me pelas alegres danadices que ele insufla em pulos e assobios pela obra de Monteiro Lobato (1882-1948); fui iniciado por você na compreensão da grandeza desse incrível personagem da cultura popular e, depois, como membro da Sosaci, tomei mais gosto ainda para refletir sobre o potencial imaginativo, socializante e integrador que ele exerce na geografia humana de um país miscigenado e continental; atributos que me instigaram a ser um ativista de sacizada. Acredito na Festa do Saci como fonte catalisadora dos desejos e necessidades das crianças que têm cada vez mais sede de infância e fome de brincadeira. Na pressão do consumismo, meninas e meninos vivem tempos de dificuldade de acesso a momentos de diversão, integração, sociabilidade, compartilhamentos intuitivos, descobertas e oportunidades imaginativas, onde predomine o idioma do brincar e não haja cobrança de desempenho.

Muitas famílias brasileiras estão buscando as sacizadas como alternativas à lógica dos eventos massificados. Querem oferecer a filhas e filhos, netas e netos, sobrinhas e sobrinhos algo mais acolhedor e descomprimido, que possibilite vivências de singularidades estéticas e narrativas culturais orgânicas. Sacizar é um verbo levemente conjugado pela meninada em situação de agitação do corpo e da mente. A força legendária do Saci vem da sua origem como ato imaginativo, do seu espírito travesso e do espanto como experiência lúdica e mítica. Ele é filho da mata, um fauno concebido na fantasia nativa sul-americana, que ganhou significativas contribuições afro e europeia. Em tupi-guarani *Çaa Cy* significa "olho que assusta" e *Pérérég* quer dizer "saltitante". Era assim que o povo indígena fazia referência ao canto agourento que ouvia das aves noturnas. Muitos dos seres fantásticos da natureza nascem assim.

O Saci é fascinante. Saltita pelas relações de coexistência entre o real e o imaginário em passes de mágica, indo em um pé e voltando no mesmo. Foi assim que índios, emboabas, tropeiros, boiadeiros, escravos transferidos e fugidos, e tantos outros tipos andantes espalharam em redemoinhos migratórios a sua figura por todo o território brasileiro, tornando-o um agente de integração com abrangência nacional. Dotado da identidade do múltiplo, o Saci-Pererê carrega em sua essência variantes sedimentadas conforme o devaneio dos seus narradores. A essência ecológica e multiétnica desse destacado protagonista da brasilidade foi pesquisada e ressignificada pela inquietação de Monteiro Lobato, quando o criador do *Sítio do Picapau Amarelo* delineou seus contornos de ser fantástico com senso de pertencimento. Lobato vivia incomodado com o deslumbre das elites brasileiras diante de tudo que chegava de fora. Via a industrialização da São Paulo dos barões do café atraindo mão de obra da zona rural, mas, ao mesmo tempo, desprezando a cultura do interior. Havia uma contradição entre essa negação e o desejo de valorização das coisas nacionais.

Já percebendo que a sustentabilidade do crescimento econômico passa pelo fortalecimento da cultura, Monteiro Lobato decidiu fazer uma pesquisa sobre o Saci, até então apenas um ente folclórico, cuja figura variava de região para região conforme o grau de medo inspirado pela natureza noturna de cada lugar e a intensidade dos conceitos ideológicos dominantes. Fez isso em 1917, com apoio do *Estadinho*, como era chamada a edição vespertina do jornal *O Estado de São Paulo*. A iniciativa do autor do *Sítio do Picapau Amarelo* visava, inclusive, criar as condições para que o Saci pudesse circular pelos cursos do Liceu de Artes e Ofícios, onde só era permitido entrar os faunos, gnomos e sátiros das culturas europeias. Para ele, o Saci nesses ambientes seria como introduzir maxixe em coreografia e moqueca em culinária. Chamou essa sondagem de "inquérito", no sentido de apuração dos fatos.

O motivo para a tomada do caminho da auscultação pública era evitar que apenas os eruditos, os folcloristas e os profissionais das letras tomassem conta do assunto. Com o "inquérito", muitos se manifestariam, os estilos variariam e se ampliaria o inusitado da "Mitologia Brasílica". Com base nesse material, Lobato escreveu o livro *O Saci* (1921), obra que delineou os traços essenciais do mais importante personagem da cultura popular brasileira. A obtenção das respostas foi provocada por um questionário acessível, no qual o jornal solicitava "depoimento honesto" a respeito dos seguintes pontos:

> 1º Como você recebeu essa crendice na sua infância, de quem a recebeu e que papel ela representou na sua vida?
>
> 2º Qual a forma atual dessa crendice na zona em que você mora?
>
> 3º Que histórias e casos interessantes você vivenciou ou escutou a respeito do Saci?

Choveram relatos espontâneos e diversificados, saídos de dentro do imaginário de cada participante. Tem até um cearense contando que no Nordeste o Saci é conhecido como Caipora e que ouviu de antigos escravos a história de que essa criatura "tem uma banda só" (LOBATO, 1998, p. 210). Desde que li esse depoimento passei a pensar na perna invisível do Saci como uma influência do Ossain, orixá que em rituais afro cuida das plantas sagradas e medicinais, tem filhos travessos e é representado como um ser das metades. O certo é que muita gente respondeu à provocação de Monteiro Lobato, e ele chamou de "Sasisólogos" os interessados no tema. Em 1982, Gilberto Mendonça Teles, em uma obra descomprometida de qualquer corrente literária e cheia de encantos vocabulares na recriação do fazer poético, lança o sugestivo título *Saciologia Goiana* (Ed. Civilização Brasileira/INL, Rio de Janeiro), em uma clara alusão à presença do espírito lírico e satírico do Saci na sua inspiradora terra natal.

O estudo, a intuição, o interesse e a satisfação de vivenciar as relações de coexistência entre o real e o imaginário, desenvolvido por crianças, adolescentes, adultos e idosos no redemoinho metafórico do Saci, vêm sendo divertidamente chamados de "Saciologia". Associo os esforços para tirar o Saci da garrafa do folclore e devolvê-lo ao cotidiano brasileiro aos contrafenômenos culturais que, diante das ondas globais homogeneizantes, insistem na valorização do que cada povo tem de bom. Ao tratar da cena analítica no mundo desencantado, a antropóloga mineira Ondina Pena Pereira recorre ao universo da psicanálise para ilustrar esse processo de transformação das atitudes e comportamentos resultantes da pressão exagerada da racionalização: "Com o que chamamos de progresso da ciência, as forças misteriosas que povoavam o mundo desapareceram sob a força dos cálculos e da técnica. Tudo aquilo que era considerado excepcional no mundo primitivo, foi banido pelos homens modernos, que se empenharam na construção de uma existência onde seres e coisas tornaram-se disponíveis, utilizáveis, consumíveis" (PEREIRA, 2004, p. 55).

O deslocamento de percepção que houve na modernidade com relação aos nossos medos saiu do plano extraordinário para ser um problema simplesmente real. Pereira lembra que antes as pessoas temiam o sobrenatural e usavam a imaginação a cada momento em que deparavam com o inusitado, a cada momento em que as impressões familiares desapareciam, dando lugar ao estranhamento. Hoje, ela realça, o grande drama do medo se manifesta na convivência com o outro. A exclusão dos mitos populares do convívio social, especialmente nos centros urbanos, afastou das pessoas a possibilidade de exercitar o medo de forma segura e criativa. Para as crianças esse distanciamento pôs a infância cara a cara com o perigo real da violência, sem muitas chances de aprendizado no plano das hipóteses, limitado basicamente ao exercício da agressividade nos jogos eletrônicos. Meninas e meninos precisam exercitar suas inquietações ante a noção das ameaças reais ou imaginárias para poderem cuidar de suas pulsões e conviver de modo equilibrado com as situações correntes.

A solução de suposta segurança dos espaços climatizados é melancólica e depressiva. O despertar para a presença do Saci e outros mitos ecológicos nas praças, nos pátios, nos jardins e em todas as áreas verdes das cidades é um ato de iluminação que certamente contribuirá para a quebra do preconceito que a necessidade urbana de afirmação tem nutrido desde a segunda metade do século passado pelas expressões da cultura rural. Além do encanto que carrega em si, o Pererê pode levar as crianças a perceberem que as árvores bebem da mesma água que elas bebem, e que as plantas são muito boas no jogo da troca de oxigênio por gás carbônico. Motivados pelo senso afetivo, pela reabilitação dos laços comunitários, pelo humor, pelo lúdico, pelo enfeitiçamento, pela articulação entre o espanto e a alegria, saciólogos das diversas regiões brasileiras têm realizado a festa do Dia do Saci. O diálogo entre o pensamento habitual e o mítico só é possível por ser esse um ritual de inversão, uma situação de vivência na qual os elementos significantes interagem e o conceito de verdade é embaralhado no redemoinho simbólico que o giroscópio do mito possibilita. Por isso a Festa do Saci é um acontecimento de imersão no humano em sua dimensão mítica, um evento de inter-relação entre o ser e as fantasias que dialogam com a sua cultura. Não sendo o Saci um diabinho politicamente correto, sua festa será sempre única.

A figura do Saci transita no campo cosmomórfico, cumprindo a função de catalisador para o fluxo da experiência fora das atitudes regulares do cotidiano. Com a Festa do Saci as pessoas se apropriam de um espaço de acolhimento da imaginação e experienciam o mito e não apenas se informam sobre ele, como ocorre normalmente no espaço de conhecimento do folclore. Em seu estudo sobre ideologia como sistema cultural, o antropólogo estadunidense Clifford Geertz (1926-2006) evidencia o quanto a configuração do nosso pensamento é construída e manipulada pelos sistemas simbólicos que são empregados como modelos de outros sistemas. Esse entendimento reforça a tática de criação do Dia do Saci na mesma data do Halloween, 31 de outubro. A oportunidade de aproximação com o Saci, de interatuar com ele, repercute como fator de energização política no comportamento brasileiro: "Os sistemas de símbolos chamados cognitivos têm uma coisa em comum: eles são fontes extrínsecas de informações em termos das quais a vida humana pode ser padronizada – mecanismos extrapessoais para a percepção, compreensão, julgamento e manipulação do mundo. Os padrões culturais – religioso, filosófico, estético, científico, ideológico – são programas:

eles fornecem um gabarito ou diagrama para a organização dos processos sociais e psicológicos, de forma semelhante aos sistemas genéticos que fornecem tal gabarito para a organização dos processos orgânicos" (GEERTZ, 1989, p. 123). O pensador norte-americano reforça que as referências simbólicas são necessárias para combinar os estados e processos simbólicos com os estados e processos do mundo mais amplo, considerando que o comportamento humano é extremamente plástico e guiado, predominantemente, por gabaritos culturais que, na organização dos processos social e psicológico, desempenham papel fundamental nas circunstâncias onde falta o tipo de partículas de informações que eles contêm.

A Sociologia é uma espécie de ciência intuitiva das gentes brasileiras que têm na figura do Saci um importante emblema de semelhança no múltiplo, a proporcionar-lhes celebração de pertinência. Poder ver o invisível, aceitar e enunciar a potencialidade da sua ação está no nosso jeito de nos encontrarmos como nação, como lugar de voz na geopolítica mundial. A substância psíquica formada pela imaginação dinâmica aplicada à vida cotidiana desempenha um papel decisivo na reconfiguração do nosso sentido de destino. O potencial de catálise sacizístico permite uma nova dialética entre nacionalismo e xenofobia, ante as tensões sociopsicológicas do jogo de construção e manipulação dos sistemas de símbolos. A reversão das estruturas simbólicas identificada na revitalização do Pererê, como anti-herói da negação do consumismo e da massificação, recomenda respeito à abordagem empírica que circunda as questões-chave da atualidade e reformula o debate em um plano que privilegia o olhar da sociedade civil.

Assim, quando pais, mães, educadoras, educadores, cuidadoras e cuidadores percebem os redemoinhos se formando e levam as crianças que amam para brincar em ambientes sacizísticos, estão dando a estas a possibilidade de uma incrível vivência antropológica, onde fluir e interagir com o mito se dá em ritual de inversão. As crianças, como os seres imaginantes que são, amam a Festa do Saci porque sentem que nela estão protegidas na liberdade do brincar e da brincadeira. Ao serem estimuladas a participar da festa com personagens que elas mesmas podem criar, meninas e meninos brincam com os humores desses personagens e suas missões. A figura do Saci é tão impressionante que nem precisa estar materializada na festa para afirmar sua sustentação social e cultural. Basta um vento que passa, um vulto que se mexe, um som esquisito que ecoa para o Saci anunciar sua presença, transitando pelo fluxo interior dos participantes e provocando o maior alvoroço imaginativo.

Uma sacizada permite a participação das crianças como elas são em seus sonhos, seus encantamentos e formas de apropriação do mundo, em um alegre reatar de laços de amizade entre si e com a natureza. As diversões sacizísticas sempre estiveram associadas ao folclore. Em 2003, estimulada por uma danação do jornalista Mouzar Benedito, a Sosaci propôs aos interessados no fortalecimento da cultura brasileira que se passasse a comemorar o dia 31 de outubro como o Dia do Saci, em contraponto ao avanço por todo o Brasil das festas de Halloween, com seus personagens-produto e fantasias padronizadas. Em 2007, motivado por essa provocação da Sosaci e pelo trabalho do projeto Criança e Consumo, do Instituto Alana, escrevi e compus o livro-cd *A Festa do Saci* (Cortez Editora), no qual crianças livres do consumismo se unem a seres fantásticos de todo o planeta para libertar o Saci das amarras conceituais do folclore, e com ele vivenciar o tempo presente. As experienciações de sacizadas das quais participei a partir da publicação desse livro-cd, muitas delas como realizador ou curador, me mostraram que a Festa do Saci é quintal, pátio, praça e parque, enquanto o Halloween é *shopping center*, salão de festas e *buffet*. Saci é coisa de brincante, e Halloween é entretenimento. Um tem cheiro, forma e movimentação diferente em cada lugar, enquanto o outro é tudo igual. Isso me animou a escrever e compor em 2012 o livro-cd *Se Você Fosse um Saci* (Armazém da Cultura), em cujas páginas a figura do Saci não precisa aparecer para que ele possa ser o protagonista.

A manifestação mais autêntica da infância na Festa do Saci acontece quando as crianças aceitam naturalmente a companhia de um amigo que não existe, que para estar presente não precisa necessariamente ser um boneco. A aparição do Saci pode se dar com uma chuva de gorros – e, aí, cada criança se assume Pererê –, ou simplesmente nas palavras das histórias, nos cheiros e nos ventos. A imaginação é a energia essencial na construção de sentido de uma sacizada. Isso porque o Saci é um anti-herói dos tempos atuais, uma figura que aproxima pessoas de todas as faixas etárias pela essencialidade da natureza lúdica mais profunda. A Festa do Saci é uma festa de criação e de fortalecimento de vínculos significativos, no sentido pleno da espontaneidade, da alegria e da liberdade que se constrói na concertação das diferenças.

A Festa do Saci pode integrar vários momentos da vida social e cultural brasileira. No Carnaval, pode ser bloco de Saci; na

Semana do Meio Ambiente, festança dos defensores das matas; na Semana do Folclore, festival de mitos populares; no mês das Crianças, sacizadas e feiras de trocas de brinquedos; na Semana da Consciência Negra, patuscada de Ossaín; e no Ano-Novo, celebração da paz. O Saci-Pererê é, por natureza, um ente coletivo e, como tal, instiga o simbólico em diversos domínios. Ele encanta não só por ter como mecanismo propulsor o invisível que se torna visível no imaginário e o irreal que se torna concreto na crença, mas por representar com autenticidade a sociedade que o criou. E isso torna o fenômeno da saciabilidade indispensável à necessária aragem do imaginário brasileiro e à fartura de inventividade das crianças.

ZÉ ALBANO

Fotógrafo ambientalista e viajante solitário, dedicado às causas ecológicas, indígenas e das comunidades alternativas. Mora em uma casa-estúdio de taipa localizada nas imediações da praia da Sabiaguaba, periferia leste de Fortaleza, onde, nas noites de lua cheia, as pessoas se encontram para compartilhar arte, conversar, entoar mantras, beber chá e comer pão integral em volta de fogueiras.

Você tem o desejo, ou a esperança, de ver um dos seus filhos se tornar mais e mais parecido com você?

Tempos atrás, a minha mãe me telefonou dizendo que tinha um homem barbudo no portão lá de casa, em Independência (a 300 quilômetros de Fortaleza), dizendo que era meu amigo, e que queria entrar para fotografar a fazenda. Disse que o nome dele era Albano. Falei para ela que se fosse o fotógrafo Maurício Albano ou o irmão dele, também fotógrafo Zé Albano, ela podia abrir o portão, deixá-lo à vontade para fazer as fotos que quisesse, oferecesse rede cheirosa para descanso e não esquecesse de servir o melhor que tivesse das suas delícias culinárias. Descartei a hipótese de ser o Maurício (1945-2015) quando ela me disse que ele estava sozinho em uma moto. Era você, Zé, que naquele dia conheceu minha mãe Socorro e o meu pai Toinzinho (1921-2015), a fonte de onde bebi a compreensão de que todos nós devemos desejar que nossos filhos sejam parecidos conosco naquilo que respeita à individuação. Todo o esforço dos meus pais foi voltado para que a nossa família tivesse uma morada de referência e que, por meio das oportunidades educativas criadas por eles e abraçadas pelo meu irmão Paulo, pela minha irmã Cynara e por mim, pudéssemos guiar nossas vidas a partir das nossas singularidades.

Lembro-me de que minha mãe e meu pai viajaram para Fortaleza a fim de se fazerem presentes no lançamento do meu livro *Retirantes na Apartação* (1995), no salão nobre da reitoria da Universidade Federal do Ceará (UFC). Durante o evento eles olhavam para mim com um intenso brilho nos olhos. Fizeram questão de pegar a fila de autógrafos. A dona Socorro, que é mais expansiva, demonstrou a sua satisfação materna com um abraço caloroso e uma revelação para quem quisesse ouvir: "Estou me sentindo tão importante". Seu Toinzinho, mais meditador, revelou o seu orgulho paterno cochichando ao meu ouvido: "Eu sabia que eu tinha a quem puxar". E cutucou no meu braço, perguntando se eu havia entendido a sutileza da inversão. À época eu ainda não era pai, mas guardei aqueles gestos comigo, e percebo que eles seguem seus fluxos toda vez que olho nos olhos dos meus filhos, que falo com eles e que os abraço.

Há uma inspirada máxima bíblica que diz ser pelo fruto que se conhece a árvore. Tenho simpatia pela simplicidade aguçada dessa sabedoria. A obra sempre deve ser mais importante do que o autor. O conceito de alguém que é pai deveria ser medido pelo potencial de felicidade dos filhos. Ter prestígio, riqueza e poder, mas com filhos descompensados por falta de amor, é um deplorável paradoxo humano. A mesma situação ocorre entre as gerações. Quando escuto alguém dizer que fez parte de uma geração cheia de genialidades políticas e culturais, observo os que vieram depois deles e quase sempre me decepciono com os frutos. Diante de tais circunstâncias, costumo dizer que geração boa é a que produz filhos equilibrados para tocarem a vida e fazerem as transformações que forem necessárias para um mundo de bem viver. Do contrário, a referência geracional terá sido mero ajuste do tempo e da história.

O cuidado para nossos filhos não serem veículos de personalidades que não sejam as deles é uma das preocupações parentais às quais sempre procurei estar atento. Assim como meus pais me deixaram livre para ser pessoa, sinto-me gratificado de ver meus filhos tendo suas próprias vivências e de poderem expressá-las tal como as sentem. O psicólogo estadunidense Carl Rogers (1902-1987) dizia que ficava interiormente feliz quando tinha forças para permitir que alguém da sua equipe ou da sua família fosse autêntico, com pensamentos e objetivos que não eram idênticos aos dele. "As pessoas são tão belas quanto o pôr do sol quando as deixamos ser. De fato, talvez possamos apreciar um pôr do sol justamente pelo fato de não o podermos controlar. Quando olho para um pôr do sol, não me ponho a dizer: 'Diminua um pouco o tom de laranja no centro direito, ponha um pouco mais de vermelho púrpura na base e use um pouco mais de rosa naquela nuvem'. Não faço isso. Não tento controlar o pôr do sol. Olho com admiração a sua evolução" (ROGERS, 1983, p. 14). Gosto muito da beleza dessa metáfora, no entanto, na condição de pai, ao fazer a sua leitura observo também as balizas da circunferência da Terra e o movimento do Sol em relação ao lugar em que nos colocamos no momento da contemplação.

Busco entender meus filhos não somente com a minha consciência atual, mas também com a cabeça que eu tinha quando estava com a idade deles. É um jeito de aprendermos juntos a confiar na solidez do amor. Eles sabem e sentem que o fato de existirem deu muita importância para a vida da mãe deles e para mim. Criamos em nossa casa uma sigla para referenciar o que é próprio da nossa intimidade enquanto grupo familiar: FALA, que quer dizer Flávio, Andréa, Lucas e Artur, simbolizando a integralidade da vivência que nos impulsiona a sermos o que somos no processo direcional do viver. "Quer falemos de uma flor ou de um carvalho, de uma minhoca ou de um pássaro, de uma maçã ou de uma pessoa, creio que estaremos certos ao reconhecermos que a vida é um processo ativo, e não passivo" (ROGERS, 1983, p. 40). A FALA é um ninho, não um evento casual. Um ninho porque foi construído para receber, aquecer e proteger nossos filhotes, mas para ser também uma plataforma de voo; e voar é um ato pessoal, com suas próprias satisfações, significados, descobertas e construção de nova confiança.

O que é imprescindível fazer, como mães e pais, é contribuir para a criação de um clima facilitador do crescimento, no qual os filhos possam respirar a invenção do seu jeito de ser. "Os indivíduos possuem dentro de si vastos recursos para a autocompreensão e para a modificação dos seus autoconceitos, de suas atitudes e de seu comportamento autônomo" (ROGERS, 1983, p. 38). Nós, mães e pais, seguimos no que eles forem desde o antes até o depois. Sinto-me honrosamente desafiado na função de pai, num momento em que a experiência humana alcança um nível tão elevado de condições instrumentais na identificação do que se passa e de saber o que fazer na correção da rota destrutiva de estilos de vida esgotados e esgotantes. Essa reversão de rumos exige que as pessoas e os grupos sociais despertos encontrem pontos comuns e férteis para a semeadura da catálise dos modos de ser e de se comportar em um mundo no qual viver seja mais atraente do que simplesmente operacionalizar a vida.

Dentro dos esforços de busca por forças que possam revolver paradigmas a partir da convergência de ideais comuns, vejo como tarefa primordial de amor parental o fortalecimento das diferenças nas conexões humanas da família, da comunidade e das particularidades culturais dos povos do mundo. Como pai, lutei e luto contra os imperativos da rotina e da razão adulta para priorizar o meu direito de estar próximo dos meus filhos, inclusive participando de movimentações voltadas à consolidação de valores que contribuam para tratar a maternidade e a paternidade como o trabalho mais importante de todos os que se imagine existirem. Precisamos nos permitir a tomada de consciência do que representamos para a vida compartilhada em suas inter-relações e complementaridades. O ponto em comum que, após ser pai, insisti em encontrar em outras pessoas foi o da busca pelo bem-estar dos nossos filhos, não com o sofisma de que eles venham a receber no futuro um mundo melhor, mas com a vontade real de que, antes de tudo, eles vivam bem o presente. E que vivam por toda a vida parecendo-se com eles mesmos. Assim, o sentimento que me dá é que eles serão mais e mais parecidos comigo.

REFERÊNCIAS

ALFASSA, Mira. *O amor ao esforço. A alegria do progresso.* Fita k-7 com narração e comentários de Rolf Gelewski. Salvador: Casa Sri Aurobindo, 1975.

ALVES, Rubem. *Sobre o tempo e a eternidade.* Campinas: Papirus, 1996.

_____. *O velho que acordou menino.* São Paulo: Planeta, 2005.

_____. *Ostra feliz não faz pérolas.* São Paulo: Planeta, 2008.

ANDERSEN, Hans Christian. O rouxinol. In: *Contos de Andersen.* Rio de Janeiro: Paz e Terra, 1978.

AZEVEDO, Sânzio. *Breve história da Padaria Espiritual.* Fortaleza: Edições UFC, 2011.

BÂ. Amadou Hampâté. *Amkoullel, o menino fula.* São Paulo: Palas Athena / Casa das Áfricas, 2003.

BACHELARD, Gaston. *A terra e os devaneios da vontade.* São Paulo: Martins Fontes, 2008.

BADINTER, Elisabeth. Rumo equivocado (por Mônica Cristina Corrêa). *Revista Entre Livros.* São Paulo: Duetto, ago. 2005.

BEZERRA, Joaquim Augusto. *130 anos:* Permuta entre Piauí x Ceará. Fortaleza: LC Gráfica, 2010.

BONAVENTURE, Jette. *Variações sobre o tema mulher.* São Paulo: Paulus, 2000.

BORGES, Jorge Luis; GUERRERO, Margarita. *O livro dos seres imaginários*. São Paulo: Globo, 1989.

BRANCO, Anfrísio Neto Lobão Castelo. *Mandu Ladino*. Teresina: Halley, 2006.

BRÍGIDO, João. *Ceará (homens e fatos)*. Fortaleza: Edições Demócrito Rocha, 2001.

BRITO, Maria Alice Queiroz de (Lika Queiroz). Busca do sentido de ser ou perda da identidade? Lidando com padrões socialmente impostos. In: *Questões do humano na contemporaneidade*. São Paulo: Summus, 2017.

BROUGÈRE, Gilles. *Brinquedo e cultura*. São Paulo: Cortez, 2000.

BRUNO, Giordano. Sobre o infinito, o Universo e os Mundos. In: *Os Pensadores*. São Paulo: Abril Cultural, 1978.

BUCKINGHAM, David. *Crescer na era das mídias eletrônicas*. São Paulo: Edições Loyola, 2007.

CALDEIRA, Jorge. *Entrevista ao programa Conexão Roberto D'Ávila*. São Paulo: Rede Cultura, 25, abr., 2, maio 2007.

CÂMARA, Dom Hélder. *O deserto é fértil*. Rio de Janeiro: Civilização Brasileira, 1975.

CAMUS, Albert. *O homem revoltado*. Rio de Janeiro: BestBolso, 2017.

CARDOSO, Eliana. *Sopro na aragem*. São Paulo: Córrego, 2017.

CARRIÈRE, Jean-Claude; ECO, Umberto. *Não contem com o fim do livro*. TONNAC, Jean-Philippe de (mediador). Rio de Janeiro: Record, 2010.

CARVALHO, Francisco. *Os mortos azuis*. Fortaleza: Imprensa Universitária, 1971.

CAVALCANTE, Ana Mary C. Escrever a chuva. Fortaleza: O POVO, Cidades, p. 9, 1 dez. 2018.

CHAVES, Joaquim Raimundo Ferreira. *Monsenhor Chaves*: obra completa. Teresina: Fundação Cultural Monsenhor Chaves, 1998.

COSTA, Jurandir Freire. *O ponto de vista do outro*. Rio de Janeiro: Garamond, 2010.

COOPER, David. *El lenguaje de la locura*. Barcelona: Ariel, 1979.

COPLAND, Aaron. *Música e imaginação*. Buenos Aires: Emecé, 2003.

DAHLKE, Rüdiger. *A doença como linguagem da alma*. São Paulo: Cultrix, 1992.

DIAS, Marina Célia Moraes. Metáfora e pensamento. In: *Jogo, brinquedo, brincadeira e a educação*. São Paulo: Cortez, 2002.

DIAS, Milton. *A capitoa*. Fortaleza: Edições UFC, 1982.

DOWBOR, Ladislau. *A era do capital improdutivo*. São Paulo: Autonomia Literária, 2017.

DRUMMOND, Regina (adapt.). *Fábulas de Esopo*. São Paulo: Paulus, 1996.

EMMANUEL, François. *A questão humana*. São Paulo: Estação Liberdade, 2010.

ESTRIGAS. Nilo de Brito Firmeza. *Hoje e o tempo passado:* Um encontro com as lembranças. Fortaleza: Expressão, 2014.

_____. *A fase renovadora da arte cearense*. Fortaleza: Edições UFC, 1983.

_____. *A saga do pintor Francisco Domingos da Silva*. Fortaleza: Edições Tukano, 1988.

FANTIN, Mônica. Mídia-educação no currículo e na formação inicial de professores. In: *Cultura digital e escola*. FANTIN, Mônica; RIVOLTELLA, Pier Cesare (org). Campinas: Papirus, 2012.

FERRIGNO, José Carlos. *Coeducação entre gerações*. São Paulo: Edições Sesc, 2010.

FRAZÃO, Farias. *O barulho do silêncio*. Fortaleza: Imprensa Universitária (UFC), 1979.

_____. *Meu grito é o silêncio*. Fortaleza: Minerva, 1982.

FRAZÃO, Lilian Meyer. Ser ou não ser na contemporaneidade. In: *Questões do humano na contemporaneidade*. São Paulo: Summus, 2017.

FREIRE, Paulo; GUIMARÃES, Sérgio. *Sobre educação:* lições de casa. São Paulo: Paz e Terra, 2008.

_____. *Pedagogia do oprimido*. Rio de Janeiro: Paz e Terra, 1987.

GAIARSA, José Ângelo. *Tratado geral sobre a fofoca*. São Paulo: Summus, 1978.

GALEANO, Eduardo. *O livro dos abraços*. Porto Alegre: L&PM, 1991.

GEERTZ, Clifford. *A interpretação das culturas*. Rio de Janeiro: LTC, 1989.

GORZ, André. *Carta a D.* São Paulo: Annablume / Cosac Naify, 2008.

GRAY, John. *A alma da marionete.* Rio de Janeiro: Record, 2018.

GUTMAN, Laura. *O poder do discurso materno.* São Paulo: Ágora, 2013.

HAYAKAWA, Samuel Ichiyé. *A linguagem no pensamento e na ação.* São Paulo: Pioneira, 1977.

HESSE, Hermann. *Demian.* Rio de Janeiro: Record, 2010.

HUIZINGA, Johan. *Homo Ludens.* São Paulo: Perspectiva, 2001.

HUSTON, Nancy. *A Espécie Fabuladora.* Porto Alegre: L&PM, 2010.

IBARBOUROU, Juana de. *Chico Carlo.* Montevidéu: Arca, 2001.

JACKSON, Walter M. (ed.). *Novo tesouro da juventude.* São Paulo: Opus, 1974.

JACOBS, Joseph (org.). *Contos de fadas celtas.* São Paulo: Landy, 2001.

KAPFERER, Jean-Noël. *Boatos:* o mais antigo mídia do mundo. Rio de Janeiro: Forense Universitária, 1993.

KOTHE, Flávio R. *Ensaios de semiótica da cultura.* Brasília: Editora UnB, 2011.

LA BOÉTIE, Étienne de. *O discurso da servidão voluntária.* São Paulo: Editora Nós, 2016.

LAING, R. David. *O Eu dividido.* Petrópolis: Vozes, 1973.

LAPLANTINE, François. As três vozes do imaginário. *Revista Imaginário.* São Paulo: USP, S/D.

LAUTRÉAMONT, Conde de. Os cantos de Maldoror (Poema IX). In: PICHON-RIVIÈRE, Enrique. *O processo de criação /.* São Paulo: Martins Fontes, 1999.

LEITÃO, Valton Miranda. *A aura enfeitiçada.* São Paulo: Annablume, 2009.

LEKE, Acha; YEBOAH-AMANKWAN. Saf. África: um caldeirão de criatividade. In: *Harvard Business Review,* v. 96, n 11. São Paulo: RFM, 2018.

LEMINSKI, Paulo. *Vida:* Cruz e Sousa, Bashô, Jesus e Trótski – 4 *biografias.* São Paulo: Companhia das Letras, 2013.

LEVITIN, Daniel J. *A música no seu cérebro.* Rio de Janeiro: Civilização Brasileira, 2010.

LINDGREN, Astrid. *La hija del bandolero.* Barcelona: Editoral Juventud, 2007.

LOBATO, Monteiro. *Aritmética da Emília*. São Paulo: Brasiliense, 2003.

_____ (org). *O Sacy-Perêrê: Resultado de um inquérito* (ed. fac-sim. orig. 1918). Rio de Janeiro: Gráfica JB, 1998.

MARQUES, Rodrigo. *Fazendinha*. Fortaleza: Cavalo Marinho, 2005.

MARINHO, Simone. Entrevista a Carolina Desot. *Revista Filosofia*. São Paulo: Escala, junho de 2011.

MATURANA, Humberto; VERDEN-ZÖLLER, Gerda. *Amar e brincar: Fundamentos esquecidos do humano*. São Paulo: Palas Athena, 2004.

MELO NETO, João Cabral. *O cão sem plumas*. Rio de Janeiro: Nova Fronteira, 1984.

MENUHIN, Yehudi; CURTIS, W. Davis. *A música do homem*. São Paulo: Martins Fontes, 1990.

MILLS, Charles Whight. *O artesanato intelectual*. Rio de Janeiro: Zahar, 2009.

MOGUILLANSKY, Rodolfo; SEIGUER, Guillermo. *La vida emocional de la família*. Buenos Aires: Lugar Editorial, 1996.

MORAVIA, Alberto. Quando os pensamentos congelavam no ar. In: *Histórias da pré-história*. São Paulo: Editora 34, 2003.

MORELLET, André. *Sobre a conversação*. São Paulo: Martins Fontes, 2002.

NANDY, Ashis. *A imaginação emancipatória*. Belo Horizonte: Editora UFMG, 2015.

OLIVEIRA, Paulo de Salles. *Vidas compartilhadas*: cultura e relações intergeracionais. São Paulo: Cortez, 2011.

ORTEGA Y GASSET, José. *A rebelião das massas*. Brasília: eBookBrasil / Ruriak Ink, 2013.

OSPINA, William. *América mestiza*: El país del futuro. Bogotá: Aguilar, 2004.

PACHECO, José. *A chegada de Lampião no inferno*. Brasília: Câmara do Livro/DF, 2004.

PAÍN. Sara. *A função da ignorância*. Porto Alegre: Editora Artes Médicas, 1999.

PAIVA, Flávio. *Como braços de equilibristas*. Fortaleza: Edições UFC, 2001.

PAIVA, Flávio. *Ciço na guerra dos rebeldes*. São Paulo: Cortez, 2014.

_____. [Flávio d'Independência]. *A face viva da ilusão*. Fortaleza: Paulo Peroba, 1982.

_____. A sina e o poeta. *Jornal de Cultura*, ano 1, n. 10. Fortaleza: Universidade Federal do Ceará, 1982.

_____. A plenitude das margens. *riVISTA do Mino*, n. 163. Fortaleza: Editora Riso, 16 nov. 2015.

PARK, Linda Sue. *Por um simples pedaço de cerâmica*. São Paulo: Martins Fontes, 2009.

PEREIRA, Ondina. *No horizonte do outro*. Brasília: Universa/UCB, 2005.

PERISSÉ, Gabriel. *Estética & Educação*. Belo Horizonte: Autêntica, 2009.

PETIT, Sandra Haydée. *Pretagogia*. Fortaleza: Editora da UECE, 2015.

PICHON-RIVIÈRE. Enrique. *O processo de criação*. São Paulo: Martins Fontes, 1999.

PICO, Giovanni. *Sobre a dignidade do homem*. Campo Grande: Solivros/Uniderp, 1999.

RANCIÈRE, Jacques. *O mestre ignorante*: cinco lições sobre a emancipação intelectual. Belo Horizonte: Autêntica, 2017.

RIBEIRO, Jorge Ponciano. *O ciclo do contato*. São Paulo: Summus, 2007.

RIBEIRO, Renato Janine. O politicamente correto. *Revista Filosofia*, ano IV, n. 52. São Paulo: Editora Escala, 2010.

RISÉRIO, Antônio. *A cidade no Brasil*. São Paulo: Editora 34, 2012.

ROGERS, Carl R. *Um jeito de ser*. São Paulo: EPU, 1983.

ROVELLI, Carlo. *A ordem do tempo*. Rio de Janeiro: Objetiva, 2018.

RUIZ, Don Miguel. *Os quatro compromissos: o livro da Filosofia Tolteca*. São Paulo: Nova Cultural, 2002.

SACKS, Oliver. *Gratidão*. São Paulo: Companhia das Letras, 2015.

_____. *O rio da consciência*. São Paulo: Companhia das Letras, 2017.

SAID, Edward W. *Representações do intelectual.* São Paulo: Companhia das Letras, 2005.

SALES, Teresa; DANTAS, Goimar. *A saga de um sonhador.* São Paulo: Cortez, 2010.

SARAMAGO, José. *As pequenas memórias.* São Paulo: Companhia das Letras, 2006.

SARTRE, Jean-Paul. *O testamento.* Entrevista a Benny Lévy. Porto Alegre: L&PM, 1980.

SCHAFER, R. Murray. *A afinação do mundo.* São Paulo: Editora UNESP, 2001.

SCHILLER, Friedrich. *Fragmentos das preleções.* Belo Horizonte: Editora UFMG, 2004.

SÊGA, Christina Maria Pedrazza. *Sociedade e interação.* Brasília: Editora UnB, 2011.

SEGAL, Hanna. *Sonho, fantasia e arte.* Rio de Janeiro: Imago, 1993.

SKÁRMETA, Antonio. *O carteiro e o poeta.* Rio de Janeiro: BestBolso, 2011.

SÓFOCLES. *Antígona.* Porto Alegre: L&PM, 2017.

STUDART, Heloneida. O poder desarmado. Opinião, p. 7. *Jornal do Brasil,* Rio de Janeiro, 6 fev. 2001.

SWIFT, Jonathan. *Viagens de Gulliver.* Rio de Janeiro: Rocco, 2006.

TODOROV, Tzvetan. *A literatura corre perigo.* Rio de Janeiro: DIFEL, 2009.

VAZQUEZ-FIGUEROA, Alberto. *Tuareg.* Porto Alegre: L&PM, 2013.

VEGA, Emma León. *Sentido ajeno.* México: Anthropos Editorial, 2005.

WINNICOTT, D.W. *Tudo começa em casa.* São Paulo: Martins Fontes, 1989.

_____. *O brincar e a realidade.* Rio de Janeiro: Imago, 1975.

WRIGHT, Ronald. *Uma breve história do progresso.* Rio de Janeiro: Record, 2007.

ŽIŽEK, Slavoj. *Acontecimento*: uma viagem filosófica através de um conceito. Rio de Janeiro: Zahar, 2017.

FICHA TÉCNICA E LETRA DA TRILHA SONORA DA NARRATIVA

Código Aberto (05'06')
Autores: Artur Paiva e Flávio Paiva
ISRC: BR-PPC-19-00001

Intérpretes e estúdios
Anna Torres – Studio du Regard, Paris (França)
Eric Diógenes – Vila Estúdio, Fortaleza (CE)
Euterpe – Estúdio S4, Boa Vista (RR)
Lenna Bahule – Estúdio Festim, Salvador (BA)
Suzana Salles – Estúdio Outra Margem, São Paulo (SP)
Tom Drummond – Giulian Cabral Estúdio, João Pessoa (PB)
Vange Milliet – Estúdio Outra Margem, São Paulo (SP)
Zeca Baleiro – Estúdio Outra Margem, São Paulo (SP)

Músicos e instrumentos
Adriano Magoo – oboé e fagote
Hugo Hori – flauta e flauta píccolo
Luisão Pereira – *sinth* e *slide guitar* – Estúdio Festim, Salvador (BA)
Paulo Lepetit – baixo
Tuco Marcondes – violão de aço, violão de *nylon*, requinto e mandolim
Vítor Cabral – bateria
Participação especial de Lucas Paiva e Artur Paiva – violões de *nylon* – Vila Estúdio, Fortaleza (CE)

Gravado entre os meses de dez/2018 e jan/2019, com produção musical de Paulo Lepetit, mixagem de André Magalhães e masterização de Carlos Freitas (SP).

Agradecimentos especiais aos meus filhos Lucas e Artur,
por mais uma vivência musical, às amigas e aos amigos que
amorosamente participaram das gravações de Código Aberto, a
Adelson Viana, pelo apoio em Fortaleza, Rebeca Matta e Luisão
Pereira, pelo suporte em Salvador, e Paulo Lepetit, que deu um
jeito de tornar real essa trilha sonora de inspiração literária.

Produção Fonográfica: Plural de Cultura (Filiada à AMAR).

CÓDIGO ABERTO
(Artur Paiva e Flávio Paiva)

Nossos amigos estão no que somos
Podem sumir e num instante chegar

São os amigos que vêm de onde fomos
Vivendo a vida em qualquer lugar

Passa que passa e eu vou passar [2x]

Por onde for levarei sua amizade
Mesmo se não puder mais lhe encontrar

Amiga, amigo que o mundo me deu.

Ih laiê laiê la la iá
Ih laiê laiê la la iá

CÓDIGO ABERTO

Artur Paiva & Flávio Paiva